U0923702

中国隧道及地下工程修建关键技术研究书系
国家重点研发计划（National Key R&D Program of China）资助
·城市地下空间网络化安全拓建施工技术（课题编号：2018YFC0808703）
·浅埋城市地下空间网络化安全拓建方法及结构体系研究（中铁一院科研：院科 19-14）

富水卵石土地层盾构法隧道
设计与施工关键技术

戴志仁　时亚昕　雷升祥　等 

Key Technologies for
Design and Construction
of Shield Tunnels in Pebble Stratum Immersed in Water

人民交通出版社股份有限公司
北京

内 容 提 要

本书依托工程实践，针对典型富水卵石土地层盾构法隧道工程面临的诸多技术难题以及安全风险，基于相关课题研究成果，系统介绍了该地层盾构法隧道的衬砌结构荷载模型与结构设计方法，并对盾构法隧道掘进机理与微扰动施工控制技术、盾构穿越重大风险工程施工控制技术、盾构法隧道工程风险评估体系，以及基于运营期地铁隧道保护需求的控制措施等进行了系统论述，构建了富水卵石土地层盾构法隧道工程设计与施工的关键技术体系。

本书适用于从事盾构法隧道设计、施工与科研的工程技术人员，对高等院校相关专业的学生也有较好的指导意义。

图书在版编目(CIP)数据

富水卵石土地层盾构法隧道设计与施工关键技术/戴志仁等编著.—北京:人民交通出版社股份有限公司，2020.10

ISBN 978-7-114-16851-2

Ⅰ.①富… Ⅱ.①戴… Ⅲ.①富水性—卵石—地层—盾构法—隧道工程—设计②富水性—卵石—地层—盾构法—隧道工程—工程施工 Ⅳ.①U455.43

中国版本图书馆CIP数据核字(2020)第178453号

Fushui Luanshitu Diceng Dungoufa Suidao Sheji yu Shigong Guanjian Jishu

书　　名：富水卵石土地层盾构法隧道设计与施工关键技术
著 作 者：戴志仁　时亚昕　雷升祥　等
责任编辑：吴燕伶　李学会
责任校对：刘　芹
责任印制：刘高彤
出版发行：人民交通出版社股份有限公司
地　　址：(100011)北京市朝阳区安定门外外馆斜街3号
网　　址：http://www.ccpcl.com.cn
销售电话：(010)59757973
总 经 销：人民交通出版社股份有限公司发行部
经　　销：各地新华书店
印　　刷：北京交通印务有限公司
开　　本：787×1092　1/16
印　　张：16.5
字　　数：387千
版　　次：2020年10月　第1版
印　　次：2020年10月　第1次印刷
书　　号：ISBN 978-7-114-16851-2
定　　价：138.00元

本书编委会

主　　编：戴志仁　时亚昕　雷升祥

副 主 编：沈卫平　廖　晖　康　佐　苟明中　高徐军

编　　委：朱俊平　王　俊　李　谈　柳兴旺

侯昭路　杨建军　高志宏　刘保林

胡瑞青　饶仁强　尹昌国　邵高波

王志杰　杨　刚　李学会

编著单位：中铁第一勘察设计院集团有限公司

成都轨道交通集团有限公司

中国铁建股份有限公司

西安市轨道交通集团有限公司

中国电建集团西北勘测设计研究院有限公司

中铁二十二局集团有限公司

西南交通大学

中铁建昆仑投资集团有限公司

序

对于盾构法隧道工程而言，富水卵石土地层是一种极为不利的地质条件，不少工程困难应验了这一点。本书基于为实际工程服务的基本理念，以工程实际问题为背景，对富水卵石土地层衬砌结构设计理论、盾构掘进超挖与地层损失机理、管片背后注浆机理、微扰动施工及重大风险工程安全评估与风险管控，以及已建（运营）隧道保护措施等关键问题进行了论述。

本书通过对各类典型工程的案例剖析，提出了富水卵石土地层盾构法隧道微扰动施工的核心理念，即“一核心”“两控制”“三辅助”。“一核心”就是以渣土改良与保压掘进为核心内容，“两控制”就是以盾构掘进参数控制与注浆控制（中盾注浆、盾尾注浆）为控制要素，“三辅助”就是以基于隧道内深孔注浆的“跟踪注浆”技术、基于钢管隔离桩的“变形隔离”技术以及基于盾尾后方隧道上浮控制的成型隧道质量控制技术为主要辅助手段。

本书形成了富水卵石土地层盾构法隧道从设计到施工，再到运营维保阶段的系列成果，尤其提出了考虑未来轨道交通沿线开发需求的盾构隧道前摄保护措施，完善了目前的盾构法隧道设计理念，对确保盾构隧道的长期安全与正常运营，具有指导意义。

虽然本书内容主要基于成都、兰州这两个地区的富水卵石土地层，但其结论对类似地层的盾构法隧道工程亦具有参考价值。

国际隧协原副主席

上海城建（集团）公司原总工程师

2020 年 6 月 8 日于上海

前言

截至2019年底，我国开通轨道交通的城市达到40座，运营里程超过6000km，城市轨道交通的飞速发展，导致各类穿越工程愈加频繁，然而受制于富水卵石土地层盾构法隧道安全控制技术水平现状，尤其是扰动变形机理不明、微扰动安全控制技术不完善、风险管控指标体系缺乏等，导致盾构近距离穿越施工风险极大，如引起运营线限速、停运等事故仍时有发生，造成运营效率显著下降。富水卵石土地层盾构法隧道微扰动施工是公认的世界性技术难题。

对地下工程而言，富水卵石土地层是一种典型的不良地质。尤其是当地层卵石颗粒含量接近60%～70%时（如成都、兰州等地区），由于其颗粒搭接的骨架结构，再加上局部漂卵石的存在，卵石土地层具有典型的弱胶结、高渗透性与高灵敏度等特点，而降水后地层又具有一定的自稳能力。卵石土地层受扰动后地层中容易出现局部空洞，引起地表滞后沉降现象。在此类地层中进行盾构法隧道施工，经常出现盾构刀盘刀具磨损严重，掘进扰动明显，施工效率低下，盾构机土仓难以被渣土填满，欠压掘进、地层超挖与局部地层空洞等情况，在地下水渗流与汽车动载等外界因素干扰下经常出现地表突沉现象。

为进一步提升富水卵石土地层盾构法隧道工程整体建造水平，满足新一轮城市轨道交通工程建设需求，本书基于富水卵石土地层盾构法隧道工程存在的地层超挖与局部空洞、衬砌结构荷载理论与超载折减模型难以准确界定、盾构隧道掘进机理不清、地层沉降控制困难、盾尾后方隧道上浮严重与成型隧道质量较差、重大风险源微扰动穿越施工难度大，以及已建隧道受临近市政工程或地块开发建设风险较大等实际问题，系统介绍了富水卵石土地层盾构法隧道工程的设计、施工关键技术。

（1）从富水卵石土地层特性出发，提出适合的盾构隧道衬砌结构荷载模型（地层荷载、地基反力及其作用方式、荷载的时效性分析等）与基于塌落拱效应的地面超载折减理论。

（2）通过室内模型试验，给出盾构掘进引起的地层空洞的形成过程，揭示空洞在地层中的演变机理，明确盾构主要掘进参数之间的内在联系，提出适用于富水卵石土地层的盾构掘进参数优化组合。

（3）针对富水卵石土地层盾构隧道同步注浆机理展开研究，开展多工况下同步注浆室内模型试验，揭示盾尾空隙内浆液压力分布过程、浆液压力消散规律及其影响因素，并从地层稳定性控制角度出发，给出了盾尾同步注浆建议方式。

（4）针对富水卵石土地层盾构掘进微扰动施工控制需求，从开挖面稳定与保压掘进，中盾注浆减摩降阻、增加盾构掘进灵敏度与可控性，盾尾后方成型隧道质量控制三方面进行论述，从风险管控角度出发提出风险源保护辅助技术措施，提高盾构掘进效率与环境保护效益。

(5)对富水卵石土地层盾构隧道穿越典型重大风险源(高层建筑、老旧危房与拱桥、江河、铁路、既有轨道交通线路、重大管线等)案例进行介绍，提出了各类典型重大风险源盾构穿越施工关键技术，进一步明确了穿越风险源微扰动施工的核心理念，即盾构保压掘进与施工参数控制，最大程度维持开挖面平衡并减少超挖，减少地层损失率，中盾注浆减摩并填充盾壳空隙；盾尾及时、多次注浆填充地层空隙，确保管片衬砌与地层紧密接触。

(6)从安全风险管控角度出发，提出富水卵石土地层盾构法隧道工程风险评估理论，研发风险评估软件，对实际工程进行风险评估，指导实际工程风险管控。

(7)基于轨道工程沿线地块开发建设需求，从主动控制与被动控制两方面进行论述，提出后期轨道交通沿线地块开发建设实施条件，实现轨道交通与周边开发建设的和谐发展、共存共荣，实现轨道交通引领城市发展的目标。

本书从实际工程角度出发，涵盖了从设计到施工，再到运营维保方面的系列成果，可为富水卵石土地层盾构近距下穿工程风险管控与安全建造提供良好的示范与借鉴，有效保障各类穿越工程全过程安全管控，提升富水卵石土地层盾构穿越工程技术水平，为富水卵石土地层盾构法隧道工程建设提供了重要的技术支撑，对类似地层盾构隧道修建技术进步具有推动作用。

本书是中国土木工程学会轨道交通分会于2020年6月授予“富水卵石土地层盾构法隧道关键技术与环境影响体系研究”为“城市轨道交通创新技术推广项目(技术类，编号：2020JSCXTG006)”，在全国轨道交通建设中予以推广的进一步延伸与扩展。

本书主要由戴志仁撰写、修改，其他主要作者是：成都轨道交通集团有限公司总工程师、教授级高级工程师时亚昕，中国铁建股份有限公司总工程师、教授级高级工程师雷升祥，成都轨道交通集团有限公司总经理、教授级高级工程师沈卫平，中铁第一勘察设计院集团有限公司经营计划处处长廖晖，西安市轨道交通集团有限公司副总工程师、教授级高级工程师康佐，成都轨道交通集团有限公司副总工程师、教授级高级工程师苟明中，中国电建集团西北勘测设计研究院有限公司副总经理高徐军。

本书编写过程中，得到了成都地铁5号线一、二期工程，兰州地铁1号线两过黄河隧道工程参建单位的支持，并得到了成都轨道交通集团有限公司的大力支持，对此一并致以诚挚的谢意。

本书出版受到国家重点研发计划(National Key R&D Program of China)“城市地下空间网络化安全拓建施工技术(课题编号：2018YFC0808703)”与“浅埋城市地下空间网络化安全拓建方法及结构体系研究”(中铁一院科研：院科19-14)的资助。

由于时间紧、作者水平有限，书中难免存在一些瑕疵或描述不够准确之处，请读者不吝斧正。

作　者

2020年5月

目录

第1章 诸 论

“十三五”期间，我国新增城市轨道交通运营里程约 3000km（总计约 6000km），截至 2019 年年底，我国开通及在建城市轨道交通地区共计 44 个（不含有轨电车、市域铁路）。在新型城镇化战略推动下，轨道上的都市圈、城市群成为区域一体化发展的基础条件，国铁、城际、市郊铁路、城市轨道交通（地铁、轻轨与有轨电车等）四网融合发展已初露端倪。

以轨道交通为重点健全都市圈交通基础设施，有序规划建设城际铁路和市域（郊）铁路，推进中心城市轨道交通向周边城镇合理延伸，支持重点都市圈编制多层次轨道交通规划，是目前我国轨道交通的重点发展方向。根据中国城市轨道交通协会统计，我国共有 70 个城市规划了超过 700 条城市轨道交通线路，总里程超过 2.8 万 km，预计到 2023 年，我国城市轨道交通运营里程将超过 8000km，预计我国远期城市轨道交通需求约为 2.3 万 km（表 1-1）。

我国远期城市轨道交通需求规模预测（单位：km） 表 1-1

城市	一线城市	新一线城市	二线城市	三线城市
公交出行次数（万次/日）	14584	31610	34868	14970
轨道交通出行占比（%）	50%	30%	20%	15%
客运强度（万人次/日·km）	1.7	1.2	1	0.7
城市轨道交通需求（km）	4290	8441	6974	3208
合计	22912			

未来五年，我国城市轨道交通建设必将掀起新一轮高潮，而与轨道交通发展现状不相匹配的是各类工程建造技术进步相对缓慢，甚至很多土建技术还停留在早期轨道交通建设阶段，尤其是富水卵石土地层条件下的盾构法隧道工程。富水卵石土作为一种典型的不良地质，尤其是当卵石颗粒含量达到 60% ~70% 时，给盾构机的顺利掘进造成了很大的困难，时至今日，仍有很多问题值得深入研究。

1.1 富水卵石土地层盾构法隧道工程现状

基于客流服务需要，城市轨道交通车站一般设于城市核心地带。因此，区间隧道需穿越城市核心区。由于城市核心区交通繁忙、建筑物密集、地下管网密布，施工条件受到许多限制，如成都地铁 5 号线一、二期工程，仅下（侧）穿重要建筑物数量就接近百余处，其中一级与特级风险源达到 30 余处，包括火车北站铁路咽喉区、成灌铁路、铁路局家属院老旧危房建筑群、一环路老旧拱桥(西北桥)、已运营地铁线路、城市高架桥与下立交、府南河与锦城湖、(超)高层建筑以及输油干管等,同时也面临重点文物青羊宫的避让与保护要求。这些重大风险源地段对盾构施工引起的地表沉降及地层位移的控制极其严格,故对于城市轨道交通区间隧道而言,如何控制其施工对周围环境的影响,接近或达到真正意义上的微扰动施工,是目前及今后很长一段时间内都必须重点关注的问题。

近年来,随着各大城市轨道交通建设的迅速发展,在北京、成都、兰州、南宁以及西安等地,富水卵石土地层(卵石含量为40% ~70%,体积比)中盾构法隧道工程遇到的问题越来越突出,比如刀盘刀具磨损严重与掘进效率低下、掘进超挖与地层空洞现象普遍、刀具检修引起开挖面地层失稳、盾尾后方隧道上浮严重、成型隧道偏离设计轴线、管片碎裂与渗漏情况已然常态等,可能导致周边建(构)筑物沉降或裂缝,隧道贯通后需要进行大范围调线调坡,大量管片需要进行修补等不利后果,在一定程度上无法满足建设环境友好型社会的要求。

盾构法隧道施工技术经过一百多年的发展,虽然已经有了很大的进步,但对于富水卵石土这一特殊的地质条件,盾构保压掘进与地层超挖控制仍是制约微扰动施工的主要因素,这也是目前富水卵石土地层盾构法隧道亟待改善的现状。

1.2 富水卵石土地层特性与盾构法隧道工程面临的主要问题

成都地铁区间隧道普遍穿越第三系、第四系富水卵石土地层,地下水以孔隙潜水的形式广泛分布于卵石土地层中。

地下水水位较高(常水位一般在地表以下6m左右),一般位于隧道拱顶以上,同时具有侧向补给好、水流交替循环强烈、水位恢复迅速等特点。

相对于一般均质软土地层、黏性土地层或岩质地层而言,成都富水卵石土地层具有以下显著特点:

(1)卵石含量高(达55% ~86.8%),大漂石含量高(一般为10% ~15%,局部达20% ~30%),漂石最大粒径达670mm。

(2)卵石单轴抗压强度高,一般为65.5 ~184MPa,最大为206MPa。

(3)卵石土地层内摩擦角大,(综合)内摩擦角一般为35° ~45°。

(4)黏聚力一般为0,地层胶结程度差。

(5)地下水丰富。

土压平衡式盾构在富水卵石土地层中掘进将面临以下问题:

(1)卵石强度高,破碎难度大,刀具磨耗快,掘进过程中换刀较频繁,需要频繁进行地层加固处理。

(2)卵石含量大,掘进效率低下,设备负荷增大,排土变得困难。

(3)地层内摩擦角大,导致渣土流动性差,对渣土改良要求较高。

(4)局部大漂石处理较为困难。

(5)欠压掘进现象普遍,超挖与施工扰动控制困难。

(6)地层空洞与地表突沉情况消除困难。

(7)地下水的存在会对地层稳定性造成一定影响,同时较大的地下水压力容易造成螺旋出土器喷涌。

正是由于以上原因,相对于一般地层而言,富水卵石土地层盾构隧道施工与周围环境的相互作用有其鲜明的特殊性。

(1)盾构在卵石土地层中掘进时,由于渣土塑流性差,渣土无法完全填满土仓(图1-1),为了提高掘进效率,往往采取欠平衡掘进模式(欠压掘进),即土仓压力小于前方地层水土压力,此时会造成掘削面土体过量超挖,并在盾构上方产生局部地层空洞(图1-2)。若在一定范围内,盾构连续超挖,将会形成连续的多个局部地层空洞。这些空洞在盾构施工扰动、地下水耦合作用以及地表车辆荷载的共同作用下逐渐贯通,并向地表发展,进而引起城市主干道地表的坍塌(图1-3)和大面积沉降(图1-4),给城市交通及邻近建(构)筑物的安全带来极大影响。

图1-1　土仓上半断面无法被渣土填满

图1-2　盾构刀盘前方地层空洞

图1-3　地表坍塌

图1-4　地表沉陷

(2)在管片衬砌脱出盾尾时,由于地层空洞、盾尾空隙的存在以及卵石的松动塌落等原因,管片衬砌外表面与卵石土多呈现点荷载接触状态,而且接触压力沿管片环向分布严重不均,同时盾尾后方管片存在明显的上浮趋势(图1-5);尤其在富水地层,可能影响盾构机姿态与盾尾间隙,给盾尾管片拼装带来很大的困难,可能造成封顶块管片难以顺利拼装到位、接缝错台严重或局部应力过大与管片碎裂现象。盾构机通过后,管片衬砌背后荷载的形成机制也不同于一般软土地层。目前,人们对富水卵石土地层盾构隧道的受荷特征、内力规律的认识尚不清晰,管片衬砌结构设计时,荷载取值仍然沿用一般软土或黏性土地层的设计理念。

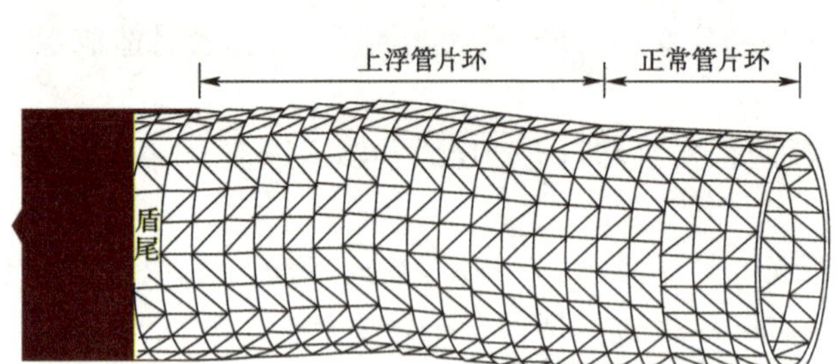

a)盾尾管片上浮纵断面图

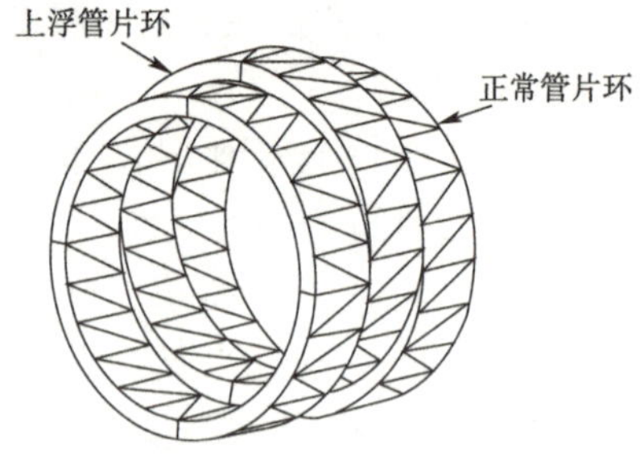

b)盾尾管片上浮横断面图

图 1-5　盾尾后方成型隧道上浮示意图

当前，新一轮城市轨道交通建设高潮即将来临，又一轮新基建工程即将全面落地，同时工程建设条件越来越复杂、建设标准越来越高、周边环境保护要求越来越苛刻。因此，富水卵石土地层盾构法隧道工程建造水平必须得到全面提升，才能满足工程质量与环境保护的双重要求，进而达到工程建设与周边环境和谐共存的局面。

1.3　富水卵石土地层盾构法隧道进一步研究的意义与必要性

本书针对富水卵石土地层盾构法隧道工程，阐述了当前盾构施工出现的主要问题、存在的主要困难、面对的主要挑战。目前，富水卵石土地层盾构法隧道工程仍有很多技术难题需要进一步深入研究，如管片衬砌结构荷载模型（尤其是地面超载的界定与荷载折算理论）、掘削面施工超挖与地层空洞演变规律、盾尾后方管片背后浆液流动方式与盾尾空隙填充过程、浆液压力扩散机理、微扰动施工与地层沉降控制技术、重大风险源穿越施工技术与风险评估体系，以及考虑沿线地块开发建设的预留措施等方面。

针对上述影响富水卵石土地层盾构法隧道工程顺利实施的重大技术难题，尤其是涉及周边环境保护的地层变形与运营振动问题，本书均提出了相应的解决措施或应对策略。这些成果，有的来自科研攻关，有的来自工程实践，有的来自经验的积累与提炼，共同构建了富水卵石土地层盾构法隧道工程技术体系。

本书旨在提高目前富水卵石土地层盾构法隧道的整体建造水平，提升富水卵石土地层轨道交通建设和城市地下空间开发利用水准，引领轨道交通与城市建设的健康发展。

第2章　富水卵石土地层盾构法隧道衬砌结构计算理论

就目前的盾构法隧道工程而言，衬砌管片投资占工程总投资的25% ~40%，管片设计是否经济、合理，不但关系到建设成本，更直接关系到工程质量与安全。目前广泛采用的盾构隧道衬砌结构计算模型，无论是均质圆环模型(修正惯用法)，还是梁—弹簧模型，很多学者均进行过相关研究，相关研究成果主要集中在衬砌荷载的准确取值与模型的合理选取方面。如戴志仁对衬砌结构所受的水土压力及其作用形式、衬砌与地层接触面单元的设置问题、衬砌结构的耐久性以及地层参数变化对计算结果的影响等问题进行了分析，并提出了隧道拱底反力的影响及其计算方法；廖少明通过研究发现，纵向螺栓对管片环的影响仅局限在环缝附近；何川等借助于大型模型试验与理论计算，验证了壳—弹簧模型的合理性，并提出了沿管片环宽方向不均匀配筋的思想。

然而，目前的设计理论没有考虑到衬砌单元长度大小对计算结果的影响以及地层径向弹簧(与切向弹簧)的取值困难，导致理论上严格的边界约束条件较难实现，更没有考虑到地面超载需要转化为地层应力作用于隧道结构上，而直接将超载施加在隧道上将会加大结构的内力与变形，尤其是隧道直接穿越高层建筑的工况。本章从设计角度，对上述问题进行了深入研究，发现单元长度对计算结果影响不大，但相对精细的衬砌单元划分有利于得出更加准确的计算结果。考虑到实际工程现场试验与基床系数取值，建议在计算中采用水平与竖向弹簧取代法向与切向弹簧，地面超载应根据松弛土压力塌落拱高度与隧道上覆土柱压力进行折减，并应根据超载作用范围与隧道的相对位置关系，明确局部超载的影响范围及其相应的衬砌附加压力计算方法。

2.1　盾构隧道荷载模型与管片衬砌结构设计

2.1.1　管片结构设计模型相关问题

2.1.1.1　midas/GTS 软件存在的问题

目前各大设计院普遍偏向于采用 midas(迈达斯)软件进行管片衬砌配筋与裂缝宽度计算，但该软件也存在明显的不足，如三维壳单元的缺失增加了管片准确模拟的难度、预应力单元的缺失导致了螺栓预紧力施加的困难、接触面单元参数取值困难加大了管片与地层相互作用的模拟难度。midas 软件在衬砌结构细部构造的模拟计算方面不占优势，因此，在涉及一些关键技术分析或重要工程的模拟计算方面，建议将其作为检验校核的手段之一，当必须将其作为主要计算依据时，建议采用多种计算手段对比分析。

2.1.1.2 计算模型存在的问题

均质圆环模型采用梁单元模拟管片结构，无法考虑错缝拼装时环间剪力的影响、不同拼装方式的影响、接缝处不同螺栓刚度的影响，以及不同管片分块方式与管片环宽的影响。

为了充分说明该模型存在的问题，将其计算结果与同济曙光软件的计算结果进行对比分析。midas 软件采用均质圆环模型，同济曙光软件采用梁—弹簧模型（纵向 22.5°错缝拼装），具体如下：

（1）工程概况

某地铁工程隧道断面主要位于卵石土地层，隧道拱顶埋深 -10.3m，地下水位埋深 -7.6m，场地各土层、岩层物理力学参数见表 2-1。

地层物理力学参数表 表 2-1

地层	天然密度 ρ（g/m³）	变形模量 E_0（MPa）	静止侧压力系数 K_0	黏聚力 c（kPa）	内摩擦角 φ（°）	基床系数（MPa/m）		地层厚度（m）	
						K_v	K_x		
杂填土	1.70	5	0.60	10	12	20	15	1.20	
黄土状土	1.80	6.4	0.43	24	27	35	30	2.90	
中砂	1.90	15	0.37	0	35	50	45	1.60	
卵石	2.30	35	0.30	0	40	105	85	5.70	4.60 隧道
密实卵石	2.50	45	0.25	20	43	110	90	>30	>30

（2）水、土荷载计算方法

对于水压力，midas 软件中的水压力等效成土压力形式加载，同济曙光软件则采用实际的径向水压力。对于拱底地层反力，midas 软件采用隧道底部的实际水压力，而同济曙光软件则将上覆荷载反力与隧道受到的浮力相比较后按不利情况取值。

（3）计算结果分析

同济曙光软件与 midas 软件计算衬砌结构内力云图如图 2-1 ~ 图 2-4 所示。由表 2-2 可知，同济曙光软件计算出的管片内力值明显小于 midas 软件的计算结果（拱顶处弯矩值小 43.4%，拱肩处弯矩值减小 65.3%），这是由于管片接头的存在导致衬砌结构整体刚度相对较弱。

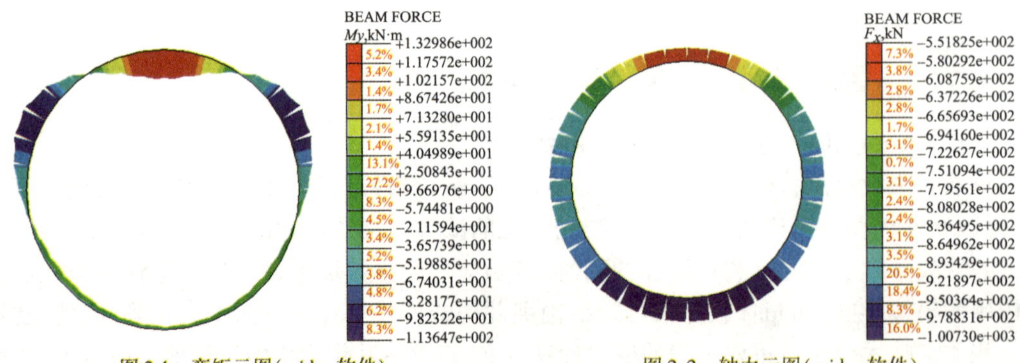

图 2-1 弯矩云图（midas 软件）　　图 2-2 轴力云图（midas 软件）

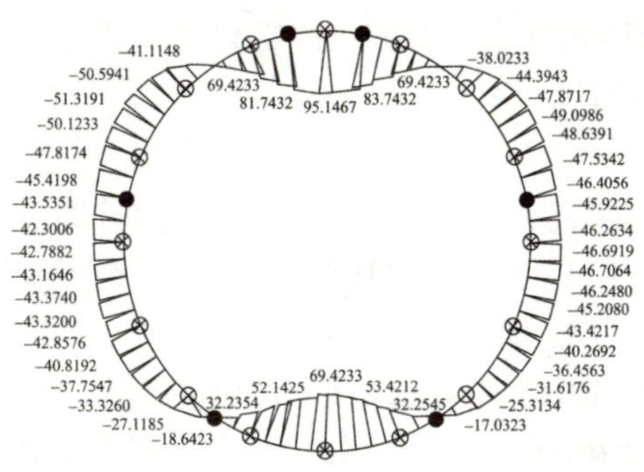

图 2-3　弯矩图(同济曙光软件)(单位:kN·m)

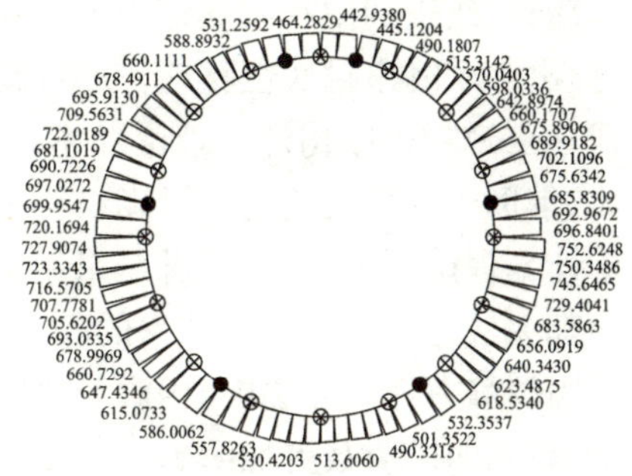

图 2-4　轴力图(同济曙光软件)(单位:kN)

计算结果对比　　表 2-2

位　置	项　目	midas	同济曙光软件	差　异
拱顶	弯矩(kN·m)	167.92	95.15	-72.8(-43.4%)
拱肩		-147.75	-51.32	-96.4(-65.3%)
仰拱		17.21	88.49	71.3(414.2%)
拱顶	轴力(kN)	551.82	464.38	-87.4(-15.8%)
拱肩		927.95	660.11	-267.8(-28.9%)
仰拱		991.28	470.67	-520.6(-52.5%)

进一步分析发现,同济曙光软件计算得到的拱底处弯矩值接近 midas 软件计算结果的 5 倍,这主要是由于不同的拱底反力计算模式导致的。计算结果表明 midas 软件中采用拱底处的实际水压力作为反力,偏于不安全。同时,同济曙光软件计算出的内力图并不是严格的左右对称图形,体现出环间螺栓的抗剪作用,也进一步体现了错缝拼装的具体影响。

由以上分析可知,均质圆环模型用于计算结果的校核是合适的,但作为管片内力计算与配筋设计的主要依据,其计算精度尚需提高,计算结果的可靠性尚需验证。

2.1.2　地层荷载相关问题研究

2.1.2.1　关于地层水压力问题

目前,对于作用在管片结构上的水压力,一般是将其折算成土压力进行考虑,将换算出的土压力作用在水平或竖直方向。但在高水压条件下,则不应将水压力折算成土压力加载计算。因为实际水压力的作用方向为隧道径向,否则将会使隧道结构出现剪力误差,进而影响计算结果的可靠性,如德国的盾构隧道管片衬砌设计都采用径向水压。

2.1.2.2　关于地层反力与地基压缩抗力

拱底作用的地层竖向反力是用来平衡地面荷载、土压、水压以及结构自重的。目前,我们一般认为拱底反力即为隧道底部作用的水压力。但实际上,拱底反力必须要综合考虑隧道受到的浮力与竖向荷载的总和,进行比较后按不利原则取值。

目前工程界广泛采用隧道拱底为压缩弹簧形式的计算模型,该模型无法解释隧道拱底处较小的结构内力(尤其是弯矩),也无法解释隧道拱底的沉降变形趋势。本小节拟对隧道拱底处地基反力的类型与作用方式进行研究,指出地基反作用力与地基压缩抗力之间的区别,明确地基反作用力与地基压缩抗力各自的应用范围,并基于隧道拱底的应力释放现象与隆起变形趋势,纠正期望利用隧道下方地层的压缩反力给隧道拱底提供计算边界条件的错误观点,提出基于隧道拱底位移趋势的衬砌结构计算模型。

1)盾构隧道衬砌结构计算理论综述

目前,借助于计算机技术的衬砌结构静力计算方法主要分为地层—结构计算理论与荷载—结构计算理论两种,尽管还可以采用解析法、模型试验等其他手段,但其在经济性与可行性方面都无法与基于计算机技术的静力计算方法(数值方法)相提并论。

在常用的静力计算方法中,相对于地层—结构法,荷载—结构法的计算模型与计算过程更加简单、衬砌四周荷载更加明确、计算结果的调整更加方便,因此,其在工程界得到了广泛应用。目前国内各大设计院,无一例外,均采用荷载—结构模型进行衬砌结构的受力分析与配筋计算,结构计算模型如图 2-5 所示。

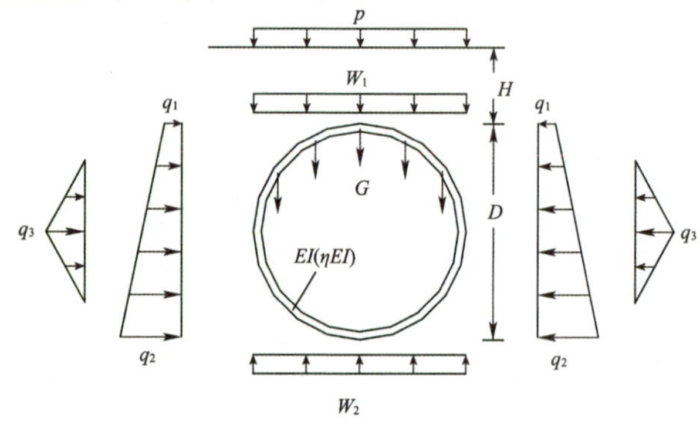

图 2-5 拱底采用压缩弹簧的荷载—结构计算模型

对于工程界广泛采用的荷载—结构计算模型,常用的盾构隧道计算模型主要有均质圆环模型(日本惯用法及修正惯用法)、梁—弹簧模型(铰接圆环模型)、梁—接头模型、壳—弹簧模型以及壳—弹簧—接触模型等,无论采用何种计算模型,通过解析法准确得出隧道周边荷载及其约束条件是展开理论计算的前提与关键。

对于隧道四周的荷载,主要需要考虑竖向与水平土压力、水压力、自重(静载)、地面超载以及地基反力等,施工荷载、地震荷载以及相邻隧道或地基沉陷等其他荷载的影响一般不作为主要荷载考虑。对于隧道拱顶的垂直荷载,在覆土厚度较大情况下(覆土厚度大于隧道外径时),需要适当考虑松弛土压力的影响。

2)盾构隧道衬砌结构设计

(1)衬砌结构设计现状

采用 midas/GTS 软件进行衬砌结构受力分析,用一个简单的案例说明隧道衬砌结构设计现状。为了适当简化计算过程,采用均一的地层模型(模型尺寸:宽 40m,高 27m),不考虑地下水,隧道拱顶埋深 $H=9$m,隧道直径 $D=6$m,地面超载 20kPa。相关地层参数见表 2-3,衬砌(C50)参数见表 2-4。

地 层 参 数 表 2-3

参数	密度 ρ (kg/m³)	凝聚力 c (kPa)	内摩擦角 φ (°)	压缩模量 E_S (MPa)	弹性模量 E (MPa)	泊松比 υ	侧压力系数 λ	基床系数 (MPa/m)
数值	20	45	22	9.1	36	0.3	0.42	50

衬砌参数　　表2-4

参数	重度(kN/m³)	厚度(m)	泊松比	弹性模量(MPa)
数值	25	0.3	0.2	3.45×10^4

①计算模型

盾构计算模型采用均质圆环法(修正惯用法),其中:管片环刚度折减率 $\eta=0.8$,弯矩提高率 $\xi=0.3$,即管片环 $E_1I_1=0.8EI$,$M_1=1.3M$。

由 $E_1I_1=0.8EI$ 可知:当管片厚度取0.30m时,$h_1=\sqrt[3]{0.8}h=0.278$m。因此,在计算过程中,用0.278m来模拟0.3m厚的管片。

②衬砌荷载

对于衬砌所受的地层荷载,在相关文献中都有明确的阐述:当隧道覆土厚度大于隧道外径时,地基中产生拱效应的可能性比较大,应在设计计算时考虑松弛土压力。对于隧道拱底处的边界条件,普遍的做法是在隧道拱底处施加弹性地基弹簧,期望通过地基弹簧的压缩变形,提供与拱底竖向荷载相平衡的反力。

由于隧道拱顶覆土厚度达到1.5D(D 为隧道直径),因此竖向土压力的计算需要考虑松弛土压力的影响,本书采用Terzaghi公式进行计算,当隧道上方塌落拱高度 $h_0\leqslant 2D$ 时,应以2D 覆土厚度进行拱顶竖向土压力的计算(覆土厚度小于2D 时,按全覆土柱高度计算),隧道侧向土压力则由侧压力系数与松弛土压力共同决定。

隧道上方Terzaghi塌落拱高度 h_0 如式(2-1)所示:

$$h_0=\frac{B_0\left(\dfrac{1-c}{B_0\gamma}\right)}{K_0\cdot\tan\varphi}\left(1-\mathrm{e}^{\frac{-K_0\cdot\tan\varphi\cdot H}{B_0}}\right)+\frac{p_0}{\gamma}\mathrm{e}^{\frac{-K_0\cdot\tan\varphi\cdot H}{B_0}} \tag{2-1}$$

式中:K_0——水平和竖向土压力之比(通常取1);

φ——等效内摩擦角,见式(2-2);

c——等效黏聚力,见式(2-3);

γ——等效重度,见式(2-4);

B_0——隧道上方塌落土体半宽,见式(2-5);

p_0——地面超载(20kPa);

H——隧道拱顶埋深。

$$\varphi=\arctan\frac{\sum\tan\varphi_i(h_i^2-h_{i-1}^2)}{H_i^2} \tag{2-2}$$

$$c=\frac{\sum c_ih_i}{\sum h_i} \tag{2-3}$$

$$\gamma=\frac{\sum\gamma_ih_i}{\sum h_i} \tag{2-4}$$

$$B_0=\frac{D}{2}\cdot\cot\left(\frac{\pi}{8}+\frac{\varphi}{4}\right) \tag{2-5}$$

将相关参数代入式(2-1)~式(2-5),可得:$h_0=4.4$m,$\varphi=22°$,$c=47$kPa,$\gamma=20$kN/m³,$B_0=5.6$m。

由于 $h_0\leqslant 1.5D$,所以隧道拱顶竖向土压力:

$$p_{e1}=\sum\gamma_i\cdot h_i+20=200\text{kPa}$$

其中，γ_i、h_i 分别为隧道拱顶上方土层的重度与厚度，20kPa 为地面超载。

隧道拱顶 Terzaghi 竖向松弛土压力 p'_e 如式(2-6)所示：

$$p'_e=\frac{B_0\left(\gamma-\frac{c}{B_0}\right)}{K_0\tan\varphi}\left(1-e^{-\frac{H}{B_0}K_0\tan\varphi}\right)+p_0e^{-\frac{H}{B_0}K_0\tan\varphi} \tag{2-6}$$

将相关参数代入式(2-6)，可得：$p'_e=87.9\text{kPa}$。

侧向土压力：

顶部 $$e_1=\lambda\cdot p'_e=36.9\text{kPa}$$

底部 $$e_2=\lambda\cdot(p'_e+\sum\gamma_iD)=87.3\text{kPa}$$

③计算结果分析

荷载—结构法（拱底采用压缩弹簧模型）衬砌结构变形云图如图 2-6 所示。由图 2-6 可知，隧道开挖、衬砌施作后，隧道拱顶出现了向下的沉降变形（−9.4mm），同时隧道拱底也出现了向下的沉降变形（−2.8mm），隧道两侧拱腰则出现了远离隧道中心的位移趋势。由于隧道拱顶处向下的位移趋势大于拱底，因此从整体上看，隧道的变形仍趋于传统意义上的“横鸭蛋”形式。

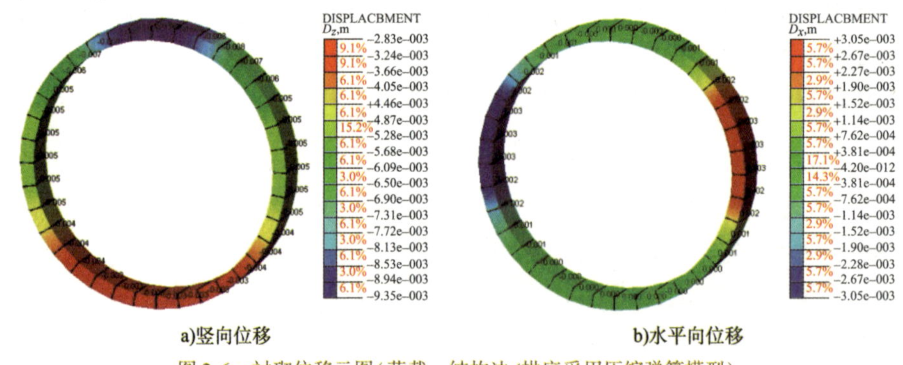

a)竖向位移　　b)水平向位移

图 2-6　衬砌位移云图（荷载—结构法/拱底采用压缩弹簧模型）

荷载—结构法（拱底采用压缩弹簧模型）衬砌结构内力云图如图 2-7 所示。由图 2-7 与表 2-5 可知，衬砌弯矩值主要集中在拱顶处与拱腰处，在拱顶处有最大值 161.7kN·m，在拱底处有最小值 31.5kN·m，而轴力值从拱顶至拱底的变化则是先增大后减小，在拱腰处有最大值 −834.8kN。因此，在一般情况下，衬砌配筋的控制截面在拱顶处。

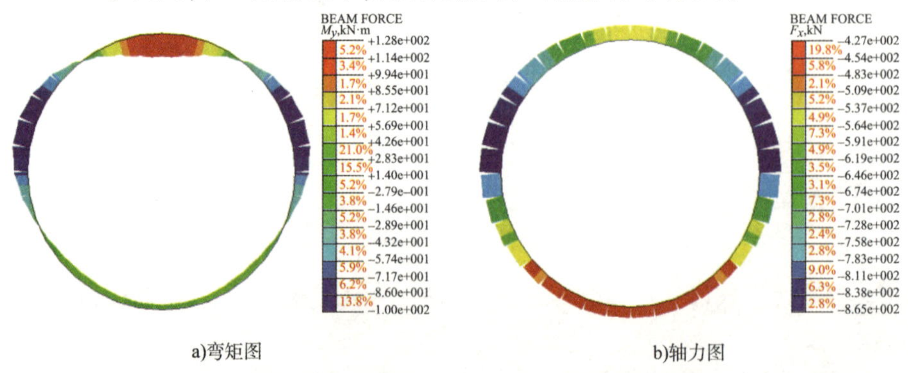

a)弯矩图　　b)轴力图

图 2-7　衬砌内力云图（荷载—结构法/拱底采用压缩弹簧模型）

衬砌内力(荷载—结构法/拱底采用压缩弹簧模型) 表 2-5

位置	弯矩(kN·m)	轴力(kN)	配筋(mm^2)	
			计算	实配
拱顶	161.7	-555.4	1792	2036(8 Φ18)
拱腰	-130.4	-834.8	972	
拱底	31.5	-436.5	600	

(2)存在的主要问题

通过分析,发现该计算结果存在一些不合理之处,主要体现在以下方面:与拱顶处相比,拱底处内力值明显偏小,尤其是弯矩值,与实际情况有较大出入;隧道拱底处出现了沉降变形,与实际的隆起变形不符。

实际监测情况表明,隧道拱底处承受着较大的荷载,相应的衬砌内力也较大,如南京某地铁工程,在衬砌结构施作完成后,曾出现过隧道拱底严重隆起、道床开裂破坏的现象;十(堰)漫(川关)高速公路云岭隧道施作的仰拱也曾出现过明显的隆起变形,对施工质量及安全造成了较大影响。另外,不论是采用矿山法还是盾构法,施工过程中,隧道周围地层都将不可避免地受到一定程度的扰动,尤其是拱底处,地层应力也会随之出现相应的释放,如果不考虑地层条件的变化(如地下水位的波动、邻近构筑物的新建等),隧道拱底处的地层应力一般都将小于隧道开挖前的原位应力。因此,隧道拱底处不应出现沉降变形,相反,一般情况下都呈现向上隆起的位移趋势。

现有研究表明,隧道拱底处的内力及位移趋势与隧道埋深、开挖断面大小以及地层条件呈正相关,如兰州地铁1号线区间隧道两过黄河段,隧道局部埋深在40m左右,隧道拱底处存在较大的内力,若采用现行的拱底处压缩弹簧模型将会导致拱底处内力值明显小于实际情况,将有可能导致拱底处衬砌配筋或衬砌厚度无法满足实际荷载的要求,进而造成严重的质量问题或安全隐患。

3)基于地基反力的衬砌结构设计方法

为了与目前工程界普遍采用的衬砌结构计算理论进行对比分析,本书分别采用在隧道拱底施加地基反力的反作用力模型(相对于上节中隧道拱底采用的压缩弹簧模型)与地层—结构模型进行计算分析,计算案例仍采用前文案例。

(1)隧道拱底施加地基反力的反作用力模型

①衬砌荷载

由《盾构隧道》(张凤祥等,2004)第11.1.2节相关内容可知:拱底竖向地基反力是与隧道围岩位移无关的反作用力,这是一种与隧道拱顶以上水土压力、地面超载等作用荷载相平衡的反作用力。根据前述计算过程,可知:

隧道拱顶竖向土压力 $p_{e1}=\sum\gamma_i\cdot h_i+20=200\text{kPa}$

拱底地基反作用力 $p_{e2}=p_{e1}+\pi\cdot\gamma_c\cdot t=200+18.8=218.8\text{kPa}$

拱顶侧向土压力 $e_1=\lambda\cdot p'_e=36.9\text{kPa}$

拱底侧向土压力 $e_2=\lambda\cdot(p'_e+\sum\gamma_i D)=87.3\text{kPa}$

荷载结构计算模型如图2-8所示。

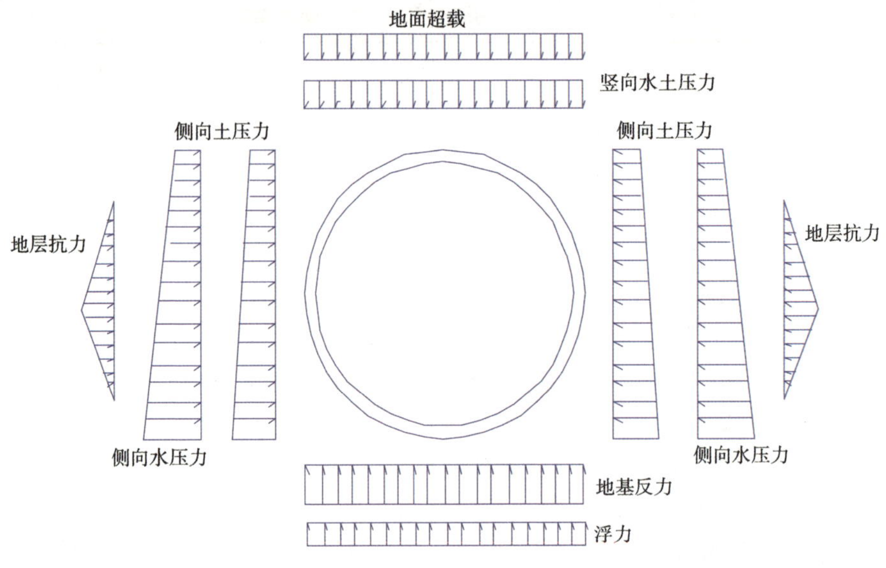

图 2-8　拱底采用反作用力的荷载—结构计算模型

②计算结果分析

荷载—结构法(拱底采用反作用力模型)衬砌结构变形云图如图 2-9 所示。由图 2-9 可知,隧道开挖、衬砌施作后,隧道拱顶出现了向下的沉降变形(－5.3mm),隧道拱底出现了向上的隆起变形(＋4.1mm),隧道两侧拱腰出现了远离隧道中心的位移趋势,隧道的变形趋于"横鸭蛋"形式,衬砌环的变形趋势与实际监测情况相符。

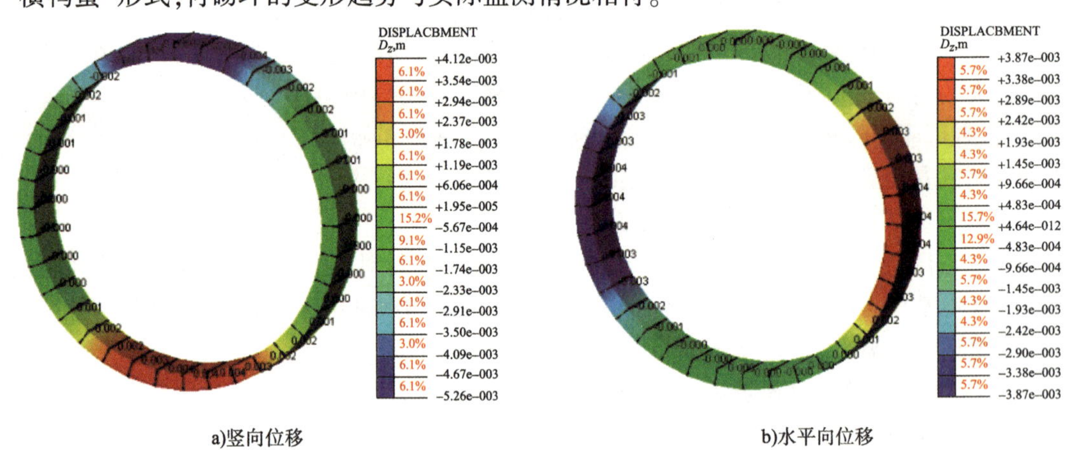

图 2-9　衬砌位移云图(荷载—结构法/拱底采用反作用力模型)

荷载—结构法(拱底采用反作用力模型)衬砌结构内力云图如图 2-10 所示。由图 2-10 和表 2-6 可知,尽管衬砌的最大弯矩值仍出现在拱顶处,但是拱底处的弯矩值却达到 145.1kN·m,与拱底采用压缩弹簧模型时拱底的 31.5kN·m 差别甚大。同时,轴力值从拱顶至拱底的变化依旧是先增大后减小,与拱底采用压缩弹簧模型时的变化规律相似,但轴力值也出现了不同程度的增大,尤其是在拱底处。

由以上分析情况可知,隧道拱底采用反作用力模型,可以避免压缩弹簧模型导致的拱底内力偏小与拱底沉降变形,能够正确指导衬砌内力分析与工程设计。

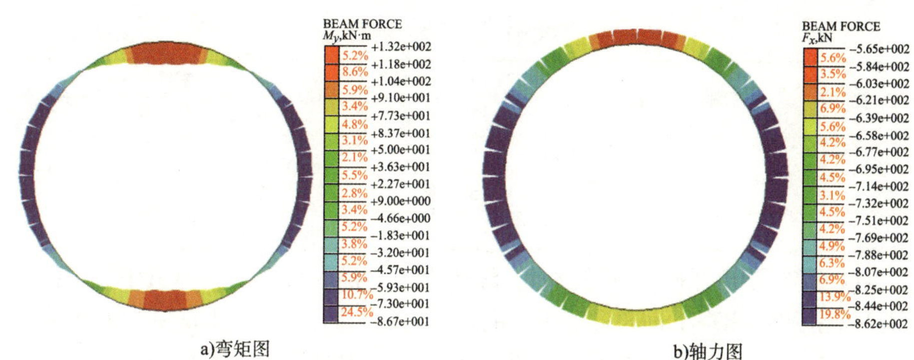

a)弯矩图　　b)轴力图

图2-10　衬砌内力云图(荷载—结构法/拱底采用反作用力模型)

衬砌内力(荷载—结构法/拱底采用反作用力模型)　　表2-6

位　置	弯矩(kN·m)		轴力(kN)		配筋(mm^2)	
	计算值	变化量*	计算值	变化量*	计算	实配
拱顶	166.3	2.8%	−565.1	1.7%	1850	2036 8Φ18
拱腰	−112.7	−13.6%	−845.6	1.3%	688	
拱底	145.1	360.6%	−632.2	44.9%	600	

注:* 变化量指隧道拱底采用反作用力模型与压缩弹簧模型之间的内力变化量。

(2)地层—结构模型

为了进一步说明拱底采用反作用力模型的合理性,建立二维地层—结构模型并进行相应计算,模型尺寸为40m×27m(宽×高),隧道拱顶埋深 $H=9$m,$D=6$m,地面超载 $p_0=20$kPa,相关地层、衬砌参数与前述相同,计算结果如图2-11、图2-12与表2-7所示。

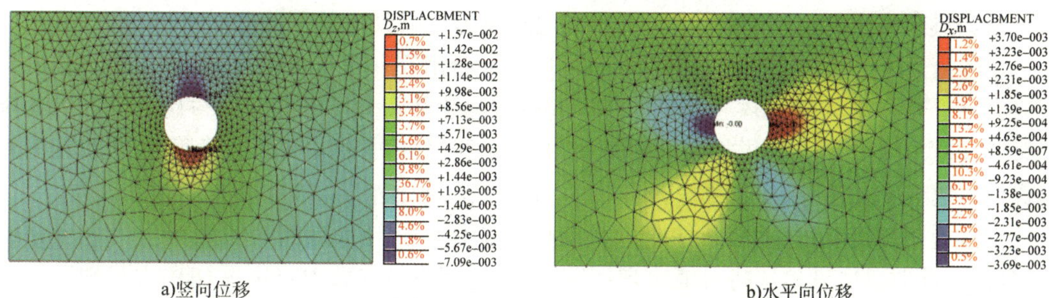

a)竖向位移　　b)水平向位移

图2-11　地层位移云图(地层—结构模型)

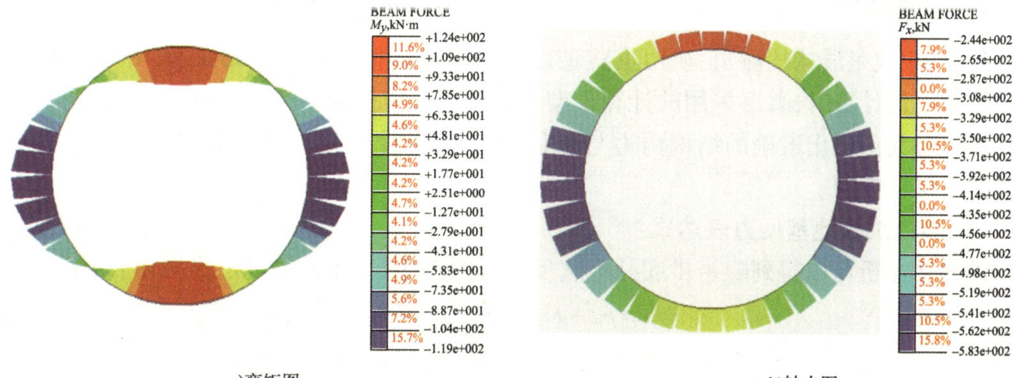

a)弯矩图　　b)轴力图

图2-12　衬砌内力云图(地层—结构模型)

衬砌内力(地层—结构模型)　　表 2-7

位　置	弯矩(kN·m)	轴力(kN)	配筋(mm^2)	
			计算	实配
拱顶	120.7	-251.9	1792	2036 8 Φ 18
拱腰	-110.1	-582.9	972	
拱底	124.1	-322.8	600	

由图 2-11 可知,隧道开挖、衬砌施作后,隧道拱顶与拱底出现了向隧道中心方向的位移趋势,而隧道两侧拱腰则出现了远离隧道中心的位移趋势。由图 2-12 及表 2-7 可知,拱顶与拱底处的弯矩值非常接近,且衬砌轴力值从拱顶至拱底的变化亦是先增大后减小。无论是衬砌的内力变化趋势,还是衬砌环的位移变化趋势,都与拱底采用反作用力模型时的变化规律相同。

另外,从内力数值上看,地层—结构模型所得的衬砌环内力及变形与荷载—结构模型存在区别,但是两者得出的内力与位移规律是一致的,证明了荷载—结构模型中隧道拱底采用反作用力模型的合理性。

4)地基反作用力与地基压缩抗力的区别与联系

(1)隧道拱底地基反力分析

尽管工程界对于隧道施工引起的衬砌位移趋势——“横鸭蛋”形式,没有太多的异议,然而与实际情况差别较大的拱底采用压缩弹簧的荷载—结构模型却被广泛运用。究其原因,主要是对地基反作用力与地基压缩抗力这两个概念理解不清、混为一谈。同时相关文献中仅指出了隧道拱底的地基反力是与围岩位移无关的反作用力,而未对其做出进一步的解释,容易让工程界广大技术人员产生误解。

根据隧道拱底的位移趋势,拱底所受的地基反力可以分为两个部分:

①隧道开挖、衬砌施作后,地层应力不可避免地会出现一定程度的释放,导致拱底处的地层应力小于原位应力,隧道拱底处会出现隆起的位移趋势。为了平衡包括衬砌自重在内的竖向荷载,拱底处地层将会提供相应的地基反力,但由于拱底处地层没有压缩变形,所以此时地基提供的地基反力应是上部荷载的反作用力,而不是由于地基压缩变形提供的地基抗力。

②隧道施工完成后,地层条件或荷载条件的变化可能导致拱底处的竖向应力大于原位地层应力,此时拱底处地层将可能出现压缩变形,地基提供的反力将由反作用力与地基压缩抗力两部分组成,反作用力是相当于原位地层应力的那部分应力,地基压缩抗力则是超过原位地层应力的那部分附加应力。

另外,不仅是盾构法隧道,矿山法隧道以及明挖或暗挖的地铁车站工程,在进行结构内力分析与配筋计算时,普遍采用的计算模型仍旧是底部压缩弹簧形式的荷载—结构法,由于该计算模型无法得出准确的结构内力与位移趋势,因此建议采用统一的底部反作用力形式的荷载—结构模型。

(2)隧道拱底地基反力表达式

由前述分析可以得到隧道拱底处地基反力 p 的表达式,如式(2-7)、式(2-8)所示。

$$p = p_0 + K \cdot z \qquad (z \geqslant 0) \tag{2-7}$$

$$p = p_{w1} + p_{e1} + p_{g1} - p_{w2} \qquad (z < 0) \tag{2-8}$$

式中:p_0——拱底处原位地层应力;

K——地基抗力系数；

z——拱底处竖向位移(拱底沉降为正)；

p_{w1}、p_{w2}——隧道拱顶、拱底处水压力；

p_{e1}——隧道拱顶处土压力(包括地面超载)；

p_{g1}——衬砌自重压力($p_{g1}=\pi\gamma_c t$，γ_c 为衬砌重度，t 为衬砌厚度)。

2.1.3 单元长度划分的影响分析

衬砌结构在计算中一般采用梁单元进行模拟，但是单元长度大小划分对计算结果存在何种影响却鲜有报道。一般认为，梁单元长度宜取 1.0m，因为衬砌荷载与弹簧反力(基床系数)都是基于"单位长度"的均布荷载。因此，本书以成都地铁 5 号线隧道工程为依托，对不同单元长度条件下的计算结果进行对比分析。

2.1.3.1 工程概况

成都地铁 5 号线区间隧道主要走行于卵石土地层与杂填土地层中，地下水位埋深为 3.1～5.2m，地层物理力学参数见表 2-8。

地层物理力学参数 表 2-8

土层及其描述	天然密度 γ (kN/m^3)	变形模量 E_0 (MPa)	静止侧压力系数 K_0	黏聚力(kPa)/内摩擦角(°)	基床系数(MPa/m)		土层厚度 (m)
					K_v	K_x	
杂填土	19.0	5	0.65	0/16	10	8	3.8
卵石土	23.0	55	0.19	0/40	115	90	5.2
风化砂岩	20.5	40	0.30	24/32	115	105	3.4/隧道

2.1.3.2 不同单元长度对计算结果的影响分析

(1)计算模型

考虑到隧道拱顶覆土厚度大于 $2D$($D=6.2$m)，因此隧道拱顶土压力需要考虑 Terzaghi 松弛土压力，采用均质圆环法(修正惯用法)，管片环刚度折减率为 $\eta=0.8$，弯矩提高率 $\xi=0.3$。衬砌厚度为 0.35m，采用 C50 钢筋混凝土。计算模型如图 2-13 所示，图中衬砌单元法向弹簧为仅受压弹簧。本书衬砌结构内力计算分析采用 midas/GTS 软件，衬砌配筋计算采用 MorGain 软件。

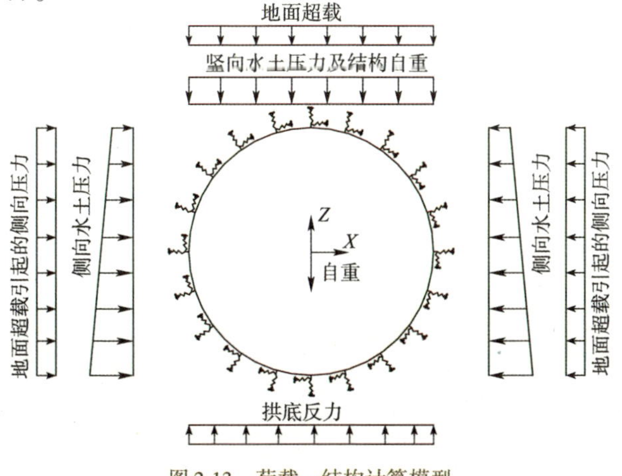

图 2-13 荷载—结构计算模型

(2)衬砌荷载计算

将相关参数代入式(2-1)~式(2-5),可得:$h_0=5.75\text{m}$,$\varphi=34.41°$,$c=6.72\text{kPa}$,$\gamma=21.08\text{kN/m}^3$,$B_0=4.97\text{m}$。由于$h_0\leqslant1.5D$,隧道拱顶竖向土压力取$2D$覆土厚度压力,即$p_1=\sum\gamma_i\cdot h_i+20=274.1\text{kPa}$。其中,$\gamma_i$、$h_i$分别为隧道拱顶上方土层的重度与厚度,20kPa为地面超载。

将相关参数代入式(2-6),可得:$p_e=121.31\text{kPa}$。

侧向土压力:

顶部 $$e_1=\lambda\cdot(p_e+20)=42.4\text{kPa}$$

底部 $$e_2=\lambda\cdot(p_e+20+\sum\gamma_iD)=78.8\text{kPa}$$

拱底反力:$p_{\text{反}}=297.6\text{kPa}$

(3)不同单元长度计算结果分析

单元长度为0.5m与1.0m时,衬砌内力计算结果如图2-14、图2-15与表2-9所示。由表2-9可知,不同单元长度对衬砌内力计算结果影响不大,差异不超过2%,这主要是由于衬砌荷载与弹簧反力(基床系数)都是基于"单位长度"的均布荷载,但相对精细的单元长度有利于模拟相对精确的荷载条件,同时,从数值计算角度方面考虑,在计算效率能够得到保障的前提下,结构单元应尽量精细,这样有利于取得比较理想的计算结果。

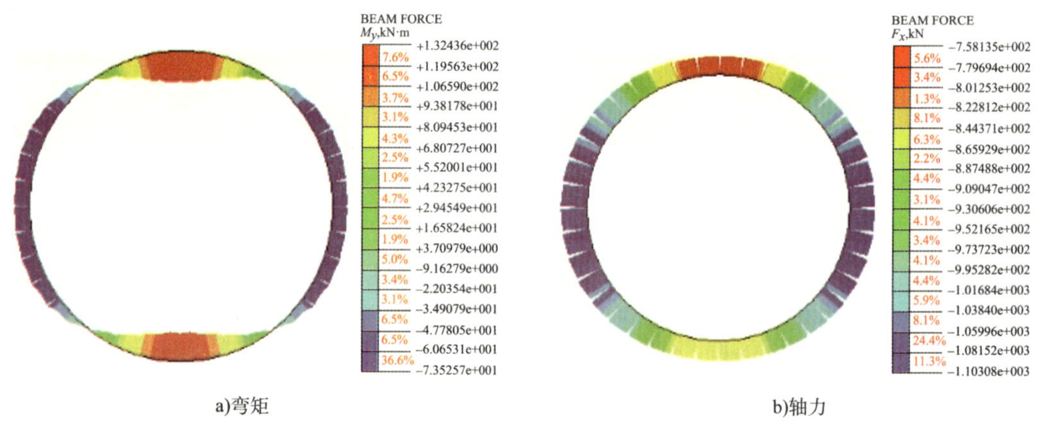

图2-14 单元长度为0.5m时内力云图

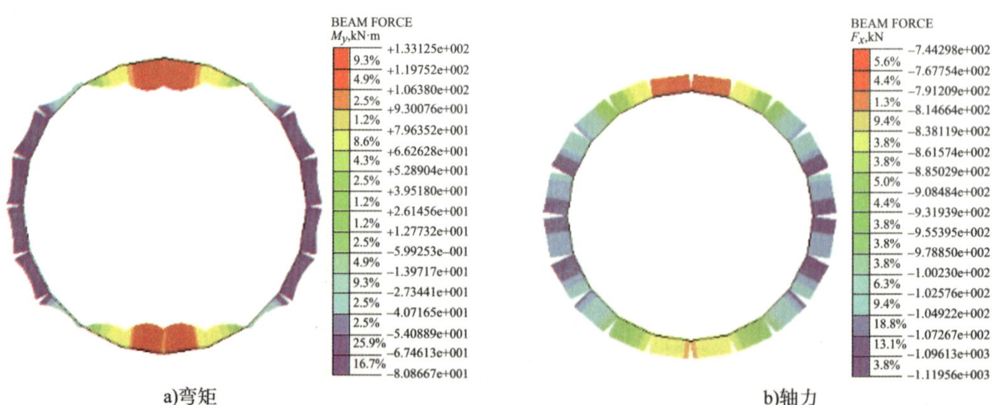

图2-15 单元长度为1.0m时内力云图

不同单元长度衬砌内力值对比情况　　表 2-9

单元长度(m)	弯矩(kN·m)		轴力(kN)		配筋(mm^2)	
	计算	差异	计算	差异	计算	实配
0.5	172.1	0.5%	-758.1	1.9%	1405	2036
1.0	173.0		-744.3		1419	(8⌀18)

2.1.4 弹簧设置方式的影响分析

理想情况下,隧道四周围岩水土压力的合力作用方向以及荷载作用下隧道的位移趋势都是沿隧道径向。为了抵抗隧道在荷载作用下的变形趋势,应在隧道四周施加法向压缩弹簧。同时,考虑到隧道衬砌与围岩间的相对位移趋势,沿隧道切向还应施加剪切弹簧。实际工程中,在静力荷载作用下,仅考虑法向弹簧即可满足计算要求。

实际工程中,地质勘察报告提供的都是水平向与竖向弹簧反力系数(基床系数),每个位置处的单元法向弹簧反力系数需要根据角度进行换算,给计算工作造成了很大的不便。为了简化计算,基于2.1.3节工程实例,通过对不同弹簧作用模型的衬砌结构内力计算结果进行对比分析,阐述水平向与竖向弹簧共同作用模型的合理性。

2.1.4.1 不同位置处单元法向弹簧基床系数

根据衬砌单元划分与不同位置处单元法向与竖向的夹角,可以得出每个位置处单元法向弹簧基床系数。表2-10中仅列出了隧道右半断面每个位置处单元的法向弹簧基床系数。

不同位置处单元法向基床系数　　表 2-10

节 点 号	径向与竖向夹角(°)	基床系数(MPa/m)		
		竖直向	水平向	隧道径向
1	0	115	105	115.00
2	16	115	105	139.49
3	35	115	105	154.43
4	53	115	105	153.07
5	72	115	105	135.40
6	90	115	105	105.00
7	108	115	105	135.40
8	127	115	105	153.07
9	145	115	105	154.43
10	164	115	105	139.49
11	180	115	105	115.00

2.1.4.2 不同弹簧作用模型计算结果分析

法向弹簧作用模型与竖向、水平向弹簧作用模型计算结果见表2-11。

不同弹簧作用模型的衬砌内力值　　表 2-11

模　型	弯矩(kN·m)		轴力(kN)		配筋(mm^2)	
	计算	差异	计算	差异	计算	实配
法向弹簧	181.9	5.1%	-714.8	4.0%	1576	8⌀18
竖向与水平向弹簧	173.0		-744.3		1431	2036

由表2-11可知，单元法向弹簧作用模型与竖向、水平向弹簧作用模型下衬砌结构内力计算值仅相差5%左右，并不影响衬砌实际配筋。因此，在实际工程中，衬砌单元每个位置处的法向与径向弹簧可等效为竖向与水平向弹簧，不但能与地勘单位提供的参数吻合，同时也可省去每个位置处单元法向弹簧基床系数的换算工作。

2.1.4.3 关于管片与地层接触面的设置问题

管片与地层间的剪切与摩擦作用需要通过设置接触面才能实现。就目前普遍采用的有限元软件，大都采用无厚度的4节点8自由度单元(Goodman单元)，涉及的主要参数为接触面的法向刚度 K_n 与切向刚度 K_s，也有不考虑接触面、直接采用接触对模拟结构间的相互作用的。

对于法向刚度 K_n，为了有效避免接触面单元与其他单元发生相互嵌入的现象，其取值应尽量大($K_n = 1\times10^9$kPa)。对于切向刚度 K_s，其取值应根据围岩条件、应力状态等综合确定。孙钧等人的研究得出了管片混凝土与周围的(亚)黏土之间接触面的切向刚度计算公式，如式(2-9)所示。

$$K_s = \left(\frac{a}{a + b \cdot \Delta u^2}\right) = \frac{1 - b \cdot \tau_{1s}}{a} \tag{2-9}$$

式中，剪切应力 $\tau_{1s} = \tau_s - \tau_0$，当 τ_s 超过起始剪应力 τ_0 时，才开始出现剪切位移 Δu，系数 a 的倒数是初始切向刚度系数 K_{s0}，系数 b 的倒数是 $\tau_s - \Delta u$ 曲线的渐近值，a、b 为常数。

2.1.5 管片结构的长期耐久性问题研究

管片结构的长期耐久性主要体现在两个方面：一是管片结构体自身的劣化，二是管片接缝防水材料的老化问题。管片接缝的防水效果在一定程度上决定了管片结构的长期耐久性。

目前，接缝防水材料一般选取密封垫，但密封垫断面主要参数的选取缺少相应的理论依据，基本上以经验法为主。为了避免传统方法试验周期过长、成本过大，应以数值计算为主要手段，通过对密封垫在密封槽内的压缩过程进行模拟，以接触应力和压缩密封垫所需压力作为主要控制指标，对断面参数进行调整。目前，地铁工程广泛采用的几种密封垫类型如图2-16所示。

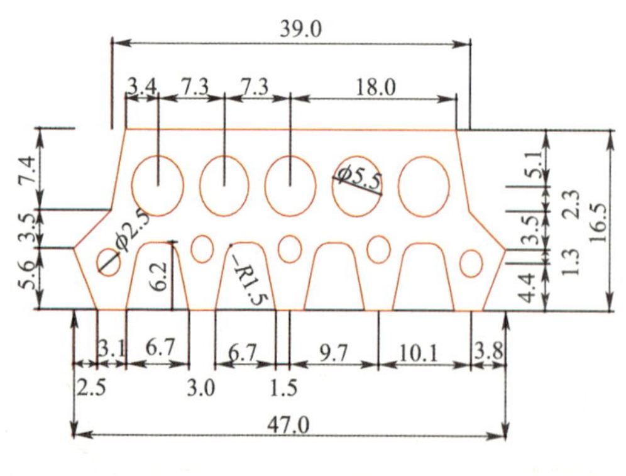

a)北京、沈阳地铁

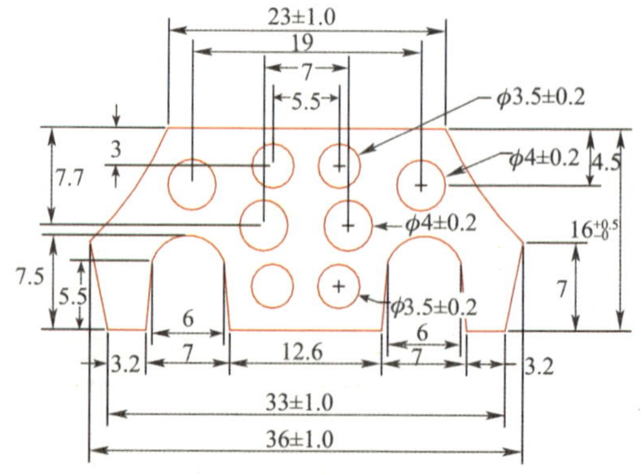

b)上海地铁

图 2-16

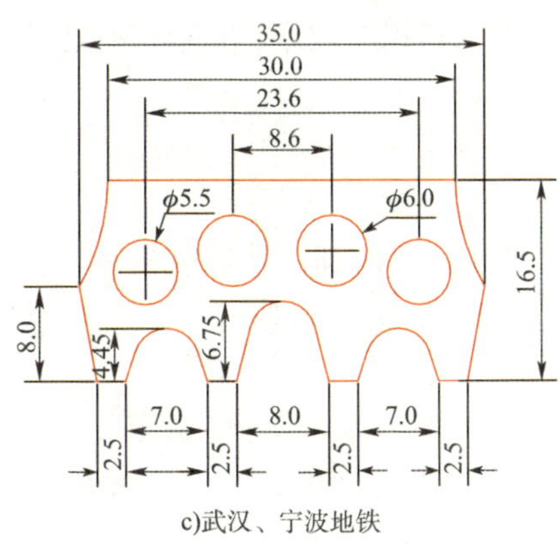

c)武汉、宁波地铁

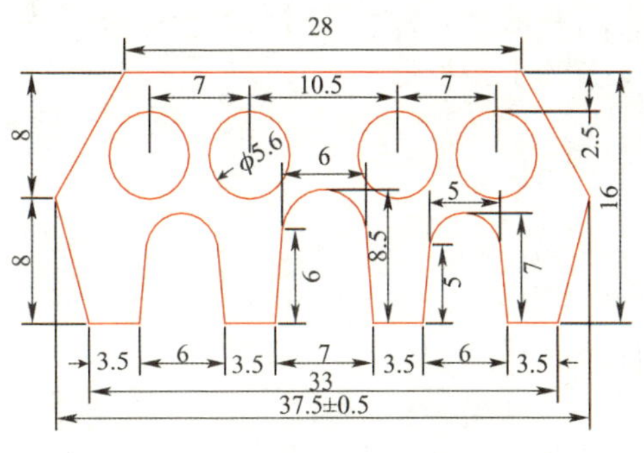

d)广州、深圳、南京、西安地铁

图 2-16 国内地铁工程管片接缝密封垫结构图(尺寸单位:mm)

2.1.6 地层、结构参数变化对计算结果的影响研究

有限元数值计算结果的可靠性,在很大程度上取决于相关参数取值是否准确。一般而言,地层与结构体的参数可从相关规范或地质勘察报告中找到,但有些计算参数会随着施工过程或外界环境的变化而变化,成为设计的难点之一。

2.1.6.1 地层参数的影响分析

盾构掘进必将导致四周地层应力的释放,以及土体力学参数的变化。对此,一般可以通过设置地层应力释放系数 ξ 来近似解决。在有可靠工程数据或试验数据的条件下,可采用统计的方法,将各阶段的位移权重当作各阶段的应力释放率进行计算。

2.1.6.2 结构参数的影响分析

对于盾构法隧道,盾尾注浆的重要性不言而喻,但现有设计一般不考虑盾尾空隙的存在与浆液压力对管片结构设计的影响,浆液压力作为盾构法隧道的主要施工荷载之一,对衬砌结构选型的影响很大。一般而言,浆液压力可根据如下原则确定:下临界压力 P_{J}^{x} 应能维持土体的稳定,使之不坍塌;上临界压力 P_{J}^{s} 应能维持土体稳定,使之不隆起,如式(2-10)所示。

$$P_{\mathrm{J}}^{x}=\gamma H\left[l+\frac{H}{D}\tan\left(45^{\circ}-\frac{\varphi}{2}\right)-2\frac{C_{\mathrm{u}}}{D}\right],P_{\mathrm{J}}^{s}=\left(\gamma-2\frac{C_{\mathrm{u}}}{D}\right)h \tag{2-10}$$

式中:γ——隧道上覆土体平均重度;

l——注浆管路长度;

H——土体塌落拱高度;

D——隧道直径;

φ——土体内摩擦角;

C_{u}——土体不排水抗剪强度;

h——隧道埋深。

考虑一定的安全系数 n(1.5~2.5),即可得到理想的注浆压力 P_{J}^{n},如式(2-11)所示。

$$n\times\gamma H\left[l+\frac{H}{D}\tan\left(45^{\circ}-\frac{\varphi}{2}\right)-2\frac{C_{\mathrm{u}}}{D}\right]<P_{\mathrm{J}}^{n}<\frac{1}{n}\times\left(\gamma-2\frac{C_{\mathrm{u}}}{D}\right)h \tag{2-11}$$

根据上述原则确定的浆液压力的作用方向为隧道径向,浆液压力是管片内力增长的主要因素,浆液压力会导致衬砌轴力明显增大,而弯矩的变化则相对较小,进而将降低管片配筋率,节约工程投资。

2.1.7 小结

本小节基于工程实例,从工程设计角度,对衬砌结构计算中遇到的计算软件(模型)、地层水土压力荷载、四周弹簧设置、单元长度划分、弹簧系数取值等问题进行研究,主要得出以下几点结论:

(1)对于管片结构的荷载—结构法受力分析,在现有的技术水平下,可采用 midas/GTS 软件作为结果的校核手段,如必须将其作为主要计算手段,建议采用多种计算方法对比分析;建议采用梁—弹簧模型进行管片受力分析,均质圆环模型仅用于计算结果的校核。

(2)管片结构上受到的水压力应按径向加载;隧道拱底反力应根据竖向荷载总和与结构所受浮力的比较结果,按不利原则取值。

(3)目前工程界广泛采用隧道拱底为压缩弹簧形式的荷载—结构模型,无法体现隧道拱底处较大的内力,也无法体现拱底处隆起的变形趋势。隧道拱底的地基反力形式与拱底位移趋势密切相关,当拱底呈隆起变形时,地基反力仅由地基反作用力组成;当拱底呈压缩变形时,地基反力则由反作用力与地基压缩抗力两部分组成。拱底采用反作用力形式的荷载—结构模型,能准确反映衬砌的受力特点与位移趋势,应在实际工程中推广应用。

(4)管片与地层的相互作用应通过管片四周设置的径向与切向土弹簧来实现,条件允许时,应设置接触面单元或接触对。

(5)单元长度对计算结果影响不大,但相对精细的衬砌单元划分有利于得出更加准确的计算结果,建议根据实际情况,选取相对较小的单元长度。

(6)考虑到实际工程现场试验一般仅提供水平与竖向弹簧系数,而且衬砌单元施加法向弹簧与切向弹簧的计算结果,与施加水平与竖向弹簧的计算结果非常接近,因此建议在计算中采用水平与竖向弹簧系数。

(7)应采用数值方法,对不同工程条件下密封垫在密封槽内的压缩过程进行模拟计算,对密封垫的断面尺寸进行优化设计。

2.2 地面超载影响分析与超载折减模型

一般情况下,城市地铁线路都需要穿越大量的构筑物,而当区间隧道穿越高层建筑时,衬砌结构的受力与配筋将成为整个区间的控制因素。目前,常规做法是将高层建筑引起的地面超载适当折减后直接施加到衬砌结构上,进行初砌结构内力与变形计算。然而,这种做法忽略了超载需要转化为地层应力才能作用于衬砌结构,且忽略了这一应力转化过程中荷载大小与作用方式的变化。既有研究表明,荷载—结构法虽然概念清晰、结构受力明确,但其荷载确定一般采用经验法。隧道围岩压力主要可分为松动压力与形变压力,但何时采用松动压力,何时采用形变压力,目前工程设计中并无明确规定,这也导致了地面超载对衬砌结构的影响难以准确界定。纵观国内外文献资料,尚无类似研究成果。本书基于不同的计算模型,揭示地面超载引起的衬砌结构荷载模式。

2.2.1　地面均布超载对衬砌结构的影响分析

为了验证现有设计理论的合理性，依照常规设计方法，基于前文所述工程实例，建立荷载—结构模型，将地面超载（200kPa）直接施加在衬砌结构上进行内力计算。另外建立地层—结构模型进行计算，对两种方法的计算结果进行对比分析。既有研究成果表明，在相同的地层条件与类似的荷载条件下，荷载—结构模型与地层—结构模型得出的衬砌内力结果应在同一水平。

2.2.1.1　荷载—结构模型

荷载—结构模型条件下，隧道拱顶竖向土压力为：$p_1 = \sum \gamma_i \cdot h_i + 200 = 454.1\text{kPa}$，侧向土压力分别为 $e_1 = 106.1\text{kPa}$，$e_2 = 142.5\text{kPa}$，拱底反力 $p_{反} = 477.6\text{kPa}$。计算结果如图 2-17 所示。

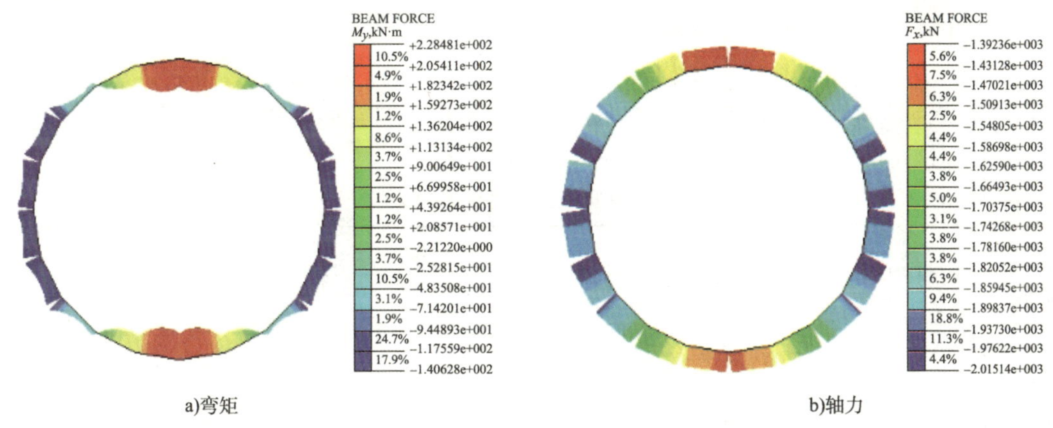

图 2-17　荷载—结构模型计算结果内力云图

2.2.1.2　地层—结构模型

模型尺寸 50m×25.6m（宽×高），共包含 900 个单元与 475 个节点，采用位移边界条件，土体采用二维平面应变单元模拟，衬砌采用梁单元模拟，如图 2-18 所示。计算结果如图 2-19 所示。

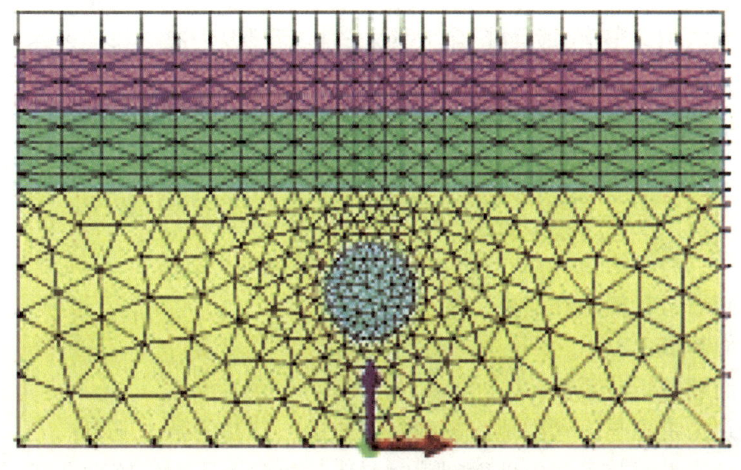

图 2-18　计算模型

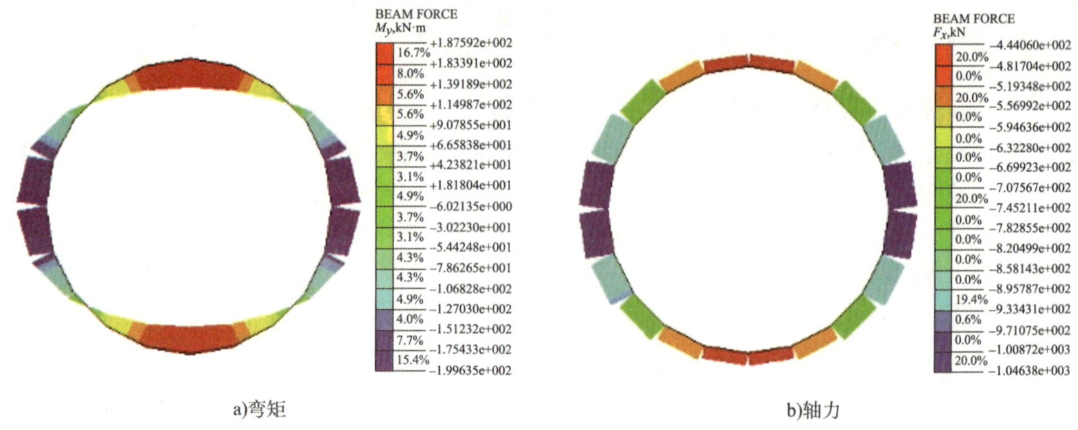

a)弯矩　　b)轴力

图 2-19　地层—结构模型计算结果内力云图

2.2.1.3　计算结果对比分析

荷载—结构模型与地层—结构模型计算结果对比情况见表 2-12。由表 2-12 可知,荷载—结构模型直接将地面超载施加在衬砌结构上,得出的衬砌内力相对较大,最大弯矩值增大 17.3%,这可能会导致较大的衬砌配筋与工程造价。

不同计算模型的衬砌内力值　　表 2-12

计 算 模 型	弯矩(kN · m)		轴力(kN)	
	计算	差异(%)	计算	差异(%)
荷载—结构法	297.1	17.3	-1392.4	132.3
地层—结构法	253.3		-599.5	

进一步分析发现,在计算隧道拱顶松弛土压力 p_e[式(2-6)]时,已经适当考虑了地面超载的影响,所以隧道围岩压力已经在一定程度上体现了超载的影响。如果再进一步将超载全部施加在衬砌上,必将加大衬砌荷载,增大结构的内力与位移趋势。因此,基于荷载—结构模型计算衬砌内力与变形时,地面超载应进行一定程度的折减,体现地面超载向地层应力转变过程中的应力损失,尤其是当地面超载较大,且对整个区间的衬砌结构断面配筋起到控制作用时。

2.2.2　地面均布超载引起的衬砌结构荷载模式

通过大量计算与分析,引入地面超载折减系数,体现应力转变过程中的应力损失,得出了与实际工况较为接近的计算方法,如式(2-12)所示。

$$p_0' = \lambda \cdot p_0 = \sqrt{\frac{p_e - p_e'}{p_e'}} \times p_0 = \sqrt{\frac{h_0 - h_0'}{h_0'}} \times p_0 \tag{2-12}$$

式中:p_0'——折减后直接施加在衬砌结构上的超载;

p_0——地面超载;

λ——地面超载折减系数;

p_e、p_e'——分别为考虑与不考虑地面超载时对应的太沙基松弛土压力;

h_0、h_0'——分别为考虑与不考虑地面超载时对应的松弛土压力塌落拱高度。

与式(2-11)相应的隧道拱顶竖向土压力如式(2-13)所示。

$$p_1 = \max(p_{2D}, p'_e) + p'_0 \tag{2-13}$$

式中:p_{2D}——$2D$ 覆土对应的土柱压力。

为了验证式(2-12)与式(2-13)的准确性,基于2.1节工程实例,选取6组不同的地面超载情况,分别采用地层—结构模型与荷载—结构模型进行计算,荷载计算结果见表2-13,衬砌内力计算结果对比情况见表2-14与图2-20。

不同地面超载条件下的围岩压力　　表2-13

序号	地面超载(kPa)	拱顶压力 p_1(kPa)	侧压力(kPa)		拱底反力 $p_反$(kPa)
			e_1	e_2	
1	50	267.9	38.5	75.9	291.4
2	100	293.1	47.0	83.5	316.6
3	150	325.7	56.8	93.3	349.3
4	200	364.4	68.4	104.9	387.9
5	250	408.2	81.6	118.0	431.8
6	300	456.7	96.1	132.6	408.3

不同地面超载条件下的衬砌内力　　表2-14

序号	地面超载(kPa)	地层—结构		荷载—结构		
		弯矩(kN·m)	轴力(kN)	弯矩(kN·m)		轴力(kN)
				计算	差异	
1	50	175.1	-403.2	192.9	10.2%	-801.1
2	100	199.3	-469.5	208.1	4.4%	-879.3
3	150	226.3	-535.0	227.7	0.6%	-980.2
4	200	253.3	-599.5	251.1	-0.9%	-1100.0
5	250	280.0	-663.0	277.5	-0.9%	-1235.6
6	300	306.6	-725.6	308.3	0.6%	-1384.7

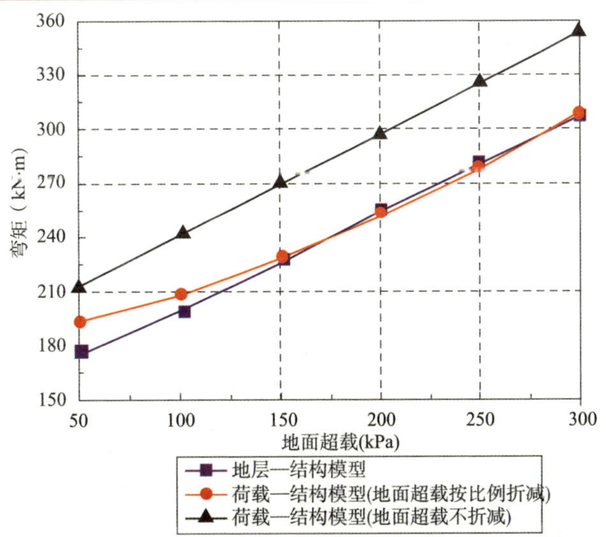

图2-20　不同地面超载条件下的衬砌内力

由表2-14可知，随着地面超载不断增大，隧道围岩压力与衬砌内力随之增大，尤其是隧道拱顶压力与拱底反力，且超载越大，相同荷载增量下引起的围岩压力增量越大，说明地面超载对衬砌的影响与其荷载水平正相关。

由表2-14与图2-20可知，换算后的地面超载作用于衬砌结构上，能够确保荷载—结构法得出的衬砌弯矩值与地层—结构法得出的弯矩值非常接近，且均明显低于将地面超载直接施加在衬砌结构上的计算结果，荷载越大，计算结果越接近。同时，相同的荷载增量，引起的衬砌内力增量非常接近，说明地面超载与衬砌内力之间呈线性相关。

2.2.3 地面局部超载引起的衬砌结构荷载模式

城市地铁隧道在穿越地表既有构筑物时，从构筑物正下方穿越的情况并不多见，更为普遍的是从既有构筑物某一角或某一侧穿越，或者紧邻构筑物下穿。此时对衬砌结构而言，地面超载的影响可能表现为左右不对称的偏载，由于隧道衬砌是左右对称结构，与均布荷载相比，偏载的影响更为不利，因此很有必要进行深入分析。

2.2.3.1 基于经典理论的压力扩散范围

如果将构筑物基础看作是硬壳层，那么构筑物地基就可以看成是硬壳层下方的软弱下卧层。构筑物超载在地基内的传播方式与压力扩散范围，涉及构筑物基础形式、宽度、厚度以及基础与下卧层土体的变形模量之比等几个方面。既有研究表明，考虑了硬壳层厚度、变形模量以及荷载作用宽度影响的应力扩散角 θ，一般不超过30°，这也符合相关规范的规定。

另外，均质地基中应力的“自然扩散”是地基的固有性质。这是布西奈斯克解早已解决了的问题，一般认为相应的应力扩散角在23°左右。

综合考虑多层地基中的应力扩散角与均质地基中应力的“自然扩散”，按不利原则，将地表构筑物超载引起的附件应力扩散角按30°考虑。

2.2.3.2 基于有限元计算结果的局部超载计算方法

为了进一步验证局部地面超载对衬砌结构的影响，基于前文所述工程实例，建立地层—结构模型，将局部荷载作用范围从隧道左侧逐渐扩展至另一侧，以隧道中线与地表交点处为坐标原点。计算工况与计算结果如表2-15与图2-21所示。

计算工况与计算结果　　表2-15

工况	荷载作用范围		计算结果	
	荷载边缘距隧道中线的距离(m)	荷载对衬砌结构的影响范围	最大弯矩(kN·m)	轴力(kN)
1	无地面超载	不影响	152.69	-336.96
2	-12.2	不影响	151.88	-362.88
3	-7.2	隧道局部断面	191.03	-379.54
4	-5.8		172.53	-395.55
5	0.0		211.41	-417.56
6	3.2	隧道全断面	251.78	-462.11
7	6.4		263.66	-497.21
8	12.8		265.14	-534.47
9	均布荷载		253.26	-599.54

由表2-15与图2-21可知，当荷载作用边缘在隧道中线外侧12.2m时，衬砌内力不受地面超载的影响，此时荷载作用边缘距离隧道中线距离 L_1 满足式(2-14)，荷载影响线尚未侵入隧道范围；当荷载作用边缘在隧道中线外侧7.2m时，衬砌内力已经明显受到地面超载的影响，此时荷载作用边缘距离隧道中线距离 L_2 满足式(2-15)，荷载影响线达到隧道中线(拱顶)；当荷载作用边缘在隧道中线外侧5.8m时，理论荷载作用边缘距离隧道中线距离 L_3 满足式(2-16)，此时荷载影响线已扩展至隧道整个断面，但与相距7.2m时相比，衬砌内力值略有减小，说明此时扩展至右半断面的超载在一定程度上抵消了左半断面超载的不利影响；当荷载作用范围包含隧道整个断面上时，衬砌内力值与地表均布荷载情况下类似。

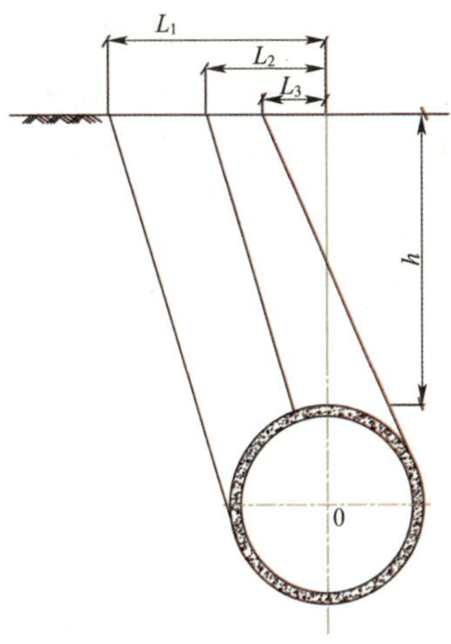

图2-21　地面超载影响范围示意图

$$L_1 = \left[h + \frac{R}{2} \times (1 + \sin\alpha)\right] \times \tan\alpha + \frac{R}{2} \times \cos\alpha \tag{2-14}$$

$$L_2 = h \cdot \tan\alpha \tag{2-15}$$

$$L_3 = \left[h + (1 - \sin\alpha) \times \frac{R}{2}\right] \times \tan\alpha - \frac{R}{2} \tag{2-16}$$

式中：L_1、L_2、L_3——荷载作用边缘距离隧道中线距离；

h——隧道拱顶埋深(12.4m)；

R——隧道直径(6.2m)；

α——地面超载在地层中传播的应力扩散角(取30°)。

根据地面超载作用边缘距离隧道中线的距离，可以得出隧道拱顶不同的超载作用模式，具体见表2-16。

不同条件下隧道拱顶超载作用模式　　表2-16

序　号	超载边缘距离隧道中线距离	超载作用模式
1	$L \geq L_1$	不受超地面载影响
2	$L_2 \leq L \leq L_1$	p_0'
3	$0 \leq L \leq L_2$	p_0'
4	$L \leq 0$	p_0'

2.2.4　小结

本节基于工程实例，从工程设计角度，对衬砌结构计算中遇到的单元长度划分、弹簧系数取值与地面超载的影响等问题进行研究，得出以下两点结论。

(1)由于地面超载直接施加在衬砌结构上会加大衬砌内力与变形趋势,因此提出地面超载应根据松弛土压力或塌落拱高度进行折减的理念,并进行了验证;进一步给出了超载相应的折减计算公式,同时明确了地面超载对衬砌内力的影响与其荷载水平正相关。

(2)地面局部超载对衬砌结构的影响,应根据超载作用范围及其与隧道的相对位置关系,以及荷载在地层中的应力扩散角综合确定,提出了不同范围局部超载作用下的衬砌附加荷载计算模型。

2.3 本章小结

本章基于目前盾构隧道衬砌结构设计存在的问题,对地层荷载与计算模型方面进行了深入研究,并给出了相应的建议方案,主要结论如下:

(1)可考虑采用梁—弹簧模型对管片结构采用荷载—结构法进行受力分析,均质圆环模型仅用于计算结果的校核。

(2)隧道拱底反力应根据竖向荷载总和与结构所受浮力的比较结果,按不利原则取值。隧道拱底的地基反力形式与拱底位移趋势密切相关,当拱底呈隆起变形时,地基反力仅由地基反作用力组成;当拱底呈压缩变形时,地基反力则由反作用力与地基压缩抗力两部分组成。

(3)单元长度对计算结果影响不大,但相对精细的衬砌单元划分有利于得出更加准确的计算结果,实际工程中可考虑采用水平与竖向弹簧作为模型四周的约束条件。

(4)地面超载应根据松弛土压力或塌落拱高度进行折减,给出了超载相应的折减计算公式,明确了地面超载对衬砌内力的影响与其荷载水平正相关。

(5)地面局部超载对衬砌结构的影响,应根据超载作用范围及其与隧道的相对位置关系,以及荷载在地层中的应力扩散角综合确定,提出了不同范围局部超载作用下的衬砌附加荷载计算模型。

本章参考文献

[1] 何川,张建刚,苏宗贤. 大断面水下盾构隧道结构力学特性[M]. 北京:科学出版社,2010.

[2] 胡如军. 盾构隧道衬砌管片设计理论研究[D]. 南京:河海大学,2002.

[3] ATSUSHII K. On the design method of the shield tunnel lining[J]. From Memories of the School of Science and Engineering,1992,56: 125-177.

[4] 中铁第一勘察设计院集团有限公司. 兰州市城市轨道交通 1 号线一期工程总体设计[R]. 西安:中铁第一勘察设计院集团有限公司,2011.

[5] GOODMAN R E,TAYLOR R L,BREKKE T L. A model for the mechanics of jointed rock[J]. J. Soil Mech. and Found. ,Engrg. Div. ,ASCE,1968,99(5): 637-660.

[6] 殷宗泽,朱泓,许国华. 土与结构材料的接触面的变形及数学模型[J]. 岩土工程学报,1994,16(3): 14-22.

[7] 孙钧,汪炳鉴. 地下结构有限元法解析[M]. 上海:同济大学出版社,1988.

[8] 刘印,张冬梅,黄宏伟. 基于纵向不均匀沉降的盾构隧道渗漏水机理分析[J]. 铁道工程学报,2011,5(22):66-70.

[9] 向科,石修巍. 盾构管片弹性密封垫断面设计与优化[J]. 地下空间与工程学报,2008,4(2):361-364.

[10] 戴志仁. 盾构隧道管片设计若干问题研究与探讨[J]. 铁道工程学报,2012(6):65-70.
[11] 戴志仁. 软土地区盾构隧道同步注浆机理与工程应用研究[D]. 上海:同济大学,2010.
[12] 张凤祥,朱合华,付德明. 盾构隧道[M]. 北京:人民交通出版社,2004.
[13] 王梦恕. 中国隧道及地下工程修建技术[M]. 北京:人民交通出版社,2010.
[14] 施仲衡. 地下铁道设计与施工[M]. 西安:陕西科学技术出版社,2006.
[15] 上海市住房和城乡建设管理委员会. 地基基础设计标准:DGJ 08-11—2010[S]. 2010.
[16] 陈勇. 云岭隧道仰拱填充隆起变形的原因分析及处理对策[J]. 中国西部科技,2012,2(11):4-8.
[17] 戴志仁. 盾构隧道盾尾管片上浮机理与控制[J]. 中国铁道科学,2013,34(1):59-66.
[18] 戴志仁. 盾构隧道衬砌结构计算模型探讨[J]. 铁道工程学报,2013(6):52-58.
[19] 廖少明. 圆形隧道纵向剪切传递效应研究[D]. 上海: 同济大学,2002.
[20] 郑颖人,邱陈瑜,张红,等. 关于土体隧洞围岩稳定性分析方法的探索[J]. 岩石力学与工程学报,2008,27(10):1968-1980.
[21] 王晓谋,尉学勇,魏进,等. 硬壳层软土地基竖向附加应力扩散的数值分析[J]. 长安大学学报(自然科学版),2007,27(3):37-41.
[22] 中华人民共和国住房和城乡建设部. 建筑地基基础设计规范:GB 50007—2011[S]. 北京:中国计划出版社,2012.

第3章　富水卵石土地层盾构隧道掘进机理研究

实际工程表明,砂卵石地层盾构隧道掘进引起的地层位移趋势主要由两部分组成:一是盾构刀盘开挖轮廓大于管片衬砌外径形成的理论空隙;二是由于不均匀地层引起的地层超挖。其中,第一部分开挖轮廓大于管片衬砌外径在任何地层情况下都存在,在理论上是不可避免的;第二部分是粒径大小不一、局部存在大粒径漂卵石的卵石土地层特有的。

根据成都地铁多年建设经验,在富水卵石土地层条件下,当盾构前方地层出现松散砂卵石层或局部大粒径漂卵石地层,在渣土改良效果不到位的情况下,盾构掘进速度较慢,对前方及上方砂卵石地层扰动很大,造成上方卵石层松散,卵石土由于重力作用进入土仓。当渣土塑流性较差时,进入土仓内的卵石土无法顺利排出土仓,可能导致土仓底部渣土堆积,土仓压力与掘削面平衡难以控制,进而造成盾构掘进超挖与地层损失,形成地层空洞,随着空洞的演变最终可能导致地面沉陷或局部坍塌(图 3-1 ~ 图 3-5)。

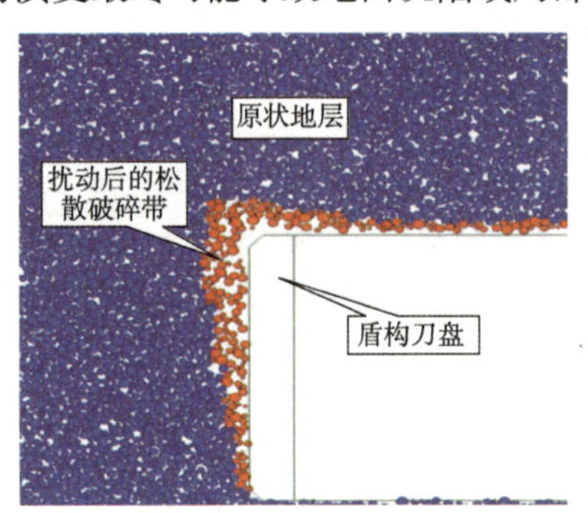

图 3-1　盾构掘进引起卵石土地层扰动范围示意图

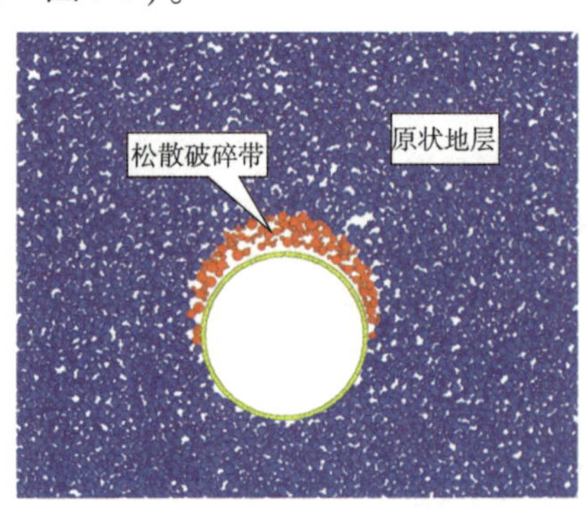

图 3-2　盾构掘削面卵石土松散破碎带向上移动

图 3-3　随时间推移在隧道上方出现地层空洞

图 3-4　隧道上方地层空洞进一步向地表延伸

由图3-1～图3-5可知，盾构掘进引起隧道上方形成一定范围的卵石土地层松散带，随着时间的推移（自重、地下水位升降以及外部附加荷载等共同作用），卵石土地层松散带不断变得密实（卵石颗粒重新排列），导致隧道上方出现局部空洞；随着时间的进一步推移，空洞继续向地表接近，最终导致地面局部坍塌，这就是富水卵石土地层由盾构掘进引起地层局部空洞与地表坍塌的形成机制。

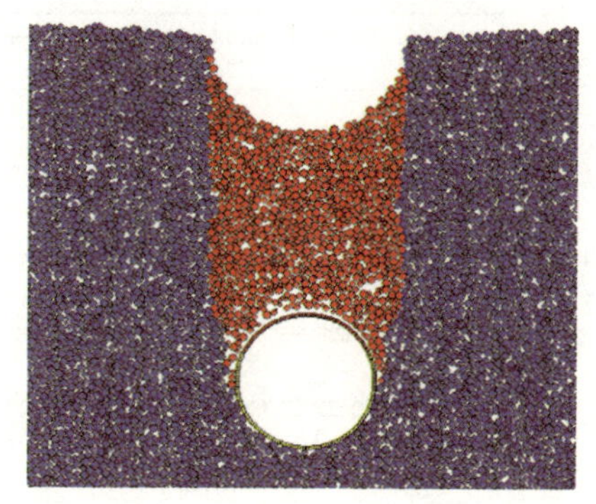

图3-5　地层空洞发展至地表并引起地面坍塌

本章拟通过室内试验，利用液囊排水装置，模拟盾构隧道四周不同位置（以上半断面为主）地层空洞的形成与演变过程，以期揭示富水卵石土地层空洞演变的内外部影响因素，并对盾构掘进参数（模型）提出相应的改善建议。

3.1　盾构掘进地层空洞形成机理、演变规律及其引起的地层沉降规律

盾构开挖引起的地层损失是造成地层沉降坍塌的根本原因。而对于埋深较大的卵石土地层盾构隧道，开挖扰动引起的地层损失在形成传递过程中具有明显的滞后性。本章研究从模拟盾构开挖形成地层空洞这一过程开始，通过模拟地层损失形成地层空洞及空洞在地层内发展演变的过程，监测空洞形成及演变过程中地层的位移情况，探明卵石土地层滞后沉降在隧道横断面和隧道纵向的演变规律。

在大粒径卵石土地层及孤石密集地层施工中，盾构机在排出大块卵石及孤石后，常在盾构开挖限界外留下大小及位置不定的空洞。

目前，综合考虑地层空洞位置、地层损失率及地下水影响的地表沉降试验有限，本试验可充分考虑以上影响因素，为卵石土地层施工地表沉降控制提供依据。

3.1.1　地层空洞模拟试验装置

3.1.1.1　试验设备

为实现上述目标，专门设计制造了试验台架，如图3-6和图3-7所示。

图3-6所示装置为研究地层空洞在隧道横断面形成、发展、演变的试验装置。该装置为上端开口的箱形结构，前面板用透明钢化玻璃板制作，方便观察地层位移，其余三个侧面和底面用钢板制作。国内外众多试验表明，使用钢化玻璃板可有效降低界面上的摩擦（Chowdhury等，2016；Marshall，2009；Chapman等，2007）。此外，本次试验目的为研究不同地层损失率及空洞位置等对横向沉降槽及纵向沉降分布的影响，相对于各点位的绝对位移，试验更为关注同一横截面上各监测点位间的相对位移及分布趋势。

整个模型尺寸为长×宽×高＝1930mm×1380mm×300mm，在模型箱中心，距离底部410mm的地方设置了一根ϕ20cm的钢管，用于模拟隧道衬砌结构。在装置的左右两边均设有可拆卸钢板，用于装土和卸土，右下方设有一出水口，可实现隧道排水。

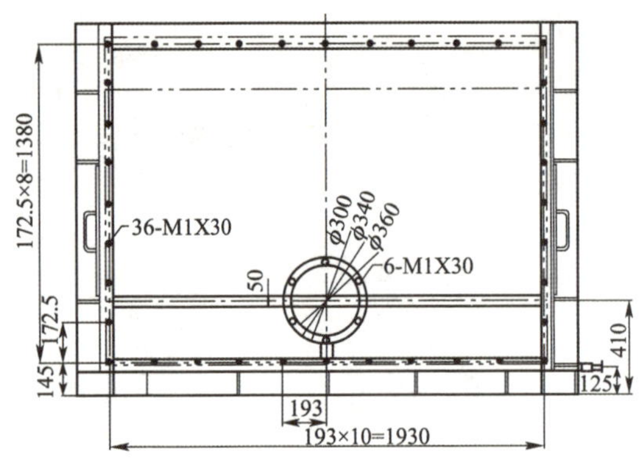

图 3-6　隧道横断面地层移动研究试验设备(尺寸单位:mm)

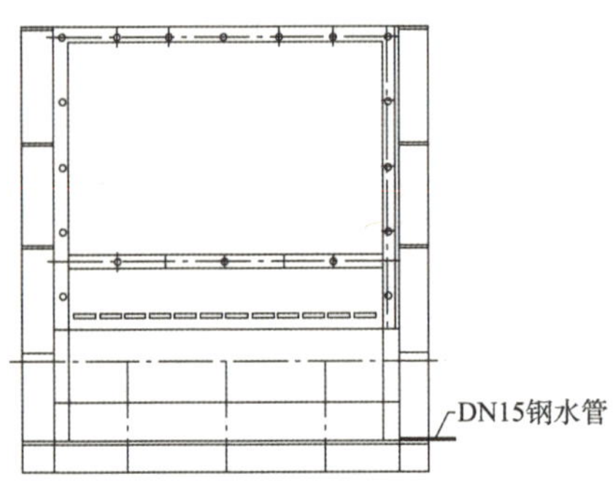

图 3-7　隧道掘进方向地层移动研究试验设备

图 3-7 所示装置为研究地层空洞在隧道掘进方向的形成、发展、演变的试验装置。该装置与图 3-6 装置类似,不同之处在于,该装置中隧道摆设方向为横向,且隧道模型为圆柱的一半。该装置在隧道拱顶上方预留了小孔,通过小孔可实现地层损失的模拟。

3.1.1.2　地层空洞模拟

根据 Peck 假定,卵石土地层空洞形成的主要原因之一是由于盾构机开挖直径大于管片内径引起的超挖(卵石土地层还包括松散卵石或大粒径卵石引起的局部超挖),隧道掘进引发的地层空洞如图 3-8 所示,该区域为图 3-8 所示蓝色区域。在注浆过程中,浆液在注浆压力和自重作用下溢流到卵石空隙中,在地层空洞主要为拱顶的一定范围内形成月牙形区域,如图 3-8 所示青色区域。本次室内试验也主要以这种永久性空洞为例进行研究,并将地层损失率作为研究的主要影响因素。

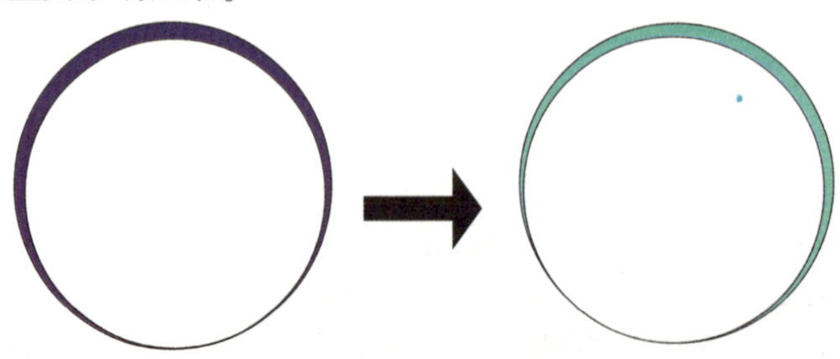

图 3-8　隧道掘进引发的地层空洞

隧道横断面方向沉降研究的模型试验装置为对称的隧道模型，主要由模型箱和隧道组成。模型箱前面板采用钢化玻璃板制作，其余三个侧面和底面用钢板制作。隧道结构体为圆筒形钢结构，外径为20cm。试验通过在隧道顶面铺设充水液囊来模拟空洞，如图3-9所示，通过放水的方法模拟地层损失。应指出的是，试验中使用充水液囊模拟盾构超挖及地层空洞等导致的不同地层损失率，是实现地层损失的手段，液囊内水体与地下水无关。

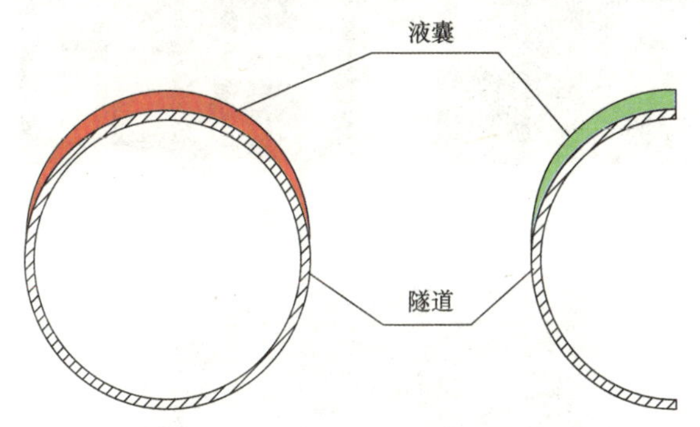

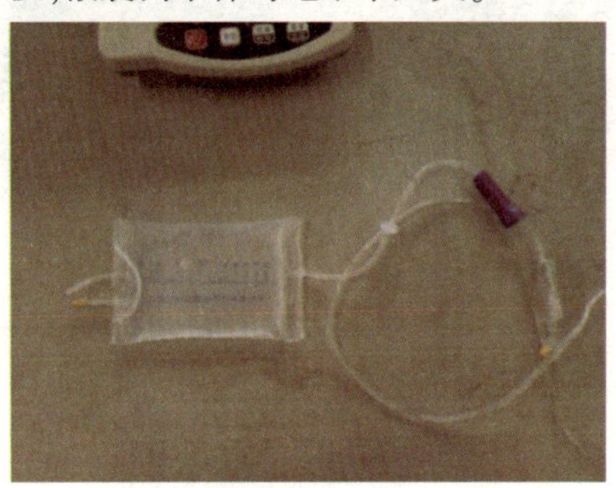

图3-9 地层空洞的模拟

3.1.1.3 地层移动的测量

地表沉降主要采用差动式数显位移计测量，精度为0.01mm，共7个测点，测点间距为28cm，地表位移通过位移杆传递，引至位移计容易测量的位置。

地中位移通过差动式数显位移计及测量标志球的移动获得。差动式数显位移计测量地中位移，主要靠位移杆将地中位移向上传递，将位移计与位移杆相互连接可以获得地中位移。这种方法获得的地中位移精度较高(0.01mm)，但位移计量程有限，当出现大地中位移时，仅靠位移计无法获取地层移动的数值。利用测量预埋标志球的位移可以扩大测量量程，但精度相对较低(0.05mm)，同时由于标志球埋设位置处于模型箱前方，存在一定的边界效应。试验过程中，通过摄像机记录地层空洞形成过程中地层位移。位移测点如图3-10及图3-11所示，位移传递杆如图3-12所示，差动式竖向位移计如图3-13所示。差动式数显位移计测量得出的位移通过数显仪读数得出，如图3-14所示。

在隧道上方主要位移区埋设标志球，通过量测位移标志球的移动来表述地层位移情况，标志球埋设情况如图3-15所示，埋设完成的标志球如图3-16所示。

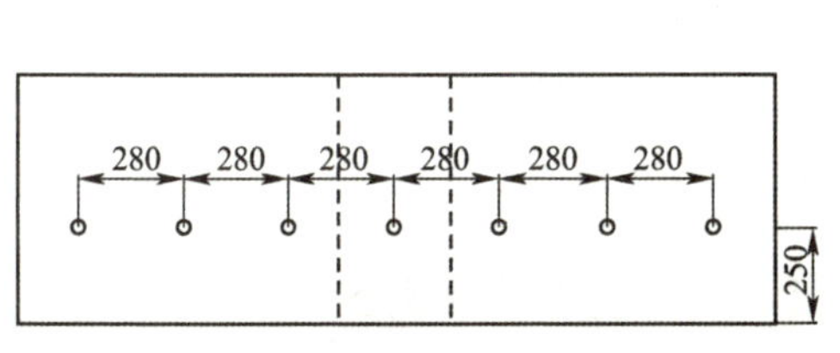

图3-10 地中位移计测点断面(尺寸单位:mm)

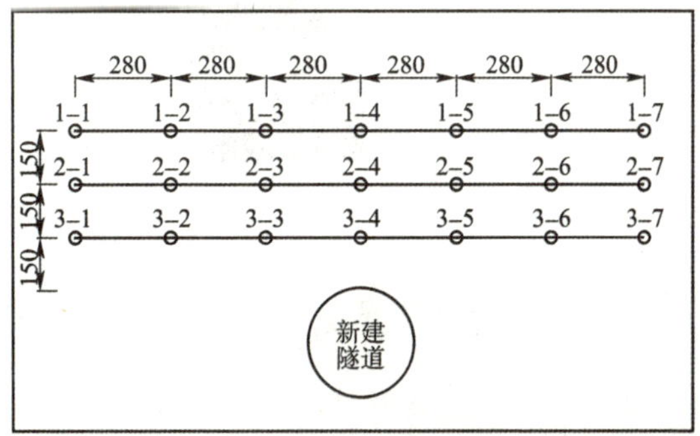

图3-11 地中位移杆测点布置图(尺寸单位:mm)

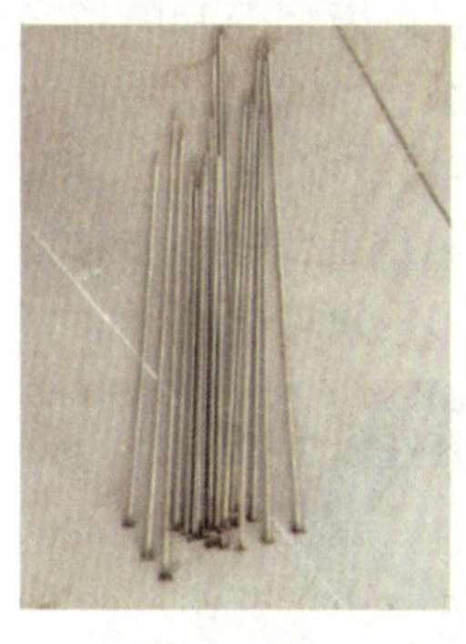

图3-12　位移传递杆

图3-13　差动式竖向位移计

图3-14　位移数显仪

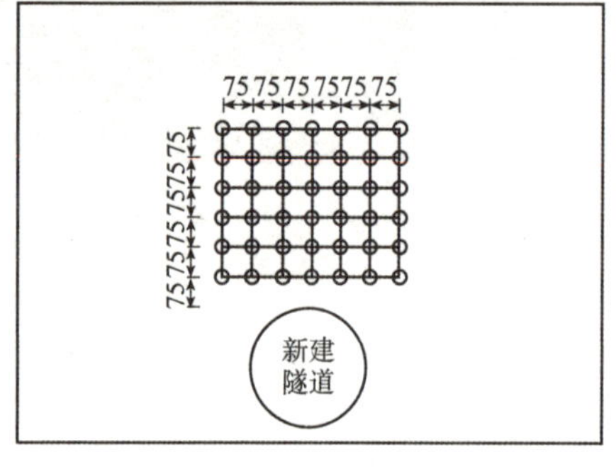

图3-15　标志球布置位置示意(尺寸单位:mm)

图3-16　标志球布置位置图

排水过程中对地层移动情况进行摄影记录,如图3-17所示。

图3-17　通过摄影对地层移动情况进行记录

3.1.2　隧道横断面地层空洞引起地层沉降演变规律研究

3.1.2.1　试验材料

本次试验采用的砂卵石取自四川省新津县金马河,卵石外表光滑。根据成都地区卵石土地层特性,采用相似级配法进行卵石配制,如图3-18~图3-20所示。

图 3-18　砂卵石图配制

图 3-19　试验土体所需大粒径砂卵石

图 3-20　拌和后的模型试验土

所得到的砂卵石土的物理力学特性见表 3-1 和表 3-2。

颗粒级配　　表 3-1

卵石粒径(mm)	>60	60～40	40～20	20～2	2～0.5	0.5～0.25	0.25～0.075	<0.075
质量比(%)	5.61	35.64	23.28	14.82	6.35	5.36	5.06	3.88

卵石土力学性质　　表 3-2

土层	变形模量 E (MPa)	泊松比 μ	天然密度 (g/cm^3)	黏聚力 c (kPa)	内摩擦角 φ (°)
3-11 卵石	50	0.23	2.28	0	40

3.1.2.2　试验工况

试验主要模拟在较大地层损失情况下,出现地层空洞后,空洞在地层中的传递机制。根据以往研究得知,在一般地层损失情况下,地层空洞传递至地表的临界隧道埋深为 $1.5D$(D 为隧道直径,下同)。因此,本次试验隧道埋深以 $1.5D$ 为主,通过改变地层损失大小、地层空洞位置及隧道埋深来探讨地层空洞产生后地层位移情况,并加入地下水渗流及地表车辆振动影响来确定外界因素扰动对地层空洞传递的影响。试验涉及的工况见表 3-3。

试验工况　　表 3-3

实验系列	地层损失大小(%)	隧道埋深	外界因素
1	10	$1.5D$	无扰动
2	15	$1.5D$	无扰动
3	20	$1.5D$	无扰动

续上表

实验系列	地层损失大小(%)	隧道埋深	外界因素
4	10	1.5D	空洞位于隧道右侧
5	10	1D	无扰动
6	10	1.5D	车辆振动
7	10	1.5D	地下水渗流
8	10	1.5D	车辆振动及地下水渗流

3.1.2.3 试验步骤

首先,进行无外界扰动情况下地层空洞的发展试验,该试验过程主要包括:

步骤一:向医用点滴液囊内注水,通过水的重量控制地层损失。试验中默认水的密度为 $1000kg/m^3$,充水时通过电子秤来称量液囊中水的重量来确定水的体积。

步骤二:将配制好的砂卵石土填进模型试验箱,填土过程中将液囊预埋在土中,并堆垒成月牙形。根据预定位移杆的位置进行位移传递杆埋设,同时在隧道上方地层位移较大的区域内埋设位移标志球。在模型土埋设过程中,为了满足砂卵石土体的密实度,用有一定质量的工字钢进行卵石土夯实。试验土体埋设完成之后,等待 24~36h,待土体一定程度的固结后再进行试验。

图 3-21 液囊排水

步骤三:将液囊两端软管的封口打开,使液囊中的水排出,模拟地层空洞的产生过程,如图 3-21所示。将液囊中的水完全排出后,等待 24h,待地层位移稳定之后,观察地层空洞的位置,并通过位移数显仪读出位移计的数值,并通过采用卡尺测量位移标志球的移动来读出位移标志球的移动。

以上为本次试验的主要步骤,在研究隧道埋深及空洞位置对地层位移的影响时,分别改变步骤二中的土体埋设高度及液囊预埋位置(隧道正上方、隧道左上方、隧道右上方),其他步骤均不发生变化。进行地下水渗流、地表振动作用及地下水渗流和地表振动耦合作用环境条件下,空洞在地层中扩散的影响试验时,分别按研究目的对步骤二进行设置。如研究地下水渗流时,在进行至步骤二时,加入地下水模拟系统,如图 3-22 所示。采用打孔的塑料薄膜进行降水模拟。其制作过程为预先裁剪大小合适的塑料薄膜,在塑料薄膜上均匀打上小孔,然后将之固定在模型试验箱上,塑料薄膜两边卷起,防止水从两边流下。进行步骤三时,在排放液囊中水的

图 3-22 模拟地表降水

同时,在塑料薄膜上均匀洒水,保证水能均匀从薄膜上的小孔中流下,液囊中水排完后停止洒水,让地层固结一段时间。地层初步稳定之后,继续在塑料薄膜上洒水,之后再次让地层进行固结,如此往复进行几次降水及地下水渗流活动,待地层最终稳定后测定最终的地层位移。

研究地下水渗流影响时,主要通过控制水流量来控制地下水渗流的影响。据调查,成都地区年降水量为360mm,试验中每次降水量设置为5mm。因此,每次模拟降水取用水量为4kg,每次降雨持续时间为40min,试验中共进行10次降水模拟。试验中控制地下水位与隧道拱顶齐平,地表降水渗透水头差L为埋深1.5D(45cm)。

地表车辆振动通过调频激振器模拟,激振器如图3-23所示。其模拟过程为在地表放置一块木板,将激振器振动段通过螺杆与木板连接,激振器固定在定制的槽钢上,激振器产生的振动通过木板均匀传递至地表,继而往地层中传递。为减少激振器产生振动能量耗散,将激振器安至预定位置之后,在槽钢两端各加上一块有一定质量的重型工字钢,将槽钢及激振器固定。激振器由振动波产生器和功率放大器组成,装置如图3-24所示,图中蓝色盒子为振动波发生装置,白色装置为功率放大器。试验中振动波主要添加扫频波。进行上述步骤三时,添加地表振波,并像模拟地下水一样通过往复试验,待地层最终稳定后测定地层位移。

图3-23　激振器

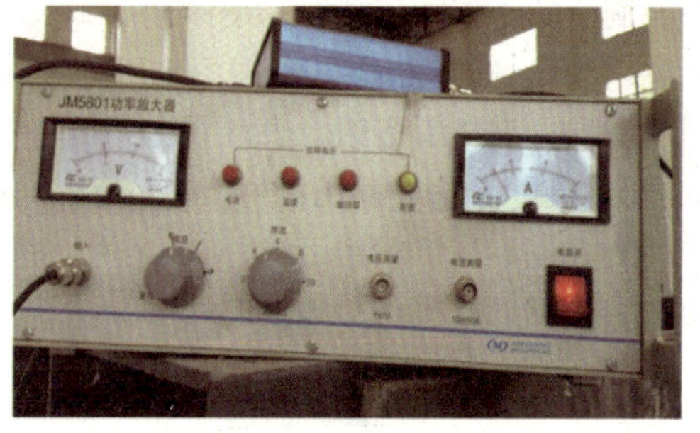

图3-24　振动发生及放大装置

模拟地表振动时,主要是通过输入振动波的频率及振幅来控制地表振动的影响。车辆行驶在地表不同位置时其频率及振幅将会变化,因此施加的振动波为扫频波,可根据车流量的变化来控制施加振动波。试验中主要模拟城市二级道路的地表车辆振动。根据一般情况,在城市内二级公路地表车辆速度为40~50km/h,车长一般为4m,前轮与后轮间距一般为2.5m。因此,每辆车通过时间假定为0.3s,前后轮通过时间差假定为0.2s,车流量折合成小汽车为昼夜7500~15000辆,取中间值12500辆,从而确定地表振动间隔的时间为6.9s。同时假定小汽车质量为1.5t(15kN)。在施加振动时,输入的振动参数为:激振电压为1000mV、扫频方向为0~300Hz、扫频时间为5s。每辆汽车通过时地表振动荷载曲线如图3-25所示,其中两个峰值为车辆前轮及后轮通过时的荷载,谷值为车辆中轴线处于空洞上方时的荷载。试验假设中每隔6.9s将会通过一辆汽车。

研究地下水渗流及地表振动耦合作用对地层位移的影响时,由于激振器的添加无法采用塑料薄膜模拟降水及地下水渗流,因而采用打孔的塑料软管通水来实现有关地下水渗流的试验。激振器依然照上述方式安装,并与上述方式一样,通过往复试验,待地层最终稳定后测定地层位移。

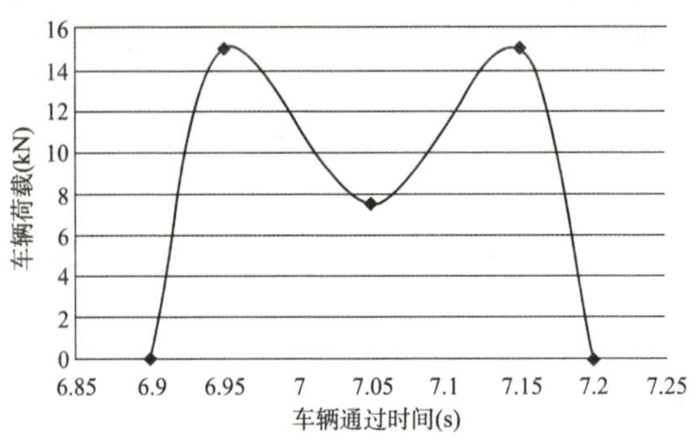

图 3-25　车辆荷载曲线

3.1.2.4　试验结果分析

1) 地表沉降分析

(1) 不同地层损失情况下地表沉降分析

此模型试验并非相似试验，试验中土体未依据相似比例制备，钢化玻璃板与土体间存在一定摩擦，在地层损失率较低时地表沉降较低，测量困难，故采用较大的地层损失率进行研究。选取地层损失为10%、15%、20%三种试验方案的结果来研究地层损失量不同时出现地层空洞后的地层位移情况。不同地层损失下地表沉降曲线如图3-26所示。从沉降槽形态上可以看出，卵石土地层地表沉降曲线总体形态特征与Peck假定的高斯分布曲线类似，不同地层损失率所引起的地表沉降形态也基本相同，隧道上方的地表沉降量最大，在隧道两侧地表沉降逐渐减小，呈现深"V"状。随着地层损失量的增大，沉降槽下部有明显的向下扩大的趋势。在本次试验中，地层损失是通过将充水液囊中的水排出来进行模拟，因而没有实际施工中的盾构机掘进对地层的动态扰动。

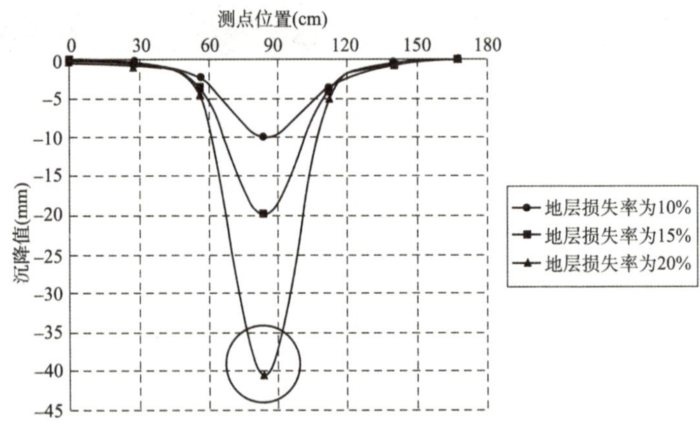

图 3-26　地表沉降曲线

从沉降的影响区来看，地层沉降主要出现在隧道上方，主要影响区域在隧道中心轴两边不到1D(D为隧道直径)的位置，在1D范围以外的区域地表沉降较小，在2D以外的位置基本不发生沉降。这种情况一般会出现在盾构机在掘进中向前推进一段距离后，盾构隧道周围受到扰动的松散土体，逐渐重新沉降固结才形成地层空洞。此时，盾构刀盘转动、盾构机的自身振动等因素对地层沉降影响几乎消失，主要是地层自身沉降。由于卵石土地层黏聚力小，空洞出现后砂卵石骨架无法长期维持平衡状态，同时由于卵石土地层松散、颗粒性强的特点，空洞扩

散过程中地层结构颗粒间呈点对点受力，在地层中力的传递范围较小，地层空洞在横断面内沉降主要出现在隧道上方，沉降槽宽度较小，沉降基本集中在隧道中心轴线向外2D的位置。

从沉降量值上可以看出，随地层损失率的增加，最大地表沉降显著增加，当地层损失率为10%、15%、20%时，对应的最大地表沉降依次为10.04mm、19.92mm、40.05mm。随着地层损失率的逐渐增大，地表沉降增大量也逐渐增大，地层损失率从10%升至15%，地层沉降增大90%左右，地层损失率从15%增大至20%，地表沉降几乎成倍增加。地层损失越大，出现工程事故的概率将会大大增加。因此，在施工过程中，需要严格控制施工措施，以减小地层损失。

从空洞出现的情况来看，地层损失率为10%时(图3-27)，地层空洞出现在隧道正上方，空洞与隧道距离较小，空洞区域几乎只出现在隧道周围，且空洞在经过24h后几乎没有发生明显变化。地层损失率为15%时(图3-28)，地层空洞依然出现在隧道正上方，空洞主要位置出现在拱顶上方约0.5D的位置，从图上可以看出，在隧道上方也存在明显的松散砂卵石结构土体，经过24h后空洞也没有发生明显的变化。地层损失率为20%时，隧道上方并未在固定区域出现明显的地层空洞，但在隧道上方出现明显的破坏现象，存在明显的塌落拱及破坏面(图3-29)，隧道周围地层从拱顶至地表的土体均处于极不稳定的状态。此时，地表出现明显的塌陷，塌陷范围处于隧道正上方。这种情况的出现主要是由于地层损失大，此时随着地层空洞的逐渐形成，地层位移量很大，空洞在地层中来不及形成暂时稳定的平衡拱结构而是在地层中快速传递至地表，到地层空洞完全形成时，地层变形已传递至地表，导致地表出现明显的塌陷(图3-30)。

图3-27　地层损失率10%空洞出现位置

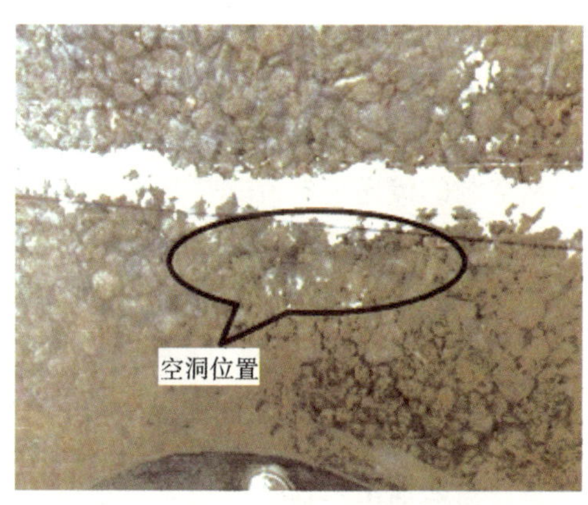

图3-28　地层损失率15%空洞出现位置

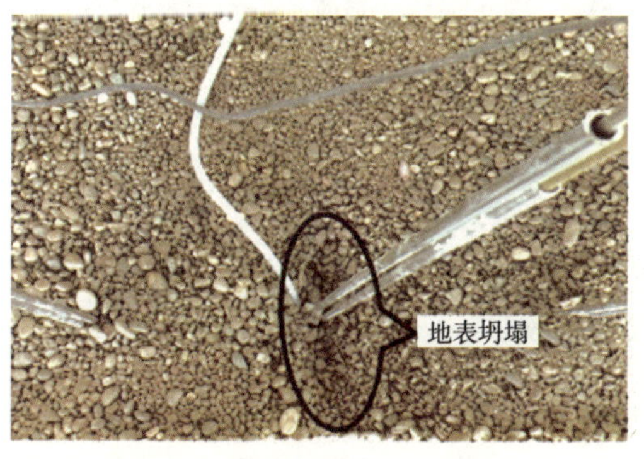

图3-29　地层损失率20%地表塌陷

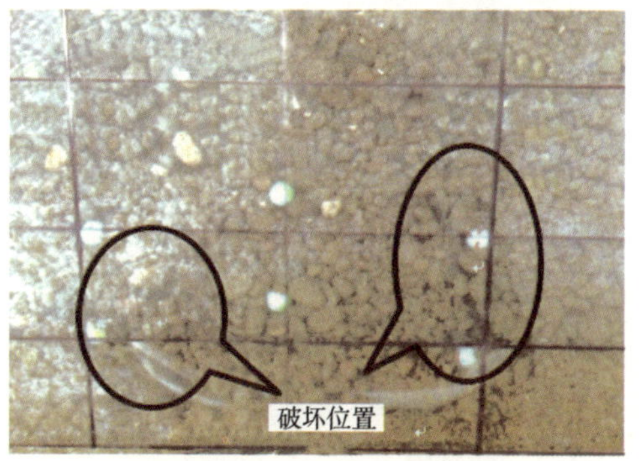

图3-30　地层损失率20%地层破坏情况

(2)不同埋深情况下地表沉降分析

试验设置了地层损失为10%、隧道埋深为1D的试验组,以研究盾构埋深对地层空洞形成后地层位移的影响。不同隧道埋深情况下地表沉降曲线如图3-31所示。从地表沉降曲线形态来看,改变隧道埋深,沉降曲线的形态基本保持不变,沉降槽宽度略有增大。地层位移依然主要出现在隧道上方位置。随着隧道埋深的增加,隧道上方深"V"沉降槽的下部快速向下延伸,横断面内沉降依然主要发生在隧道中心轴两侧1D的位置,在1D以外沉降快速减小,到2D以外的位置基本不出现沉降。

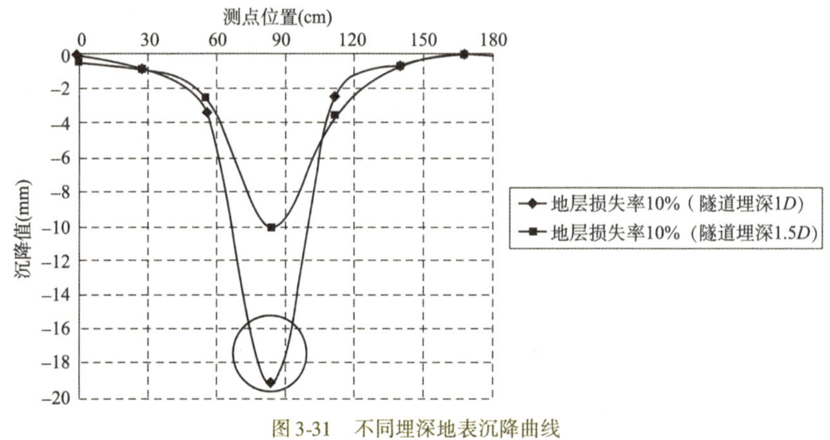

图3-31　不同埋深地表沉降曲线

从量值上来看,地层损失率为10%、隧道埋深为1.5D的情况下最大沉降为10.04mm,地层损失率为10%、隧道埋深为1D的情况下最大沉降为19.20mm。在地层损失不变的情况下,盾构隧道埋深减小将会大大增加地表沉降量。

从空洞的传递来看,在埋深1D的情况下,地层中没有出现明显的地层空洞,地表出现明显塌陷。出现这种情况主要是当隧道埋深较小时,在空洞形成过程中隧道上方松散的卵石颗粒无法形成暂时稳定的平衡拱,由地层空洞引起的地层位移在此过程中不断向上传递,当空洞完全形成时,地层空洞引发的地层位移完全传至地表,出现塌陷。因此,在埋深较小的盾构区间段容易出现地表塌陷。随着隧道埋深的增大,地层空洞出现后,土体在塌落固结的过程中,能够在地层中形成临时稳定的塌落拱,即空洞向上传递,出现在地中另一位置,并不会直接传递至地表。地表位移如图3-32所示。

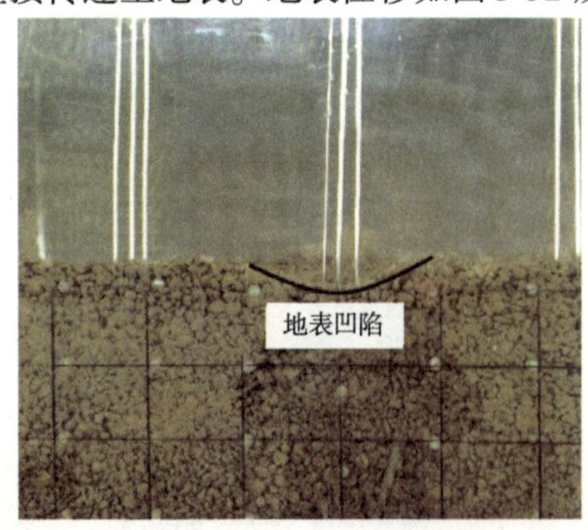

a)地层损失率10%(隧道埋深1D)

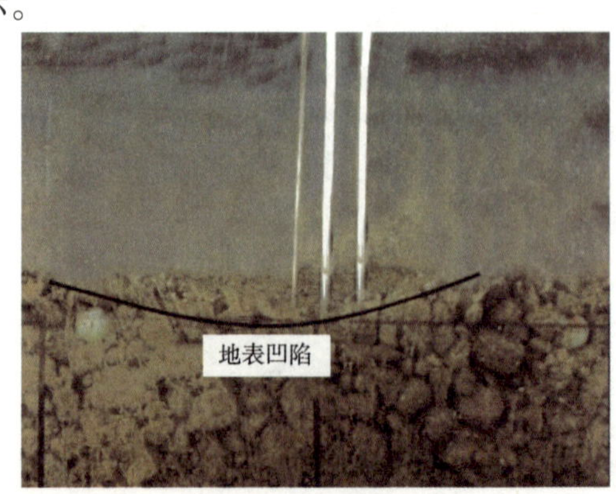

b)地层损失率10%(隧道埋深1D)

图3-32　地层位移实图

(3)不同位置地层空洞情况下地表沉降分析

地层空洞的位置决定了地表沉降出现的主要范围,试验中设置了一组地层空洞出现在隧道右上方的方案(左上方类似),如图3-33所示。该方案用以探究地层空洞出现在不同位置时,地层表沉降出现的主要区域 。

图3-33　地层空洞位置

从沉降曲线(图3-34)来看,空洞位于隧顶与隧道右侧上方造成地表沉降的曲线形态基本一致。从地表沉降量值来看,空洞位于正上方时最大地表沉降为10.04mm,空洞位于隧道右上方时,地表最大沉降为11.05mm,地表沉降在量值上也基本一致。从沉降曲线可以看出,将空洞移至隧道右侧时,沉降曲线也出现了一致的平移。从另一方面来说,在地层损失率为10%、隧道埋深为1.5D时,地层空洞出现后空洞在地层中扩散的过程中,地层主要发生竖向沉降,横向位移很小,对地表沉降及地中位移几乎没有影响。因此,地层空洞出现的位置对地层沉降的位置有直接影响,地表沉降最大的位置与空洞存在的位置一致。

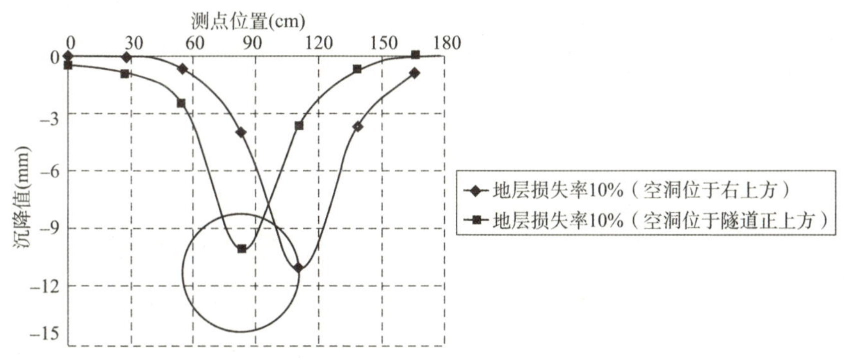

图3-34　地层空洞出现在不同位置时地表沉降曲线

(4)外界条件扰动情况下地表沉降分析

本次试验的外界扰动因素有地下水渗流、地表车辆振动及两种外界条件的共同作用影响。不同外界条件情况下,地层沉降曲线如图3-35所示。从地表沉降曲线形态上来看,在外界扰动的影响下,沉降槽发生了细微的改变,深"V"下部变窄,上部稍微有些扩大,产生这种情况的主要原因是,在外界条件影响下,地层空洞的发展较快,地层空洞在地层中扩散的范围较大,且地层空洞的扩散速度快,添加外界扰动后,原来稳定的平衡拱遭到破坏,导致地层位移扩大。

从地表沉降的量值来看,无扰动时地表最大沉降为10.04mm,地下水渗流影响时地表最大沉降为17.05mm,地表振动影响时地表最大沉降为18.15mm,地下水渗流及地表振动耦合作用时地表最大沉降为22.05mm。

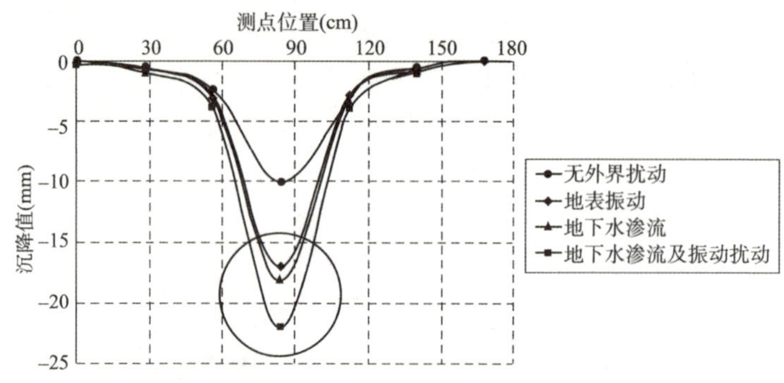

图 3-35 外界因素扰动下地表沉降曲线

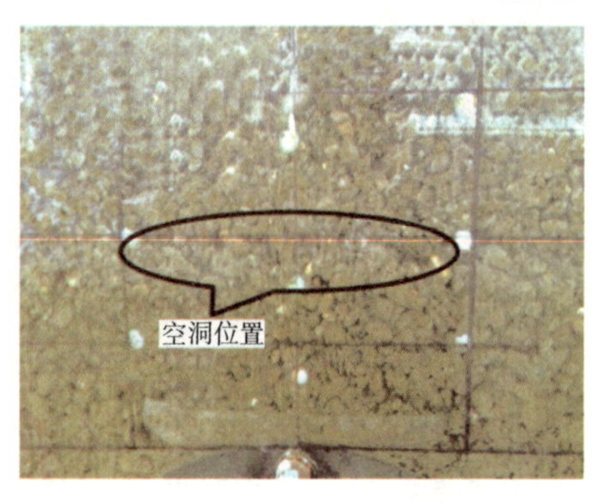

图 3-36 地下水渗流作用下地层空洞位置

从地层空洞的位置来看,在地下水渗流及地表振动的情况下,试验中地层空洞最终形成的位置有明显的向上移动的趋势,如图 3-36 所示,地层最终稳定后均在隧道正上方约 0.5D 的位置出现明显的地层空洞,由地下水渗流引起的地层空洞比较规则,空洞的形态基本没有发生改变。由地表振动引起的地层空洞规则性较差,空洞形态比较随机且与原空洞差距较大。在地下水渗流及地表振动耦合作用下,当地层最终稳定后,并未正在地层中出现明显的地层空洞,地表出现一定程度的塌陷,如图 3-37 所示。以上结果表明,一方面,单一的地下水渗流及地表振动均会对地层空洞在地层中的发展情况有一定的推动作用,且地下水渗流及地表振动对地层空洞传递受力机制上存在一定差异,有待进一步研究。另一方面,在试验条件下单一的外界因素扰动并没有使地层空洞传至地表。地下水渗流及地表振动耦合作用对地层空洞在地层中传递有明显的促进作用,在两种因素作用下地层空洞将传至地表,从而产生地表塌陷或地表大面积沉降,如图 3-38 所示。

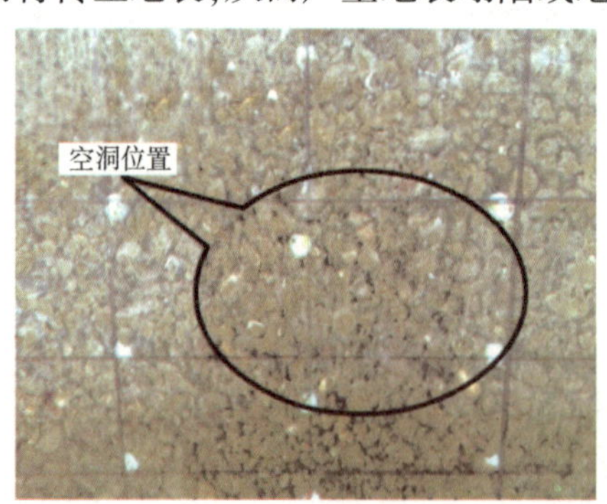

图 3-37 地表振动情况下地层空洞位置

图 3-38 地下水与地表振动共同作用下地层空洞发展

2)地中位移分析

(1)不同地层损失情况下地中位移分析

地层损失产生后,不同地层损失率情况下,地中位移等值线如图 3-39 ~ 图 3-41 所示,可以看出,同一水平断面上地中沉降主要出现在隧道正上方,由隧道中心轴向两边地中沉降逐渐减小，基本与地表沉降情况一致。从等值线位移最大的区域来看，位移范围主要出现在液囊上方，两侧位移相对要小得多，这与试验用土有很大的相关关系，试验采用的是纯砂卵石土，卵石相对松散，且卵石间并没有实际地层中存在的细颗粒填充，地层空洞出现后，卵石间应力传递作用较小。

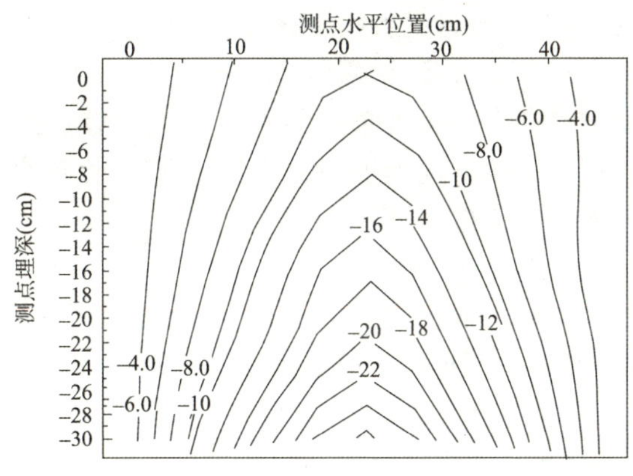

图 3-39　地层损失率为 10%

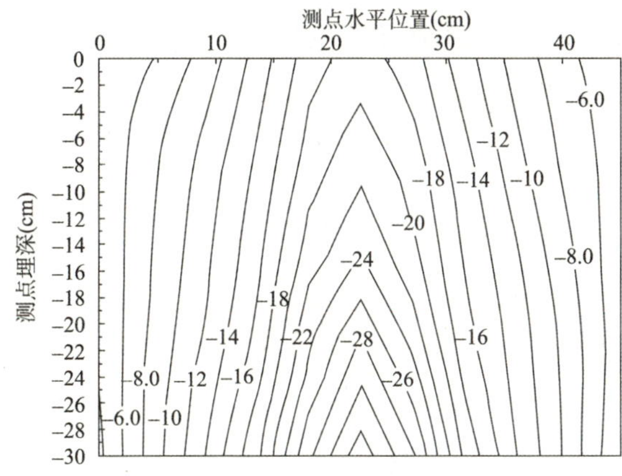

图 3-40　地层损失率为 15%

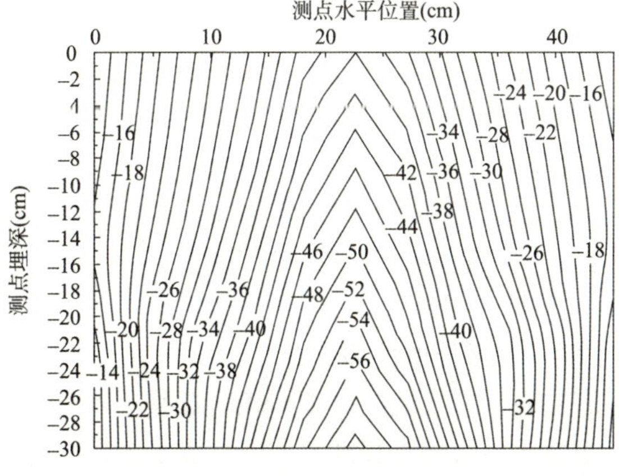

图 3-41　地层损失率为 20%

沉降等值线图的密疏程度表明了位移的陡缓程度，从图中可以看出，地层损失率为 10%

及15%时，随着覆土深度的减小，地中沉降等值线随之变得稀疏，主要是由于在这两种地层损失情况下，地层空洞未发展至地表，地层中依然存在空洞，对比两张等值线图可以发现，地层损失率为10%时，地层空洞主要存在于隧道上方，与隧道距离很近，此时在隧道上方随着覆土厚度的减小，位移等值线越来越稀疏。当地层损失率为15%时，地层空洞会向上发展一定的距离，根据上节所述，地层空洞将会出现在隧道上方0.5D的位置，同样位移等值线在隧道上方0.5D的位置出现了一定的突变，随着隧道上覆土的深度的减小，等值线出现一定的密—疏—密的变化，变化位置亦出现在隧道上方约0.5D的位置。当地层损失率为20%时，随着上覆土层的减小，等值线疏密程度出现一定的变化，但变化较小，因为此时地层空洞向上发展已经出现在地表，地层整体移动明显。

(2)不同埋深情况下地中位移分析

隧道埋深不同时，地层空洞出现后，地中沉降等值线如图3-42所示。由上节描述可知，当隧道埋深为1D时，在自重应力下地层空洞会传递至地表，在等值线疏密程度表象方面与地层损失率为20%的情况一致。而隧道埋深为1D的情况下，隧道上方的沉降等值线在相同土层深度情况下出现了在水平面内变化较小的情况。出现上述情况的主要原因，一方面是由于盾构埋深减小，上覆土的空间不足以抑制地层空洞的发展，地层空洞能够发展至地表，引起地层整体的位移，因此等值线疏密程度基本一致；另一方面由于地层损失率较小，地层整体沉降较小，而导致在主要沉降区域同一水平面内的地层沉降变化较小。

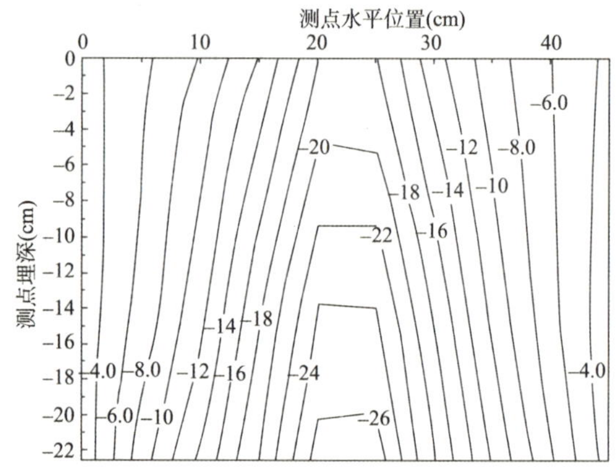

图3-42 地层损失率为10%、隧道埋深为1D时地中位移等值线

从数值方面来看，隧道埋深为1D时，地中最大沉降量为28.45mm，隧道埋深为1.5D时有所增大，主要是由于隧道埋深为1D时，地层空洞向上发展，隧道上方土体下沉量较大引起。另外，从整体地层沉降量值大小来看，隧道埋深为1D时，地中沉降量水平明显大于1.5D时的地中沉降。因此，当隧道埋深较小时，地层无法抑制地层空洞的发展，空洞向上传递，上覆土层变得松散，向下移动，导致地中沉降水平较大。

(3)不同位置地层空洞情况下地中位移分析

当地层空洞出现在隧道右上方时，地层沉降等值线如图3-43所示，可以看出，当地层空洞位于隧道右上方时，地中沉降等值线疏密程度及沉降量值水平方面与地层空洞位于隧道正上方时基本一致。在同一水平面内，地中沉降最大值向右平移，此时，最大地中沉降依然出现在地层空洞正上方。表明在卵石土地层情况下，地层移动主要出现在地层空洞上方，这种情况主要是由于卵石土地层中卵石相对松散，卵石间没有黏性物质填充，地层只能传递压应力，地层坍塌主要原因是在上覆土自重应力下地层空洞（临时平衡拱）失稳向下坍塌，其影响范围主要还是在临时拱结构上方。以上分析表明，地层空洞的位置决定了地层塌陷出现的位置。

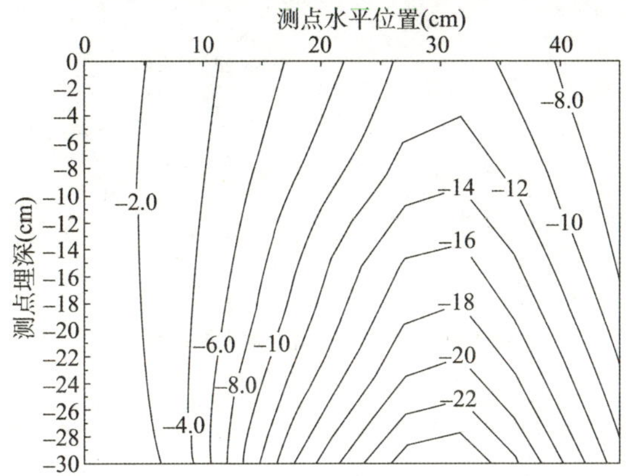

图 3-43　地层损失率为 10%、隧道埋深为 1.5D 时地中位移等值线（空洞位于隧道右侧）

（4）外界扰动情况下地中位移分析

外界扰动情况下，地层沉降等值线如图 3-44 ~ 图 3-46 所示。从位移等值线的总体趋势上来看，在外界条件扰动下，地层沉降等值线的形态基本没有发生改变。

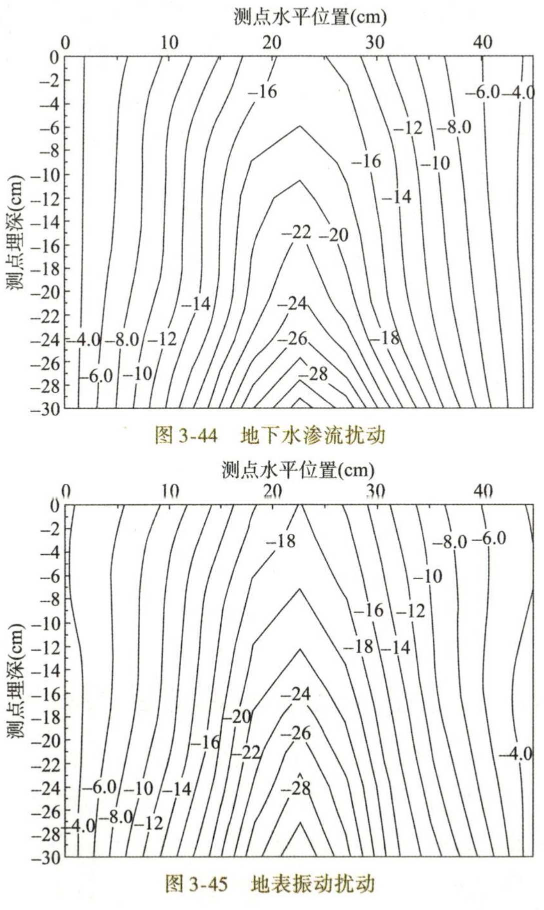

图 3-44　地下水渗流扰动

图 3-45　地表振动扰动

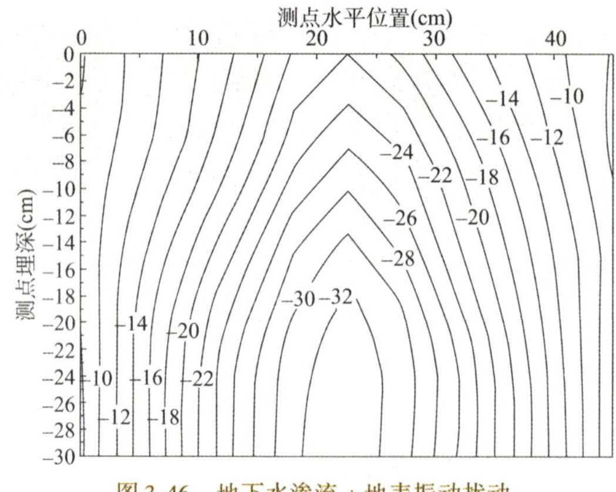

图 3-46　地下水渗流 + 地表振动扰动

从图 3-44 可以看出,在地下水渗流影响下,隧道上方位移主要产生的区域内,随着上覆土层深度的减小,地层沉降等值线图越来越稀疏,在隧道上方 0.5D 位置范围内,位移等值线图较为密集,地层沉降发展较为集中。出现这种情况的主要原因是在试验过程中,地下水位主要控制的区域在隧道上方 0.5D 范围内,此时卵石土处于水位以下,土层性质较差,地层结构更容易失稳,在地层覆土深度改变过程中出现了疏—密—疏的情况,主要是由于在地下水渗流影响下地层空洞向上发展,但并没有传递至地表,地层空洞位置出现在隧道上方 0.5D 的位置。从量值上来看,地下水渗流将导致地层沉降量值水平有所增大。在地下水渗入地层时,地层有效应力降低,同时细颗粒随下渗水流流失、骨架受力,该过程地层沉降较小。地层排水过程中,水位下降,水流携细颗粒出流,渗透力以及地层内力重分布使得卵石受力变形,地层位移大,同时空洞扩散。这也解释了为何很多地铁事故发生在暴雨过后,原因就在于渗流作用使得地层应力发生了重新分布,破坏了原有空洞的结构,随之出现沉降和塌陷。

从图 3-45 可以看出,在地表振动影响下,位移等值线分布较为均匀,同时由上节地表振动情况下地层空洞出现情况可知,在地表振动情况下,地层空洞也是出现在隧道上方约 0.5D 的范围内,且地层空洞稳定后形态并不规则,在隧道上方 0.5D 处位移均较大,地中等值线图可以很好地印证这一点,在隧道上方 0.5D 处地层沉降等值线疏密程度存在明显的变化,且等值线变得较密表明该处地层沉降较大,沉降值较为集中。

从图 3-46 可以看出,在地下水渗流及地表振动共同影响下,地层位移变得均匀,由上节可知,在地表振动及地下水渗流影响下,地层空洞将会发展至地表,地层整体发生位移,此时,地下水渗流及地表振动单一扰动产生的影响相互耦合,地层均匀发生沉降。从图中可以发现,在地表振动及地下水渗流共同作用影响下,从拱顶起向上大约 1D 的位置地中位移基本保持不变,该现象表明,在两种扰动的耦合作用下,地层空洞能够彻底向上传递,在隧道上方已经明显没有地层空洞的存在,空洞已经在地层中发展扩散。因此,整体地层的沉降较大。

3.1.3　沿隧道掘进方向地层空洞引起地层沉降的演变规律研究

在隧道掘进方向,由于掘进过程中盾壳的剪切作用使得盾体周围的围岩非常松散,注浆回填浆液溢流造成回填不密实,在管片上方经常出现不连续的地层损失,本节研究内容是通过模拟沿隧道纵向不连续空洞的形成,探究地层损失造成的空洞在隧道纵向的发展及演变规律。试验过程如图 3-47 所示。

a) 箱内填土并安置液囊

b) 埋设地中位移杆并制作标志线

c) 埋设地表位移杆并制作标志线

d) 安装差动式数显位移计

e) 液囊排水模拟空洞产生

f) 观察并记录数据

图 3-47 沿隧道纵向地层空洞对地层位移影响的试验过程

根据试验设计，本次试验中，每个液囊的充液体积约为 $160\mathrm{mm}^3$，完全排液造成的地层损失约为 5%，液囊编号及在试验装置内的摆放位置如图 3-48 所示。为保证产生地层空洞的顺序与实际掘进情况相一致，试验过程采取从左至右依次排液的方法，排液过程中地层位变情况如图 3-49 所示。

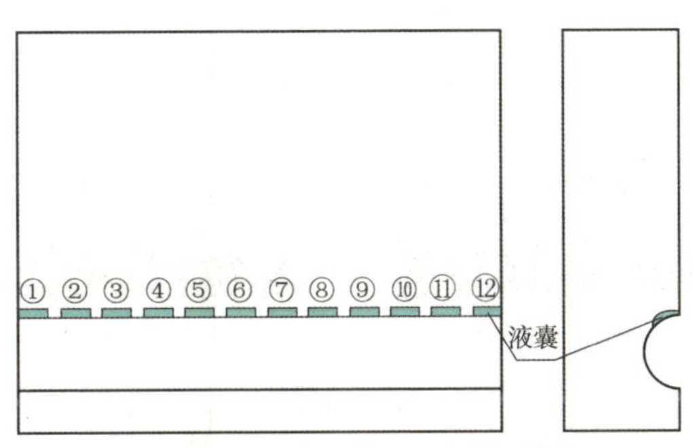

图 3-48 液囊编号及在装置内的摆放位置

a) 初始时刻

b) 1号液囊排水

c) 2号液囊排水

d) 3号液囊排水开始

e) 3号液囊排水结束

f) 4号液囊排水

g) 7号液囊排水

h) 8号液囊排水

i) 9号液囊排水

j) 10号液囊排水

图 3-49　沿隧道纵向地层空洞形成过程

从图 3-49 中可以看出，排水过程中，由于地层损失的产生，地层发生了明显沉降。且由于试验中所用的砂性土颗粒较细，地层相对松散，在埋深为 1.5*D* 情况下，地层沉降的影响能够传至地表，与前述计算稍有出入。以上说明了影响卵石土地层盾构施工的因素包含地层粒径、固结性、含水率、埋深等。为定量说明地层损失在盾构隧道纵向的发展延伸规律，试验过程中监测地层位移监测数据进行定量分析，各位移监测点分布情况如图 3-50 所示。

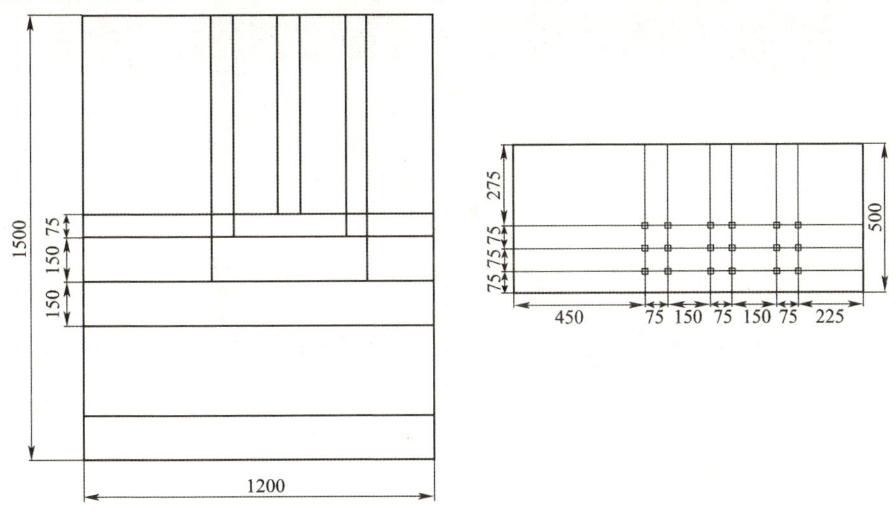

图 3-50　位移监测点位置示意图（尺寸单位：mm）

3.1.3.1　沿隧道纵向地层位移分析

选择 6 号测点（隧道正上方地表左侧）位移情况进行分析，测点位移沿程曲线如图 3-51 所示。由试验过程可知，液囊排水实际模拟了盾构掘进过程造成的地层损失。因而，整个排液过程即盾构推进过程。从图 3-51 中可以看出，随着盾构向前掘进，地表开始出现沉降，隧道沉降沿程曲线与 Attwell 预测公式预测趋势一致。从纵向沉降变化过程看，主要沉降区域为测点前后约 42.5cm 范围区域（约为 2*D* 范围）。本次模拟地层损失率为 5%，而实际工程中盾构掘进引起的地层损失率基本为 1%。因而，本次模拟实测地层沉降较大，达到 10mm，这也说明了地层损失确实是形成地层沉降的根本原因，地层损失越大，沉降越大，卵石土地层的性质与散粒体性质接近。

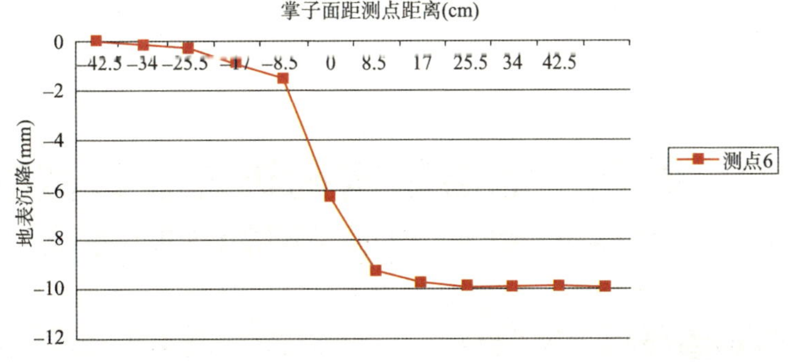

图 3-51　地表位移沿程分布情况

3.1.3.2　横断面地层位移分析

图 3-52 显示了地层损失发生后，隧道横断面方向的地层位移情况。从图 3-52 中可以看

出,由于地层损失造成了地层在竖向发生不均匀沉降。从沉降情况看,越靠近地层空洞的地层,发生地层位移越大,地表地层位移相对小。从沉降的影响区域看,地层空洞造成的沉降影响区距隧道中线的距离约为37.5cm(约为1.5D范围)。从沉降量值看,地中距离隧道拱顶0.25D处最终沉降达到20mm,约为地表沉降的2倍。说明在地层在沉降过程中,地层通过自身调整,具有一定的自稳性,隧道上方地层变形不一致,出现了松动区域。这些松动区域是隧道衬砌荷载的主要来源。地下水渗流和车辆振动的研究表明,在隧道运营过程中,雨水、振动作用还将使松动范围进一步加大,表层土体还会继续沉降,作用在衬砌结构上的外荷载也会进一步增加,这也是运营地铁隧道外荷载的主要来源。

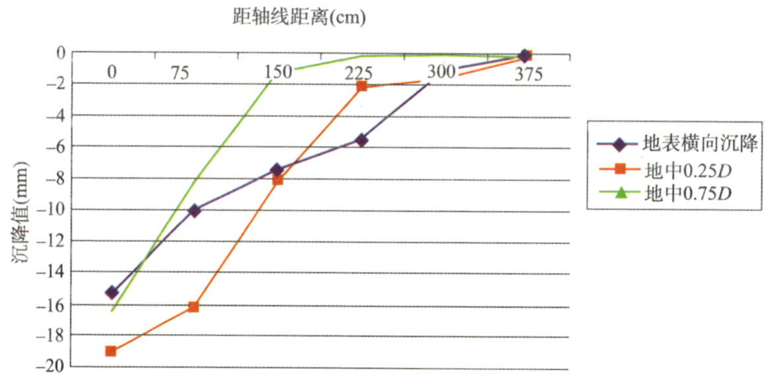

图3-52　隧道横断面方向地层位移情况

3.1.4　小结

(1)构建了盾构隧道管片衬砌外侧空洞室内模拟平台,通过液囊排水装置成功模拟了地层空洞的形成过程,开展了不同地层空洞与地层损失率情况下的模型试验。

(2)地层空洞引起的地层沉降主要出现在隧道上方,主要影响区域在隧道中心轴两边不到1D(隧道直径)的位置。

(3)地层损失率≤15%时,地层空洞主要出现在拱顶上方0.5D范围内;地层损失率达到20%时,地层空洞来不及形成暂时稳定的拱结构而快速传递至地表,隧道上方存在明显的塌落拱及破坏面。

(4)地下水渗流及地表振动耦合对地层空洞在地层中传递有明显的促进作用。

(5)地层损失造成地表纵向变形范围为开挖面前后2D范围,横向变形影响范围约为轴线两侧1.5D范围。

3.2　卵石土地层盾构掘进主要参数的内在规律与地层沉降控制技术

3.2.1　工程简介

成都地铁5号线一、二期土建5标为四站四区间,分别为古柏站(长338.5m)、泉水路站(长269.449m)、洞子口站(长248.850m)、福宁路站(长603.500m)以及古柏站—泉水路站盾构区间(长 1086m)、泉水路站—洞子口站盾构区间(以下简称泉—洞区间,长 786m)、洞子口站—福宁路站盾构区间(长 121m)、福宁路站—五块石站盾构区间(以下简称福—五区间,长 708m)。左线盾构段总长 2701m,右线盾构段总长 2701m,拟采用 4 台盾构机(海瑞克 S526/S527、铁建重工 DL223/DL224)同时掘进。海瑞克 S526/S527 盾构机在泉水路南端头吊入一次始发,向南掘进至洞子口站北端头出洞,井下站内过站至洞子口南端二次始发,于福宁路站北端头出洞吊出,地面转场至福宁路站南端头吊入三次始发,最终于五块石站出洞吊出。铁建重工 DL223/DL224 盾构机在泉水路站北端头吊入始发,向北掘进至古柏站出洞(吊出)。泉—洞区间左线起点里程为 ZDK13699.396,终点里程为 ZDK14475.245,右线起点里程为YDK13698.683,终点里程为 YDK14475.245,左右线最小平曲线半径为 500m;纵坡采用“V”字坡,最大坡度为 26‰,区间埋深隧道顶至地面最小距离为 10.78m,最深埋深为 19.37m。本标段施工工筹图如图 3-53 所示。泉—洞区间左右线始发端头纵面如图 3-54 与图 3-55 所示。泉—洞区间平面如图 3-56 所示。

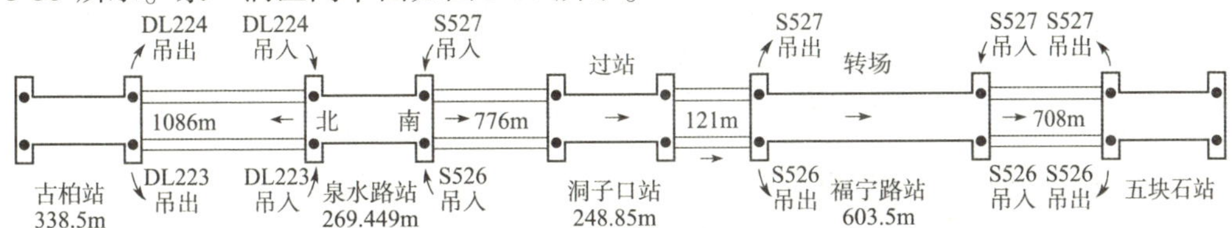

图 3-53　施工工筹图

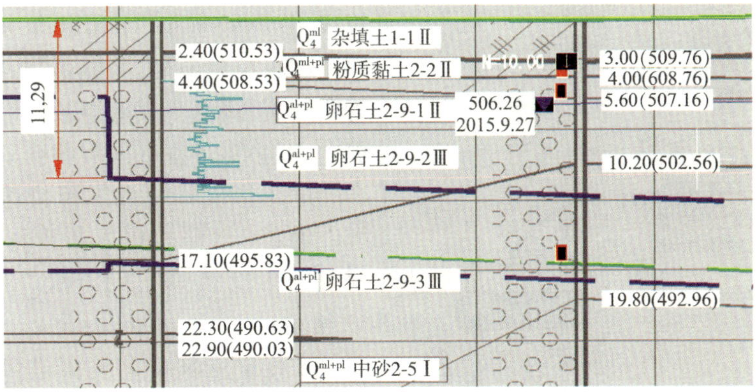

图 3-54　泉—洞区间左线始发端头纵面图

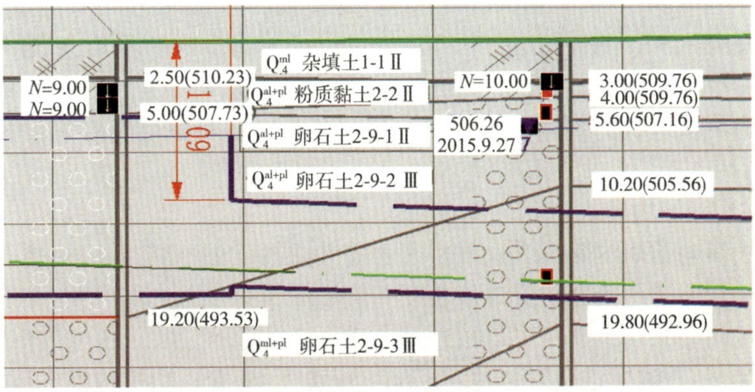

图 3-55　泉—洞区间右线始发端头纵面图

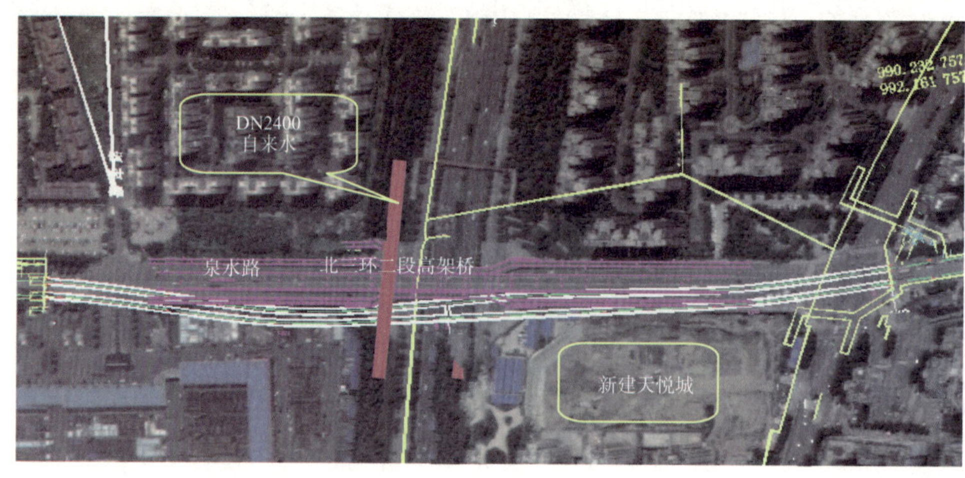

图 3-56　泉—洞区间平面图

7 号、8 号盾构机从泉水路站大里程端始发，盾构始发时泉水路站主体结构已完成 150m，结构顶板已经回填土方硬化，周边地面管线纵横交错。

3.2.2　卵石土地层盾构掘进参数控制研究

某区间隧道沿既有公路线进行布置，在道路下方埋设有燃气、电力、通信、给排水管道等多种管线，分布较密集，主要赋存于浅层地表，施工过程中如果控制不当，可能引起地表沉降超限、地下管线断裂、路面受损等事故。因此，在实际施工过程中，有必要对掘进参数的合理性进行检校。由于不同地层形成年代和工程特性差异较大，目前工程中确定合理盾构掘进参数的方法主要还是依靠现场施工反馈修正的方法。其基本过程如图 3-57 所示。

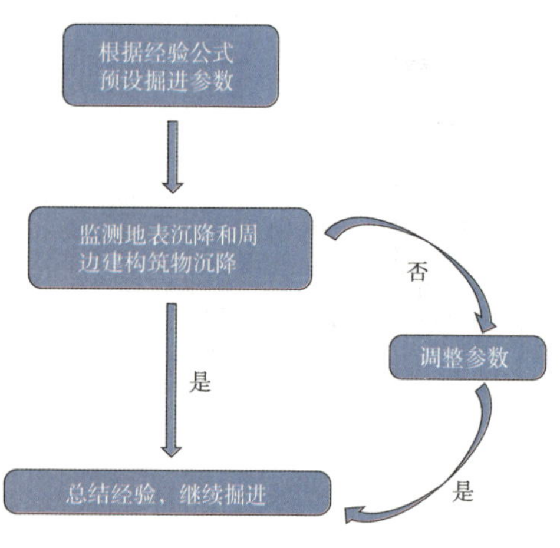

图 3-57　现场施工参数反馈调整方法

施工工程中主要的盾构掘进参数有注浆量、注浆压力、土仓压力、盾构机顶进力、刀盘转速与扭矩、螺旋机转速、盾构机掘进速度等。这些参数均会对卵石土地层产生扰动，前述数值模拟内容已经研究了出土率、刀盘转速以及盾构推进速度等掘进参数对地层扰动的影响，本节通过现场数据的采集研究盾构机的掘进参数之间的相互关系以及对地层扰动的影响，并对左右线参数进行对比。

(1)盾构左右线纵向地表沉降研究

盾构左右线纵向地表沉降首先选取左线盾构机掘进至 95 环与右线掘进至 100 环时，每个测点的沉降累计值进行研究。具体地表沉降值如图 3-58 所示。

从福—五区间左右线地表沉降与掘进距离关系可以看出，左、右线地表沉降均与一般盾构机沉降规律类似，盾构掘进位置处地表沉降快速增大，随着盾构机的掘进地表沉降逐渐趋于稳定，最后地表沉降保持在 17mm 左右。在初期掘进位置地表因为做了地层加固，因此最

开始的里程所对应的地表沉降较小。此区间右线先行掘进，故右线地表沉降稍大于左线地表沉降至，这也符合一般数值模拟双线盾构地表沉降的规律。

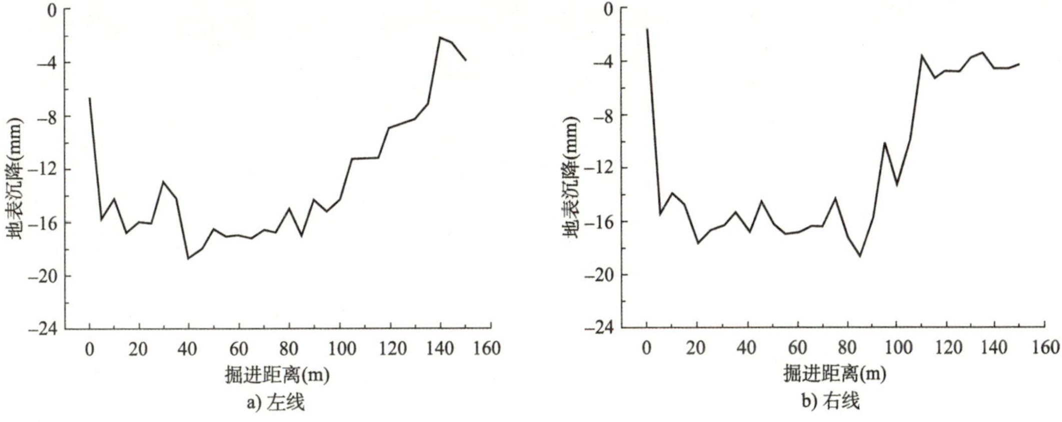

图 3-58 福—五区间左、右线地表沉降与掘进距离的关系

(2)盾构左、右线横向地表沉降研究

除了盾构纵向地表沉降以外，还对盾构机掘进方向每隔 10m 进行了横断面检测，每个检测断面设置五个测点，每个测点相距 2.5m，总共检测 10m 范围的地表沉降值。福—五区间里程 DK15 +500 处左、右线地表横向沉降如图 3-59 所示。

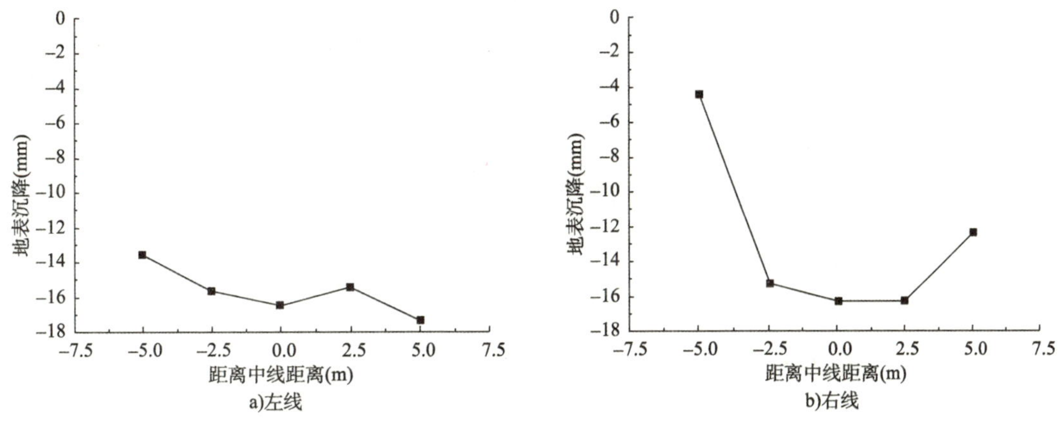

图 3-59 福—五区间左、右线地表横向沉降(里程 DK15 +500)

从福—五区间左、右线地表横向沉降(里程 DK15 +500)可以看出，左、右线横向沉降基本符合盾构隧道地表沉降的一般规律，表现出距离中线越远地表沉降越小的趋势；右线盾构机因先行掘进的缘故，沉降槽比较明显，而左线盾构因为后掘进的原因，受到右线的影响，地表沉降在中线右边未能表现出沉降槽基本形态；左、右线沉降位移最大值基本相同，基本都保持在 16mm 左右，未达到位移预警值。

除了上述里程 DK15 +500 处地表横向沉降以外，还对左线里程 DK15 +800 以及右线里程 DK15 +830 处地表横向沉降进行了统计分析，具体情况如图 3-60、图 3-61 所示。

从左线里程 DK15 +800 处地表横向沉降可以看出，横向沉降位移值仍然表现出了较好的沉降槽形态，最大地表沉降值为 11.5mm，相比于 DK15 +500 处地表横向沉降最大值

17.8mm 有所减小，推测是因为掘进参数的逐渐优化对于地层的扰动逐渐减小。此处地表沉降槽仍然表现出了左边小于右边的趋势，这也同样表明了应该是右侧盾构掘进对于左侧盾构隧道的影响。

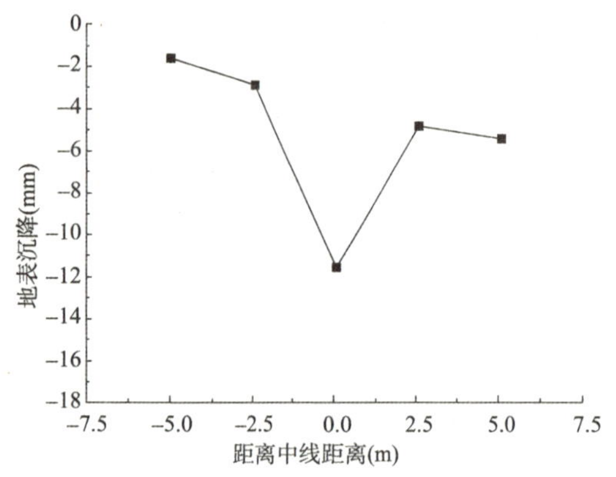

图 3-60　左线里程 DK15 + 800 处地表横向沉降

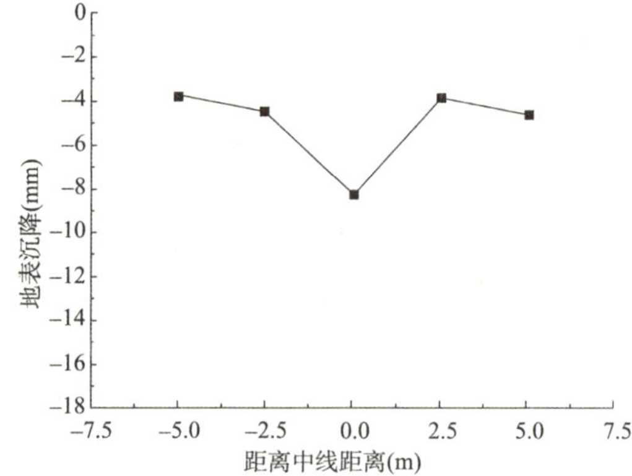

图 3-61　右线里程 DK15 + 830 地表横向沉降

从右线里程 DK15 + 830 处地表横向沉降可以看出，此处地表横向沉降位移值仍然表现出了较好的沉降槽形态，且右线盾构先行掘进使沉降槽形态较为对称，未受到周边影响；此处地表沉降最大值约为 8mm，比以上所分析的地表沉降值均小，分析是由于掘进参数选取较为合适使此处地层扰动较小。

(3)盾构分层沉降研究

卵石土地层是一种典型的力学不稳定性地层，其基本力学特性为：地层结构相对比较松散，土体颗粒之间不存在胶结作用，黏聚力比较小，在理论计算过程中其黏聚力 c 往往取为 0；此外，由于卵石土地层颗粒粒径大小不均，其空隙率比较大，大部分空隙由中粗砂填充；无水卵石土地层颗粒之间力的传递形式为点对点传力；整体强度较低，单块强度较大，在地层中一般起“骨架”作用。鉴于以上的特性，卵石土地层在不同分层的位移研究对于了解卵石土地层盾构施工的掘进扰动机理研究是很有必要的，本节采用现场实测的地层分层位移进行讨论分析，选取的断面有 DK15 + 455、DK15 + 462 以及 DK15 + 807。地层分层沉降位移情况如图 3-62 ~ 图 3-64 所示。

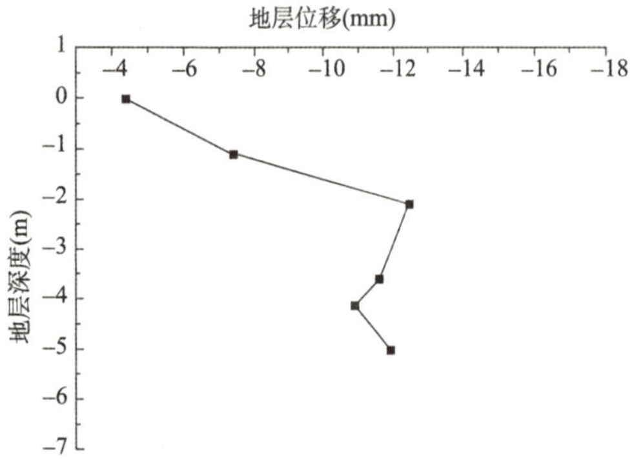

图 3-62　福—五区间左右线地层分层沉降位移(里程 DK15 +455)

从福—五区间左、右线地层分层沉降位移(里程 DK15 +455)可以看出，卵石土地层在地层较浅位置位移值要远小于地层较深处位置的地层位移，在上图中可以看出，地表处位移值在检测时为 -4.41mm，而在地层深度为 5m 处，地层位移为 -11.9mm，地层分层的位移差异也表现出了卵石土地层位移的滞后性；另外，在地层深度为 1 ~ 2m 处地层位移迅速增大，从 -7.41mm 增大至 -12.41mm，随后地层深度的增加对地层位移的影响较小，基本保持在 -10 ~ -11.5mm 之间。

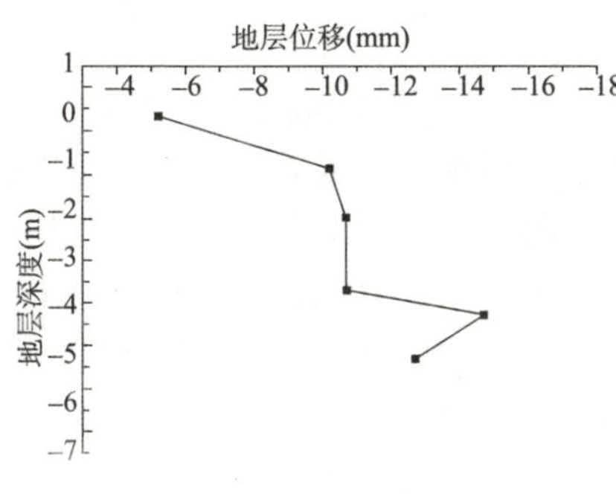

图 3-63　福—五区间左线地层分层沉降位移(里程 DK15 +800)

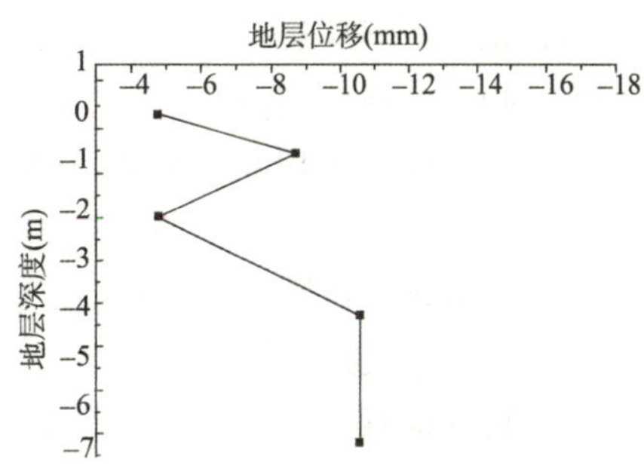

图 3-64　福—五区间右线地层分层沉降位移(里程 DK15 +807)

从福—五区间左线地层分层沉降位移(里程 DK15 +800)可以看出,此处地层沉降规律与上述分析类似,也表现出在地表较浅位置地层位移较小,地层较深位置地层位移较大,在地表处位移值为 -5.2mm,而地层深度为5m 处地层沉降值为 -12.7mm;地层深度 1 ~2m 是地表位移的主要变化点,此处地层位移增幅较大,随后地层位移变化不大。

从福—五区间右线地层分层沉降位移(里程 DK15 +807)可以看出,地层分层位移也表现出在地表较浅位置较小,地层较深位置地层位移较大,在地表处位移值为 -5.2mm,而地层深度为5m 处地层沉降值为 -12.7mm;此处地层位移值最大为 -10.54mm,较之前两个断面略小,但位移值均处在安全的范围,表明施工参数的选取是正确的。

3.2.2.1　现场掘进参数及相互关系研究

对于福—五区间的掘进参数研究,主要对注浆量、注浆压力、土仓压力、盾构机顶进力、刀盘转速与扭矩、螺旋机转速、盾构机掘进速度这些参数进行分析研究。掘进参数从具有代表性的前 100 环盾构掘进记录进行,数据的采集从施工单位每日的环报中提取,对于存在波动性的数据平均到每一环来统计。

(1)盾构注浆量

福—五区间左、右线盾构机注浆量如图 3-65 所示,区间左、右线盾构注浆量基本规律相同,均为初期不注浆,在 7 ~8 环管片处开始注浆,每环注浆量基本保证在 6.0m^3 左右。区间右线注浆量在前 50 环左、右存在较大的波动,而左线在开始注浆之后一直保持在一个稳定水平,这种差异主要是由于施工过程的差异所引起的。

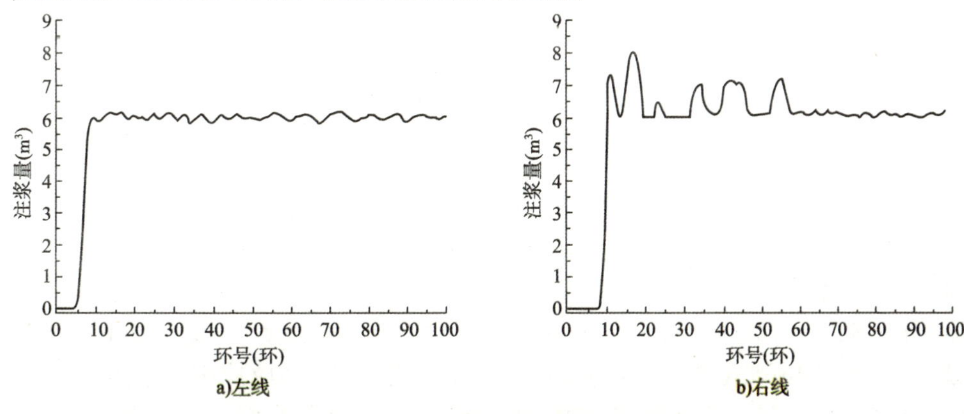

图 3-65　福—五区间左、右线盾构机注浆量

(2)注浆压力

福—五区间左、右线盾构机注浆压力如图3-66所示,区间左、右线盾构机注浆压力总的趋势是相同的,在初期未注浆的情况下,注浆压力为0,盾构掘进至7~8环之后,开始注浆并施加注浆压力,注浆压力均保持锯齿形的变化。左、右线注浆压力随盾构掘进的里程变化却存在较大的差异,右线注浆压力变化较小,基本保持在0.175~0.225MPa之间变化,而左线注浆压力变化却较大,变化范围增加至0.075~0.2MPa。右线注浆压力均值明显要大于左线注浆压力均值,这很有可能也是右线注浆方量在部分地区要稍大于左线注浆方量的原因。

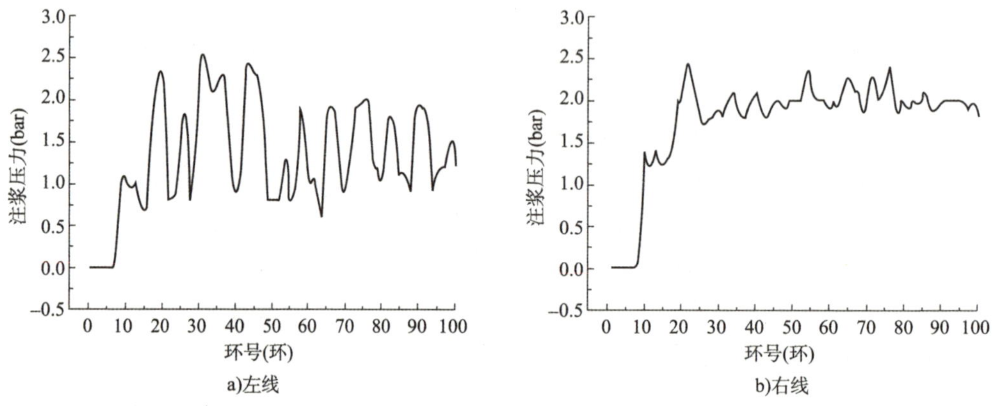

图3-66 福—五区间左、右线盾构机注浆压力

(3)螺旋机转速

福—五区间左、右线盾构机螺旋机转速如图3-67所示,左、右线的螺旋机转速不存在一定的规律,转速基本在3~7r/min之间,左线螺旋机转速初期较低,保持在2.5~6r/min之间,后期螺旋机转速提高,保持在4.0~7.0r/min之间,右线螺旋机转速起伏变化较大,但是变化范围基本保持在3.8~7.0r/min之间。推测主要的差距是由于施工期间的差异带来的,但是总的转速保持在一定范围内。

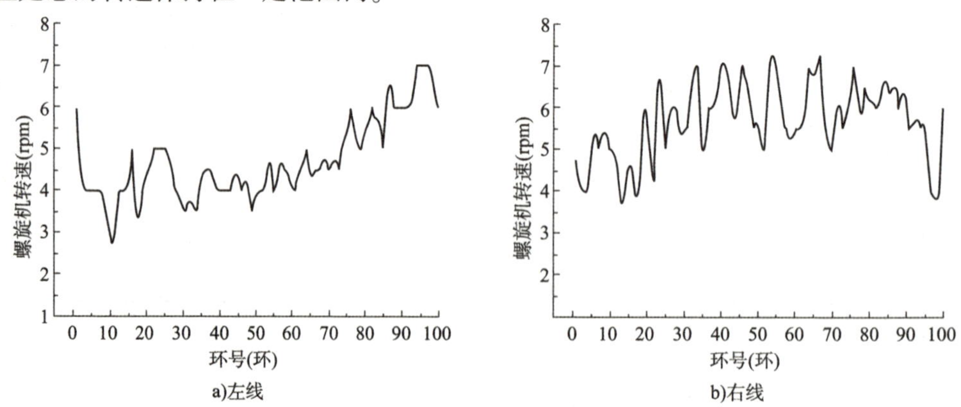

图3-67 福—五区间左、右线盾构机螺旋机转速

(4)土仓压力

福—五区间左、右线盾构机土仓压力如图3-68所示,虽然左、右线的地质情况差别不大,但是土仓压力的值变化却存在较大的差异。首先是土仓压力的均值明显可以看出左线均值小于右线均值,左线均值基本在0.11~0.12MPa之间,右线均值则保持在0.12~

0.13MPa之间。另外,左线盾构机土仓压力仍然为初期的土仓压力小于后50环的土仓压力,这与左线螺旋机转速变化规律类似,而右线螺旋机转速变化规律也仍然与右线螺旋机转速变化规律类似,且左、右线螺旋机转速与土仓压力在值的大小范围变化上也存在相同变化规律。故基本可以推测,螺旋机的快速转动使土仓的土体排出速度变快,因而使土仓的压力对应减小。

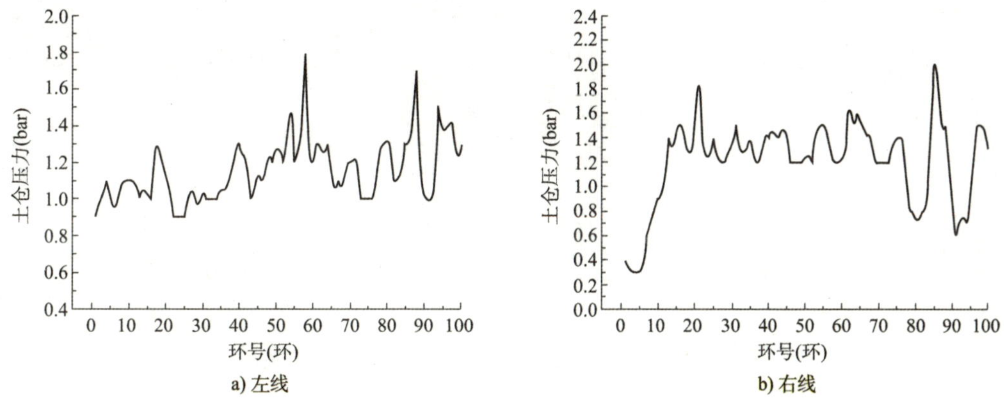

图3-68　福—五区间左、右线盾构机土仓压力

(5)盾构机推力

福—五区间左、右线盾构机土仓压力如图3-69所示,左、右线推力不存在类似规律,左线推力表现出逐渐降低至最后突然上升的规律,而右线推力一直在9000~13500kN之间变化。左、右线推力值均处在8500~14000kN之间,这也是类似工程实际推力的建议值。具体的推力值变化仍然应与地质情况进行对比分析,才能得出推力变化的主要原因。虽然推力值变化的规律不明显,但根据后续数据处理发现,推力值的变化可能会对刀盘扭矩、掘进速度、刀盘速度等产生影响,故后续对于刀盘扭矩、掘进速度、刀盘速度的参数研究,主要通过于推力相结合的方式进行分析,以得出这些参数之间的关系。

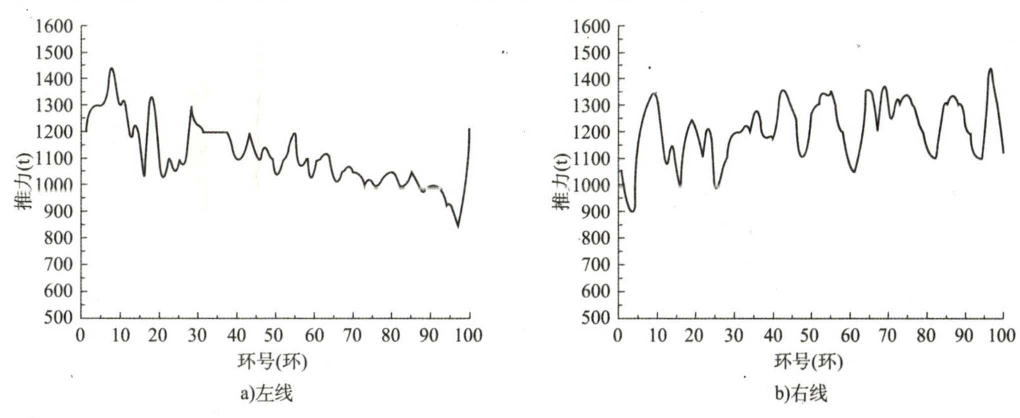

图3-69　福—五区间左、右线盾构机推力

(6)刀盘扭矩与推力的关系

福—五区间左、右线盾构机推力与刀盘扭矩关系如图3-70所示,刀盘扭矩的变化与推力的变化相同,即推力增大,刀盘扭矩随即增大,推力减小,刀盘扭矩也随之减小。这一规律

也与实际理论相符合。对于刀盘扭矩的大小而言,左、右线的刀盘扭矩值变化范围差距不大,基本在3.4~4.1MN·m之间,但左线刀盘扭矩值均普遍大于右线弯矩值,右线刀盘弯矩均值基本在4.0MN·m左右,而右线刀盘弯矩均值基本在3.65MN·m左右。

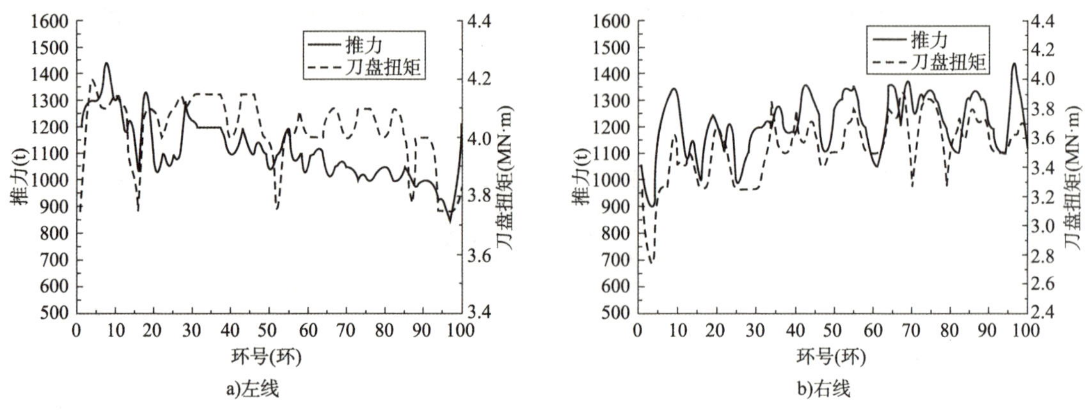

图3-70　福—五区间左、右线盾构机推力与刀盘扭矩的关系

(7)刀盘转速与推力的关系

福—五区间左、右线盾构机推力与刀盘转速的关系如图3-71所示,盾构机刀盘转速总的来说基本不存在变化,左、右线掘进速度一直控制在1.25r/min左右,表明盾构机推力未对刀盘转速产生影响,这要是因为在实际掘进过程中,盾构机刀盘转速被设置成为定值,故刀盘转速变化不大。

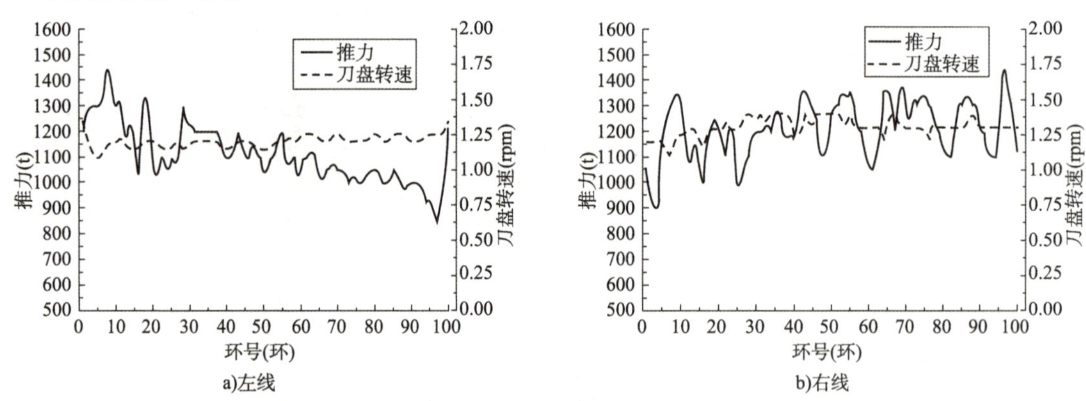

图3-71　福—五区间左、右线盾构机推力与刀盘转速的关系

(8)掘进速度与推力的关系

福—五区间左、右线盾构机推力与推进速度如图3-72所示,盾构机推力与推进速度变化趋势完全相反,即推力增加时,对应的掘进速度降低,推力降低掘进速度对应增加。且推力的变化波动要大于推进速度的波动变化,表明推力的增加幅度比掘进速度的负增加幅度要大,掘进速度相对来说更加稳定。除了变化趋势之外,从左线掘进参数中可以看出,总体来说,推力的降低使掘进速度值逐渐增加。就掘进数值来说,左、右线掘进数值差异较大,左线掘进数值保持在40~60mm/min之间,右线掘进速度快于左线,保持在58~78mm/min之间。

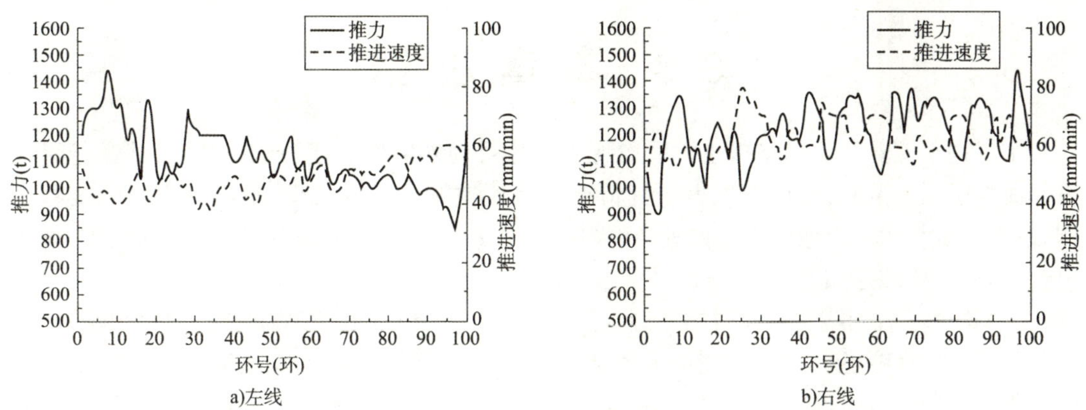

图 3-72　福—五区间左、右线盾构机推力与推进速度的关系

3.2.2.2　现场地表沉降控制研究

卵石土地层掘进机理的研究除了上述对盾构机掘进参数的研究之外,还应对地表沉降以及地层分层沉降进行研究,以期探求掘进参数与地层扰动之间的影响并与前述研究相互验证,增加研究的说服力。地表沉降监测点布置情况如图 3-73 所示,左、右线地表纵向沉降每隔 5m 进行一次检测,左、右线横向沉降每隔 10m,从线路中线左、右各取两个检测点(间隔 2.5m)进行设置,地层分层沉降采用分层沉降仪在某些固定点位进行检测。

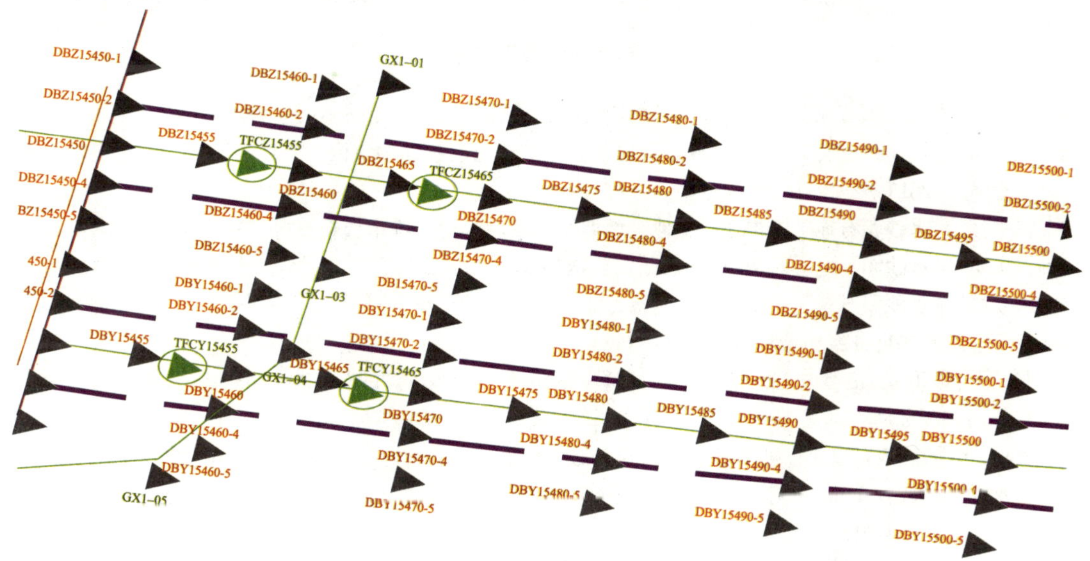

图 3-73　地表沉降检测点位示意图

3.2.3　小结

从刀盘转速、掘进速度、扭矩与总推力的关系,以及注浆量、注浆压力、土仓压力、螺旋机转速等关键参数进行分析,明确了适合成都富水砂卵石地层的盾构掘进参数组合[当盾构机总推力在 11000kN 左右时,正常盾构掘进速度为 50mm/min,扭矩为 4000kN · m,浆液注入率控制值为 $6m^3$/环(环宽 1.2m、盾尾空隙浆液注入率为 180%)、注浆压力为 0.3MPa,螺旋机转速为 4r/min]。

3.3 本章小结

本章基于液囊排水思路构建了盾构隧道管片衬砌外侧地层损失试验装置,并进行了横纵断面地层损失试验,模拟了外界干扰情况下地层空洞的演变机理,最后基于实际工程案例,对典型富水卵石土地层盾构掘进参数内在联系进行了分析,得出了相对理想的掘进优化组合参数,主要结论如下:

(1)构建了盾构隧道管片衬砌外侧空洞室内模拟平台,试验发现:地层空洞引起的地层沉降主要出现在隧道上方,主要影响区域在隧道中心轴两边不到 $1D$(隧道直径)的位置;地层损失造成地表纵向变形范围为开挖面前后 $2D$ 范围,横向变形影响范围约为轴线两侧 $1.5D$ 范围。

(2)确了不同地层损失率(地层空洞)的发展规律、影响范围:地层损失率≤15%时,地层空洞主要出现在拱顶上方 $0.5D$ 范围内;地层损失率达到20%时,地层空洞来不及形成暂时稳定的平衡拱结构而快速传递至地表,隧道上方存在明显的塌落拱及破坏面。

(3)地下水渗流及地表振动耦合对地层空洞在地层中的传递有明显的促进作用。

(4)提出了适合富水砂卵石地层盾构掘进参数模型,明确了关键参数(刀盘转速、掘进速度、扭矩与总推力的关系,注浆量、注浆压力、土仓压力、螺旋机转速等)之间的函数关系。

本章参考文献

[1] 王国义. 成都砂卵石地层注浆加固技术应用[J]. 隧道建设,2012,32(5):696-699.

[2] 江英超,何川,胡雄玉,等. 砂性土地层盾构隧道施工对地层扰动的室内掘进试验研究[J]. 岩石力学与工程学报,2013,32(12):2550-2559.

[3] 杨书江. 富水砂卵石地层盾构法施工地表坍塌原因及对策[J]. 都市快轨交通,2011,24(1):77-79.

[4] 白永学. 富水砂卵石地层盾构施工诱发地层塌陷机理及对策研究[D]. 成都:西南交通大学,2012.

[5] 宋立德. 富水砂卵石地层土压平衡盾构施工滞后沉降分析及预防控制措施[J]. 长春工程学院学报(自然科学版),2011,12(1):28-30.

[6] 张成平,张顶立,王梦恕. 城市隧道施工诱发的地面塌陷灾变机制及其控制[J]. 岩土力学,2010,31(S1):303-309.

[7] 罗松,张浩然. 成都富水砂卵石地层盾构施工滞后塌陷防控措施[J]. 隧道建设,2010,30(3):317-320.

[8] 白永学,漆泰岳,吴占瑞,等. 砂卵石层盾构施工地层损失原因分析与施工对策[J]. 现代隧道技术,2012,49(3):54-61.

[9] 中铁第一勘察设计院集团有限公司. 一种多仓分隔式水囊排水的盾构掘进地层损失模拟装置:中国,2010244824U[P]. 2020-04-03.

第4章　富水地层盾构隧道同步注浆机理及其应用

4.1　盾构隧道同步注浆模型试验平台构建与室内模型试验研究

在盾构掘进过程中，地层变形的控制主要集中在掘削面的稳定性控制和盾尾空隙四周地层的稳定性控制两个方面，盾尾空隙四周地层的稳定性控制主要通过一定的浆液压力和浆液固结体强度来实现，而盾尾空隙的有效充填又是确保浆液压力均匀地作用于四周地层的前提。因此，必须清楚浆液在盾尾空隙内的充填过程和浆液压力的扩散方式。

目前，关于盾构隧道同步注浆的理论研究主要集中在注浆材料与泵送工艺的改进、浆液在地层中的扩散方式、一定注浆压力作用下浆液中水分的排出以及地层的位移情况、盾尾空隙内既定浆液压力对地层变形及衬砌结构的影响、利用离心试验研究注浆的长期效果以及同步注浆试验装置的理论研究等方面，而对盾尾空隙的充填过程、浆液在盾尾空隙内的流动、扩散与分布方式以及浆液压力初值在盾尾空隙内的形成与消散过程及其影响因素等方面却研究甚少。

关于盾构法隧道同步注浆的模型试验研究，国内外鲜有相关报道。本节基于地铁盾构隧道典型四孔注浆的特点，建立盾构—浆液—土体相似系统，构建盾构隧道同步注浆模型试验平台，开展不同注浆位置、不同注浆孔数量和不同浆液流量分配比例条件下的盾构隧道同步注浆模型试验，对盾尾空隙内浆液压力的分布及消散过程、浆液的流动路径与扩散方式进行研究，以揭示同步注浆机理，提出最优的同步注浆方式，为实现盾构隧道的微扰动施工控制奠定基础。

4.1.1　相似系统与相似关系

由于盾构法隧道同步注浆是一个非常复杂的过程，实质上是一种盾构机器与土体、浆液之间相互作用的过程，给理论分析带来了很大的困难，而相关的模型试验则给盾构机械设备的地层适应性研究提供了很好的平台。因此，本节将盾构、土体与浆液当作一个系统即“盾构—土体—浆液系统”进行研究，确定哪些参量是影响系统性能的主要因素，建立模型与原型之间的联系。根据相似理论，采用 *MLT*(质量、长度和时间)表示的基本量纲系统，可以得出同步注浆试验系统所涉及的全部物理参量。

(1)盾构特性:覆土厚度 $H[L]$,隧道直径 $D[L]$,盾尾空隙厚度 $d[L]$,盾构自重 $G[M]$。

(2)土壤特性:单轴抗压强度 $\sigma_1[ML^{-1}T^{-2}]$,黏聚力 $C_1[ML^{-1}T^{-2}]$,内摩擦角 $\varphi_1[1]$,重度 $\gamma_1[ML^{-1}T^{-2}]$,压缩模量 $E[ML^{-1}T^{-2}]$,孔隙比 $e[1]$,泊松比 $\mu[1]$,含水率 $\omega[1]$。

(3)浆液特性:屈服强度 $\tau[ML^{-1}T^{-2}]$,浆液重度 $\gamma_2[ML^{-1}T^{-2}]$,泌水率 $\psi[1]$,黏度 $\eta[ML\ -1T^{-1}]$,黏结时间 $t[T]$。

(4)盾构—注浆系统:盾构推进速度 $v[LT^{-1}]$,浆液压力 $P[ML^{-1}T^{-2}]$,单位时间注浆量(浆液流量)$q[L^3T^{-1}]$,重力加速度 $g[LT^{-2}]$。

(5)因变量:土体内部应力 $\sigma[ML^{-1}T^{-2}]$,土体变形量 $\delta[L]$。

由于模型与原型处于同一引力场中,因而重力加速度是相等的(重度相似比为1),利用量纲分析法和相似理论第二定理,最终得到各物理参量相似比之间的关系,如式(4-1)所示。

$$C_H = C_l, C_D = C_l, C_d = C_l, C_G = C_E C_l{}^2, C_{\sigma_1} = C_E, C_{C_1} = C_E, C_{\varphi_1} = 1$$

$$C_E = C_{\gamma_1} C_l = C_{\gamma_2} C_l,\ C_e = 1, C_\mu = 1, C_\omega = 1, C_\tau = C_E, C_\psi = 1, C_\eta = C_l{}^{3/2}$$

$$C_t = \sqrt{C_l}, C_v = \sqrt{C_l}, C_P = C_E, C_q = (\sqrt{C_l})^5, C_\sigma = C_E, C_\delta = C_l \tag{4-1}$$

式中:C_l——原型与模型的几何相似比($C_l = 7.9$);

C_E——原型土与模型土的压缩模量相似比;

其余皆类推。

从式(4-1)中可见,由于 $C_{\gamma_1} = C_{\gamma_2} = 1$,因此只要选定 C_l 和 C_E,就可以确定其他物理参量的相似比。

4.1.2 模型土与模型浆液的配制

4.1.2.1 模型土的配制

模型试验参照的地层为某地区典型地层,取一定深度(30m)范围内的土层,按照其厚度加权平均得到原型土的4项性能指标,列于表4-1。由式(4-1)可知,原型土与模型土的单轴抗压强度相似比 C_{σ_1}、几何相似比 C_l($C_l = 7.90$)和重度相似比 C_{γ_1} 应满足关系式 $C_{\sigma_1} = C_{\gamma_1} C_l$。经过大量反复的试验验证,最终确定选用重晶石粉、双飞粉、粉煤灰、膨润土、原状黏土与水,按照一定的配比,拌和均匀后再加压,然后再静置一段时间,就可以得到性能比较稳定的人工模型土。原型土与模型土的4项性能指标如表4-1所示。此时 $C_{C_1} \approx C_E \approx C_l$。由于绝对相似是做不到的,只要主要的相似关系能够满足,即可认为模型土与原状土是相似的。

土体力学参数与相似比　　表4-1

土层名称	γ_1(kN/m³)	C_{γ_1}	φ_1(°)	C_{φ_1}	C_1(kPa)	C_{C_1}	E(MPa)	C_E
原型土	18.10	0.98	21.50	1.05	15.60	8.43	6.67	7.25
模型土	18.50		20.50		1.85		0.92	

4.1.2.2 模型浆液的配制

模型试验主要针对目前盾构法隧道中普遍采用的单液可硬性浆液。配制模型浆液所用的原材料与原型浆液基本相同,主要为水泥、粉煤灰、粉细砂、膨润土、减水剂和水。按照式(4-1),要求原型浆液与模型浆液的屈服强度相似比 C_τ、几何相似比 C_l($C_l = 7.90$)以及重度相似比 C_{γ_2} 满足关系式 $C_\tau = C_{\gamma_2} C_l$。与模型土的配制相似,经过大量的反复验证,得到了性能比较稳定的人工模型浆液，原型浆液与模型浆液的参数及其相似比见表4-2。此时，$C_\tau(8.17)\approx C_l(7.90)$，$C_\eta(24.60)\approx C_l^{3/2}(22.20)$，$C_\psi(0.92)\approx 1.00$，$C_t(2.50)\approx\sqrt{C_l}(2.80)$，满足主要的相似关系。

另外，对浆液而言，一般情况下其初始黏度与屈服强度对凝胶时间具有决定性作用，而初始黏度的影响则更为明显，所以应首先确保初始黏度与屈服强度的相似性得到满足，由表4-2可知，本书配置的模型浆液能够满足这个基本要求。

浆液力学参数与相似比　　表4-2

浆液名称	γ_2 (kN/m³)	C_{γ_2}	初始屈服强度 τ_0 (Pa)	C_τ	初始黏度 η (Pa·s)	C_η	泌水率 ψ (%)	C_ψ	凝结时间 t (s)	C_t
原型浆液	18.1	1.10	72.00	8.17	2.333	24.56	13.40	0.92	19800	2.46
模型浆液	16.5		8.81		0.095		14.52		8060	

4.1.3　模型试验设计

4.1.3.1　基本原理

盾构法隧道同步注浆一般应采用注浆压力与浆液流量的双重控制标准。实际工程中，浆液压力的测试元件一般埋设在注浆管路内部，由于注浆管路的沿程损失，实际监测的注浆压力与盾尾注浆孔出口处的浆液压力存在明显差异；另外，为了便于施工管理，施工方一般更偏向于浆液流量的单重控制措施（即每1环管片注入的浆液体积一定）。因此，同步注浆模型试验采用以浆液流量为主、注浆压力为辅的控制标准。

4.1.3.2　模型试验平台

模型试验平台如图4-1所示，主要包括土箱、盾构系统、驱动系统、注浆系统和数据采集系统五大部分，其中，盾构系统主要包括盾构、管片以及拉杆等，驱动系统主要指开关柜、盾构推进控制系统以及液压油缸等，注浆系统主要包括注浆泵、注浆控制系统以及注浆桶等，数据采集系统主要指浆液压力传感器、水土压力传感器以及视频监测系统等。

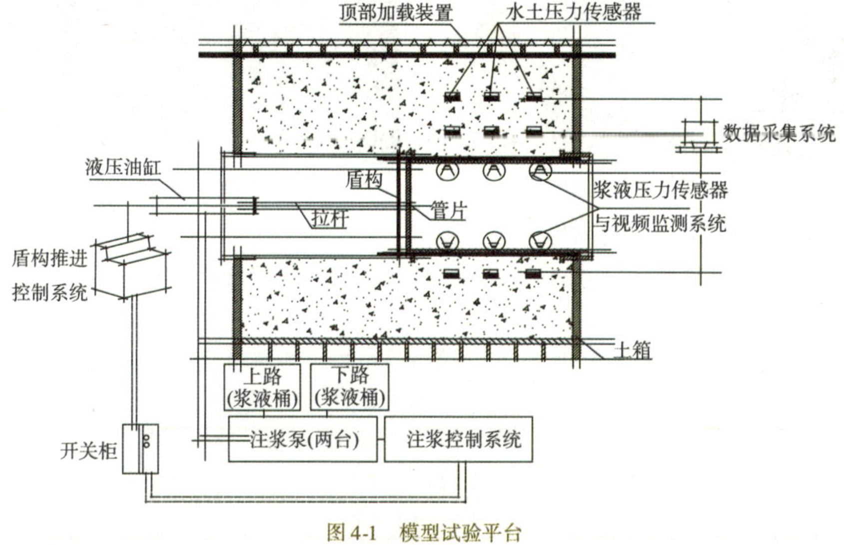

图4-1　模型试验平台

根据模型比例及试验条件,模型试验采用的土箱尺寸为1.8m×1.8m×3.1m,如图4-2所示。在土箱内预先固定好模型盾构与管片(模型盾构套在管片外侧),将配置的模型土分层填入土箱内。土箱两端均开0.8m直径的圆孔,以便模型盾构的进出。采用1个钢套筒模拟盾构机,钢套筒内侧利用1个玻璃树脂套管模拟管片,如图4-3所示,钢套筒外侧回填模型土。注浆管路埋设于模型盾构壳体内,如图4-4所示。按照实测土体的密度控制土箱顶部加载装置的预压时间,随着盾构的掘进,管片与周围土层之间的盾尾间隙逐步形成。

盾构的推进装置采用电动控制系统,盾构推进杆上设有位移传感器,用来记录推进行程。同步注浆系统由从德国引进的2台伟士科泰2RB20D型螺杆泵控制,可实现最小流量为300mL/min的精确控制,衬砌上埋设有压力传感器和视频监测装置,如图4-5所示,分别用来记录盾构推进过程中浆液压力的变化情况和浆液在盾尾空隙内的扩散情况。

图4-2 土箱

图4-3 模型盾构和管片

图4-4 注浆管路布置图

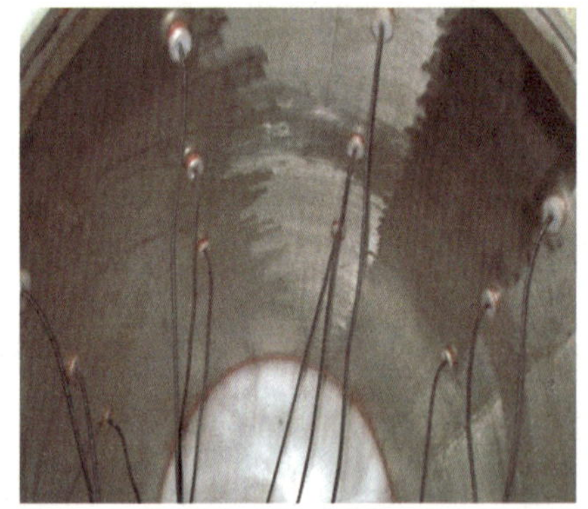

图4-5 管片上压力计布置图

4.1.3.3 模型试验方案设计

将特定颜色(红色与黑色)的染料加入浆液中,予以分辨浆液在盾尾空隙内不同部位的流动路径与扩散过程。盾构掘进速度为15mm/min(相当于实际工程的42mm/min)。根据注浆孔的数量、位置以及浆液流量的配比,同步注浆方式可进一步细分为10种,如表4-3所示。

模型试验方案 表4-3

编号	注浆方式	
1	单孔注浆	右上部单孔注浆
2		右下部单孔注浆

续上表

编　　号	注 浆 方 式	
3	双孔同时注浆	上部双孔同时注浆,左、右浆液流量比为40%:60%
4		左上右下双孔同时注浆,上、下浆液流量比为60%:40%
5		左下右上双孔同时注浆,上、下浆液流量比为80%:20%
6		左侧双孔同时注浆,上、下浆液流量比为80%:20%
7		下部双孔同时注浆,左、右浆液流量比为50%:50%
8	四孔同时注浆	四孔同时注浆,上、下浆液流量比为40%:60%
9		四孔同时注浆,上、下浆液流量比为60%:40%
10		四孔同时注浆,上、下浆液流量比为80%:20%

4.1.4　不同注浆方式条件下的浆液压力分布及其分析

根据试验数据,重点分析距离盾尾0D(D为洞径),1D和2D这3个断面上浆液压力的分布规律和变化趋势。

4.1.4.1　单孔注浆时的浆液压力

(1)右上部单孔注浆

图4-6为右上部单孔注浆时3个断面上的浆液压力分布情况。由图4-6可以看出:45°注浆孔处浆液压力初值(即衬砌压力)较大(0.3MPa),导致右半断面的浆液压力明显大于左半断面;随着监测断面逐步远离盾尾,右半断面的浆液压力明显减小,左右不对称分布趋势随之减弱,同时,拱底处浆液压力逐步增大,竖向浆液压力梯度逐步接近浆液的自重应力梯度(0.0165MPa/m),说明该注浆方式对浆液压力的影响随着盾尾的远离而逐步减弱。

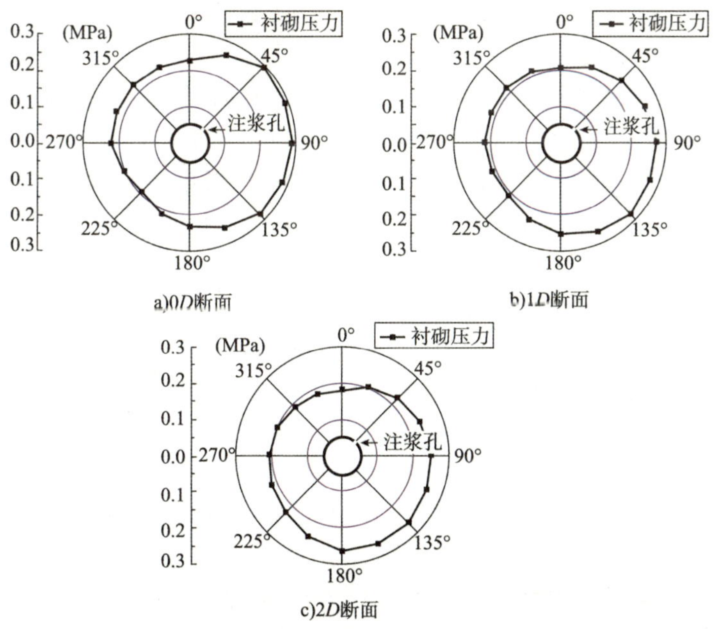

图4-6　右上部单孔注浆时3个断面上的浆液压力分布情况

(2)右下部单孔注浆

图4-7为右下部单孔注浆时3个断面上的浆液压力分布情况。由图4-7可以看出:注浆孔处的浆液压力初值达到0.38MPa,明显大于右上部单孔注浆时,尤其体现在盾尾距离监测断面1D范围内的断面中下部区域,且浆液压力的消散速率相对较快。从长期来看,该注浆方式对浆液压力的影响将随着压力的消散而减弱,当盾尾距监测断面2D或更远时,如浆液能保持良好的流塑性,该注浆方式对浆液压力的分布已不再有决定性作用。

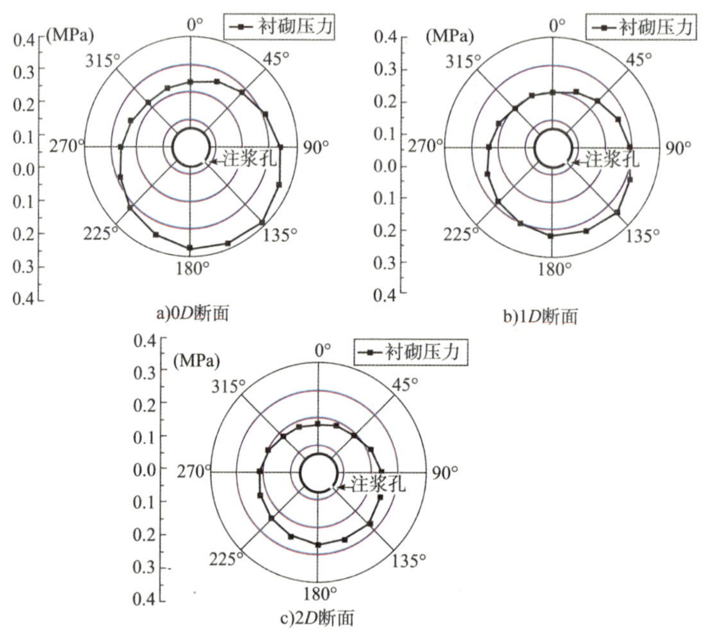

图4-7　右下部单孔注浆时3个断面上的浆液压力分布情况

(3)单孔注浆试验效果

由以上单孔注浆试验结果可知:右下部单孔注浆时,注浆孔处的浆液压力初值为0.38MPa,相当于该地区28m深度处的静止土压力,已经超出了一般地铁隧道的埋深,如此大的浆液压力将会对盾尾刷的密封性能造成不利影响,同时也会加剧对盾尾处地层的扰动,而且随着盾尾的远离,浆液压力的变化幅度较大。因此,单孔注浆时盾尾空隙的最佳充填模式为上部单孔注浆。

4.1.4.2　双孔同时注浆时的浆液压力

(1)上部双孔同时注浆(左、右浆液流量比为40%:60%)

图4-8为上部双孔同时注浆且左、右流量接近时3个断面上的浆液压力分布情况。由图4-8可以看出:上半断面的浆液压力明显大于下半断面,压力曲线比较圆顺,盾尾远离时,浆液压力的减小主要集中在上半断面,浆液的竖向压力梯度逐步接近其重力应力梯度(0.016MPa/m)。可见,与上部单孔注浆(图4-6)相比,上部双孔同时注浆且左、右流量接近有利于减少浆液压力的波动和对地层的扰动。

(2)左上、右下双孔同时注浆(上、下流量比为60%:40%)

图4-9为左上、右下双孔同时注浆且上、下流量接近时3个断面上的浆液压力分布情况。由图4-9可以看出:断面上浆液压力分布相对均匀,与上部双孔同时注浆(图4-8)相比,下部

浆液流量会导致盾尾通过时浆液压力的上升，与下部单孔注浆（图4-7）相比，下半断面浆液压力略有减小，但上半断面浆液压力明显增大，同时下半断面的浆液压力消散过程相对明显。

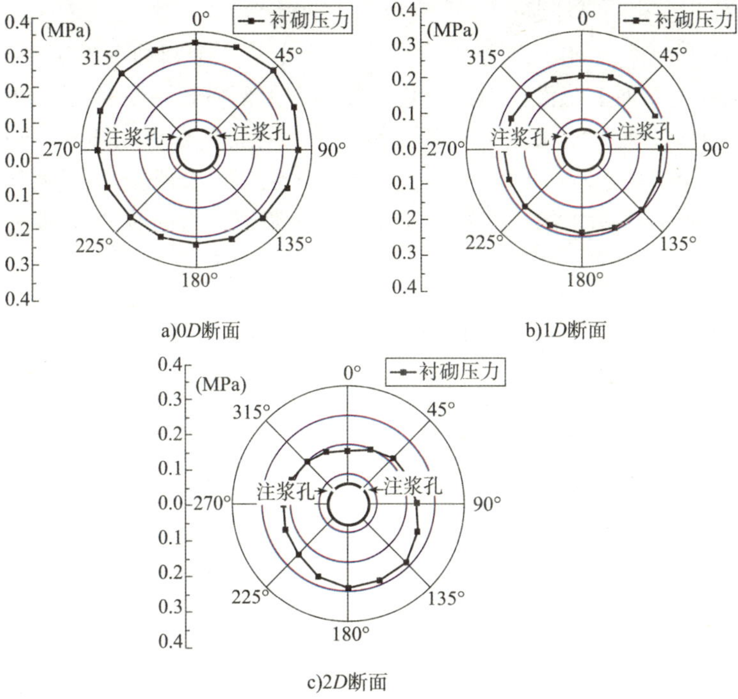

图4-8　上部双孔同时注浆且左、右流量接近时时3个断面上的浆液压力分布情况

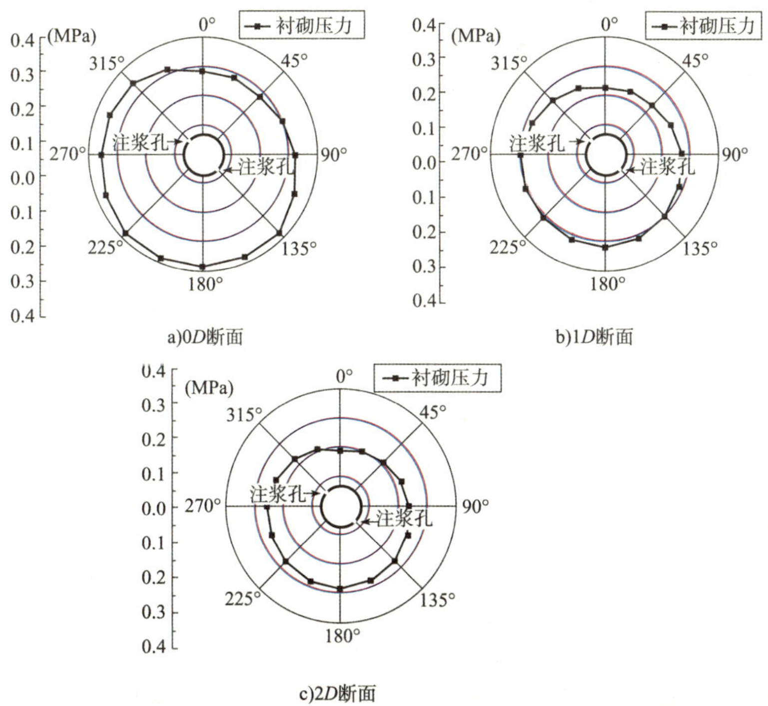

图4-9　左上、右下双孔同时注浆且上下流量接近时3个断面上的浆液压力分布情况

另外，下部注浆孔处的浆液压力初值达到0.38MPa，且盾尾通过后浆液压力的波动比较明显，表明浆液压力初值与地层应力的适应性不好，可见，下部40%的流量偏大。

(3)左下、右上双孔同时注浆(上、下流量比为80%:20%)

图4-10为左下、右上双孔同时注浆并以上部为主时3个断面上的浆液压力分布情况。由图4-10可以看出：断面上浆液压力的变化规律与右上部单孔注浆时(图4-6)相似，注浆孔处断面上浆液压力初值略大于0.3MPa，但浆液压力的分布曲线更加圆顺；与左上、右下双孔同时注浆且上、下流量相近时(图4-9)相比，整体上浆液压力有所减小，且盾尾通过后浆液压力的变化较小，表明下部20%的浆液流量能显著减少浆液应力的波动，说明此时浆液压力初值与地层应力的适应性较好。

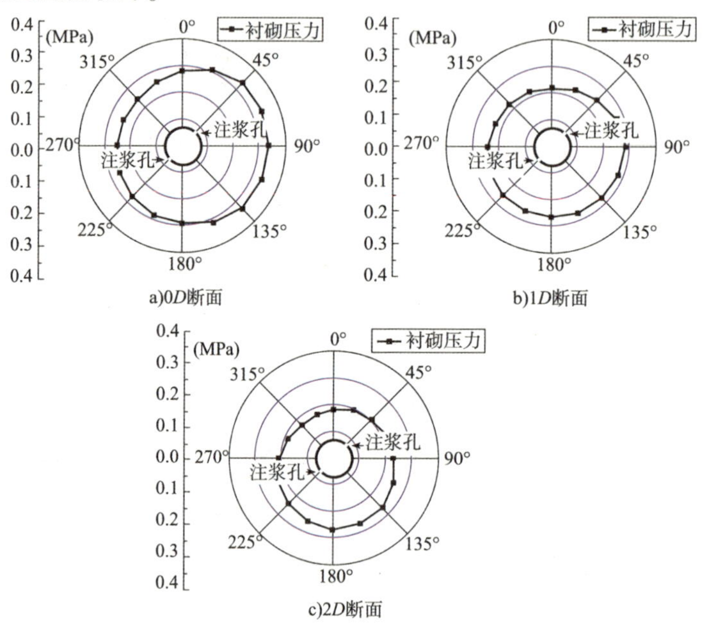

图4-10　左下、右上双孔同时注浆并以上部为主时3个断面上的浆液压力分布情况

(4)左侧双孔同时注浆(上、下流量比为80%:20%)

图4-11为左侧双孔同时注浆并以上部为主时3个断面上的浆液压力分布情况。由图4-11可以看出：左半断面的浆液压力明显大于右半断面，上半断面的浆液压力略大于下半断面，且浆液压力初值略大于右上部单孔注浆时(图4-6)；与左下、右上且上部为主双孔同时注浆(图4-10)相比可知，浆液压力的分布主要受上部80%的浆液流量的控制，但对角线方向20%的浆液流量能减少左右断面间浆液压力的不对称分布，尤其在下半断面，因此对角线方向的双孔注浆更加有利于衬砌结构与围岩的稳定。

(5)下部双孔同时注浆(左、右流量比为50%:50%)

图4-12为下部双孔同时注浆且左、右流量相同时3个断面上的浆液压力分布情况。由图4-12可以看出：断面下部的浆液压力初值达到0.46MPa，拱顶处的浆液压力初值为0.28MPa。拱底处过大的浆液压力初值会导致地层劈裂与浆液跑浆，导致拱顶处难以有效充填，进而引起地层沉降。同时，盾尾远离时，浆液压力的消散速率与变化幅度也最为明显，表明此时浆液压力初值很难与地层应力适应，因此该种注浆方式应尽量避免。

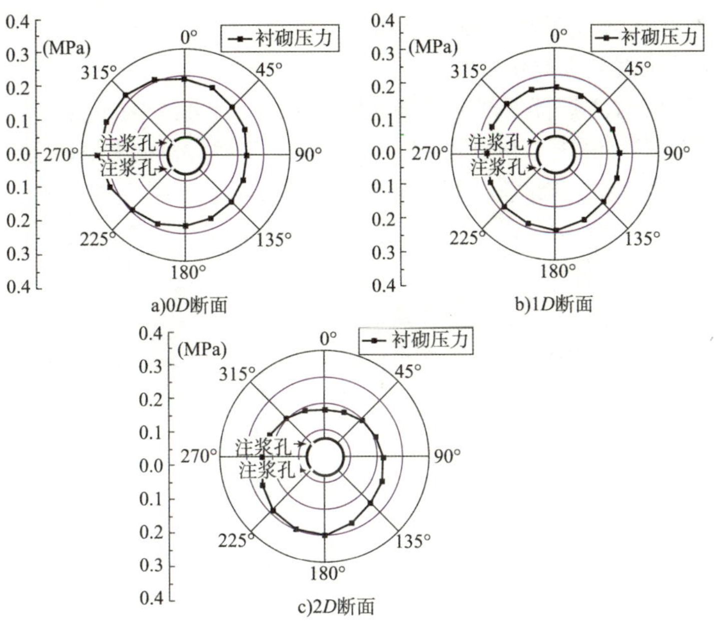

图 4-11 左侧双孔同时注浆并以上部为主时 3 个断面上的浆液压力分布情况

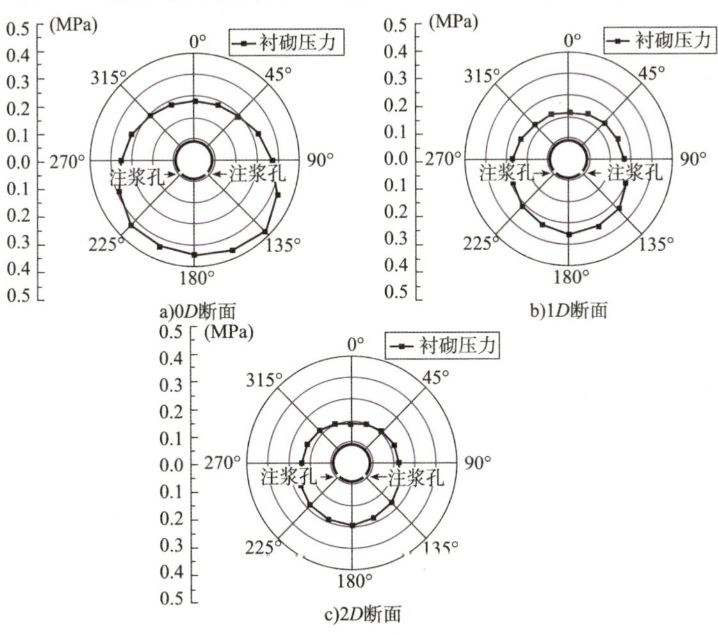

图 4-12 下部双孔同时注浆且左、右流量相同时 3 个断面上的浆液压力分布情况

(6)双孔同时注浆试验结果分析

由以上双孔同时注浆试验结果可知，盾尾远离时(断面距离盾尾 2D)，不同注浆方式下断面上浆液压力的分布形式相差不大；下部 20% 的浆液流量能保证浆液压力初值与地层应力较好地适应，下部 40% 浆液流量偏大；上、下双孔同时注浆且以上部流量为主时，浆液压力初值相对较小，且盾尾通过后浆液压力的变化幅度较小，表明浆液压力初值与地层应力的适应性较好。因此，双孔同时注浆时盾尾空隙的最佳充填模式为：上、下双孔同时注浆且以上部流量为主(上部浆液流量占到 80%)。

4.1.4.3 四孔同时注浆时的浆液压力

(1)上、下流量比为 40%:60%

图 4-13 为四孔同时注浆且下部流量略大时 3 个断面上的浆液压力分布情况。由图 4-13 可以看出:断面中下部浆液压力初值较大(0.37MPa),且盾尾通过后的浆液压力消散也比较明显,说明四孔同时注浆时下部 60% 的浆液流量偏大。

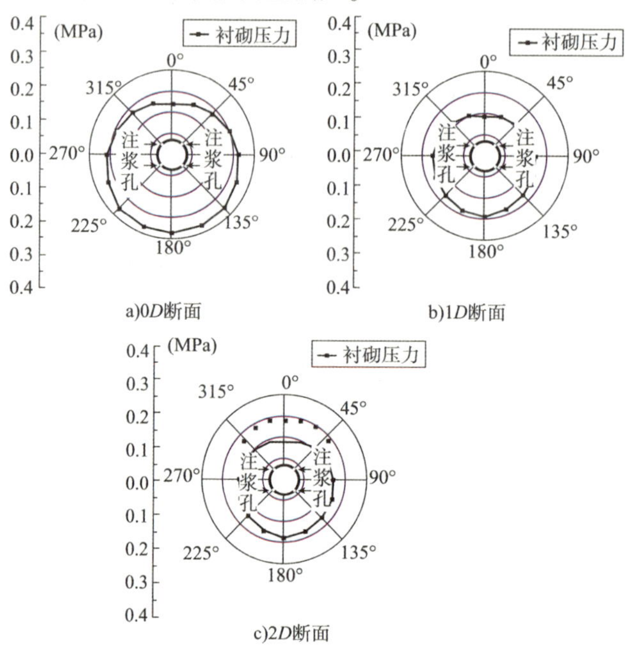

图 4-13 四孔同时注浆且下部流量略大时 3 个断面上的浆液压力分布情况

(2)上、下流量比 60%:40%

图 4-14 为四孔同时注浆且上部流量略大时 3 个断面上的浆液压力分布情况。由图 4-14 可以看出:浆液压力初值近似均匀分布,与下部流量 60% 时(图 4-13)相比,断面中上部浆液压力初值明显增大(拱顶处由 0.237MPa 增大到 0.285MPa),而断面中下部浆液压力初值则明显降低(拱底处由 0.370MPa 减小到 0.338MPa)。表明四孔同时注浆上、下流量比为 40%:60% 时,断面中上部浆液压力的变化主要受到上部 20% 浆液流量增量的影响,而断面中下部浆液压力的变化则主要受到下部 20% 浆液流量减少的影响。进一步说明,四孔同时注浆上、下流量比为 40%:60%,是浆液压力初值受上、下部浆液流量相互影响的临界状态。

另外,由于浆液压力初值分布均匀,且浆液压力的消散并不明显,尤其在断面中下部,表明浆液压力初值与地层应力适应性较好,说明四孔同时注浆上部流量略大时,是一种相对理想的注浆方式。

(3)上、下流量比为 80%:20%

图 4-15 为四孔同时注浆且上部流量较大时 3 个断面上的浆液压力分布情况。由图 4-15 可以看出:与上部流量略大时相比,此方式上半断面浆液压力初值增加(0.34MPa > 0.29MPa),而下半断面的浆液压力初值略有减小,表明此时上部浆液流量的变化对浆液压力初值的分布起主导作用。盾尾逐步远离时,拱顶处的浆液压力能在较长时间内保持在一个相对较高的水平,说明上部浆液流量在一定范围内增大(≥60%),能为浆液压力初值与地

层应力更好地适应提供条件,有利于确保拱顶处地层的稳定。

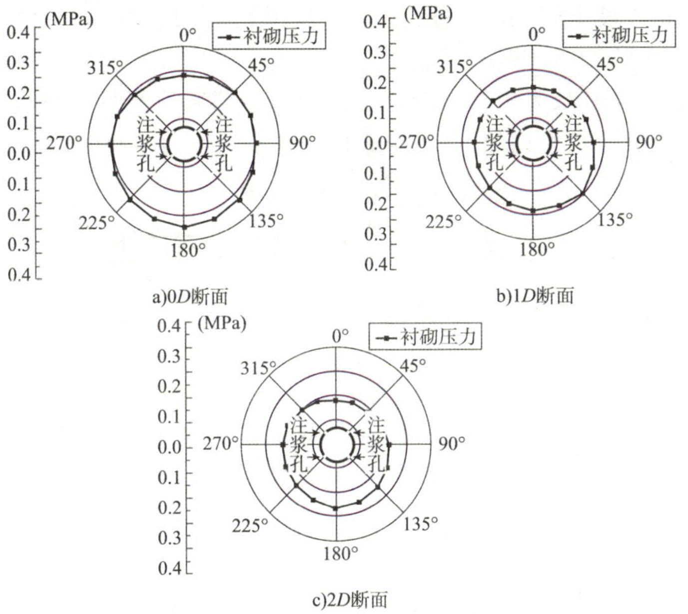

图4-14 四孔同时注浆且上部流量略大时3个断面上的浆液压力分布情况

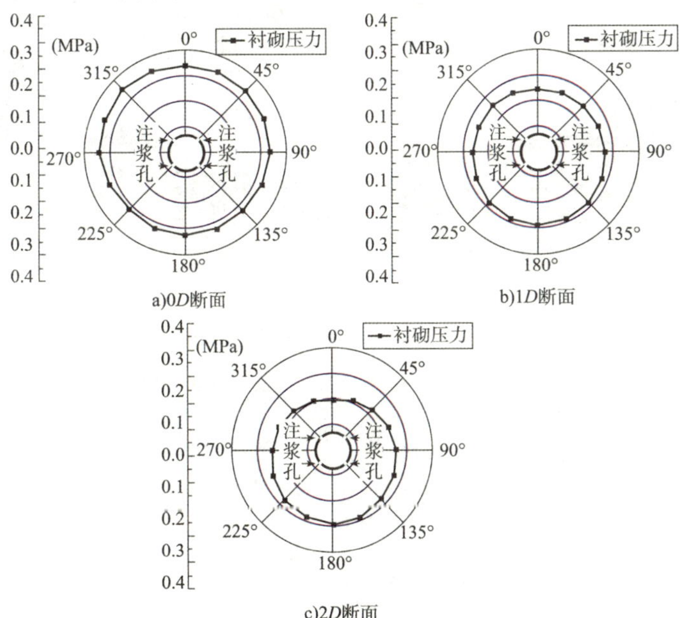

图4-15 四孔同时注浆且上部流量较大时3个断面上的浆液压力分布情况

隧道拱顶处的浆液压力初值为0.34MPa,相当于该地区22m深度处的静止土压力,这已经接近一般地铁隧道的最大埋深范围,可以预测,随着上部浆液流量的继续增大。在拱顶处浆液压力初值还将增大。在实际工程中如只采用上部注浆孔,不利于初始时刻拱顶处地层的稳定。为了促进浆液压力初值与地层应力的适应,同时又必须避免过大的浆液压力引起地层劈裂或地表隆起超限,建议上部注浆孔浆液流量≤80%。

实际工程中,为了有效抑制隧道拱顶处地层的应力松弛与坍塌,再加上隧道下半断面土

体相对致密,施工方一般更偏向于仅采用上部注浆孔,利用浆液在自重应力场下的流动填充下半断面,但这样的注浆方式无法保证初始时刻拱顶处地层的稳定,因此应尽量避免。

(4)四孔同时注浆试验结果分析

由以上四孔注浆试验结果可知,四孔同时注浆,上部浆液流量占总流量的60%～80%时,浆液压力初值的分布较为均匀,且盾尾通过后的浆液压力变化幅度最小,表明此时浆液压力与地层应力适应程度较好,围岩受注浆扰动程度最小。

4.1.5 浆液在盾尾空隙内的扩散方式与分布区域

4.1.5.1 四孔同时注浆(上、下流量比为80%:20%)

图4-16为四孔同时注浆且以上部流量为主时,盾尾空隙内浆液的充填过程。由图4-16可以看出:下部注浆孔注入浆液(红色)被迫向拱底处的低压力区扩散,下部浆液的流动区域呈现不规则三角形,这是由于上、下部浆液流量相差悬殊,从下部注浆孔注入的浆液压力小于上部浆液流量传递过来的浆液压力导致的;盾尾远离后,下部浆液的分布区域主要集中在拱底两侧35°范围之内,上部浆液(黑色)的分布区域主要集中在拱顶两侧145°范围之内,由此可知上、下部浆液的分布范围之比约为4:1。

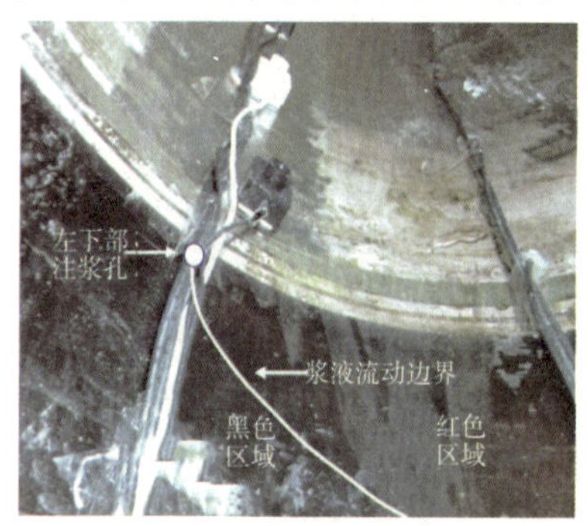

a)左下部浆液注入情况

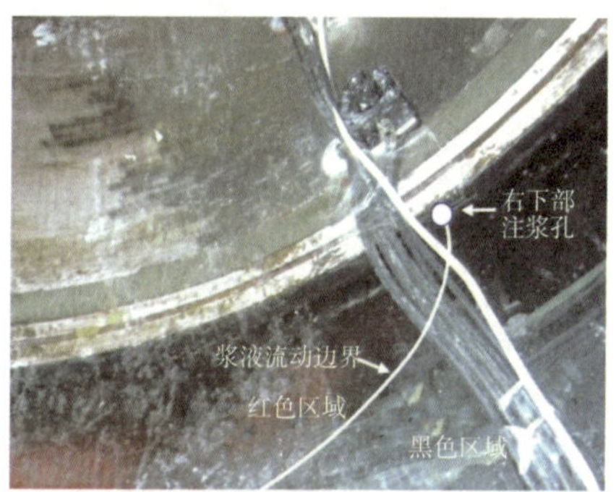

b)右下部浆液注入情况

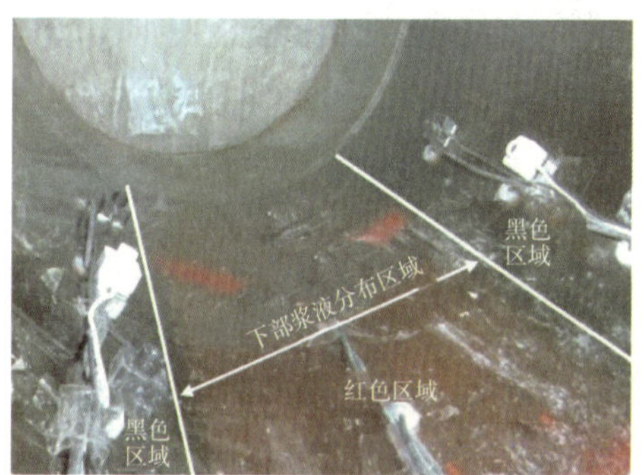

c)浆液最终分布情况

图4-16 四孔同时注浆过程中[上黑(80%)、下红(20%)]下部双孔浆液注入情况

4.1.5.2 左侧双孔同时注浆(上、下流量比为40%:60%)

图4-17为左侧双孔同时注浆且下部流量略大时,左半断面内浆液的分布情况。由图4-17可以看出:下部浆液(黑色)分布区域主要集中在拱底以上115°范围内,上部浆液(红色)分布区域主要集中在拱顶以下65°范围内,浆液的分布范围之比约为2:3。

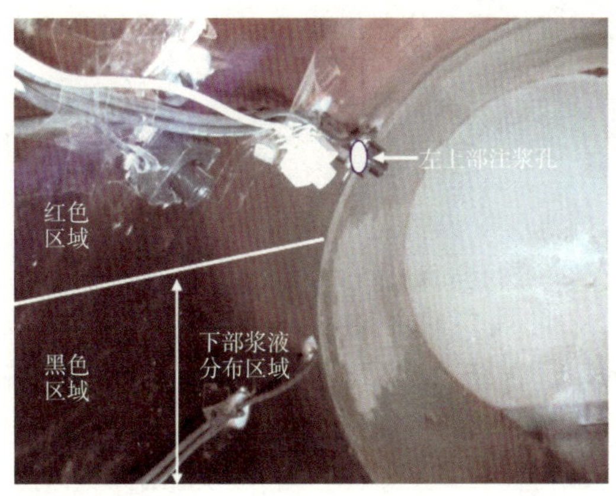

图4-17 左侧双孔同时注浆[上红(40%)、下黑(60%)]左半断面内浆液分布情况

与上、下流量比为80%:20%时相似,上、下部浆液的最终分布范围之比与浆液流量之比近似相等,且上、下部浆液的分布区域都相对集中,说明浆液流量一定时,每个注浆孔注入的浆液都有各自相对独立的充填区域。同时,由于盾尾处浆液呈流塑状,流动性好,除了注浆孔附近区域外,单位时间内新形成的盾尾空隙,主要由原来盾尾处呈流塑状的浆液充填。

4.1.5.3 右上部单孔注浆

为了进一步验证浆液在盾尾空隙内的流动与扩散过程,在盾尾距离断面0.5D时,将浆液由黑色改为红色。当盾尾距离断面2D时,右半断面内的浆液分布情况如图4-18所示。从图4-18可以看出:右上部注浆孔注入的浆液,主要分布在注浆孔高度以下区域,进一步说明了单位时间内新形成的盾尾空隙不是完全由新注入的浆液来充填的,刚开始注入的浆液总是分布在注浆孔附近区域。

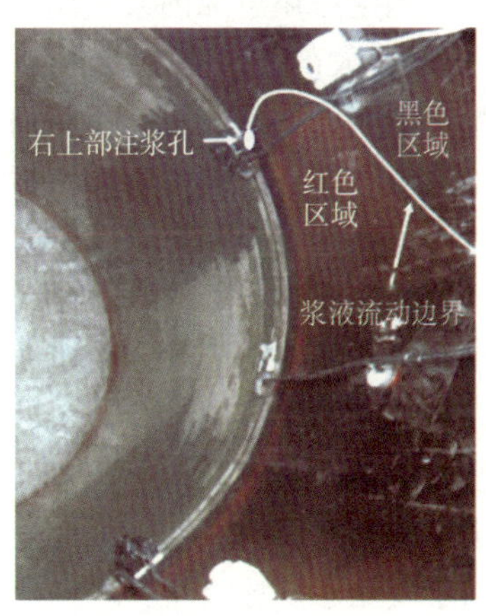

图4-18 右上部单孔注浆(黑色改为红色)时右半断面内浆液的分布情况

由以上分析可知,对于盾构法隧道二次补压注浆,为了便于操作,实际工程中一般采用邻接块或标准块吊装孔进行注浆,但浆液最容易充填不到位的区域在隧道拱顶附近,而刚注入的浆液又主要分布在注浆孔附近,要想把原先注入的浆液“挤压”至拱顶处是不现实的。因此,为了确保二次补压注浆效果,建议在拱顶附近预留专用注浆孔。

4.1.6 小结

本小节针对盾构隧道同步注浆的特点,建立了盾构—土体—浆液相似系统,构建了盾构隧道同步注浆试验平台,通过在不同注浆方式下的模型试验,对盾尾空隙内浆液压力及消散规律、浆液在盾尾空隙内的流动路径与扩散方式进行了研究,主要得出以下几点结论。

(1)不论注浆方式如何变化,浆液压力初值的分布主要受注浆方式的影响而呈现出不规则的椭圆形分布,盾尾远离时,竖向浆液压力梯度逐步接近其自重应力梯度,注浆方式的影响区域主要集中在盾尾后方2倍洞径范围之内。

(2)上部注浆孔单独注浆或下部注浆孔单独注浆都是不科学的,应尽量避免。相对而言,下部注浆孔单独注浆的危害更大。

(3)上部或下部浆液流量≥60%时,其流量变化对浆液压力初值的分布具有决定性作用,且后期浆液压力的消散也主要集中在该部位。

(4)以浆液压力初值与地层应力的适应程度为评价指标,可得到盾尾空隙最佳充填模式:单孔注浆时,应采用上部注浆孔;双孔同时注浆时,应采用上下注浆且上部浆液流量占总流量的80%左右;四孔同时注浆时,上部浆液流量占总流量的60% ~80%。

(5)在盾尾空隙充填过程中,新注入的浆液主要分布在注浆孔附近区域,单位时间内新形成的空隙主要由原来盾尾处呈流塑状的浆液进行充填(注浆孔附近除外),不同部位注入浆液的分布范围之比与浆液流量之比近似相等。建议在拱顶附近预留专用注浆孔,进行二次补压浆。

4.2 盾尾空隙浆液压力分布规律及其影响因素研究

大量的研究和现场实测表明,在盾构隧道施工中,隧道衬砌周围的注浆过程对盾构掘进引起的地表沉降的影响很大,同时注浆压力也是隧道衬砌上一个非常重要的荷载。衬砌所受到的浆液压力对衬砌结构的变形、隧道的上浮以及地层的变形等具有非常重要的作用。要准确测定盾尾空隙内浆液压力的变化难度很大,很多学者对此展开了研究并取得了一定的进展,但大部分研究都集中在既定浆液压力在盾尾空隙内随时间的变化上,而很少有人对最初浆液压力的形成过程展开研究。

盾尾空隙的充填过程与一般的岩体裂隙注浆有相似之处,都是在一定的压力与流量下,浆液沿着一定的路径充填空隙。盾尾空隙中浆液的运动规律取决于自身的流变模型与盾尾空隙的几何模型。

浆液拌和后即开始发生水化和水解等化学反应,严重时将会发生离析与沉淀,浆液的和易性与流动性下降,黏度增加,屈服强度增加。在注浆过程中将会导致管路的堵塞,注浆压力急剧上升,严重时将导致盾构注浆系统的瘫痪。由于注浆系统为盾构内置系统,一旦发生注浆管路堵塞,其修复过程十分烦琐。因此,在实际施工过程中,同等条件下,施工方一般更倾向于使用水灰比大、密度小、黏度低的浆液,这也是惰性浆液被广泛采用的主要原因。

本节基于理论解析法,借助于裂隙岩体注浆理论中相关的压力扩散模式,针对国内盾构隧道同步注浆中普遍使用的惰性浆液,对盾尾孔隙内浆液压力的形成与扩散模式展开了研究,并对得到的浆液压力公式进行了单因素敏感性分析,明确了浆液重度、黏度(时间)、隧道半径与盾尾孔隙厚度对浆液压力分布的具体影响。

4.2.1 理论前提与基本假设

4.2.1.1 理论前提

盾构隧道同步注浆中,一般采取注浆量与注浆压力的双重控制标准,注浆方式有四孔注浆、六孔注浆,浆液一般也有惰性浆液与可硬性浆液之分。对此,本节将针对盾尾空隙这个特殊的空间几何形态,采用牛顿流体模拟广泛使用的惰性浆液,以典型的四孔注浆为基础,

在假设每个注浆孔浆液流量一定的情况下，以浆液压力为主要控制指标，对其在盾尾空隙横断面内的扩散与分布展规律展开具体研究。

为了便于开展研究，本节将浆液压力在盾尾空隙的形成与消散分成2个相对独立的过程，浆液压力的形成过程主要发生在盾尾空隙横断面内，浆液压力的消散过程则主要发生在盾尾空隙纵断面内（隧道轴向方向）。本书仅分析浆液压力在盾尾空隙横断面内的形成过程。该地区盾构隧道的掘进速度一般为 $v \leqslant 10\text{cm/min}(1.67\times10^{-3}\text{m/s})$，隧道直径一般≥6.34m，而一些大断面过江隧道的直径更是达到了15m左右。盾构隧道掘进过程中，单位时间内形成的盾尾空隙是一个三维环状空间，但由于该三维环状空间的高度（隧道轴向方向）远小于其直径（$1.67\times10^{-3}\text{m} \ll 6.34\text{m}$），因此将该三维环状空间看成是浆液充填的横断面，同时不计浆液压力在该三维环状空间高度方向的微小变化，浆液压力在盾尾空隙横断面内的形成过程，就是浆液从特定位置注入盾尾空隙后，沿着该三维环状空间的充填过程。

为了推导浆液压力在盾尾环状空间横断面内的分布，对浆液实际弯曲的流动路径做适当的简化，如图4-19所示，即在计算由 A 点注入的浆液在 B 点的压力分布时，将浆液由 A 向 B 的弯曲的流动路径看成是由无数个微小的直线段组成。

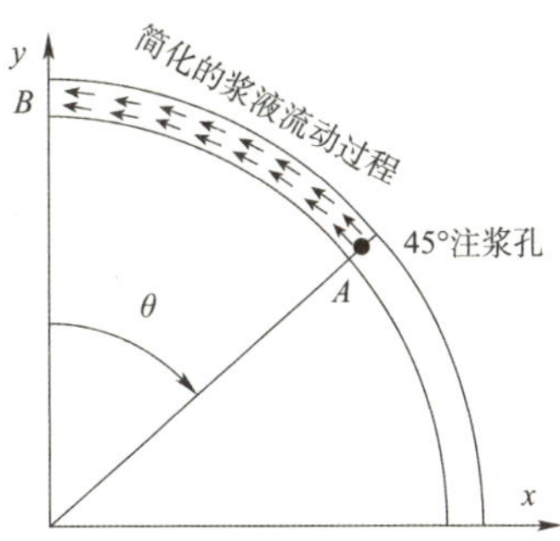

图4-19 计算模型中浆液的流动方向示意图

4.2.1.2 基本假设

（1）不可压缩的均质的各向同性的稳定流体，流体的运动状态近似为层流。

（2）不考虑浆液与土层中水分的相互渗透，在各个过流断面上，流体运动的连续性方程均成立。

（3）单位时间内形成的盾尾空隙体积一定，而且这部分空隙是由该单位时间内注入的浆液填充的，即填充过程中不考虑盾尾后方已注入浆液的影响。

（4）盾尾空隙横断面内浆液的充填过程中，由于时间很短，因此不考虑浆液黏度随时间的变化。

（5）由于单位时间内盾尾空隙的形状与体积一定，浆液的充填量一定，充填的时间又很短，因此忽略浆液沿着盾尾空隙横断面环向方向充填过程中的速度变化，盾尾空隙横断面内，浆液速度的变化主要体现在隧道径向方向。

由上述基本假设可见，本节所推导的公式适用于盾构掘进速度较小的情况，即掘进速度越小，计算结果越接近实际情况。这是由于盾构掘进速度越大，单位时间内形成的盾尾空隙厚度越大，盾尾空隙横断面体积越大，浆液从注浆孔注入后越易形成紊流（湍流），浆液流动的连续性方程将不再成立。

4.2.2 浆液压力公式的理论推导

由于盾尾空隙及注浆孔的分布在空间上是以隧道中心为对称点的轴对称图形，因此认为盾尾空隙模型与浆液的压力分布沿竖轴对称，以隧道走向为 z 轴，水平向为 x 轴，竖向为 y 轴，建立盾尾空隙模型的坐标系，如图4-20所示。

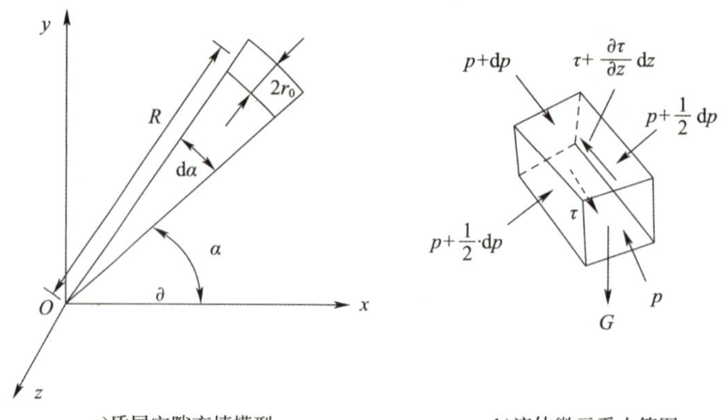

a)盾尾空隙充填模型　　b)流体微元受力简图

图 4-20　45°注浆孔向上充填时流体微元受力简图与相应坐标系

定义如下参数:S 为盾尾空隙厚度(隧道径向方向尺寸);D 与 D'分别为盾尾空隙的内、外直径;$v_{盾}$为盾构的掘进速度,则单位时间内形成的盾尾空隙高度(隧道轴向方向尺寸)$\delta=v_{盾}$,单位时间内形成的盾尾空隙体积 $V=\dfrac{\pi(D'^2-D^2)\cdot\delta}{4}$。$p_s$为四孔注浆上部注浆孔($\theta=45°$)出口处的浆液压力,$q_1$ 与 q_2 分别为浆液往上、下充填的流量;p_d 为四孔注浆下部注浆孔($\theta=135°$)出口处的浆液压力,q_1'与 q_2'分别为浆液往上、下充填的流量。流体微元(图 4-20)所受的外力为法向应力 p、剪切应力 τ 以及自重 G,垂直于浆液流动方向的平面内无剪应力作用。

当浆液从 $\theta=45°$注浆孔向上注浆充填时,从流域内任取 1 个流体微元,如图 4-20 所示,在运动方向上,流体单元所受的外力有压力 p,上、下面剪应力 τ,重力 G,假设浆液作稳定层流流动,所以沿着流动方向同轴薄流层流速不变,因此微元体左、右两侧面上的剪切应力为 0,即:

$$\tau=\tau_0+\mu\cdot\gamma=\tau_0+\mu\cdot\frac{\mathrm{d}u}{\mathrm{d}z}\tag{4-2}$$

$$\frac{\mathrm{d}\tau}{\mathrm{d}R}=0\tag{4-3}$$

式中:τ——微元体受到的剪应力;

τ_0——初始剪应力;

μ——黏滞系数;

γ——剪应变;

u——流体速度;

z——沿盾尾孔隙厚度方向的流体高度;

R——隧道半径。

若不计惯性力与两侧面上剪切应力的影响,浆液沿流动方向的各分力之和应等于零。因此,把各作用力向流线中心线方向投影,可得:

$$p(2r_0)\mathrm{d}z\cos\frac{\mathrm{d}\alpha}{2}-(p+\mathrm{d}p)(2r_0)\mathrm{d}z\cos\frac{\mathrm{d}\alpha}{2}-\rho g\frac{2r_0[(R-r_0)\mathrm{d}\alpha+(R+r_0)\mathrm{d}\alpha]}{2}\mathrm{d}z\cos\left(\alpha+\frac{\mathrm{d}\alpha}{2}\right)+\left(\frac{\partial\tau}{\partial z}dz\right)\frac{2r_0[(R-r_0)\mathrm{d}\alpha+(R+r_0)\mathrm{d}\alpha]}{2}=0\tag{4-4}$$

化简上式可得：

$$-\rho gR\mathrm{d}\alpha\mathrm{d}z\left[\cos\alpha\cos\left(\frac{\mathrm{d}\alpha}{2}\right)-\sin\alpha\sin\left(\frac{\mathrm{d}\alpha}{2}\right)\right]+-\mathrm{d}z\mathrm{d}p\cos\left(\frac{\mathrm{d}\alpha}{2}\right)+\left(\frac{\partial\tau}{\partial z}\right)\mathrm{d}zR\mathrm{d}\alpha=0 \tag{4-5}$$

设 $\sin\left(\frac{\mathrm{d}\alpha}{2}\right)\approx 0, \cos\left(\frac{\mathrm{d}\alpha}{2}\right)\approx 1$，并略去高阶微量，可得：

$$\left(\frac{\mathrm{d}p}{R\mathrm{d}\alpha}\right)+\rho g\cos\alpha=\frac{\partial\tau}{\partial z} \tag{4-6}$$

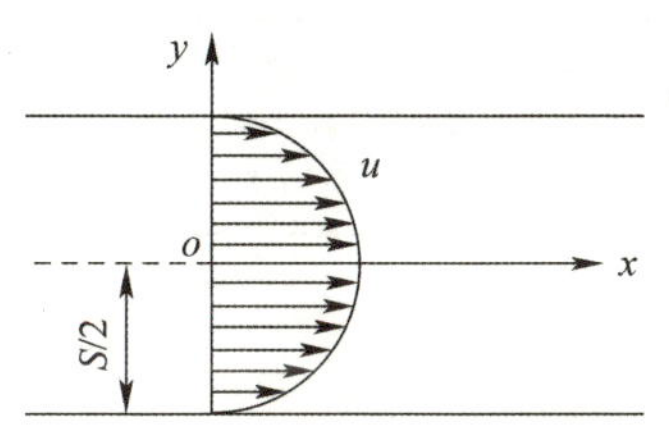

图4-21 横向填充时牛顿流体速度分布

S-流体厚度(m)；u-流体运动速度(m/s)

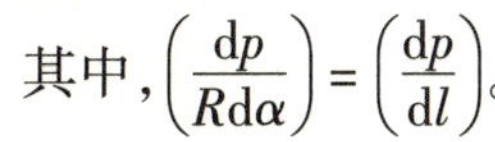

其中，$\left(\frac{\mathrm{d}p}{R\mathrm{d}\alpha}\right)=\left(\frac{\mathrm{d}p}{\mathrm{d}l}\right)$。

牛顿流体的速度分布如图4-21所示。

根据牛顿摩阻力定律 $\tau=\mu\cdot\left(\frac{\mathrm{d}u}{\mathrm{d}z}\right)$，可得式：

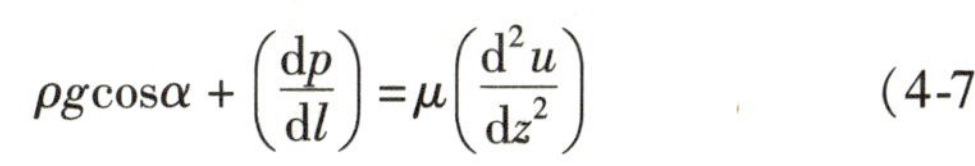

$$\rho g\cos\alpha+\left(\frac{\mathrm{d}p}{\mathrm{d}l}\right)=\mu\left(\frac{\mathrm{d}^2u}{\mathrm{d}z^2}\right) \tag{4-7}$$

由边界条件：$z=0$ 时，有 $\frac{\mathrm{d}u}{\mathrm{d}z}=0$；$z=\pm\frac{S}{2}$ 时，有 $u=0$，可得：

$$u=\frac{\dfrac{\rho g\cos\alpha+\dfrac{\mathrm{d}p}{\mathrm{d}l}}{2\mu}}{\dfrac{z^2-S^2}{4}} \tag{4-8}$$

则断面上的平均流速为：

$$\bar{u}=\frac{2\int_0^{\frac{S}{2}}u\mathrm{d}z}{S}=-\frac{\rho g\cos\alpha+\dfrac{\mathrm{d}p}{\mathrm{d}l}}{12\mu}\cdot S^2 \tag{4-9}$$

角度为 α 处断面上的平均流量 $q_1=\bar{u}A$，将 $\bar{u}$ 表达式代入并整理可得：

$$\frac{-12\mu q_1}{S^3\delta}=\frac{\mathrm{d}p}{R\mathrm{d}\alpha}+\rho g\cos\alpha \tag{4-10}$$

分离变量，并利用边界条件：$\alpha=45°$时，有 $p=p_s$，再进行积分可得：

$$p=p_s+\rho gR\left(\sin\frac{\pi}{4}-\sin\alpha\right)+\frac{12\mu q_1R}{S^3\delta}\left(\frac{\pi}{4}-\alpha\right) \tag{4-11}$$

式中，$\pi/4\leqslant\alpha\leqslant\pi/2$（$\alpha$ 起始角度为 x 轴正向，逆时针旋转）。

将式(4-10)中的 α 用 $\theta\left(0\leqslant\theta\leqslant\frac{\pi}{4}\right)$ 替换，可得：

$$p=p_s+\rho gR\left(\frac{\sin\pi}{4-\cos\theta}\right)+\frac{12\mu q_1R}{S^3\delta}\left(\theta-\frac{\pi}{4}\right)\quad\left(0\leqslant\theta\leqslant\frac{\pi}{4}\right) \tag{4-12}$$

因此，从45°注浆孔向上注浆时压力衰减为：

$$\Delta p=p_s-p=p_s-\rho gR\left(\frac{\sin\pi}{4-\cos\theta}\right)-\frac{12\mu q_1R}{S^3\delta}\left(\theta-\frac{\pi}{4}\right)\quad\left(0\leqslant\theta\leqslant\frac{\pi}{4}\right) \tag{4-13}$$

同理可得,浆液从45°注浆孔往下充填时,以及从135°注浆孔往上、下充填时的浆液压力的分布情况见表4-4。

盾尾空隙横断面浆液压力分布情况　　表4-4

范围(θ)		浆液压力(MPa)
45°注浆孔	$0\leqslant\theta\leqslant\frac{\pi}{4}$	$p=p_s+\rho gR(\sin45°-\cos\theta)+\left(12\mu q_1\frac{R}{S^3}\delta\right)\cdot(\theta-45°)$
	$\frac{\pi}{4}\leqslant\theta\leqslant\pi$	$p=p_s+\rho gR(\cos45°-\cos\theta)+\left(12\mu q_2\frac{R}{S^3}\delta\right)\cdot(45°-\theta)$
135°注浆孔	$0\leqslant\theta\leqslant3\frac{\pi}{4}$	$p=p_d-\rho gR(\cos45°+\cos\theta)+\left(12\mu q_1{}'\frac{R}{S^3}\delta\right)\cdot(\theta-135°)$
	$3\frac{\pi}{4}\leqslant\theta\leqslant\pi$	$p=p_d-\rho gR(\sin45°+\cos\theta)+\left(12\mu q_2{}'\frac{R}{S^3}\delta\right)\cdot(135°-\theta)$

4.2.3 实例分析

4.2.3.1 盾尾空隙横断面浆液压力分布

某地铁盾构隧道,施工中需穿越富水砂层(承压水),相关参数如下:隧道中心埋深约为13m,盾构尺寸$\phi=6340$mm,管片外径$\phi=6200$mm,$R=3.15$m,$v=2$cm/min,盾尾空隙厚度$S=0.1$m(略大于理论值0.07m),高度$\delta=3.33\times10^{-4}$m/s($\delta=v=2$cm/min $=3.33\times10^{-4}$m/s),$p_s=0.16$MPa(上部注浆孔处浆液压力),$p_d=0.23$MPa(下部注浆孔处浆液压力),砂浆的密度$\rho=1500\text{kg/m}^3$,水灰比大约为0.55,水化时间为60min,查表得$\tau_0=90$Pa,$\mu=0.09$Pa·s。

注浆方式为典型的四孔注浆,假设每个注浆孔及往上、下充填的流量由所需填筑的空隙体积决定,则可以得到具体的浆液分配情况。

$$q=\frac{\pi(3.2^2-3.1^2)\times0.02\times150\%}{2}=0.03\text{m}^3/\text{min}$$

则:$q_1=q_2'=\frac{1}{4}\frac{q}{60}=1.24\times10^{-4}\text{m}^3/\text{s}$,$q_1'=q_2=\frac{3}{4}\frac{q}{60}=3.71\times10^{-4}\text{m}^3/\text{s}$

将以上参数代入表4-4中的公式,可得浆液压力在盾尾孔隙内的具体分布,见表4-5。

盾尾空隙横断面内浆液压力具体分布　　表4-5

范围(θ)		浆液压力(MPa)
45°注浆孔	$0\leqslant\theta\leqslant\frac{\pi}{4}$	$p=0.16+0.04704\left(\frac{\sin\pi}{4-\cos\theta}\right)+0.00129\left(\frac{\theta-\pi}{4}\right)$
	$\frac{\pi}{4}\leqslant\theta\leqslant\pi$	$p=0.16+0.04704\left(\frac{\cos\pi}{4-\cos\theta}\right)+0.00386\left(\frac{\pi}{4-\theta}\right)$
135°注浆孔	$0\leqslant\theta\leqslant\frac{3\pi}{4}$	$p=0.23-0.04704\left(\frac{\cos\pi}{4+\cos\theta}\right)+0.00386\left(\frac{\theta-3\pi}{4}\right)$
	$\frac{3\pi}{4}\leqslant\theta\leqslant\pi$	$p=0.23-0.04704\left(\frac{\sin\pi}{4+\cos\theta}\right)+0.00129\left(\frac{3\pi}{4-\theta}\right)$

根据表4-5所述注浆压力的具体分布,将上、下两孔浆液压力在相同位置进行叠加,得到最终的压力分布,如图4-22所示。

由图4-22可见,隧道拱顶的浆液压力为0.143MPa,拱底的浆液压力为0.237MPa,两侧拱腰处的浆液压力为0.192MPa。竖直方向上浆液压力的变化梯度为0.015MPa/m。理论计算结果与现场实测压力值具有较好的吻合度。

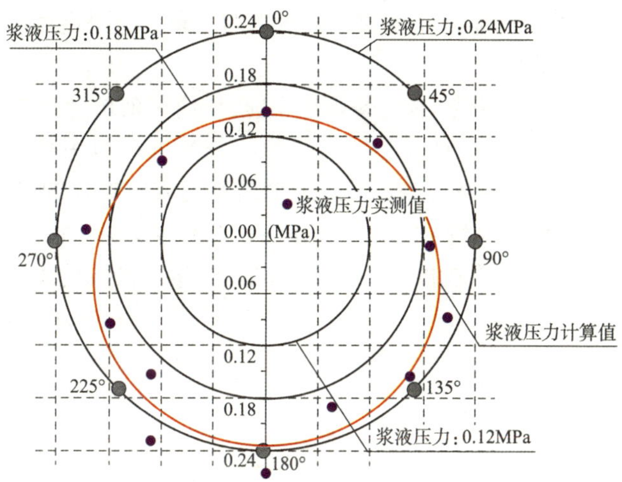

图4-22 横断面内浆液压力分布曲线

4.2.3.2 横断面内浆液压力的影响因素分析

不考虑盾尾空隙周围水土压力的影响,影响浆液压力分布的主要因素有浆液密度、黏滞系数、隧道半径与盾尾空隙厚度。假设浆液压力的变化不受各参数实际值的限制,研究各因素对浆液压力分布的影响规律。

(1)浆液密度

当只有浆液密度为变量时,通过表1中45°与135°注浆孔处浆液压力在拱顶、拱底的叠加,将相关参数代入,可以得到拱顶、拱底处的浆液压力分别为:$p_{顶}=0.19-3.136\times10^{-6}\rho$,$p_{底}=0.19+3.136\times10^{-6}\rho$。

由以上两式可知:拱顶处的浆液压力随着密度的增大而线性减小,拱底处的浆液压力随着密度的增大而线性增大;由公式得到浆液压力随浆液密度变化而变化的曲线,如图4-23所示。

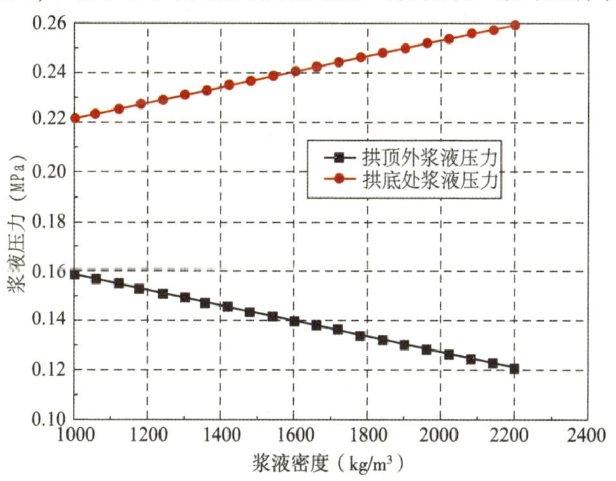

图4-23 浆液压力随浆液密度的变化情况

由图4-23可见,当浆液密度从1000kg/m³变化到2200kg/m³时,拱顶处的浆液压力从0.159MPa下降到0.128MPa,拱底处的浆液压力从0.221MPa上升到0.252MPa。可见,由于浆液注入后在盾尾空隙内的流动,对于向上流动的浆液,重力做功为负,浆液压力急剧减小,而对于向下流动的浆液,重力做功为正,浆液压力急剧增大。可见,在浆液刚注入盾尾空隙时,由于浆液的屈服强度较小,浆液重度对浆液压力的分布具有决定性影响。

(2)浆液压力随时间的变化

浆液拌和后即开始发生水化和水解等化学反应,任何浆液的流变参数都是随时间变化的。普硅水泥浆和超细水泥浆的流变参数与时间的关系可近似用指数函数 $\mu = \mu_0 e^{\lambda t}$ 来描述,其中 μ_0 为拌和后浆液的初始塑性黏度,λ 是根据实测数据确定的系数,若时间 t 以秒为单位,则其单位为 s^{-1}。取浆液材料参数如下:$\mu_0 = 0.09\text{Pa}\cdot\text{s}$,$\lambda = 5\times10^{-5}\text{s}^{-1}$。通过表 4-4 中 45°与 135°注浆孔处浆液压力在拱顶、拱底的叠加,将相关参数代入,可以得到拱顶、拱底处的浆液压力分别为:$p_{顶} = 0.148 - 5.05\times10^{-3}\times e^{5\times10-5t}$,$p_{底} = 0.242 - 5.05\times10^{-3}\times e^{5\times10-5t}$,浆液压力随时间(黏度)的变化情况如图 4-24 所示。

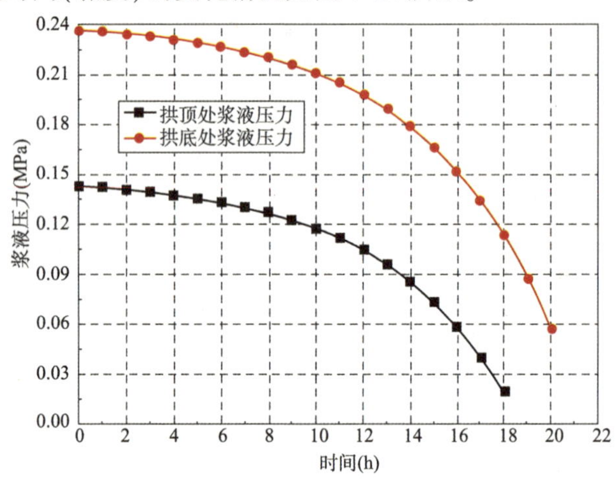

图 4-24 浆液压力随时间(黏度)的变化情况

由图 4-24 可见,拱顶处 0h、3h、6h、12h 和 15h 对应的浆液压力分别为 0.143MPa、0.139MPa、0.133MPa、0.104MPa 和 0.073MPa,相对而言,6h 以后浆液压力出现比较明显的衰退,压力的急剧变化主要集中在 12h 以后。拱底处 0h、3h、6h、12h 与 15h 时的浆液压力分别为 0.237MPa、0.233MPa、0.227MPa 与 0.198MPa,6h 以后浆液压力出现比较明显的衰减,压力的急剧变化也主要集中在 12h 以后。

由以上分析可见,当不考虑浆液与周围地层的相互作用时,随着黏滞系数的增大,浆液压力逐渐衰退,在开始的 3h 以内浆液压力没有明显变化,6h 后出现明显衰退,12h 后浆液压力下降速度增快。表明浆液在注入盾尾空隙后的 6h 左右开始出现硬化,15h 后浆液硬化的速度迅速增加。

(3)浆液压力随隧道半径的变化

当只有半径 R 为变量时,假设盾尾空隙厚度不变,通过表 4-4 中 45°与 135°注浆孔处浆液压力在拱顶的叠加,可以得到拱顶浆液压力为:

$$p_{顶} = \frac{1}{2}\left[p_s + p_x - 2\rho g R - \frac{12\mu q_1 R}{S^3\delta}\times\frac{\pi}{4} - \frac{12\mu q'_1 R}{S^3\delta}\times\frac{3}{4}\pi\right] \tag{4-14}$$

由于注浆量将随着隧道半径的变化而变化,此时浆液流量为:

$$q = \frac{V}{2} = \frac{1}{2}\left\{\pi[(R+0.1)^2 - R^2]\times\frac{0.02}{60}\times150\%\right\} \tag{4-15}$$

即：

$$q=\frac{\pi(0.01+0.2R)}{4\times10^{3}}$$

$$q_1=q_2'=\frac{q}{4}=\frac{\pi(0.01+0.2R)}{1.6\times10^{4}}$$

$$q_1'=q_2=\frac{3q}{4}=\frac{3\pi(0.01+0.2R)}{1.6\times10^{4}}$$

因此：

$$p_{\text{顶}}=0.195-0.0147R-0.005R(0.01+0.2R)$$

同理，拱底处浆液压力可以表示为：

$$p_{\text{底}}=0.195+0.0147R-0.005R(0.01+0.2R)$$

浆液压力随隧道半径的变化情况如图4-25所示，随着隧道半径的变化，隧道拱顶处的浆液压力急剧减小，在隧道半径从1.5m增加到6m的过程中，浆液压力相应的从0.171MPa下降到0.071MPa，浆液压力的减小梯度约为0.022MPa/m。可见，随着隧道直径的增大，四孔注浆已经无法有效地维持隧道拱顶处地层的稳定性，这也是大直径隧道一般采用六点注浆甚至是八点注浆的原因。同时，拱底处的浆液压力将随着隧道半径的增大而明显增大，在半径从1.5m增加到7.5m的过程中，浆液压力相应的从0.214MPa增大到0.249MPa，浆液压力的增大梯度约为0.006MPa/m，变化梯度小于拱顶处，这是由于浆液向上充填时，黏滞力与重力都做负功，而向下充填时，尽管重力做功为正，但黏滞力依旧做负功。从整体上看，横断面内浆液压力的变化过程中，浆液重度的影响占据了主导地位。

随着隧道半径的增大，浆液在盾尾空隙中的充填路径增大，在浆液的充填过程中，黏滞系数的存在使得浆液压力有所下降，浆液重力的影响使得向下充填时压力增大，向上充填时压力减小。目前，大直径盾构隧道半径已接近8m，相应的同步注浆系统采用八点式注浆，也有采用六点式注浆，其原因就是浆液充填路径增大导致浆液压力损失过大，严重时将引起拱顶部位建筑空隙无法有效充填。图4-25中当隧道半径为6m时拱顶处浆液压力只有0.071MPa，明显小于周围地层的水土压力。因此，四孔注浆一般宜用于半径3m左右的地铁盾构隧道，而不宜用于大直径公路隧道。

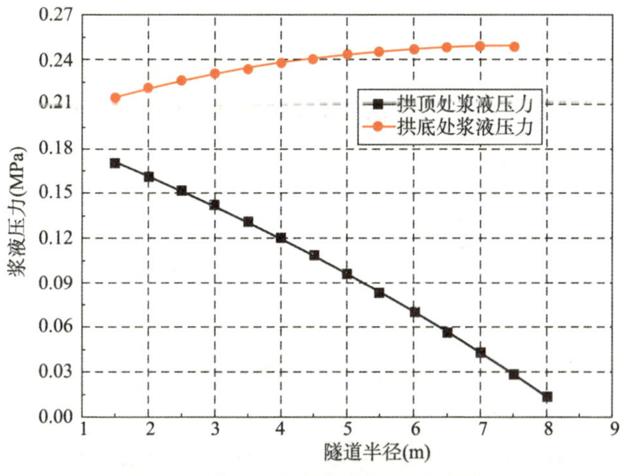

图4-25　浆液压力随隧道半径的变化情况

(4)浆液压力随盾尾空隙厚度的变化

盾构在实际掘进过程中,由于超挖、纠偏与转弯等因素的影响,导致实际盾尾空隙厚度明显大于理论值(盾壳外径与管片外径之差),这也是该地区盾构掘进中实际注浆率(实际注浆量/盾尾空隙理论体积)一般在150%左右甚至更高的主要原因。

盾尾空隙厚度 S 的变化,导致单位时间内形成的盾尾空隙体积随之变化,对应的浆液流量为:

$$q=\frac{V}{2}=\frac{1}{2}\left\{\pi\left[(3.1+S)^2-3.1^2\right]\times\frac{0.02}{60}\times 150\%\right\} \tag{4-16}$$

则具体的浆液分配为:

$$q_1=q_2'=\frac{q}{4}=1.96\times10^{-4}(S^2+6.2S)$$

$$q_1'=q_2=\frac{3q}{4}=5.89\times10^{-4}(S^2+6.2S)$$

通过表4-4中45°与135°注浆孔处浆液压力在拱顶、拱底的叠加,将相关参数:$p_s=0.16\text{MPa}$,$p_x=0.23\text{MPa}$,$\delta=3.33\times10^{-4}\text{m}$,$\mu=0.09\text{Pa}\cdot\text{s}$ 与 $\rho_g=1500\text{kg/m}^3$ 代入,可以得到拱顶、拱底处的浆液压力分别为:

$$p_{顶}=0.148-1.595\times10^{-5}\frac{S+6.2}{S^2}$$

$$p_{底}=0.242-1.595\times10^{-5}\frac{S+6.2}{S^2}$$

浆液压力随盾尾空隙厚度的变化如图4-26所示,随着盾尾空隙厚度从0.07m增长到0.3m,拱顶处浆液压力从0.128MPa增长到0.147MPa,当盾尾空隙厚度 $S\geqslant0.27\text{m}$ 时,拱顶处浆液压力稳定在0.147MPa左右。可见,在盾尾空隙浆液充填率保持一定的情况下,随着实际盾尾空隙厚度的增大,浆液充填量随之增大,拱顶处浆液压力也将随之增大,但当盾尾空隙厚度增大到一定程度时,拱顶处浆液压力趋于稳定。同时,随着盾尾空隙厚度从0.07m增长到0.3m,拱底处浆液压力从0.222MPa增长到0.241MPa;当盾尾空隙厚度 $S\geqslant0.27\text{m}$ 时,拱底处浆液压力稳定在0.241MPa左右。与拱顶处浆液压力的变化相似,盾尾空隙厚度对拱底处浆液压力的影响局限在 $S\leqslant0.27\text{m}$ 的范畴内。

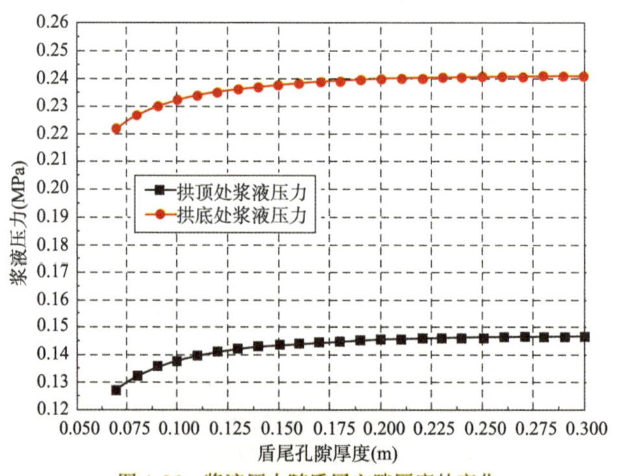

图4-26 浆液压力随盾尾空隙厚度的变化

4.2.4 小结

(1)将浆液在盾尾空隙内的充填与扩散过程,分成单位时间内形成的盾尾空隙横断面(浆液压力的形成阶段)与纵断面(浆液压力的消散、变化阶段)两部分。通过必要的假设与简化,得出了牛顿流体在盾尾空隙横断面内的浆液压力分布模式,并通过相应的工程实例进行验证与分析,计算结果表明得出的压力扩散模式和实际情况能够较好地吻合,可以用于一般的设计分析。

(2)通过对浆液压力涉及的主要参数的单因素敏感性分析,得到如下结论:

①在浆液刚注入盾尾空隙时,由于浆液屈服强度较小,浆液重度对浆液压力初值的分布具有决定性作用。

②随着浆液黏度(时间)的增大,浆液压力呈指数形式衰减,在浆液注入 12h 以后,浆液压力受到黏滞系数的影响而急剧降低。

③随着隧道半径的增大,浆液在盾尾空隙中的充填路径随之增大,四孔注浆将有可能导致盾构顶部浆液充填率严重不足,四孔注浆宜用于半径为 3m 左右的地铁盾构隧道,随着盾构直径的增大,必须采用六孔注浆或八孔注浆。

④在理想的同步注浆前提下,随着盾尾空隙厚度(隧道径向方向)的增大,浆液充填量随之增加,盾尾空隙内浆液压力呈抛物线形式增大,但这个增大趋势只局限在一定的盾尾空隙厚度变化范畴内,之后随着盾尾空隙厚度的进一步增大,浆液压力便趋于稳定。

4.3 盾尾空隙浆液压力消散规律及其对地层变形的影响分析

目前,地铁隧道、越江隧道和大断面公路隧道大量采用盾构法施工技术,盾构法施工技术逐步趋于成熟,许多技术难题也得以解决。但是,由于对盾构隧道同步注浆过程中盾尾建筑空隙的有效充填问题、注入浆液性态的转变问题以及浆体收缩与浆液压力消散引起的地层变形问题等的认识还不是很清楚,导致同步注浆工艺精确控制与地层微扰动施工控制困难,这也是目前盾构法隧道施工中面临的主要难题之一。

盾尾空隙内,浆液从注入固结硬化的过程中,浆液中的水分会向周围地层渗透,浆液与地层的接触表层将会发生固结,浆液压力将会随之消散。针对盾尾空隙内浆液性态及其力学性质的变化,Hashimoto T 等通过现场实测发现,浆液固结硬化以后的压力将趋于均匀分布,从长期来看不会发生显著的变化;A. Bezuijen 等分析了盾尾内浆液的固结过程,但没能体现地质条件与施工参数多样性对浆液固结的影响;韩月旺等指出壁后注浆体的变形及力学性质变化直接影响到土体的应力释放、地层位移及作用在管片上的土压力大小;梁精华、韩月旺、范昭平等针对盾尾空隙内浆液的变形特性进行了试验研究,探讨了不同土层,不同孔压下浆体的收缩变形,但都没有考虑到浆体收缩过程中浆液压力的时变性。

本节基于力学平衡原理、达西定律和广义胡克定律,推导浆液的固结方程,明确了浆液的固结原理;以某地区典型的黏性土与砂性土(卵砾石)为例,分析浆饼厚度、浆液压力随时间变化的规律,探讨地层渗流阻力、地层孔隙水压力、注浆压力对浆液压力消散的影响规律。研究结果揭示了盾尾空隙内浆液性状的变化规律，可用于进一步完善同步注浆相关参数的优化组合。

4.3.1 浆液固结原理分析

4.3.1.1 基本假设

(1)孔隙水在地层中的渗流符合达西定律。

(2)浆液固结导致水分从浆液中析出，假设孔隙水的运动沿隧道中心对称分布，土体中孔隙水压力的分布不因浆液的渗透而发生变化。

(3)浆液的收缩变形、土体的变形等均沿隧道中心对称分布。

(4)不计浆液硬化对浆液固结与浆液压力消散的影响。

4.3.1.2 固结原理分析与固结方程的推导

浆液与周围地层之间的相互作用方式主要有渗透、压密和劈裂，而与浆液固结过程相关的作用方式是浆液的渗透。浆液注入盾尾空隙后，浆液压力与周围土层的水土压力不一定完全相等，但是在较短的时间内，通过应力的传递以及浆液和土体的协调变形，在浆液与土体接触面上迅速建立了力学平衡，浆液压力与土体中的总应力相等，即：

$$p_{浆} = \sigma' + p_{孔} \tag{4-17}$$

式中：$p_{浆}$——浆液压力，MPa；

σ'——地层有效应力，MPa；

$p_{孔}$——孔隙水压力，MPa。

只要浆液压力大于地层中的孔隙水压力，浆液中的水分就会向地层渗透，渗透的驱动力，即渗透压力 p 可以表示为：

$$p = p_{浆} - p_{孔} = \sigma' \tag{4-18}$$

可见，渗透压力 p 与隧道周围地层的有效应力 σ' 相等，当 $p=0$ ($p_{浆}=p_{孔}$) 时，渗透过程结束，此时浆液附近地层有效应力为0，隧道周围一定范围内地层有可能出现液化现象。

盾构掘进中，由于刀盘的振动、切削及盾壳通过时对周围地层的剪切作用，使周围地层产生了一定的扰动。现有研究表明，该扰动范围为一个三维环状空间，其厚度与盾尾空隙厚度相当。假设该范围内土体发生变形后仍处于弹性阶段，取该范围土体竖向平面内的某微元体为研究对象，微元体长度为盾尾空隙厚度（浆液厚度）δ 与土体扰动圆环半径 r 之和。

管片脱出盾壳后，周围土体将发生沿着隧道径向的应变与位移，对于竖向微元体可近似认为只发生竖向位移，由广义胡克定律可得其竖向应变 ε_z：

$$\varepsilon_z = \frac{\sigma_z}{E} \cdot \frac{1 - \upsilon - 2\upsilon^2}{1 - \upsilon} \tag{4-19}$$

式中：σ_z——土体竖向应力，MPa；

E——土体弹性模量，MPa；

υ——土体泊松比。

根据变形协调条件可知，浆液收缩量 $\Delta\delta$ 与土体变形量 Δr 相等，即 $\Delta r = \Delta\delta$，进一步可得：

$$\varepsilon_z \cdot r = \varepsilon_t \cdot \delta \tag{4-20}$$

式中：ε_t——随时间而变化的浆液应变。

由式(4-19)和式(4-20)可得微元体竖向应力的变化量 $\Delta\sigma_z$：

$$\Delta\sigma_z = 2G\frac{\Delta r}{r}\frac{1-\upsilon}{1-2\upsilon} \tag{4-21}$$

其中：

$$G = \frac{E}{2(1+\upsilon)}$$

式中：G——土体剪切模量，MPa。

可见，固结过程中浆液层厚度减小了 $\Delta r(\Delta\delta)$，隧道半径随之减小了 Δr，引起了周围地层的弹性卸载，土体有效应力相应降低了 $\Delta\sigma_z$，进一步导致了浆液中渗透压的减小，即：

$$p = \sigma' = \sigma'_0 - \Delta\sigma_z = p_0 - 2G\frac{\Delta r}{r}\frac{1-\upsilon}{1-2\upsilon} \tag{4-22}$$

式中：σ'_0——初始地层有效应力，MPa；

p_0——初始浆液渗透压，MPa。

设浆液的初始孔隙率为 n_i，浆饼（浆液固结层）的孔隙率为 n_e，浆饼的渗透系数为 k，时间 t 内形成的浆饼厚度为 x，时间 t 时浆液压力与地层孔隙水压力的水头高差为 Δh，则单位时间内通过单位面积浆饼的渗流量 q 为式(4-23)所示：

$$q = k\cdot\frac{\Delta h}{x} \tag{4-23}$$

渗流量 q 就是单位时间内浆液中排出的水的体积，其与单位时间内形成的浆饼体积之和等于该单位时间内已经固结的浆液的体积。同时，渗流量 q 又可看作在浆饼形成过程中，在时间 t 时，单位时间内浆液固结导致其孔隙体积的变化量，即：

$$q = \left(\frac{n_i}{1-n_i} - \frac{n_e}{1-n_i}\right)\frac{dx}{dt} = \frac{n_i - n_e}{1-n_i}\frac{dx}{dt} \tag{4-24}$$

式中：$\frac{dx}{dt}$——时间 t 时，单位时间内形成的浆饼厚度。

根据式(4-23)和式(4-24)可得：

$$\frac{x}{k}\cdot\frac{dx}{dt} = \frac{1-n_i}{n_i-n_e}\cdot\Delta h \tag{4-25}$$

同时，根据几何协调条件，可知隧道半径的减小量与浆饼厚度之比应等于固结前、后孔隙率的变化量与固体体积率之比，即：

$$\frac{\Delta r}{x} = \frac{n_i - n_e}{1-n_i} \tag{4-26}$$

又因水头高度差 Δh 可以表示为：

$$\Delta h = \frac{\Delta p}{\rho g} = \frac{1}{\rho g}\cdot\left(p_0 - 2G\cdot\frac{\Delta r}{r}\cdot\frac{1-\upsilon}{1-2\upsilon}\right) \tag{4-27}$$

式中：Δp——浆液渗透压的变化量，MPa；

ρ——浆液重度，kg/m^3；

g——重力密度，N/kg。

将式(4-25)和式(4-26)代入式(4-27)，可得浆液的固结方程为：

$$\frac{x}{k}\frac{\mathrm{d}x}{\mathrm{d}t}+\frac{2}{\rho g}\frac{G}{r}\frac{1-\upsilon}{1-2\upsilon}x=h_0\frac{1-n_{\mathrm{i}}}{n_{\mathrm{i}}-n_{\mathrm{e}}} \tag{4-28}$$

其中：

$$h_0=\frac{p_0}{\rho g}$$

式中：h_0——初始渗透压对应的压力水头高度，m。

当最终固结完成$\left(\frac{\mathrm{d}x}{\mathrm{d}t}=0\right)$时，由式(4-28)得浆饼厚度为：

$$x=h_0\cdot\frac{1-n_{\mathrm{i}}}{n_{\mathrm{i}}-n_{\mathrm{e}}}\cdot\frac{\rho gr}{2G}\cdot\frac{1-2\upsilon}{1-\upsilon} \tag{4-29}$$

由式(4-29)可见：浆饼厚度 x 与土体剪切模量 G 成反比，较高的土体剪切模量 G 会导致浆液固结受到限制，这是由于土体的卸载需要消耗较大的能量，地层有效应力明显下降，致使渗透压损失过多；浆饼厚度 x 与泊松比 υ 成反比，随着泊松比 υ 的增大，土体的总变形量增加，土体变形过程中消耗的能量就会有所增加，固结层厚度将会有所减小；浆饼厚度 x 与浆液初始压力 $p_{浆0}$成正比，初始渗透压压力水头高度 h_0 随着 $p_{浆0}$的增大而增大，则固结层厚度也会随之增加；浆饼厚度 x 还与浆液孔隙比的变化密切相关：初始孔隙比和固结前后的孔隙比变化越小，则固结层厚度越大。

将式(4-28)对时间 t 求导，并进行化简，可得：

$$\frac{x}{k}\cdot\frac{\mathrm{d}x}{\mathrm{d}t}+B\cdot x=Ch_0 \tag{4-30}$$

其中：

$$B=\frac{2G}{\rho gr}\cdot\frac{1-\upsilon}{1-2\upsilon}$$

$$C=\frac{1-n_{\mathrm{i}}}{n_{\mathrm{i}}-n_{\mathrm{e}}}$$

在初始条件 $t=0$ 时，有 $x=0$，则由式(4-30)可得浆饼厚度 x 随时间 t 变化的方程，即：

$$x(t)=-\frac{tKB^2+Ch_0[-lambertW(A_1)-A_2]-A_3}{B} \tag{4-31}$$

其中：

$A_1=\dfrac{\mathrm{e}^{-1-\frac{tKB2}{Ch_0}+\ln(-Ch_0)}}{Ch_0}$；

$A_2=1+\dfrac{t\cdot K\cdot B^2}{Ch_0}-\ln(-Ch_0)$；

$A_3=C\cdot h_0\cdot\ln(-Ch_0)$；

$lambertW(x)$——朗伯 W 超越函数。

另外，根据式(4-18)、式(4-22)和式(4-26)可以推导出浆液压力随时间变化的方程，即：

$$p_{浆\mathrm{t}}=p_{\mathrm{t}}+p_{孔}=p_0-\frac{2G}{r}\frac{1-\upsilon}{1-2\upsilon}\frac{n_{\mathrm{i}}-n_{\mathrm{e}}}{1-n_{\mathrm{i}}}x(t)+p_{孔}=p_{浆0}-\frac{2G}{r}\frac{1-\upsilon}{1-2\upsilon}\frac{n_{\mathrm{i}}-n_{\mathrm{e}}}{1-n_{\mathrm{i}}}x(t) \tag{4-32}$$

式中：$p_{浆\mathrm{t}}$——t 时刻的浆液压力，MPa；

p_t——t 时刻的渗透压力，MPa。

4.3.1.3　实例分析

某地铁隧道，隧道中心埋深 $h'=13\text{m}$，地下水位为 -1m，隧道主要位于黏土层。盾构尺寸 $\phi=6340\text{mm}$，管片外径 $\phi=6200\text{mm}$，掘进速度 $v\approx 2\text{cm/min}$，单位时间内形成的盾尾空隙宽度 $S=2\text{cm}$（与盾构掘进速度相等），厚度 $\delta=0.1\text{m}$，盾尾空隙浆液充填率 $\lambda=150\%$，采用典型的四孔注浆，其他相关参数见表4-6。

计算参数　　表4-6

隧道半径 R（m）	初始浆液压力 $p_{浆0}$（MPa）	初始渗透压的压力水头高度 h_0（m）	土体模量（MPa）		土体泊松比 v	浆饼渗透系数 k（m/s）	浆液孔隙率 n_i	浆饼孔隙率 n_e
			压缩模量 E_S	剪切模量 G				
3.2	0.194	7.8	6.3	9.7	0.3	4.7×10^{-8}	0.327	0.275

根据以上参数，由式（4-29）计算可得最终的浆饼厚度为 $x=0.093\text{m}$，则浆液体积收缩率为 $\xi=1-\dfrac{0.093}{0.1}=7\%$。此结果符合 A. Bezuijen 和 A. M. Talmon 等人的研究结论：当同步注浆中注入的浆液体积达到盾尾空隙体积的130%甚至更多时，浆液的体积收缩率将会达到5%～10%。

（1）浆饼厚度随时间变化的情况

根据表4-6中的具体数值，可以得到 $B=1082.6$，$C=12.9$，则浆饼厚度的数值方程为：

$$x\cdot\frac{\mathrm{d}x}{\mathrm{d}t}+5.088\times10^{-5}x=4.730\times10^{-6} \tag{4-33}$$

求解式（4-33）可得浆饼厚度随时间变化的曲线，如图4-27所示。由图4-27可知：浆饼总厚度为0.093m；浆饼的形成速度随着时间的增长而减小；在最初的1h（3600s）以内，浆饼厚度达到0.087m，超过总厚度的93.5%，在约2h（7200s）时浆饼厚度趋于稳定。

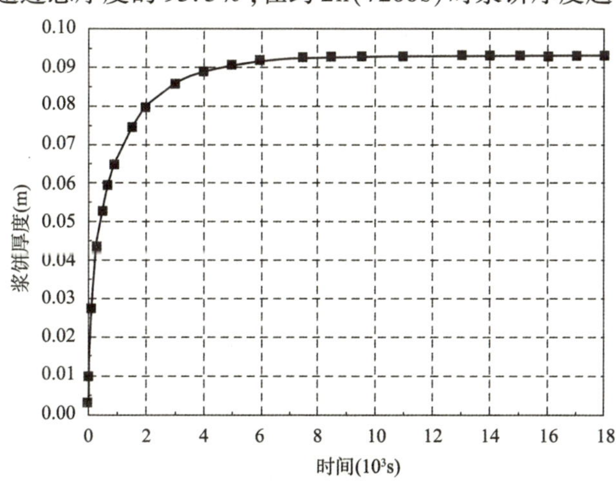

图4-27　浆饼厚度随时间的变化曲线

（2）浆液压力随时间的变化情况

根据以上参数，由式（4-32）得到浆液压力随时间变化的方程为：

$$p_{浆t}=0.194-0.820x(t) \tag{4-34}$$

将式(4-33)的求解结果代入式(4-34),求解式(4-34)可得浆液压力随时间变化的曲线,如图4-28所示。由图4-28可知:浆液压力最终稳定在0.118MPa;初始时刻浆液压力随着时间的增长而迅速减小;在最初的1h(3600s)以内,浆液压力下降到0.122 MPa,降幅为0.069MPa,超过压力总变化量的94.5%,在2.1h(7560s)以后浆液压力趋于稳定。

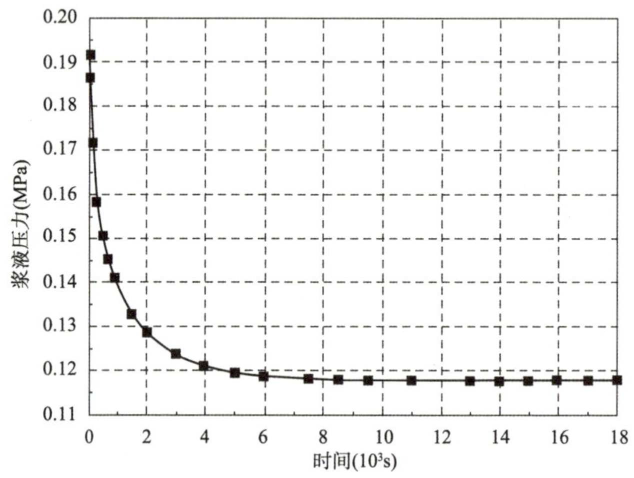

图4-28　浆液压力随时间的变化曲线

由图4-27和图4-28可知,浆液压力与浆饼厚度的变化集中在最初的2.1h(7560s)以内,表明在浆液刚进入盾尾空隙时,由于浆液压力明显大于周围地层中的孔隙水压力,导致浆液中的水分迅速向周围地层渗透。

4.3.2　地层渗流阻力对浆液压力消散的影响

4.3.2.1　渗流阻力的推导

基于第4.3.1节中的假定条件,根据达西定律,可知孔隙水渗流速度$v_{渗}$的计算公式为:

$$v_{渗}=\frac{Q}{A}=k\cdot\frac{\Delta h}{L} \tag{4-35}$$

式中:Q——断面总流量,m^3;

A——断面面积,m^2;

L——渗流路径长度,m。

单位面积流量为:

$$q=\frac{Q}{A} \tag{4-36}$$

用孔隙水渗流时间表示渗流阻力f,则根据式(4-35)和式(4-36)可得:

$$f=\frac{\Delta h}{q}=\frac{L}{k} \tag{4-37}$$

因此,孔隙水在浆液中析出遇到的渗流阻力f_g可以用式(4-38)表示。

$$f_g=\frac{x}{k} \tag{4-38}$$

孔隙水渗入地层中遇到的渗流阻力f_s可以用式(4-39)表示。

$$f_s = \frac{\Delta h}{q} \tag{4-39}$$

以单位长度隧道为研究对象，单位时间内从浆液中排出的孔隙水流量 $Q_{浆液}$ 见式(4-40)。

$$Q_{浆液} = 2\pi R \cdot q \tag{4-40}$$

式中：R——隧道半径，m。

隧道周围地层中半径为 r 的圆环处，单位时间内的孔隙水流量 $Q_{地层}$ 为：

$$Q_{地层} = 2\pi r \cdot q' = 2\pi r \cdot k_s \cdot \frac{\mathrm{d}h}{\mathrm{d}r} \tag{4-41}$$

式中：h——半径 R 与半径 r 处的孔隙水压力水头高差，m；

k_s——地层渗透系数，m/s。

土体中流动的孔隙水正是从浆液中排出的，因此上述两式表示的流量相等，即：

$$\frac{\mathrm{d}r}{r} = \frac{k_s}{R \cdot q} \cdot \mathrm{d}h \tag{4-42}$$

对式(4-42)进行积分，并利用图4-29所示的边界条件 $r = R, h = 0, r = H, h = h_0$，可得：

$$f_s = \frac{h_0}{q} = \frac{R}{k_s} \cdot \ln\frac{H}{R} \tag{4-43}$$

由式(4-43)可见，孔隙水渗流遇到的阻力与土层的渗透系数成反比。因此，孔隙水在黏性土中的渗流阻力将远大于砂性土(卵砾石)中。

根据式(4-28)的推导过程，可得考虑地层渗流阻力时的浆液固结方程为：

$$\left(\frac{x}{k} + f_s\right)\frac{\mathrm{d}x}{\mathrm{d}t} + B \cdot x = Ch_0 \tag{4-44}$$

土体中孔隙水渗流阻力计算示意图如图4-29所示。

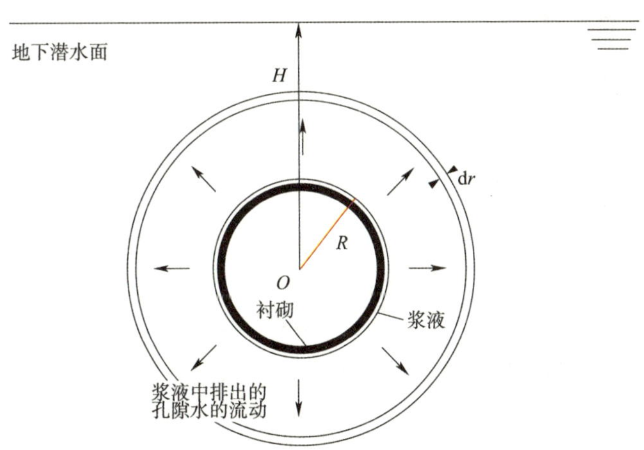

图4-29 土体中孔隙水渗流阻力计算示意图

4.3.2.2 黏性土地层条件

针对某地区黏性土地层，将相关参数 $R = 3.2\mathrm{m}$, $k_s = 5 \times 10^{-8}\mathrm{m/s}$, $H = 12\mathrm{m}$ 代入式(4-43)，可得 $f_s = 8.46 \times 10^7\mathrm{s}$。

将相关参数代入式(4-44)，可得黏性土地层浆液固结方程为：

$$(x+3.980)\cdot\frac{\mathrm{d}x}{\mathrm{d}t}+5.100\times10^{-5}x=4.740\times10^{-6} \tag{4-45}$$

求解式(4-45),可得黏性土地层浆饼厚度随时间的变化曲线,如图4-30所示。由图4-30可知:在黏性土地层,浆饼厚度最终稳定在0.093m,与图4-27中不计地层渗流阻力时相同,但却需要经历110h(约400×10^3s),这是由于黏性土地层渗流阻力较大,致使渗流过程变得非常缓慢;浆饼的形成主要集中在前56h(约200×10^3s)以内,固结厚度达到0.086m,占到总厚度的92%;与图4-27中不计地层渗流阻力时相比,初始时刻浆饼厚度的形成速率大大降低。

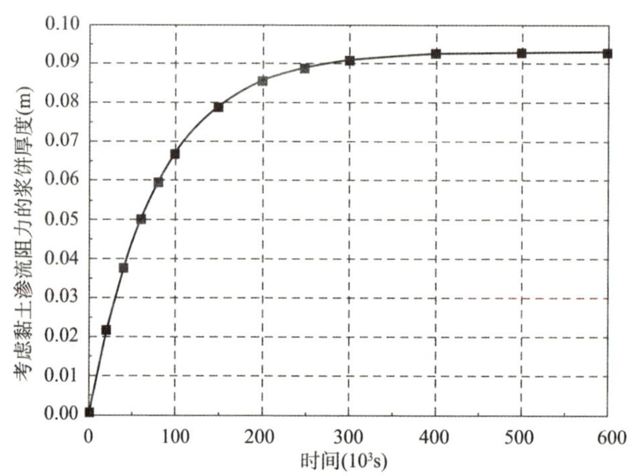

图4-30 黏性土地层浆饼厚度随时间的变化曲线

同理,考虑渗透压力损失后的浆液压力方程式(4-44),将式(4-45)的求解结果代入式(4-44),可得黏性土地层浆饼厚度随时间的变化曲线,如图4-31所示。

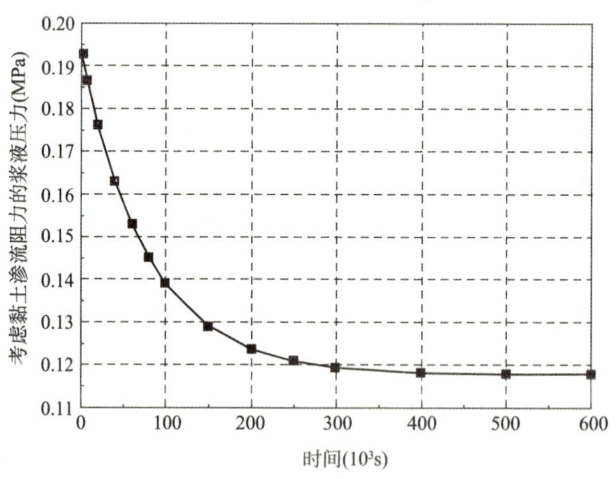

图4-31 黏性土地层浆液压力随时间的变化曲线

由图4-31可知:在黏性土地层条件下,浆液压力最终稳定在0.118MPa,与图4-28中不计渗流阻力时相同,但稳定时间却大大增加,需要110h(约400×10^3s);在前56h(约200×10^3s)以内,浆液压力由0.194MPa下降到0.124MPa,下降了0.07MPa,超过总变化量的92.1%,同样,与图4-28中不计地层渗流阻力时相比,初始时刻浆液压力的消散速率大大降低。

由以上分析可知，当不计浆液硬化影响时，在黏性土地层条件下，浆饼厚度及浆液压力的最终状态不受地层渗流阻力的影响，但浆饼厚度的形成速率与浆液压力的消散速率受到地层渗流阻力的影响而明显下降，有利于抑制地应力的释放与地层变形。

4.3.2.3 砂性土(卵砾石)地层

对于砂性土(卵砾石)地层，土体的压缩模量取自相应规范，$E_s=12.4\text{MPa}$，泊松比 $v=0.23$，剪切模量 $G=20.1\text{MPa}$，将相关参数 $R=3.2\text{m}$，$k_s=5\times10^{-4}\text{m/s}$，$H=12\text{m}$ 代入式(4-43)，可得 $f_s=8.46\times10^3\text{s}$。

将相关参数代入式(4-44)，可得砂性土(卵砾石)地层浆液固结方程为：

$$(x+3.980\times10^{-4})\cdot\frac{\mathrm{d}x}{\mathrm{d}t}+8.600\times10^{-5}x=4.740\times10^{-6} \tag{4-46}$$

同理可得砂性土(卵砾石)地层浆液压力随时间的变化方程为：

$$p_{浆t}=0.194-1.384x(t) \tag{4-47}$$

求解式(4-46)，可得砂性土(卵砾石)地层浆饼厚度随时间的变化曲线，如图4-32所示，进一步将其结果代入式(4-47)可得浆液压力随时间的变化曲线，如图4-33所示。

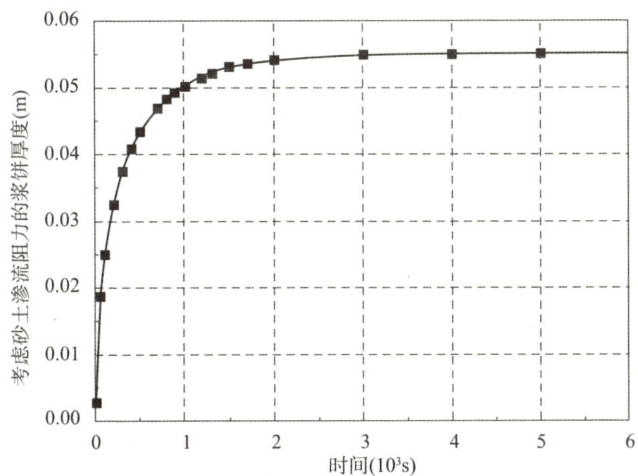

图4-32 砂性土(卵砾石)地层浆饼厚度随时间的变化曲线

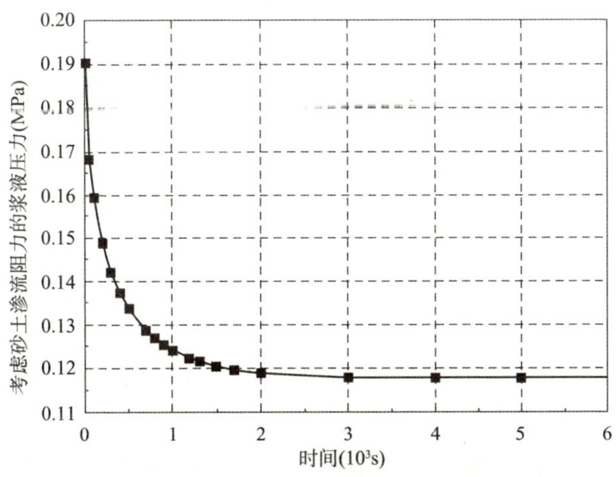

图4-33 砂性土(卵砾石)地层浆液压力随时间的变化曲线

由图4-32可知：砂性土（卵砾石）地层，浆饼厚度最终稳定在0.055m，1h（约3×10^3s）后，浆饼厚度就趋于稳定，由于地层渗流阻力较小，渗流过程比较迅速。浆饼的最终厚度明显小于黏性土地层条件与不计地层渗流阻力时，可见在不计浆液硬化的前提下，对浆饼最终厚度起到关键影响的不是土体的渗透系数，而是土体的剪切模量。另外，初始时刻浆饼的形成速率与不计地层渗流阻力时非常接近，但远大于在黏性土地层条件时的形成速率。

由图4-33可知：砂性土（卵砾石）地层，0.5h（约2×10^3s）后浆液压力就稳定在0.118MPa，而图4-28中不计地层渗流阻力时需要2.1h（7560s），由于砂性土（卵砾石）地层渗流阻力远小于浆饼的渗流阻力，相比较而言，砂性土（卵砾石）地层渗流阻力对浆液压力消散的影响可以忽略不计。浆液压力的消散，浆体的收缩变形，必将伴随着地层的变形，但砂土较高的剪切模量需要消耗更多的能量，导致砂性土（卵砾石）地层浆液压力的消散速率明显加快。

由以上分析可见，在不计浆液硬化的前提下，相对而言，浆饼的最终厚度主要与周围地层的剪切模量G、泊松比$\boldsymbol{v}$以及浆液的初始渗透压压力水头高度h_0等参数有关；地层渗流阻力能有效延缓浆液的固结及浆液压力的消散速率；土体剪切模量的增大能有效消耗浆液能量，加快浆液压力的消散。

4.3.3 地层孔隙水压力大小对浆液压力消散的影响

地层孔隙水压力的大小直接影响到浆液的固结与硬化，过大的孔隙水压力能抑制浆液的固结，也有可能造成浆液的流失，尤其是在有承压水存在的情况下，而过小的孔隙水压力则有可能造成浆液过分失水，加剧地层应力的释放与地层变形。因此，本小节将在保持浆液初始压力与其他参数不变的基础上，改变地层孔隙水压力$p_{孔}$及其对应的压力水头高度$h_{孔}$，从而改变浆液的初始渗透压力水头高度h_0，如表4-7所示，进而分析浆液压力在不同地层孔隙水压力大小情况下的消散情况。

浆液初始渗透压力水头高度随地层孔隙水压力变化的情况　　表4-7

$p_{孔}$(MPa)	0.03	0.06	0.09	0.12	0.15	0.18
$h_{孔}$(m)	3.06	6.12	9.18	12.24	15.31	18.37
h_0(m)	16.70	13.70	10.60	7.60	4.50	1.40

将相关参数代入式（4-44），可得不同孔压条件下，黏性土与砂性土（卵砾石）地层中浆饼厚度随时间的变化方程，再将其分别代入式（4-34）与式（4-47），即可得到黏性土与砂性土（卵砾石）地层中浆液压力随时间的消散情况，如图4-34与图4-35所示。

由图4-34与图4-35可知：砂性土（卵砾石）地层浆液压力的消散速率远大于黏性土地层，黏性土地层浆液压力需要3d（约250×10^3s）甚至更长时间才趋于稳定，而砂性土（卵砾石）地层只需1.4h（约5×10^3s）。不管是砂性土（卵砾石）还是黏性土，孔压越大，浆液压力达到稳定所需的时间越短，浆液压力的消散过程越不明显；孔压越小，浆液压力的消散过程越明显，浆液压力在初始时刻的消散速率也越快。

由此可见，孔压的增大对浆液压力的消散具有明显的抑制作用；相对而言，砂性土（卵砾石）地层浆液压力消散受孔压的抑制作用更加明显。

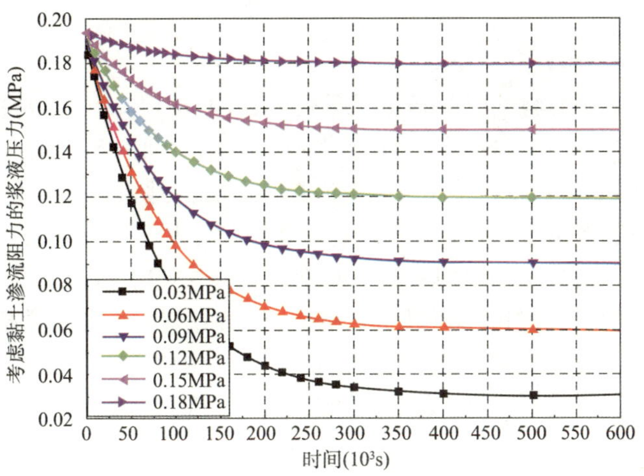

图 4-34　黏性土地层不同孔压条件下浆液压力随时间的变化曲线

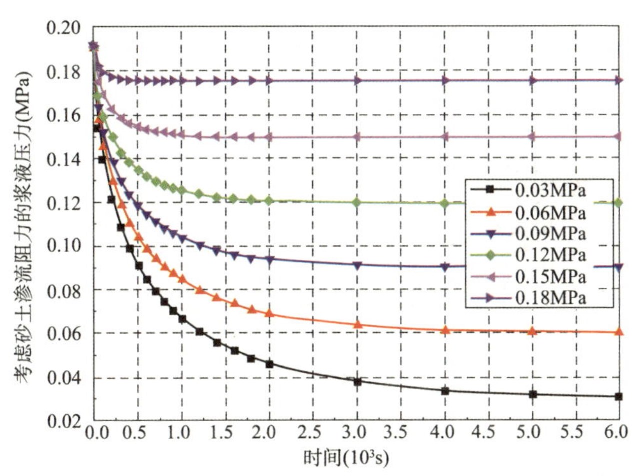

图 4-35　砂性土(卵砾石)地层不同孔压条件下浆液压力随时间的变化曲线

4.3.4　注浆压力大小对浆液压力消散的影响

大量的模型试验结果表明,在其他因素不变的情况下,注浆压力的大小不仅影响浆液压力消散过程,而且影响浆液的收缩变形,进而影响到周围地层的应力释放与变形。但是,模型试验中的浆体收缩变形都是在恒定的浆液压力下进行的,而实际上,伴随着浆体的收缩,浆液压力同时也在消散,导致模型试验结果与实际情况存在一定的偏差。本节将讨论在不同初始浆液压力 $p_{浆0}$(表 4-8)下,浆液压力自身的消散情况。

浆液初始渗透压力水头高度随初始注浆压力变化的情况　　表 4-8

$p_{浆0}$(MPa)	0.15	0.18	0.21	0.24	0.27	0.30
h_0(m)	3.30	6.37	9.43	12.49	15.56	18.61

将相关参数代入式(4-32),可得黏性土、砂性土(卵砾石)地层条件下浆液压力的消散方程分别如式(4-48)和式(4-49)所示:

$$p_{浆t(黏)} = p_{浆0} - 0.820x(t) \tag{4-48}$$

$$p_{浆t(砂)} = p_{浆0} - 1.384x(t) \tag{4-49}$$

将相关参数代入式(4-44),并将求解结果代入式(4-48)与式(4-49),可以得到不同注浆压力条件下,黏性土与砂性土(卵砾石)地层浆液压力随时间的消散情况,分别如图4-36与图4-37所示。由图4-36与图4-37可知:砂性土(卵砾石)地层浆液压力消散的速度远远大于黏性土,黏性土中浆液压力要在3d(约250×10^3s)后才趋于稳定,而砂性土(卵砾石)地层只需1.4h(约5×10^3s),可见地层的渗透系数对浆液压力的消散速率具有决定性作用。无论是砂性土(卵砾石)还是黏性土,注浆压力越大,初始时刻浆液压力消散的速率也越快,达到稳定所需的时间越长;注浆压力越小,浆液注入盾尾空隙后的压力消散将在较短时间内完成,浆液压力的消散过程越不明显,尤其是在砂性土(卵砾石)地层中。

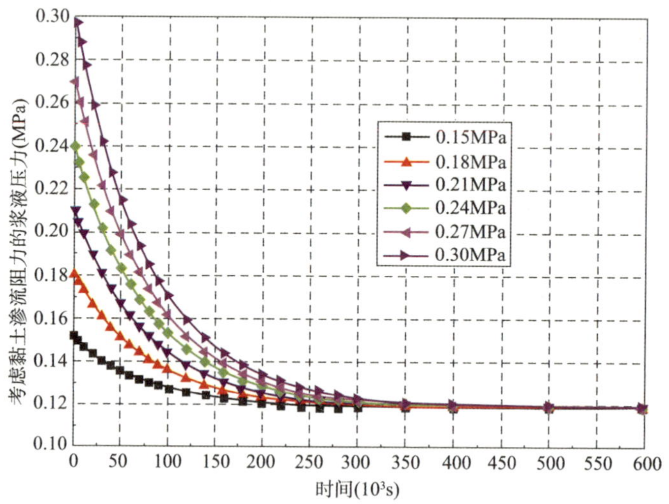

图4-36 黏性土地层不同注浆压力条件下浆液压力随时间的变化曲线

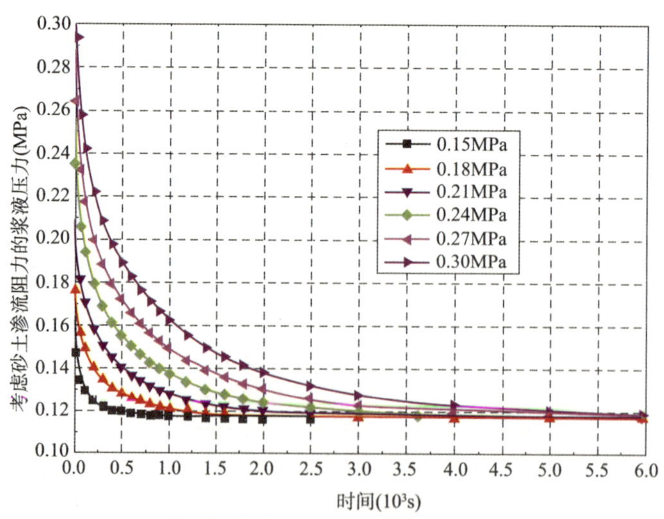

图4-37 砂性土(卵砾石)地层不同注浆压力条件下浆液压力随时间的变化曲线

由此可见,在不计浆液硬化的前提下,尽管浆液压力最终将稳定在地层孔隙水压力附近,但是浆液压力的消散速率由浆液压力大小与周围地层的渗透性共同决定。

4.3.5 小结

(1)基于力学平衡原理和达西渗流定律,推导了浆液的固结方程,明确了浆饼的形成与浆液压力的消散过程,分析得出了浆饼厚度与土体剪切模量、泊松比成反比,与注浆压力成正比,还与浆液固结前后孔隙比的变化密切相关。

(2)当不计地层渗流阻力影响时,浆液注入盾尾空隙后,由于浆液压力明显大于周围地层的孔隙水压力,导致了浆液中的水分迅速向周围地层渗透,浆液压力的消散与浆饼厚度的形成主要集中在浆液注入盾尾空隙后的2.1h以内。

(3)孔隙水在地层中渗流遇到的阻力与地层渗透系数成反比。黏性土地层,浆饼的形成速率与浆液压力的消散速率明显降低,有利于抑制地层应力的释放与地层变形,但浆液固结的最终状态不受地层渗流阻力的影响。砂性土(卵砾石)地层渗流阻力很小,对浆液固结的影响较小,但砂性土(卵砾石)较大的剪切模量将消耗较大的能量,加快了浆液压力的消散速率。

(4)不论地层条件如何变化,孔压越大,浆液压力达到稳定所需的时间越短,初始时刻浆液压力的消散速率越慢,消散过程越不明显。孔压的增大对浆液压力的消散具有明显的抑制作用,相对而言,砂性土(卵砾石)地层浆液压力的消散受到孔压的抑制作用更加明显。

(5)不论地层条件如何变化,注浆压力越大,浆液压力达到稳定所需的时间越长,初始时刻浆液压力的消散速率越快,消散过程越明显。注浆压力的增大对初始时刻浆液压力的消散有促进作用,但却会相应地延长消散时间。

4.4 本章小结

本章通过构建室内盾构隧道同步注浆试验平台,进行不同注浆方式下的同步注浆模型试验,对浆液在盾尾空隙的流动与分布方式进行了解析,并对盾尾空隙内浆液压力的消散规律与影响因素进行了深入分析,主要得出以下结论:

(1)浆液压力初值的分布主要受注浆方式的影响而呈不规则的椭圆形分布,上部或下部浆液流量≥60%时,其流量变化对浆液压力初值的分布具有决定性作用。

(2)盾尾空隙最佳充填模式:单孔注浆应采用上部注浆孔;双孔注浆,应采用上下注浆且上部浆液流量占总流量的80%左右;四孔注浆,上部浆液流量占总流量的60%~80%。

(3)新注入的浆液主要分布在注浆孔附近区域,单位时间内新形成的空隙主要由原来盾尾处呈流塑状的浆液进行充填(注浆孔附近除外)。

(4)浆液在盾尾空隙内的充填与扩散过程,可分成单位时间内形成的盾尾空隙横断面(浆液压力的形成阶段)与纵断面(浆液压力的消散、变化阶段)两部分。

(5)浆液刚注入盾尾空隙时,由于浆液屈服强度较小,浆液重度对浆液压力初值的分布具有决定性作用;随着浆液黏度(时间)的增大,浆液压力呈指数形式衰减,在浆液注入12h以后,浆液压力受到黏滞系数的影响而急剧降低。

(6)基于力学平衡原理和达西渗流定律,推导了浆液的固结方程,明确了浆饼的形成与浆液压力的消散过程,得出了浆饼厚度与土体剪切模量、泊松比成反比,与注浆压力成正比。

(7)黏性土地层，浆饼的形成速率与浆液压力的消散速率明显降低，有利于抑制地层应力的释放与地层变形；砂性土(卵砾石)地层，渗流阻力很小，对浆液固结的影响较小，但砂土较大的剪切模量将消耗较大的能量，加快了浆液压力的消散速率。

(8)不论地层条件如何变化，孔隙水压力的增大对浆液压力的消散具有明显的抑制作用；注浆压力的增大对初始时刻浆液压力的消散有促进作用，但却会相应地延长消散时间。

本章参考文献

[1] 戴志仁. 软土地区盾构隧道同步注浆机理与工程应用研究[D]. 上海:同济大学,2010.

[2] 周东,李明文. 盾构隧道施工中同步注浆新材料的试验研究[J]. 地下工程与隧道,2002(1):10-14.

[3] 吴全立. 同步注浆材料配合比设计与试验研究[J]. 施工技术,2003,32(1):55-57.

[4] 田焜,丁庆军,陈跃庆,等. 盾构隧道大掺量粉煤灰同步注浆材料优化设计[J]. 隧道建设,2007, 27(4):26-29.

[5] 梁精华. 盾构隧道壁后注浆材料配比优化及浆体变形特性研究[D]. 南京:河海大学,2006.

[6] 韩月旺,钟小春,虞兴福. 盾构壁后注浆体变形及压力消散特性试验研究[J]. 地下空间与工程学报. 2007,3(6):1142-1148.

[7] 范昭平,袁小会,韩月旺,等. 盾构隧道壁后注浆浆体变形特性[J]. 土木建筑与环境工程, 2009, 31(5):65-69.

[8] 谢自韬,江玉生,刘品. 盾构隧道壁后注浆压力对地表沉降及围岩变形的数值模拟研究[J]. 隧道建设, 2007,27(4):12-15.

[9] KUWAHARA H, YAMAZAKI T, KUSAKABE O. Ground Deformation Mechanism of Shield Tunneling Due to Tail Void Formation in Soft Clay[C]//Proceedings of 14th International Conference on Soil Mechanics and Foundation Engineering-International Society for Soil Mechanics and Foundation Engineering. AA BALKEMA, 1997, 3: 1457-1460.

[10] 朱合华,徐前卫,廖少明,等. 土压平衡盾构法施工参数的模型试验研究[J]. 岩土工程学报,2006,28(5):553-557.

[11] 李博,王军,舒启林,等. 盾构同步注浆试验平台试验装置的设计[J]. 隧道建设,2012,32(2):146-149.

[12] 白云,戴志仁,张莎莎,等. 盾构隧道同步注浆浆液压力扩散模式研究[J]. 中国铁道科学,2011,32(4):38-45.

[13] 张莎莎,戴志仁,白云. 盾构隧道同步注浆浆液压力消散规律研究[J]. 中国铁道科学,2012,33(3):42-48.

[14] JAMES K Michell. 岩土工程土性分析原理[M]. 高国瑞,韩选江,张新华,译. 南京:南京工业大学出版社,1988.

[15] 陈惠发. 极限分析与土体塑性[M]. 詹世斌,译. 北京:人民交通出版社,1995.

[16] 徐前卫. 盾构施工参数的地层适应性模型试验及其理论研究[D]. 上海:同济大学,2006.

[17] Ou C Y, CHERNG J C. Effect of Tail Void Closure on Ground Movement During Shield Tunneling in Sandy Soil[J]. Geotechnical Engineering, 1995, 26(1):17-32.

[18] 张云,殷宗泽,徐永福. 盾构法隧道引起的地表变形分析[J]. 岩石力学与工程学报,2002,21(2):388-392.

[19] 张海波.地铁隧道盾构法施工对周围环境影响的数值模拟[D].南京:河海大学, 2005.

[20] A. M. TAMLMON, A. BEZUIJEN. Simulating the Consolidation of TBM Grout at Noordplaspolder[J]. Tunnelling and underground Space Technology, 2009, 24:493-499.

[21] A. BEZUIJEN, W. H. VAN DER ZON. A. M. TAMLMON. Laboratory Testing of Grout Properties and Their Influence on Backfill Trouting. Tunnelling. A Decade of Process Geodelft 1995-2005[M]. 2006, 115-121.

[22] BEZUIJEN, A., TALMON, A. M., KAALBERG, F. J., et al. Field Measurement of Gout Pressures During Tunneling of the Sophia Rail TunneI[J]. Soil and Foundations, 44(1), 2004:39-48.

[23] HASHIMOTO T., J. NAGAYA., K. KAKIKAW., T. OKURA. Analysis of the Measured Backfill Grouting Pressure Acting on the Segment[A]. 31st JSSMFE,2291-2292.

[24] HASHIMOTO T., BRINKMAN J., KONDA T., KANO Y AND FEDEMA. Simultaneous Backfill Grouting, Pressure Development in Construction Phase and in the Long-term[J]. Proceeding of the 30th ITA-A ITES World Tunnel Congress, Singapore, 2004:52-59.

[25] HENK E. BRASSINGA & ADAM BEZUUIJEN. Modelling the Grouting Process Around a Tunnel Lining in a Geotechincal Centrifuge. Proceedings of the Fifteenth International Conference on Soil Mechanics and Geotechnical Engineering. 2001(1-3):1455-1458.

[26]《岩土注浆理论与工程实例》协作组.岩土注浆理论与工程实例[M].北京:科学出版社. 2001, 80-94.

[27] 刘鹤年.流体力学[M].北京:中国建筑工业出版社,2002.

[28] 杨秀竹.静动力作用下浆液扩散理论与试验研究[D].长沙:中南大学,2005.

[29] 李志明.盾构穿越邻近建筑物的同步注浆控制理论与技术[D].上海:同济大学, 2009.

[30] 郑长成,曾祥熹,黄树勋.时变性浆液径向扩散流的模拟研究[J].矿业研究与开发,1999,19(1):16-19.

[31] 吴贤国,陈跃庆,丁烈云,等.长江隧道盾构施工对建筑物的影响及其保护研究[J].铁道工程学报, 2008,(7):57-61.

[32] 叶飞.软土盾构隧道施工期上浮机理分析及控制研究[D].上海:同济大学, 2007.

[33] 白云,汤竞.软土地下工程的风险管理[J].地下空间与工程学报, 2006,2(1):21-27.

[34] 宋天田,周顺华,徐润泽.盾构隧道盾尾同步注浆机理与注浆参数的确定[J].地下空间与工程学报. 2007,4(1):130-133.

[35] HASHIMOTO T, BRINKMAN J, KONDA T, et al. Simultaneous Backfill Grouting, Pressure Development in Construction Phase and in the Long-Term[C]//Proceedings of the 30th ITA-A ITES World Tunnel Congress. Singapore: World Tunnel Congress, 2004:52-59.

[36] BEZUIJEN A, TALMON A M. Grout, the Foundation of A Bored Tunnel[C]//Proceedings of BGA International Conference on Foundations. Dundee: University of Dundee,2003: 129-138.

[37] BEZUIJEN A, TALMON A M. Grout Pressures Around A Tunnel Lining, Influence of Grout Consolidation and Loading on Lining[J]. Tunnelling and Underground Space Technology, 2004(19), 443-444.

[38] TALMON A M, BEZUIJEN A. Simulating the Consolidation of TBM Grout at Noordplaspolder[J]. Tunnelling and Underground Space Technology, 2009, 24: 493-499.

[39] BEZUIJEN A, TALMON A M, KAALBERG F J, et al. Field Measurement of Gout Pressures During Tunneling of the Sophia Rail TunneI[J]. Soil and Foundations, 2004, 44(1): 39-48.

[40] DAI Zhien, BAI Yun, PENG Fangle, et al. Study on Mechanism of Simultaneous Backfilling Grouting for Shield Tunneling in Soft Soils[C]//Proceedings of the 2010 GeoShanghai International Conference, Shanghai: Deep and Underground Excavations (GSP 206), 2010:182-190.
[41] 宋子康,蔡文安. 材料力学[M]. 上海:同济大学出版社,1998.
[42] 白云,吴世明,戴志仁,等. 盾构隧道同步注浆试验用模拟系统及其试验方法:中国,2012 10592006[P]. 2012-09-31.

第5章　富水卵石土地层盾构法隧道微扰动施工技术

近年来,成都轨道交通无论是建设规模,还是建设速度,都稳居全国第一,截至2019年年底,通车运营里程突破300km,到2020年底,通车运营里程将突破500km。如此超高强度工程建设背后,也面临着一些亟待解决的问题,如富水卵石土地层的微扰动施工技术,尤其是在穿越重大风险源地段。

纵观成都轨道交通建设历史,虽然当地富水卵石土地层中的盾构法隧道工程建设历史已将近20年,但很多问题还未得到较好的解决、不同程度影响着工程质量,如盾尾后方隧道上浮、成型隧道偏离设计轴线、管片碎裂与渗漏、掘进超挖引起的地层空洞、刀具检修导致地层失稳等。

对于富水卵石土地层盾构法隧道工程,很多学者都进行了相关研究。戴志仁针对兰州地铁1号线盾构下穿黄河隧道工程,对管片荷载模式与结构选型方面进行了研究,明确了高水压下管片防水与耐久性控制因素;杨志团对高压富水卵石土地层条件下的盾构管片内力与防水机理进行了深入研究,明确了单层衬砌是合理的;张莎莎等提出了富水卵石土地层条件下,满足最大河床冲刷深度的区间隧道纵断面设计方案,明确了基于河床地形的沉降变形规律与抗震稳定性;王树华针对成都地铁1号线砂卵石粒径大、强度高的特点,提出了增大刀盘开口率与优化掘进参数的理念,奠定了成都地区盾构快速掘进的基本思路;胡欣雨等针对富水卵石土地层中盾构掘进遇到的刀盘与螺旋输送机磨损严重、排土困难及开挖面难以平衡等情况,提出了加泥式土压盾构与欠压掘进方法,在一定程度上提高了盾构掘进效率、减小了施工扰动;罗松等提出了富水卵石土地层盾构掘进地表滞后沉降的主要诱因及其应对措施,对实际工程具有一定的指导意义。这些既有研究成果主要集中在地层稳定性控制与盾构掘进效率方面,很少对富水卵石土地层盾构掘进相关问题进行系统研究。

目前,对富水卵石土地层条件下的盾构法隧道工程而言,隧道上浮与隧道轴线控制问题、盾构施工扰动与开仓换刀问题、风险源处理与环境保护问题等比较突出。因此,本章针对近年来富水卵石土地层盾构施工中面临的盾构掘进与管片拼装技术、隧道上浮与隧道轴线控制技术、刀具检修与开仓技术以及风险源处理技术等进行系统研究,提出满足工程质量和周边环境安全的富水卵石土地层盾构法隧道施工成套技术。

5.1 盾构隧道开挖面稳定与保压掘进技术

5.1.1 基于土压平衡盾构的螺旋排土—泥膜支护工法

卵石土地层条件盾构法隧道一般以土压平衡盾构为主,但由于卵石土颗粒大小不一,细颗粒与胶结成分较少,经常导致盾构机土仓内渣土塑流性与止水性难以满足螺旋机工作需求,卵石土地层中的盾构法隧道经常出现土仓上半断面无法实现有效充填,导致出现半仓掘进(欠压掘进)的问题,如图5-1所示。而卵石土地层条件下的泥水平衡盾构,经常由于大粒径卵石的破碎问题而制约泥浆管道顺利运输。

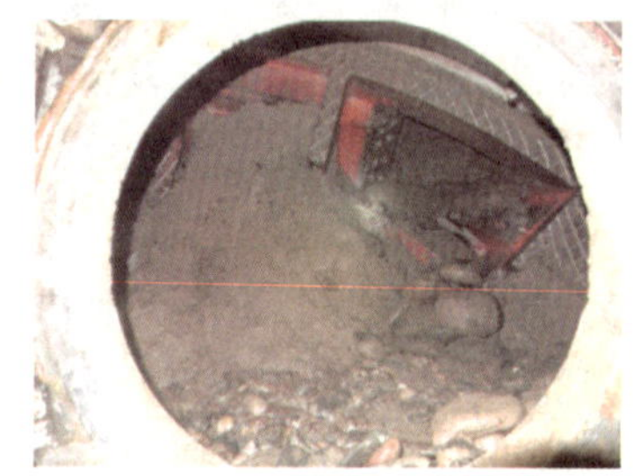
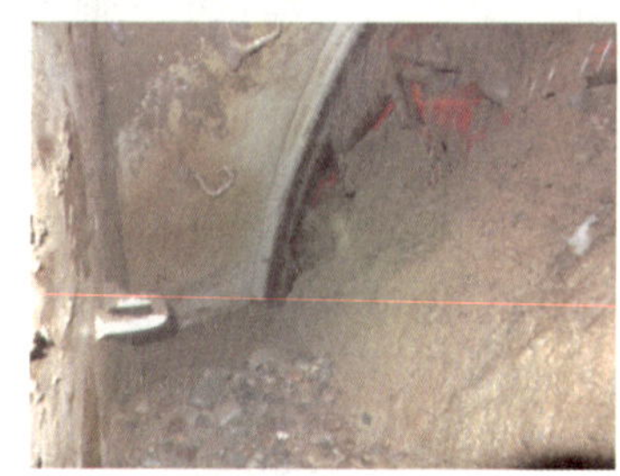

图5-1 卵石土地层中盾构半仓(欠压)掘进

鉴于常规土压平衡盾构与泥水盾构存在的缺陷与不足,本书针对性地提出一种集合土压盾构与泥水盾构两者优点的新工法,即"螺旋排土—泥膜支护"盾构工法。"螺旋排土—泥膜支护"盾构工法结合泥水盾构开挖面稳定的特点与土压盾构排土简便的特点,运用泥浆(泥膜)支护开挖面,同时使用螺旋排土器将渣土混合物排出,不仅解决了开挖面稳定性难题,还可以有效地解决渣土排出的难题,实现了富水卵石土地层条件下土压平衡盾构的保压掘进,为施工微扰动控制奠定了基础。这对于目前盛行的密闭式盾构法隧道技术而言,是一项重要的技术革新。

"螺旋排土—泥膜支护"盾构工法的本质是基于渣土改良的土压平衡盾构,其实现的关键在于盾构机土仓内渣土的改良。为了改良土仓内的渣土,即改善渣土的流动性和止水性,使渣土处于塑流状态,可考虑往土仓内注入高密度泥浆。根据卵石土地层特性和室内试验结果,往土仓内注入高密度泥浆较为合理的比例为15% ~25%(体积比),从而使盾构掘进渣土通过螺旋排土器顺利排出。

5.1.2 考虑修正摩阻力的盾构掘进总推力

在富水卵石土地层条件下,由于渣土塑流性较差,很多情况下土仓上部分都很难填满(图5-1),因此很难实现真正意义上的土压平衡掘进模式,欠压掘进与地层损失不可避免,所以盾构掘削面挤压力 P_g 宜控制在静止土压力 P_0 与主动土压力 P_a 之间,主动土压力 P_a 的计算公式如式(5-1)所示。

$$P_a = \left[\left(H_w + h + \frac{D}{2}\right)\gamma_w + \left(h + \frac{D}{2}\right)\gamma' K_a - 2c\sqrt{K_a}\right]\frac{\pi D^2}{4} \tag{5-1}$$

式中:H_w——水头高度,m;

h——隧道拱顶埋深，m；

D——隧道外直径，m；

γ_w——水重度，kN/m^3；

γ'——土体有效重度，kN/m^3；

c——土体凝聚力，kPa；

K_a——主动土压力系数，$K_a = \tan^2\left(45° - \frac{\varphi}{2}\right)$；

φ——土体内摩擦角。

考虑到盾壳与周围地层之间的摩阻力 F_f，盾构机总推力 $F_{总}$ 可表示为：

$$F_{总} = P_g + F_f \geqslant P_a + F_f \tag{5-2}$$

(1)盾壳与周围地层之间的摩阻力 F_f

取单位长度隧道(受力示意图详见图5-2)，以计算点处任意小的1块竖向土条为研究对象，其宽度为 a(土条与盾壳接触面的相应高度为b)，土条高度为 h'，水平土压力 σ_x 与竖向土压力 σ_y 的合力 f 指向隧道中心。计算中不考虑沿盾构机轴向应力 σ_z，因为 σ_z 与隧道径向垂直，在隧道径向方向无分力。σ_x、σ_y 及 f 的计算公式为：

$$\sigma_y = \gamma' h' \tag{5-3}$$

$$\sigma_x = K_0 \gamma' h' \tag{5-4}$$

$$f = \frac{\sigma_x b\sin\alpha}{b/\sin\alpha} + \frac{\sigma_y a\cos\alpha}{a/\cos\alpha} = \gamma' h' [\cos^2\alpha + K_0 \sin^2\alpha] \tag{5-5}$$

其中：

$$h' = h + R(1 - \cos\alpha)$$

式中：h'——计算点深度，m；

K_0——静止土压力系数；

α——计算点与竖直方向交角(顺时针方向)；

R——隧道半径，m。

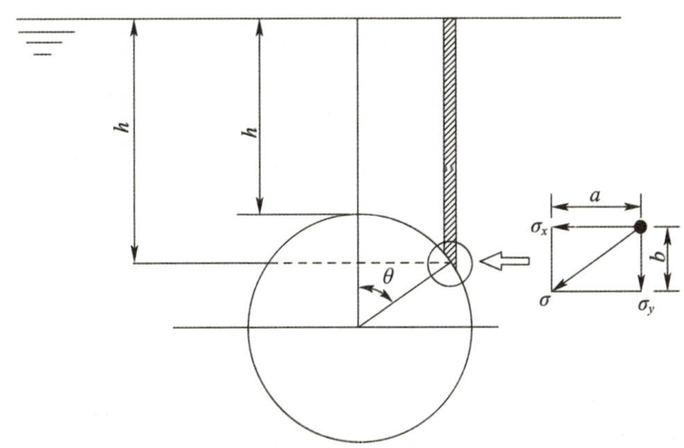

图5-2 隧道结构(盾构机)受力示意图

由于隧道受力左右对称，将 f 沿圆周方向进行积分，并考虑盾壳与地层之间的摩擦系数 μ，可得摩阻力 F_f 为：

$$F_f = \left[2\int_0^{\pi} \gamma' h' (\cos^2\alpha + K_0 \sin^2\alpha) R \cdot d\alpha\right] L\mu \tag{5-6}$$

式中：L——盾构机长度，m；

μ——盾壳与地层之间的摩擦系数。

对式(5-6)进行积分计算，可得：

$$F_f = \pi \times L \times \mu \times R \times \gamma' \times (h + R) \times (1 + K_0) \tag{5-7}$$

以典型的3-9-3(中密卵石土)地层与3-9-4(密实卵石土)地层为研究对象，取隧道半径$R = 3.2$m，盾构机长度$L = 9.5$m，隧道拱顶埋深分别取10m、15m、20m时，基于式(5-6)，盾壳四周摩阻力F_f的计算参数及计算结果见表5-1。

典型卵石土地层条件下不同隧道拱顶埋深对应的盾壳四周摩阻力计算 表5-1

地层	隧道拱顶埋深h(m)	土体有效重度γ'(kN/m^3)	土体内摩擦角φ(°)	静止土压力系数K_0	摩擦系数μ	摩阻力F_f(t)
3-9-3(中密卵石土)	10	12	40	0.25	0.5	945
	15	12	40	0.25	0.5	1304
	20	12	40	0.25	0.5	1662
3-9-4(密实卵石土)	15	13	45	0.20	0.55	1491
	20	13	45	0.20	0.55	1901
	25	13	45	0.20	0.55	2311

(2)考虑修正摩阻力F_f的盾构机总推力

根据式(5-2)得到考虑修正摩阻力后盾构机总推力的计算公式为：

$$F_{总} = P_g + F_f \geq \left[\left(H_w + h + \frac{D}{2}\right)\gamma_w + \left(h + \frac{D}{2}\right)\gamma' K_a - 2c\sqrt{K_a}\right]\frac{\pi D^2}{4} + F_f \tag{5-8}$$

盾构隧道开挖轮廓$D = 6.28$m，水重度$\gamma_w = 10kN/m^3$，对于两种典型卵石土，隧道拱顶埋深分别取10m、15m、20m、基于式(5-8)，考虑盾壳修正摩阻力时，盾构机总推力的计算参数及计算结果见表5-2。

考虑盾壳修正摩阻力的盾构机总推力 表5-2

地层	拱顶埋深h(m)	水头高度H_w(m)	土体有效重度γ'(kN/m^3)	土体内摩擦角φ(°)	主动土压力系数K_a	盾壳摩阻力F_f(t)	总推力$F_{总}$(t)	盾壳摩阻力占总推力比例(%)
3-9-3(中密卵石土)	10	3.5	12	40	0.22	945	1567	60
	15	8.5	12	40	0.22	1304	2275	57
	20	13.5	12	40	0.22	1662	2984	56
3-9-4(密实卵石土)	15	8.5	13	45	0.17	1491	2442	61
	20	13.5	13	45	0.17	1901	3196	60
	25	18.5	13	45	0.17	2311	3950	59

针对城市轨道交通工程较常遇到的两种典型卵石土，盾构机总推力与盾壳摩阻力随隧道拱顶覆土厚度的变化曲线如图5-3所示。其中，当地铁车站为地下二层车站时，隧道

拱顶埋深一般为 10～20m，此时隧道洞身范围内遇到中密卵石土地层的情况相对较多；对于地下三层车站而言，隧道拱顶埋深一般为 15～25m，此时隧道洞身范围内遇到密实卵石土地层的情况相对较多。

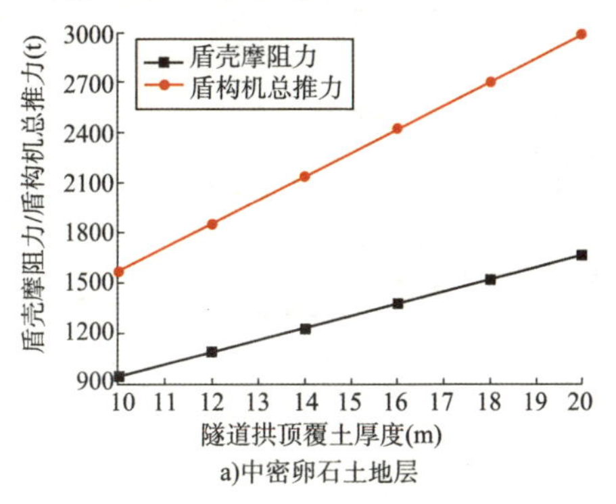

a)中密卵石土地层

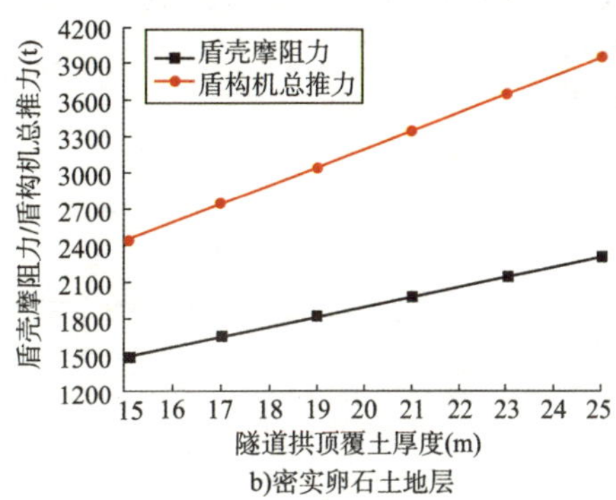

b)密实卵石土地层

图 5-3　典型卵石土地层条件下盾壳摩阻力与盾构总推力变化曲线

由图 5-3 可知：中密卵石土地层条件下，盾构隧道拱顶埋深一般在 10～20m 之间，所以盾构机总推力宜维持在 15000～23000kN 之间；密实卵石土地层条件下，盾构隧道拱顶埋深一般在 15～25m 之间，所以盾构机总推力宜维持在 24000～32000kN 之间。

5.2　盾壳中盾注浆与减摩降阻技术

由表 5-2 可知，卵石土地层条件下，在盾构机总推力组成中，盾壳摩阻力占比一般在 56%～61%之间，随着隧道埋深的增大，盾壳摩阻力占比有减小的趋势。

对于卵石土地层普通隧道直径的盾构机而言，额定推力在 35000kN 左右，最大推力一般在 36000～42000kN 之间。如果盾构总推力过大，必将导致盾构机姿态难以控制、转弯与纠偏困难、影响管片拼装与掘进轴线控制等情况。因此，为了实现微扰动施工控制目标，在盾构掘削面水土压力变化不大的情况下，应采取措施减小盾壳摩阻力。

为此，基于中盾注浆技术，通过盾壳四周设置的径向注浆孔，将惰性浆液注入盾壳与地层之间的空隙，可显著减小盾壳与地层之间的摩擦效应，减小盾壳摩阻力，减小盾构机总推力；同时，还可及时填充盾构施工过程中由于刀盘超挖造成的盾体与土体之间的空隙，隔离土仓掘进压力和盾尾同步注浆压力，最大限度地减少盾尾空隙与地层沉降的趋势。

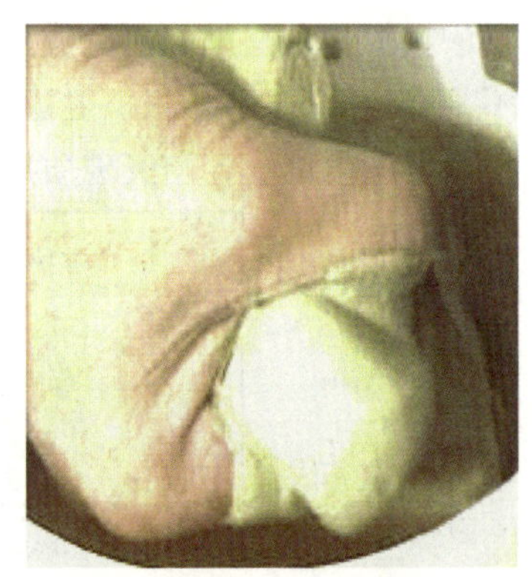

图 5-4　惰性浆液现场试验

中盾注浆所用浆液应以惰性浆液为主，防止浆液凝固硬化，将盾壳抱死。惰性浆液可视地层情况考虑采用克泥效（clay shock），克泥效是将黏土与强塑剂以一定比例混合后形成的高黏度、不硬化的可塑性黏土，惰性浆液现场试验如图 5-4 所示。同时，也可根据情况采用膨润土浆液进行中盾注浆。

当采用中盾注浆技术在盾壳四周注入惰性浆液后，对于中密卵石土和密实卵石土地层条件，经测试盾壳与卵石层之间的摩擦系数分别减小为0.17和0.22,仍采用表5-1和表5-2的计算参数,盾壳摩阻力和盾构机总推力随着隧道埋深逐渐增加的变化曲线如图5-5所示。

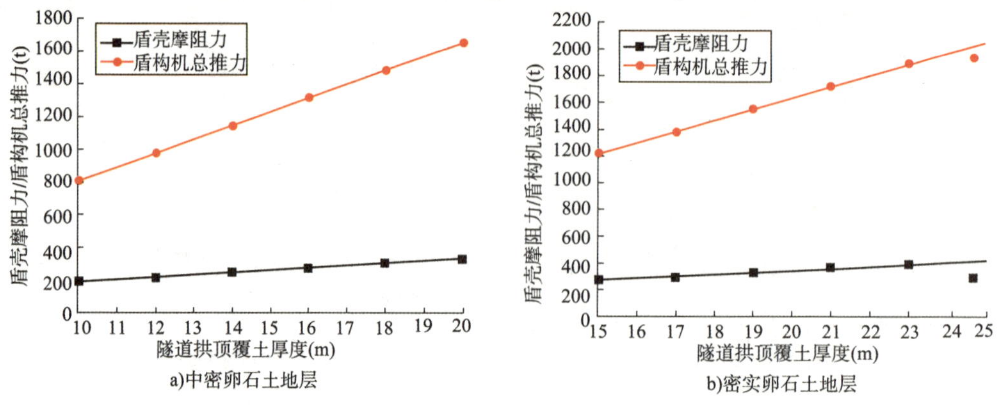

图5-5 盾壳摩阻力和盾构总推力随拱顶覆土增加的变化曲线(中盾注浆后)

对比图5-3与图5-5可知:采用中盾注浆后,盾壳摩阻力显著降低,盾构总推力相应降低。其中,中密卵石土地层中,盾构总推力为8000~13000kN,这是由于盾壳摩阻力下降约70%,在总推力中的占比由55%~61%下降至20%~23%;在密实卵石土地层中,盾构总推力为12000~21000kN,这是由于盾壳摩阻力下降约82%,在总推力中的占比由58%~61%下降至20%~22%。

由以上分析可知,采用中盾注浆后,可使盾构总推力减少近一半,从而极大地增加了盾构纠偏、转弯的能力,更为重要的是其减少了掘进扰动与超挖,在盾构穿越重大风险源地段宜推广应用。

5.3 盾尾成型隧道质量控制技术

盾尾后方成型隧道质量控制的关键在于管片脱出盾尾后的纵向稳定性,如何控制隧道上浮与下沉,如何确保隧道纵向连接的可靠性,是必须要解决的关键问题。

5.3.1 盾尾后方隧道上浮机理分析

根据相关文献的研究成果可知,盾尾后方隧道上浮的根本原因是液态浆液包裹与竖向不平衡地层力,并且根据隧道上浮范围与影响程度,可以将上浮范围分成两个阶段,即盾尾空隙范围内的上浮与突破盾尾空隙影响隧道上覆土体稳定性的上浮,如图5-6所示。

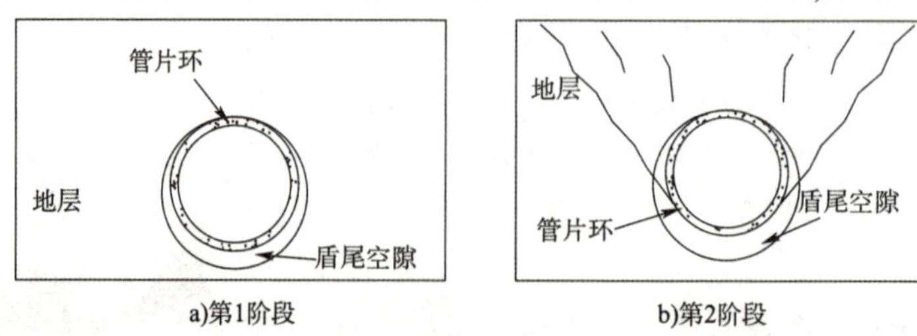

图5-6 盾尾后方隧道(管片)上浮两阶段示意图

富水卵石土地层胶结性差，大颗粒相对较多（最大粒径一般可达到50～60cm）。因此，理论上14cm的盾尾三维环状空间，经常由于超挖与地层扰动，扩大至25～30cm，再加上地层渗透系数较大、地下水压力较大，给盾尾后方隧道上浮提供了条件，经常导致盾尾后方隧道上浮超限且难以有效控制隧道轴线。因此，第一阶段的上浮是富水卵石土地层中盾尾后方隧道上浮的主要形式。

5.3.2 隧道上浮控制措施

针对高压富水卵石土地层的特性，为确保隧道成型质量，满足安全运营的限界要求，可从以下四个方面控制盾尾后方管片的上浮。

（1）盾尾后方隧道上浮机理与大比重浆液应用

富水卵石土地层中，地下水丰富且渗透系数大，浆液注入盾尾空隙后存在被稀释、随地下水流动的可能，再加上盾构掘进超挖的影响，导致盾尾空隙难以被浆液有效充填，地层空洞与地面突然坍塌现象、盾尾后方隧道上浮情况屡见不鲜。

常规的单液可硬性浆液（水泥砂浆）初凝时间长（一般为5～8h），注入盾尾空隙后被地下水稀释严重，如图5-7所示，无法确保盾尾空隙有限范围的有效充填。

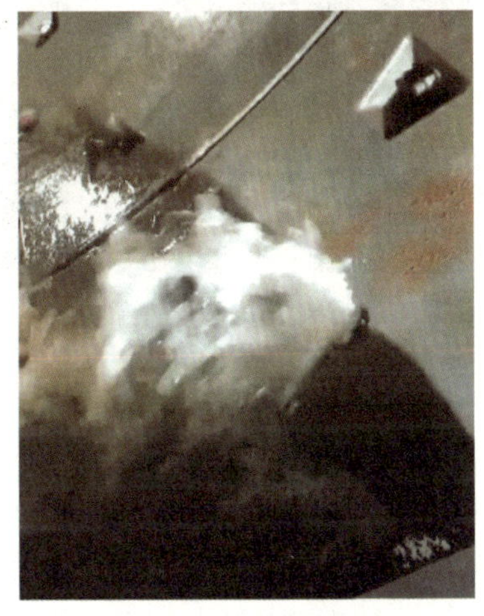

a) 隧道拱底管片吊装孔喷涌

b) 隧道拱腰上方管片注浆孔

图5-7 盾尾后方管片注浆孔打开后地下水涌出

从根本上抑制隧道上浮的措施是提高盾尾空隙内浆液的初始屈服强度，利用浆液的屈服强度抑制盾尾空隙范围内隧道的上浮。大比重浆液具有较高的初始屈服强度和较好的工作性能（流动性与抗水分散性），因此建议考虑采用大比重浆液及时充填盾尾空隙，确保盾尾后方成型隧道与地层间的有效接触，利用大比重浆液的初始屈服强度抑制盾尾后方隧道上浮。

大比重浆液（厚浆）具有较高的密度（1893kg/m^3），其质量配合比见表5-3，屈服强度随时间的变化见表5-4。采用大比重浆液，从根本上解决了常规单液浆较好的塑流性与较高的早期强度之间的矛盾，同时其具有较好的抗水分散性，能满足盾尾后方三维空间有效充填的需求，可实现盾构管片与地层有效接触，确保地层稳定与环境控制的目标。大比重浆液（厚浆）泵送情况如图5-8所示。

大比重浆液质量配合比　　表5-3

消石灰	粉煤灰	膨润土	砂	水	外掺剂
80	300	50	1180	280	3

大比重浆液屈服强度随时间的变化　　表5-4

时间(h)	0	4	8	12	20
屈服强度(Pa)	307	512	756	798	912

(2)加强隧道纵向刚度

通过增大纵向连接螺栓等级、进行隧道内纵向槽钢联结(图5-9)以及适当减少甚至不用环缝传力衬垫等措施,可提高隧道纵向的整体刚度。

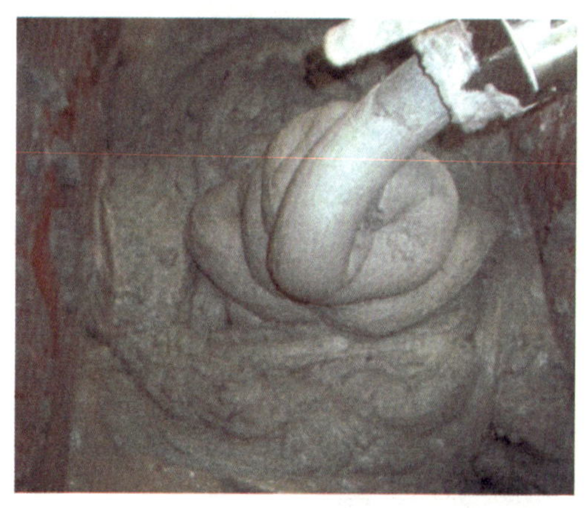

图5-8　大比重浆液(厚浆)泵送情况

图5-9　隧道内管片采用纵向槽钢联结情况

(3)隔断隧道纵向水流通道、减小上浮力

从行车与节能角度出发,城市地铁隧道一般沿纵向呈"V"字形,当盾构沿下坡掘进且纵坡较大时,地下水将会聚集于开挖面附近,这将进一步加剧盾尾后方管片的上浮。因此,可通过双液浆打"环箍"或设置"止水环"的方式,隔断纵向水流通道,减小盾尾后管片的上浮力。其中,"止水环"管片现场施工情况如图5-10所示。

图5-10　"止水环"管片现场施工情况

(4)严格控制切向分力

当盾构机沿着平曲线或竖曲线段掘进时,千斤顶反力在隧道曲线段切线方向的分力作用,将会导致盾尾管片出现向曲线外侧位移的趋势。研究表明:当竖向分力增加250kN时,盾尾隧道上浮量增加15mm(尤其是高压富水地层)。因此,在实际工程中,需严格控制曲线外侧的千斤顶荷载,严格控制切向分力。

在实际工程中,当盾尾后方隧道上浮导致隧道轴线难以控制时,经常采用压低轴线掘进的方法进行处理,这不但违背了盾构法隧道沿设计轴线高精度推进的基本原理,也加大了盾尾后方管片碎裂与渗漏的风险,因此应慎重采用。

5.3.3 管片拼装与接缝螺栓拧紧力矩

众所周知，由于管片接缝的存在，导致成型后的盾构法隧道纵向刚度相对较低，管片接缝的螺栓预紧力是控制接缝刚度与纵向稳定性的重要参数。管片接缝螺栓预紧力对管片接缝张开量、错台与踏步、螺栓孔处管片的碎裂与渗漏以及管片衬砌的耐久性都有一定影响。

管片接缝的螺栓预紧力并不是越大越好，当管片脱出盾尾时，由于隧道平均密度（视密度）远小于浆液密度，因此液态浆液将导致盾尾后方一定范围内的隧道出现上浮趋势，过大的螺栓预紧力可能会使螺栓屈服，致使接缝张开、渗漏加剧、管片碎裂，进而导致盾尾后方隧道纵向上浮趋势更加明显。

一般情况下，城市轨道交通盾构隧道管片螺栓拧紧力矩 M 的计算公式为：

$$M = Pd(k_1 + k_2 + k_3) \tag{5-9}$$

式中：P——螺栓轴向预紧力，kN；

d——螺栓公称直径，mm；

k_1——螺母与支撑面间摩擦力矩系数；

k_2——螺旋副间摩擦力矩系数；

k_3——拧紧力矩用于产生螺栓轴向力相应力矩，N·m。

对于一般的城市轨道交通，管片螺栓最大强度等级为 8.8 级，相应的螺栓公称直径 $d = 30$mm，$k_1 = 0.5$，$k_2 = 0.4$，$k_3 = 0.1$，螺栓轴向预紧力 $P = 359.04$ kN，采用式(5-9)计算可得螺栓拧紧力矩 $M = 1292.54$N·m。扳手作用于螺栓的力矩为隧道内手动扳手或气动扳手施加的总力矩，通常取计算螺栓拧紧力矩的 0.8 倍作为实际应用的拧紧力矩控制值，即 $1292.54 \times 0.8 = 1034.04$N·m。由计算结果可知，螺栓屈服条件下对应的最大拧紧力矩不足 1300N·m，实际工程中，应严格控制最大值不超过 1034N·m，避免拧紧力矩过大导致螺栓屈服，影响接缝密封效果与错台控制。

5.4 风险源施工控制措施

5.4.1 盾构刀具检修与开仓技术

一般情况下，富水卵石土地层中掘进时，当掘进长度超过 500m 时，就需要考虑刀盘检修与刀具更换，以保证盾构机顺利掘进，并保证周边环境风险可控。

从工程风险、造价与工期方面综合考虑，一般以常压换刀方式为主。富水卵石土地层条件下的常压换刀常采用降水结合地层加固（如素桩）的方法进行处理。然而，在邻近河流或湖泊，或周边存在重大风险源时，降水效果难以保证或素桩无实施空间，常规方法实施存在较大的安全隐患，因此针对性地提出了塑性浆液“泥墙”（如衡盾泥）技术。该技术通过向土仓内注入衡盾泥，对渣土进行逐步置换，并在开挖面形成“泥墙”，实现常压换刀与刀盘检修。“泥墙”实施效果如图 5-11 所示。

塑性浆液可通过对无机物黏土改性得到，即通过塑化剂反应，形成一种高黏性泥浆。利用“泥墙”的保护，土仓内压力可保持在 300kPa 左右，相应水头高度为 30m，完全可满足城市轨道交通盾构法隧道刀盘检修与刀具更换的需要，且具有较高的可靠性，应在实际工程中推广应用。

a)

b)

图 5-11 “泥墙”实施效果

5.4.2 钢管隔离桩加固技术

对于富水卵石土地层，常规的预注浆地层加固效果有限，难以满足重要建（构）筑物的保护需求。因此提出了钢管隔离桩与袖阀管跟踪注浆技术。钢管隔离桩主要用于盾构隧道与重要建（构）筑物有条件被有效隔离的情况，如图 5-12 和图 5-13 所示（袖阀管跟踪注浆用于盾构穿越老旧民房与大片密集村庄的情况）。

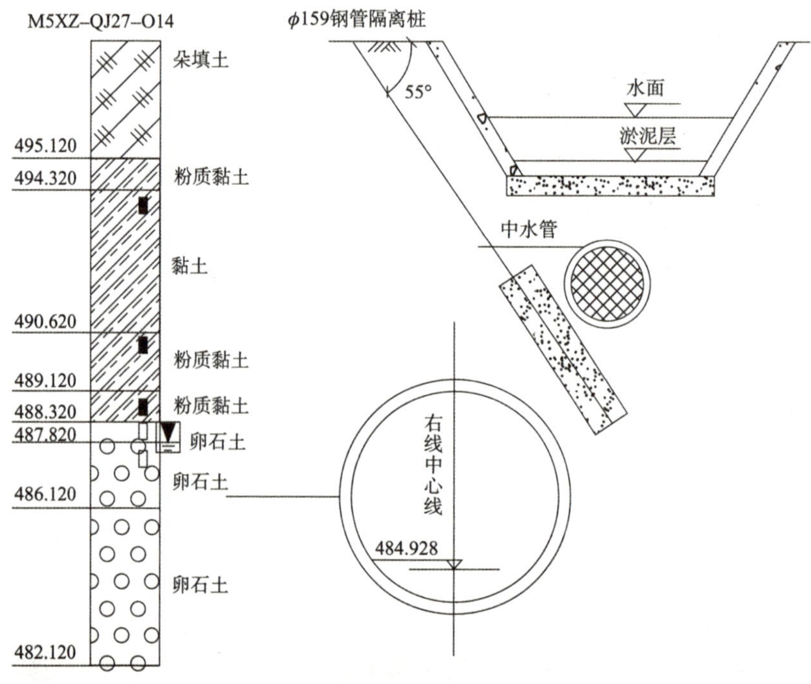

图 5-12 盾构侧穿肖家河（中水管）钢管隔离桩设计方案

钢管隔离桩的工作机理是：利用钢管自身的刚度与内部压注的微膨胀水泥砂浆加上内插型钢，在盾构隧道与被保护建（构）筑物之间设置一排或多排（梅花形布置）隔离桩，隔断盾构掘进地层扰动的传播途径和附加应力的传播路径，进而达到保护周边重要建（构）筑物的目的。

钢管隔离桩与水平面的夹角可控制在45°～90°之间，考虑成孔扰动影响，尤其在大粒径卵石较多的情况下，与被保护建（构）筑物最小净距应控制在3m左右，钢管长度与平面布置应能满足隔离被保护建（构）筑物的要求。

在现场实际施工中，必须采取措施确保隔离桩成孔工艺，砂卵石具有粒径大、强度高的特点，可考虑采用潜孔钻跟管钻进工艺，确保成孔角度与长度满足设计方案要求。

图5-13　盾构侧穿肖家河（中水管）钢管隔离桩实施情况

5.4.3　卵石与泥岩（砂岩）复合地层掘进技术

随着后续线路埋深的逐步加大，隧道洞身位于卵石与泥岩（砂岩）复合地层的概率也越来越大，复合地层掘进作为盾构施工自身重大风险源之一，应引起足够的重视，尤其当遇到周边环境保护要求较高的情况时。

卵石土地层采用满舱掘进模式（基于渣土改良的保压掘进）超方量才可控，中风化泥岩地层采用半舱掘进模式才不容易结泥饼，盾构开挖面上部是砂卵石地层下部为中风化泥岩地层掘进时，为控制超方量很容易结泥饼。为防止复合地层结泥饼，基于成都轨道交通18号线工程实践，最优解决方案为：尽量提高土舱压力，渣土改良在刀盘中心前方和土舱中心加入大量的水，刀盘前方注入带聚合物的泡沫（每吨泡沫剂原液中加入1～2kg聚丙烯酰胺），由于少量聚丙烯酰胺的存在将水包裹在渣土中，砂卵石不容易沉积，渣土也不容易喷涌。图5-14为复合地层掘进后刀盘情况。

图5-14　复合地层掘进后刀盘情况

通过对成都地铁18号线某标段盾构顺利穿越500m复合地层实践经验的总结，复合地层盾构掘进推荐采用以下参数：刀盘转速1～2r/min，掘进速度40～65mm/min，土舱压力0.12～0.16MPa。同时，掘进总推力与刀盘扭矩应以维持上述刀盘转速与掘进速度为宜。

5.5　本章小结

本章对富水卵石土地层盾构法隧道涉及的开挖面稳定性控制、中盾减摩降阻、盾尾成型隧道质量控制与重大风险源加固等方面进行了研究，主要得出以下结论：

（1）中盾注浆（惰性浆液）可有效减小卵石土地层盾壳摩阻力，减小总推力，增加盾构掘进的灵敏度与可控性。

(2)螺旋排土—泥膜支护工法同时具有泥水盾构开挖面稳定与土压盾构排土简便的优点,可实现真正意义上的保压掘进与微扰动施工控制。

(3)富水卵石土盾尾后方隧道上浮主要集中在盾尾空隙范围内,可考虑采用厚浆、增加隧道纵向刚度、隔断隧道纵向水流通道、严格控制切向分力等措施进行综合治理。

(4)塑性浆液可在开挖面形成"泥墙",并且在土仓内保持0.3MPa左右的稳定压力,可基本满足盾构刀具更换的需要。

(5)工艺灵活、实施方便、效果可控的钢管隔离桩技术可作为重要建(构)筑物的保护措施之一。

(6)卵石与泥岩(砂岩)复合地层,宜考虑基于水与带聚合物泡沫的多重渣土改良方式,以达到提高土仓压力与保压掘进的目的,一方面可以防止刀盘结泥饼,另一方面可以有效控制超挖,满足地层稳定性控制要求。

本章参考文献

[1] 戴志仁.盾构隧道管片设计若干问题研究与探讨[J].铁道工程学报,2012(6):65-70.

[2] 戴志仁.盾构隧道衬砌结构计算模型探讨[J].铁道工程学报,2013(6):52-58.

[3] 戴志仁,王天明.盾构隧道衬砌结构计算若干问题研究与探讨[J].铁道工程学报,2015(6):45-50.

[4] 戴志仁.兰州地铁1号线下穿黄河段盾构管片选型研究[J].铁路创新技术, 2011(5): 53-57.

[5] 杨志团.高压富水砂卵石地层盾构隧道管片选型与应用[J].都市快轨交通, 2014, 27(4): 79-84.

[6] 张莎莎 戴志仁.兰州地铁穿黄段盾构隧道关键技术研究[J].现代隧道技术, 2015, 52(6): 20-27.

[7] 王树华.适合成都砂卵石地层的土压平衡盾构机探索[J].现代隧道技术, 2009, 46(1): 73-77.

[8] 胡欣雨,张子新.砂卵石地层土压盾构开挖面动态平衡机理研究[J].地下空间与工程学报, 2009, 5(6): 1115-1121.

[9] 罗松,张浩然.成都富水砂卵石地层盾构施工滞后沉降防控措施探讨[J].隧道建设, 2010, 30(3): 317-320.

[10] 马云新.克泥效抑制沉降工法在盾构近距离下穿地铁既有线工程中的应用[J].施工技术,2015, 44(1): 94-98.

[11] 杜国涛,程勇峰.克泥效同步注入技术在盾构穿越重大风险源中的应用[J],公路交通科技,2017, 3(147):190-192.

[12] 戴志仁.盾构隧道盾尾隧道上浮机理与控制[J].中国铁道科学, 2013, 34(1): 59-66.

[13] 张凤祥,朱合华,傅德明.盾构隧道[M].北京:人民交通出版社,2004.

[14] 高志宏,戴志仁,王立新,等.一种隧道穿越构筑物钢管隔离桩地层加固体系:中国,实用新型,ZL 2016 2 1327472.9[P].2017-07-04.

第6章　盾构法隧道穿越重大风险源施工技术

城市轨道交通穿越人口密集地段,因此不可避免地需要穿越一系列重大风险源,就成都地铁5号线一、二期工程而言,全线由北向南穿城而过。据统计,成都地铁5号线下穿的国家一级铁路共有7条,另外还有成灌线与成绵乐客运专线等高速铁路;下穿的河流或湖泊共有10条,并在锦城湖底下长距离穿行;穿越的市政高架桥梁共有8座,并且在一环路上与沙湾立交、西门立交、羊西线立交与高升桥立交长距离并行;穿越的城市下立交工程共有5座,而且需在既有下立交基坑围护桩与下立交结构工程桩之间长距离穿行。成都地铁5号线工程涉及的一级与特级风险源共有30多处(图6-1),再加上特殊的工程地质条件,建设难度之大、风险之高,在成都地铁多年的建设史上也属罕见。

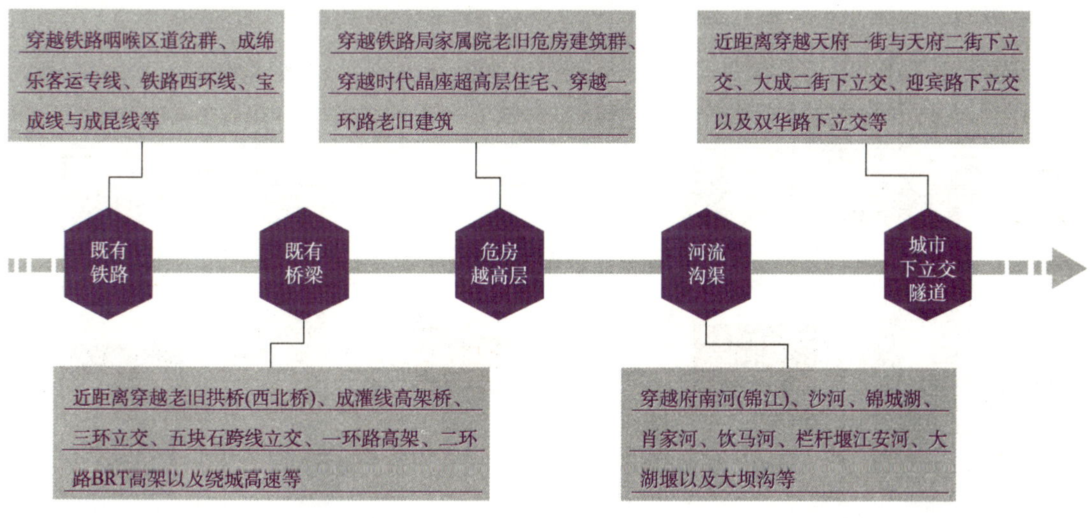

图6-1　成都地铁5号线一、二期工程沿线重大风险源统计

6.1　穿越(超)高层建筑施工技术

随着各大城市轨道交通线网的不断加密,在先期线路已经占据了相对有利的建设廊道后,后续线路穿越城市(超)高层建筑的情况越来越普遍(图6-2),由于(超)高层建筑荷载大,穿越施工在考虑(超)高程建筑安全性的同时,也需要确保盾构隧道自身安全,避免(超)高程附加荷载对盾构隧道管片衬砌承载力与耐久性的不利影响。

a)

b)

图 6-2　成都地铁某区间穿越超高层建筑情况

6.1.1　穿越(超)高程建筑施工技术

为确保富水卵石土地层条件下顺利穿越高层建筑,考虑到盾构掘进引起的地层损失在一定程度上不可避免,因此有条件时,宜尽量采取“变形隔离”的主动控制措施,将盾构掘进引起的扰动范围隔离在一定范围内,最大程度减少对高层建筑的影响。

同时,为确保地层的长期稳定与高层建筑的长期安全,应及时将盾构掘进引起的地层损失进行充填,确保成型隧道与周边地层的有效接触(图 6-3)。

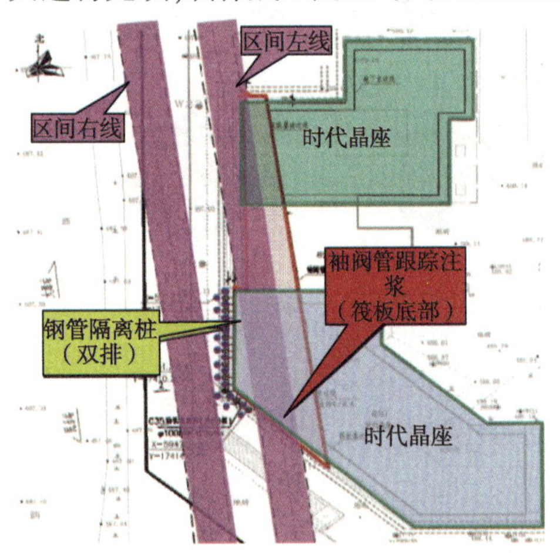

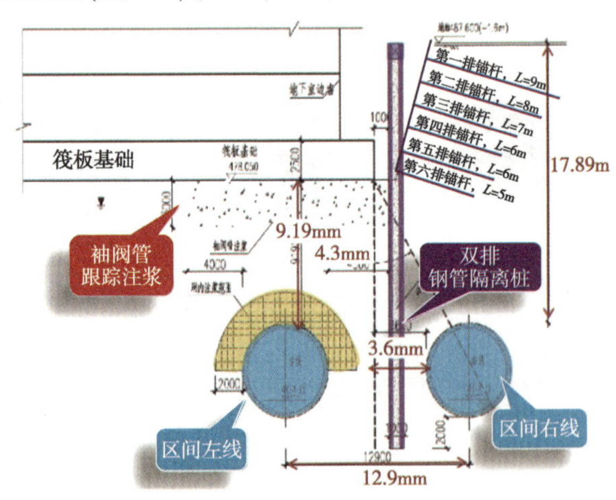

图 6-3　成都地铁某区间 沿线重大风险源情况

一般情况下,从地面施作的隔离桩,可根据空间条件施作一排或多排(桩长至少深入盾构掘进潜在破裂面以下 2 ~ 3m),在被保护建(构)筑物变形隔离要求高、地面操作空间允许的情况下,可将隔离桩顶部以冠梁形式连接成一个整体,同时可在钢管隔离桩内部插入型钢、灌注微膨胀混凝土,提高整体刚度。

隧道上半断面注浆,可在隧道内部采用径向深孔注浆方式处理,此时需要提前在管片衬砌上预留注浆孔(图 6-4)。

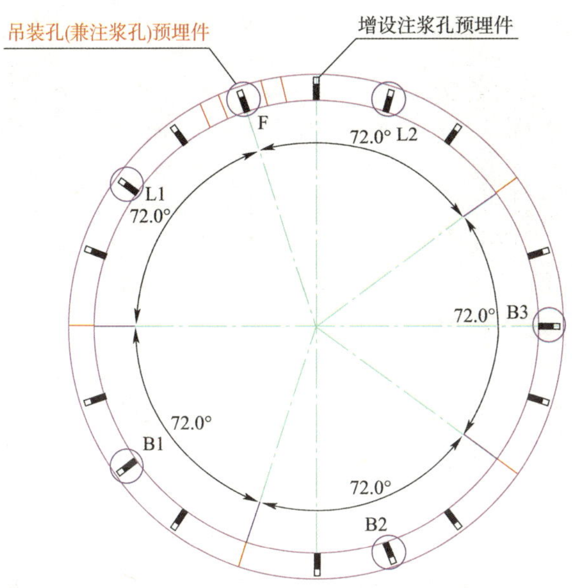

图6-4　成都地铁盾构隧道管片预留注浆孔断面布置图

由图6-4可知，盾构隧道管片增设的注浆孔沿隧道环向均匀布置，环向间隔按18°考虑，除了6个管片吊装孔外（兼作注浆孔），还需增设10个注浆孔，其中每块邻接块增设2个注浆孔，每块标准块增设2个注浆孔，封顶块不考虑，注浆孔对应预埋件布置原则如下：

①以封顶块左偏正上方18°为例，大致反映了增设注浆孔的断面分布，实际工程还应根据管片环施工排版确定需要增设注浆孔的管片以及增设注浆孔的数量和位置。

②当隧道内注浆分布范围角度大于120°时，应参考图6-4的全环预留注浆孔设计方案，在相应位置预留。

③注浆孔预埋件应置于管片钢筋网格的中央，结合管片钢筋布置（按管片配筋图，不可变动），尽可能考虑将注浆孔（包括管片吊装孔）沿环向均匀布置。

④增设注浆孔沿纵向与管片吊装孔位于同一断面。

（1）"变形隔离"控制技术

在盾构隧道与建（构）筑物之间施作双排ϕ299mm钢管隔离桩（梅花形布置），双排钢管柱顶部采用600mm×600mm冠梁，将所有钢管柱连接为整体。在钢管桩内插入工22工字钢，并压注自流平C30细石微膨胀混凝土，增加水平向刚度。

钢管柱纵向间距可按1m考虑，桩长度深入隧道底板下2m。

钢管柱施工成孔采用小型履带式潜孔钻机进行钻孔，按照隔离桩间距进行跳孔施作。

（2）隧道上半断面跟踪注浆技术

盾构隧道穿越施工中，对地层扰动导致的局部空隙或松动区域主要集中在隧道上半断面。因此，在管片脱出盾尾后，及时利用管片预留注浆孔，对成型隧道外侧一定范围内的地层进行深孔注浆加固（一般可按3m左右考虑，根据盾构掘进扰动范围调整），一方面填充地层空隙，另一方面对地层进行注浆加固，确保隧道与周边地层有效接触，隧道周边地层长期稳定。具体工艺流程如图6-5所示。

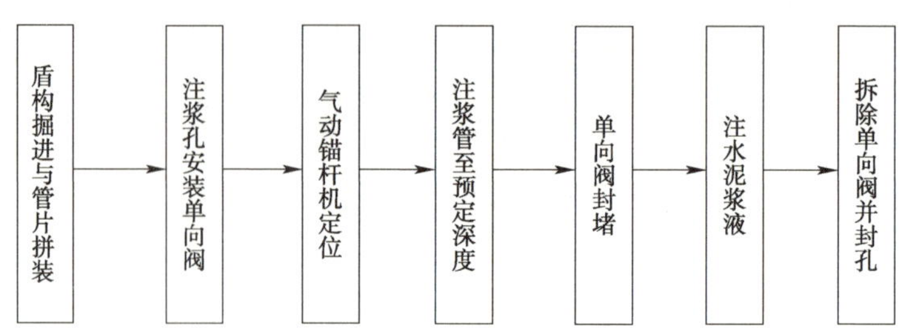

图 6-5　盾构隧道内深孔注浆流程图

隧道内深孔注浆工艺流程如下：

①根据盾构掘进情况推算过度出渣的里程位置，当此位置掘进过后 10 ~ 15 环时，在管片上半断面预留注浆孔处安装单向阀（图 6-6），单向阀外侧将一根直径为 12mm 的圆钢一端打弯放到管片外侧，一端焊接在法兰处，随后根据要求打入钢花管。

②将气动锚杆机在预留注浆孔下方准确定位。

③将第一节钢花管（长约 2m，梅花形开孔，间距按 100 ~ 150mm 控制）平端置于气动锚杆机上，另一端垂直穿过单向阀，开动气动锚杆机，开始顶入隧道上方卵石土松散层，待第一节顶进入后，缩回气动锚杆机，连接第二节钢管，连接钢花管插入第一节钢管内，继续顶进，最后根据顶进困难程度进行判断，确保钢花管一直穿过卵石土松散层或空洞，达到密实层为止（图 6-7、图 6-8）。

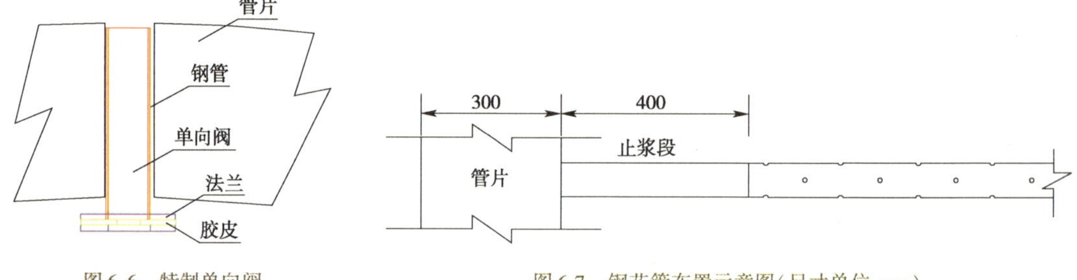

图 6-6　特制单向阀　　图 6-7　钢花管布置示意图（尺寸单位：mm）

④将单向阀与管片之间的缝隙和单向阀与钢管之间的缝隙用堵漏剂封堵，钢管末端焊接一头带丝钢管，并安装 2 寸（1 寸 = 0.033m）的球阀。

⑤球阀与高压注浆泵（最大注浆压力可达 8MPa）出浆管相连，采用水泥与水体积比为 1∶1 的水泥浆液进行连续注浆，达到计划注浆量或高压注浆泵注不动为止，以实现卵石土地层松散带或空洞注浆完全密实的目的（图 6-9）。

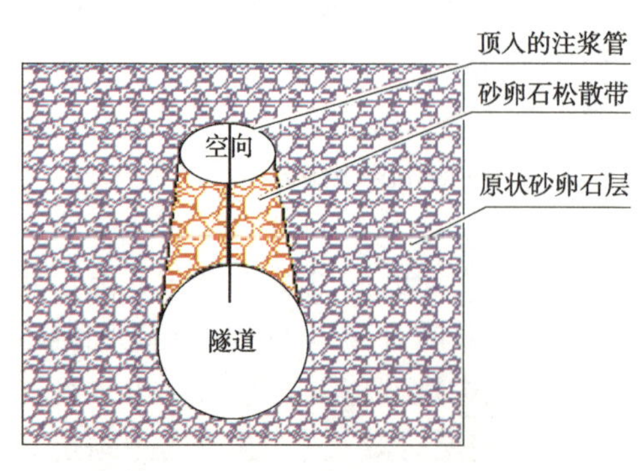

图 6-8　注浆钢管顶入深度示意图

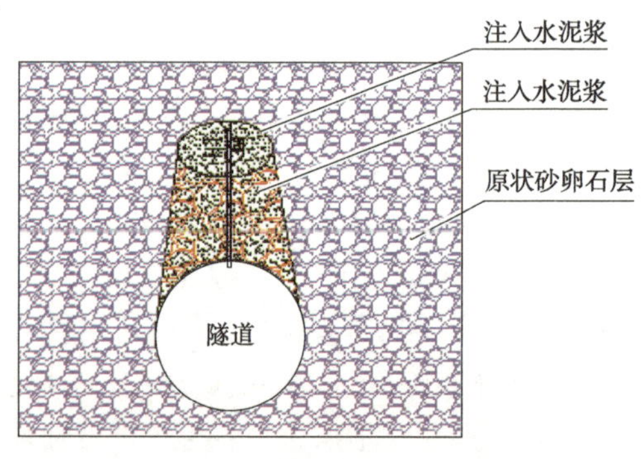

图 6-9　松散带和空洞回填密实示意图

⑥过一段时间,待注入的水泥浆凝固后将单向阀拆除,并用堵漏剂封堵开孔处。

隧道内利用管片预留注浆孔对地层进行注浆加固的方法,可以有效填充卵石土地层松散带或局部空洞,防止松散带或空洞的进一步发展,在注浆实施过程中,要注意以下几点:

①深孔注浆时机。当卵石土地层松散带或局部空洞向上发展到地表、建筑物或重要管线前,必须进行注浆回填加固,确保环境安全可控。

②钢花管深度控制。钢花管顶入深度必须达到松散带或空洞最上端,否则松散带或空洞无法全部填充密实,最终还会导致坍塌。

③管片上方钢花管要求。最后顶进的钢花管,要求管片上方约0.5m内不考虑预留注浆孔,防止浆液压力过高,可能对管片造成安全隐患,尤其是管片接缝部位。

④浆液配合比要求。为防止出现全部填充完成,但浆液已经凝固,导致无法再注浆的情况,注入的水泥浆的水灰比需要逐渐减小,可采用水泥与水体积比最开始小于1,然后等于1,最后大于1,以达到全部填充密实的效果。

6.1.2 (超)高程荷载影响与对策分析

地表(超)高层荷载的作用应根据第2.2节内容,充分考虑超载与地层应力的转换关系,避免隧道衬砌结构承受过大的附加荷载。

从长期来看,地表(超)高层的作用,会对下方盾构隧道的承载力与长期稳定性产生不利影响,尤其是轨道交通设计年限为100年,而普通的民建工程设计年限仅有50年[特别重要的和纪念性建(构)筑物为100年],即意味着在轨道交通正常使用年限内,沿线大部分邻近建(构)筑物都将面临拆除、重建的过程,必将对下方盾构隧道产生反复的加卸载过程。

不确定性与高风险性是地下工程的显著特点,由于盾构隧道纵向刚度相对较弱,为确保盾构隧道长期安全,满足正常运营要求,应在可能预估的地表荷载存在明显变化风险的区段进行结构加强或预留后期加强条件。

6.1.2.1 *盾构隧道管片衬砌结构加强措施*

管片衬砌结构加强措施较多,但在隧道纵向外部荷载明显变化情况下,最大的风险是接缝展开、手孔处混凝土裂缝或破碎,接缝张开导致的严重后果就是接缝有渗漏风险,此时可通过设置多道防水胶条进行加强处理;手孔处混凝土的裂缝或破碎,可通过加强混凝土的抗裂能力进行考虑。

(1)钢管片

相对于混凝土管片,钢管片“相对较柔”,即结构刚度相对较小。因此,在协调变形与整体稳定性方面钢管片更好,在管片接缝出现一定错位变形情况下,仍可保证手孔处结构不破坏(可能出现一定程度的变形)。

在外部荷载显著变化的地段,或者存在较大外部荷载的地段,对衬砌结构承载力与长期稳定性存在一定影响,建议考虑采用钢管片(或者钢—混凝土组合管片,钢板与混凝土接触面的抗剪设计是关键,一般采用抗剪栓钉处理),同时应处理好钢管片的防腐与耐久性问题。

(2)纤维混凝土管片

在外部荷载显著变化的区段,需要采取措施增加管片衬砌的抗裂,近年来纤维混凝土管片的应用越来越多(图6-10),比如中铁十四局承建的南京过江隧道,管片采用添加聚丙烯纤维的方式来取代部分受力钢筋,具有如下显著优势:

图6-10　纤维混凝土管片浇筑与成型结构

①耐久性、耐腐蚀性好。合成纤维对能量的吸收不受混凝土强度增加的影响,在混凝土的各个时期都显示出同样的强度表现水平(图6-11)。

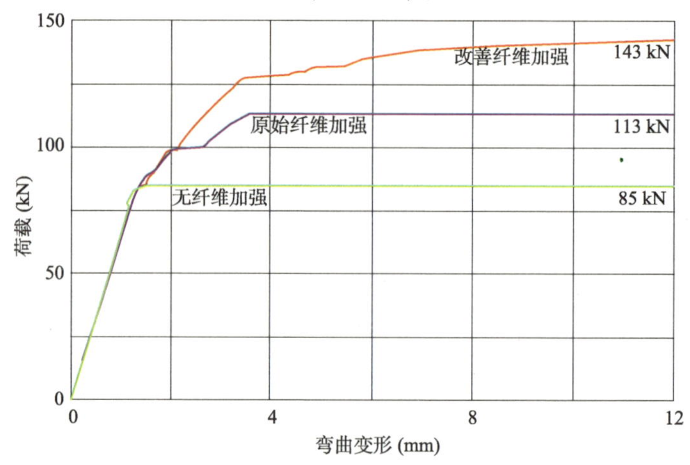

图6-11　各类型管片应力—应变关系图

②无混凝土收缩裂缝。合成纤维在混凝土中的均匀分布,在一定程度上可将管片看成是由混凝土集料与纤维合成的一种全新复合材料,同时具备了混凝土的抗压性能与合成纤维的抗拉性能。

③比钢筋更安全轻便。管片重量的减轻,可减少对管片安装件、门式起重机与运输车辆的损耗,有利于确保管片运输、安装等过程的安全。

④提高管片生产效率。不包括钢筋笼部分的生产时间,传统盾构隧道管片生产时间约为4h,而合成纤维只需要与混凝土一起搅拌、振荡均匀即可,节省了整个工程的生产时间,提高了施工效率。

⑤降低了工程造价。

⑥减少火灾的潜在损失—抗剥落。隧道内发生火灾的潜在可能性普遍存在,相对密闭的隧道环境内,很小的火情往往会诱发较大的灾情(火源附近隧道断面温度能迅速上升至

1000℃左右),隧道内火灾常常造成大量的人员伤亡和严重的财产损失。据国外统计,隧道火灾发生的频率平均为13.5次/一列(亿车·km)。国内某水下隧道的火灾发生率为1~2次/年。"5·12"汶川地震中,宝成线一列由宝鸡开往成都的货车行进至甘肃徽县境内109隧道时,因地震导致列车脱轨,机车头部位发生火灾,火势凶猛。

混凝土在火灾时被破坏的原因是混凝土内部水分受高温变水蒸气,产生很大的膨胀应力,导致混凝土产生剥落破坏。条形芯片合成纤维的熔点为159~179℃,火灾时,纤维熔化后留下了释放水蒸气压力的通道,减少了混凝土剥落,提高了衬砌结构的耐火极限。

⑦对机械设备磨损较少。实际工程不但改善了管片衬砌受力特性,同时也具有显著的经济效应。

由图6-11可知,三种类型管片衬砌(常规钢筋混凝土管片、纤维钢筋混凝土管片、改善纤维的钢筋混凝土管片)在弹性阶段的应力—应变关系基本保持一致,但是在塑性阶段,纤维混凝土管片抗拉强度明显提高,同时结构延性也显著提高。

6.1.2.2　*盾构隧道管片衬砌预留后期加强措施*

为最大限度拓展已建隧道的长期耐久性与稳定性,只依靠管片衬砌自身的承载能力在某些特殊工况下存在较大的安全隐患,因此可在特殊地段考虑预留二次衬砌的条件。

二次衬砌如果为常规混凝土结构,则对限界要求较高,一般隧道内径至少需要增加300mm左右,此时可考虑粘贴钢圈加固形式(图6-12)。

如图6-12所示某地铁盾构隧道受到多种因素影响,衬砌结构出现了开裂、破损、直径变形量过大等病害,为保证地铁正常运营和乘客安全,对椭圆度大于25‰的管片衬砌环进行粘贴钢圈加固。在隧道内侧粘贴钢圈,需要确保钢圈与管片内壁粘贴牢固(如Q235钢材,厚30mm,环氧树脂黏结,100mm的M16不锈钢锚固螺栓),具体粘贴工艺与一般既有结构加强处理措施类似。

图6-12　某地铁隧道内粘贴钢板加固情况

隧道内粘贴钢圈的方法可有效增强盾构隧道的刚度,抑制隧道直径变形量的发展,及接头张开量的继续发展,环氧树脂的黏结强度能有效提高盾构隧道加固后的极限承载力;同时增大钢圈的厚度能提高盾构隧道的刚度,增大钢圈的宽度,不仅能提高盾构隧道的刚度,还能增大钢圈与管片混凝土的传荷面积,减小环氧树脂应力,增大整体承载力。

6.1.3　小结

本小节对盾构隧道穿越(超)高层建筑施工面临的主要问题与应对措施进行了研究,主要得出以下结论:

(1)基于变形隔离与跟踪注浆为主的辅助技术措施,在盾构掘进扰动影响可控的情况下,基本可确保被穿越(超)高层建(构)筑物的安全。

(2)为减小(超)高层建筑施工加卸载影响下盾构隧道的长期稳定性,确保轨道交通工程百年设计年限的实现,可在特殊区段的隧道内预留二次衬砌施作空间,粘贴钢圈的方式不但可以有效增加衬砌结构承载力,而且对隧道限界影响较小,宜优先考虑。

6.2 穿越老旧危房建筑群与老旧拱桥关键技术

成都地铁5号线在北站西二路至西北桥区间先后穿越铁路局家属院与西北桥，铁路局家属院为建成于20世纪五六十年代的老旧小区，区间隧道连续穿越18栋房屋，西北桥为建成于20世纪80年代的老旧拱桥（三跨连续砖砌拱桥），隧道洞身主要位于富水卵石土地层，施工风险极高。

6.2.1 穿越老旧危房建筑群施工技术

成都地铁5号线北站西二路站至西北桥站区间下穿铁路局家属院老旧危房建筑群，区间穿越长度约为300m，连续穿越18栋建筑（图6-13、图6-14，总共1031户1760余人）。该建筑群多为砖混结构，房屋基础埋深1.2～7.0m，各栋房屋普遍存在开裂、渗漏水等情况，部分房屋已进行角钢支撑和钢筋拉锚等加固处理（图6-15）。

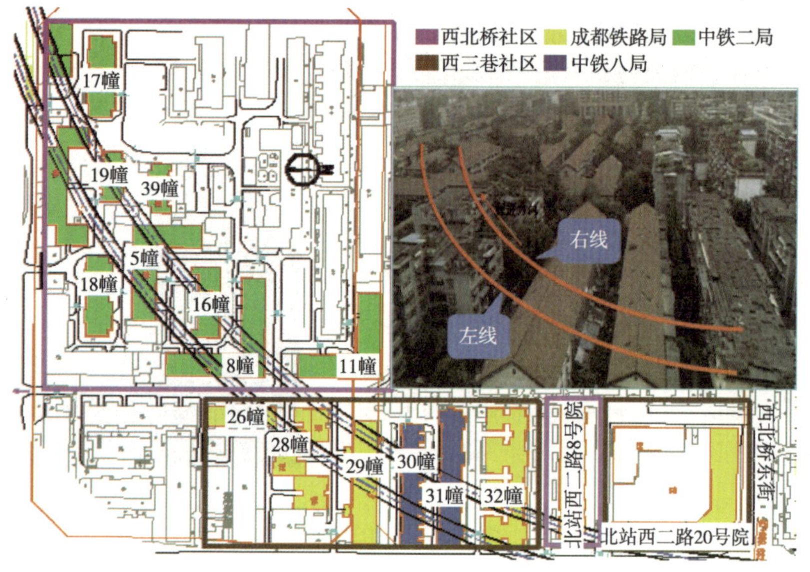

图6-13 区间隧道穿越老旧危房建筑群平面图

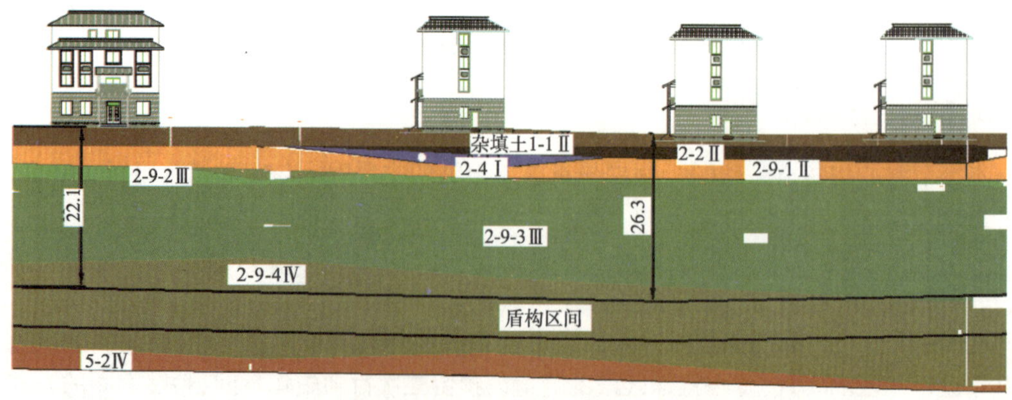

图6-14 区间隧道穿越老旧危房建筑群纵断面图（尺寸单位：m）

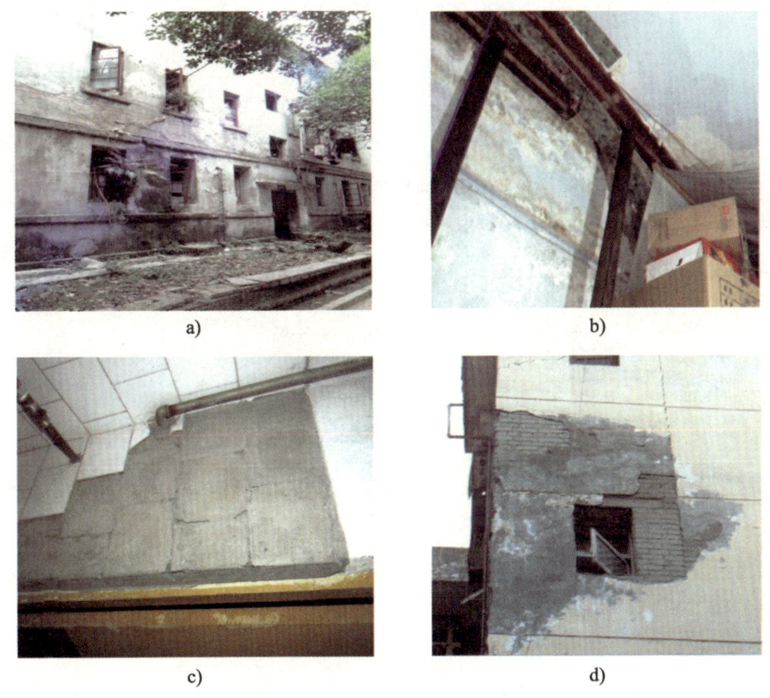

a)　b)　c)　d)

图6-15　家属院老旧危房实景图

盾构穿越前,对房屋进行了入户调查及房屋鉴定。经鉴定,18栋房屋分别为B、C、D级,其中B级4栋、C级7栋、D级7栋,其中左线穿越房屋11栋(B级2栋、C级4栋、D级5栋),右线穿越房屋16栋(B级4栋、C级6栋、D级6栋)。

6.2.1.1　环境风险分析

根据《关于印发〈危险性较大的分部分项工程安全管理办法〉的通知》(建质〔2009〕87号)和《关于发布〈成都地铁5号线一、二期土建工程重大危险源清单〉的通知》(铁建川地投〔2016〕27号),盾构下穿家属院建筑群为特别重大危险源,掘进中存在地表沉降或局部塌陷风险,主要环境风险如下:

(1)该建筑群大多为老旧房屋,均存在不同程度的开裂、渗漏、变形等情况,盾构掘进过程中由于周围土体扰动造成沉降,会导致房屋开裂甚至塌陷。

(2)家属院范围内管线老旧破损,若家属院周围土体发生沉降,会造成地下管线破裂,影响居民正常生活。

6.2.1.2　主要技术措施

1)预加固措施

盾构穿越房屋前,根据现场实际道路、空间情况,对有条件加固的房屋提前钻孔注浆加固并预留跟踪注浆孔。预加固在距房屋基础1~1.5m位置布置一排注浆加固孔,加固长度为两侧隧道轮廓线外各延长6m;加固孔水平间距为2m,孔深至房屋基础底3~5m;预注浆加固完成后打设跟踪注浆孔,孔距为2m,孔深至隧道顶以上2m位置;预加固注浆孔与跟踪注浆孔间隔布置。如现场管线影响注浆孔定位,可根据实际情况进行调整(图6-16)。

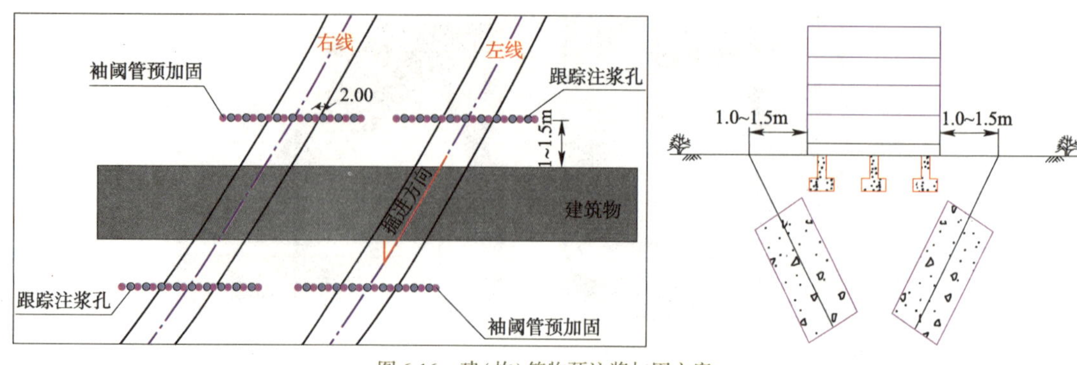

图 6-16 建(构)筑物预注浆加固方案

2)掘进控制措施

(1)掘进前准备工作

①盾构机通过家属院前在 1 号联络通道位置进行刀具检修,保证盾构匀速、连续穿越,确保盾构机在穿越建(构)筑物范围内不停机。

②盾构机通过家属院前对盾构机各系统进行全面的检查和维护保养,主要检查和维护项目为螺旋输送机仓门及控制系统、铰接密封、盾尾密封。

(2)掘进过程控制

为了减少对建(构)筑物地基的影响,减少土体的沉降变形,盾构机在过建(构)筑物时需要优化掘进参数,主要控制的指标为掘进速度、土压控制、同步注浆量、注浆压力、推进压力等,选择合理的掘进参数(表 6-1),同时应根据地质条件、排出的渣土状态以及盾构机的各项工作状态参数等动态地调整优化。

掘进参数控制表 表 6-1

推力(t)	扭矩(t·m)	刀盘转速(rpm)	土仓压力(MPa)	注浆压力(MPa)	出土量(m^3)	每环注浆量(m^3)	掘进速度(mm/min)
900 ~ 1100	100 ~ 450	0.1 ~ 0.15	0.1 ~ 0.15	0.2 ~ 0.4	50 ~ 60	6 ~ 8	30 ~ 45

(3)渣土改良

在富水砂卵石地层中掘进,进行渣土改良是保证盾构施工安全、顺利、快速进行的一项必不可少的技术手段。常用的改良方法有:膨润土改良、泡沫剂改良和刀盘中心加水控制。

(4)中盾注浆

由于盾构机刀盘直径为 6280mm,盾体直径为 6250mm,造成盾体与土体之间存在 15mm 的空隙,在盾构穿越家属院房屋期间,出现超挖多出方时,及时通过中盾预留孔往空隙里注惰性浆液,惰性浆液配合比见表 6-2。

惰性浆液配合比 表 6-2

粉煤灰(kg)	膨润土(kg)	砂子(kg)	水(kg)	消石灰(kg)
400	70	800	530	60

(5)同步注浆

同步注浆采用水泥、砂子、膨润土、粉煤灰和水混合浆液(表 6-3),初凝时间控制在 6h 内,结实率大于 95%,终凝强度不小于 1.7MPa,注浆压力为 0.2 ~ 0.4MPa。

同步注浆浆液配合比 表6-3

水泥(kg)	粉煤灰(kg)	膨润土(kg)	砂子(kg)	水(kg)
155	373	54	752	465

结合出土量有计划地进行同步补浆,针对不稳定的环位(里程)增加浆液量。施工过程中从中转站到注浆作业边均由监理、施工单位进行抽检,以确保浆液质量(图6-17)。

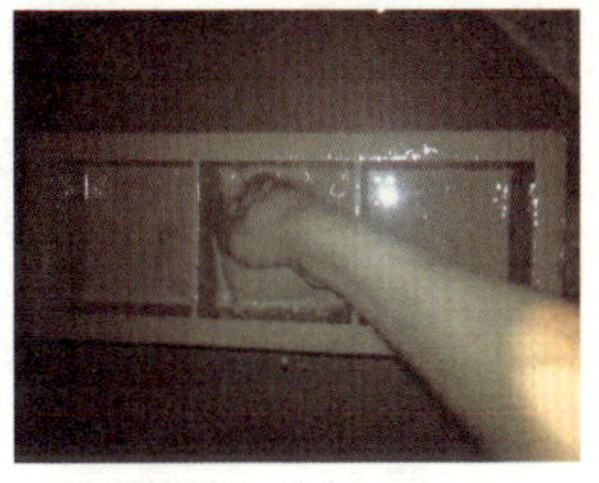

图6-17 现场同步注浆用浆液情况

(6)壁后二次补注浆

盾尾间隙已在盾构施工同步注浆时充分填充,如果盾构通过松散地层或出现超挖现象,要根据实际情况,在加大同步注浆量后还要视情况进行补充注浆、二次注浆。壁后二次补注浆液采用双液浆、特制单液浆,使用外接二次注浆专用双液浆泵和单液浆泵注入(图6-18)。

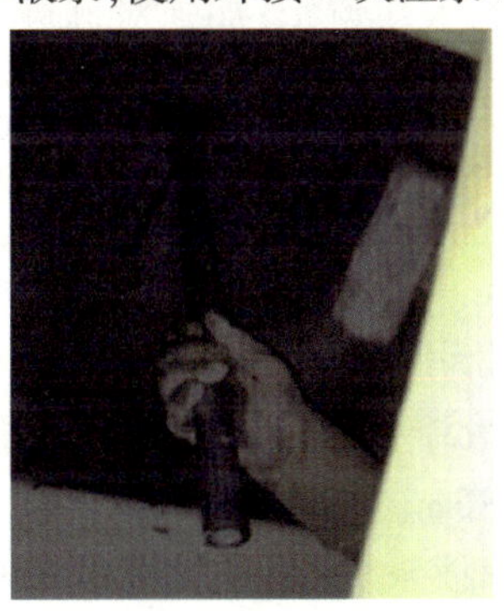

图6-18 现场隧道内二次注浆情况

在下穿段进行补注浆处理(重点以D级危房为主)。顶管深度为3~3.5m,每3环进行顶管处理,注浆压力为0.3MPa,注浆量为0.5~1m^3。

(7)小曲线半径掘进控制技术

盾构穿越家属院为400m的小曲线半径,管片幅宽为1.2m,错缝拼装,使用土压平衡盾构机在掘进施工中容易出现推进轨迹此起彼伏、左右偏移"蛇行"前进的情况。在掘进控制方面要求"掘进方向适应设计线形"为主,兼顾盾尾间隙;管片选型适应盾尾间隙为主,兼顾设计线形。掘进过程中要充分分析盾构姿态偏移影响因素,严格控制掘进参数,不断优化参数,通过适当措施不断调整盾构姿态,从而确保管片成型质量。

(8)严格控制掘进超方

卵石土地层由于颗粒大小不一,且局部存在大粒径漂卵石。因此,掘进超方控制是卵石土地层盾构法隧道工程面临的重大技术难题之一。在穿越重大风险源地段,掘进超方在一定程度上不可避免,但超方引起的地层空隙必须在第一时间得到有效充填,根据本工程具体情况,对掘进出土量与可能存在的超方回填进行了针对性的设计(表6-4),并在实际工程中得到了很好的应用。

盾构掘进超方与处理措施　　表6-4

出土超方量	处理措施
≤$3m^3$(6t)	①盾尾到达相应位置后增加同步浆液注入量,补充浆液量与超方量相匹配; ②距盾尾大于8m时,向管片壁后注入单液浆加固,注浆压力控制在0.3～0.4MPa之内
3～$5m^3$(6～10t)	①盾尾到达相应位置后增加同步浆液注入量,补充浆液量与超方量相匹配; ②在相应位置到达螺旋输送机后闸门位置后,利用顶管设备顶管,待顶管位置距盾尾距离大于8m时,向管片壁后注入单液浆加固地层
≥$5m^3$(10t)或3环累计超方量超出$10m^3$	①立即停止掘进,通知监理、建设公司组织各方开会,分析原因,采取措施后方可掘进; ②加强地面监测,及时主动寻找空洞并进行回填处理,在地面相应位置钻孔排查,发现空洞回灌砂浆处理,如未发现空洞则预埋袖阀管注浆加固地层; ③盾尾到达相应位置后增加同步浆液注入量,补充浆液量与超方量相匹配; ④在相应位置到达螺旋输送机后闸门位置后,利用顶管设备顶管,待顶管位置距盾尾距离大于8m时,向管片壁后注入单液浆加固地层

(9)成型管片质量控制

适时调整同步浆液的配合比,缩短同步浆液的初凝时间(一般控制在4～5h内);盾构机在纠偏过程中采取勤纠、缓纠的原则,控制一次最大纠偏量;加强对掘进施工各个环节施工过程的管控,如管片选型拼装、止水条粘贴、管片进场验收等;全面实行成型管片自检制度并分三级管理。

3)跟踪注浆(补注浆)加固

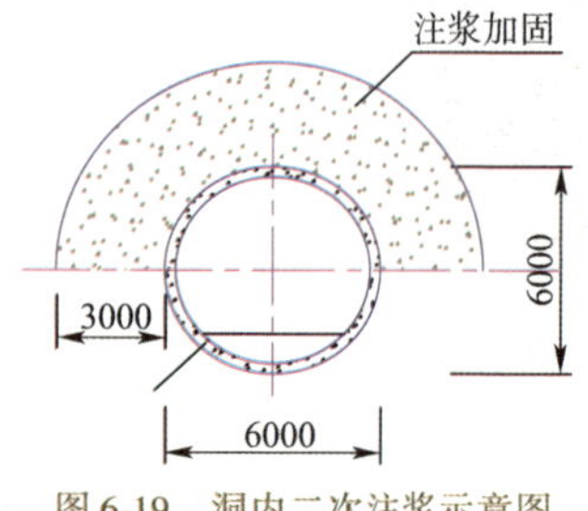

图6-19　洞内二次注浆示意图(尺寸单位:mm)

(1)洞内补浆

二次注浆的时机为脱出盾尾后3～5环位置,注浆位置不宜距盾尾太近,以免浆液蹿至土仓内形成泥饼,加固断面范围为盾构上半断面外轮廓外3m(图6-19)。

二次注浆采用单液浆,注浆材料采用P.O42.5级普通硅酸盐水泥,水泥浆液水灰比为1:1,注浆压力控制在0.2～0.4MPa之间,注浆压力根据实际地质情况、地面监测情况可做出适当调整。

(2)跟踪注浆

施工前提前在建筑物基础周边预埋跟踪注浆管,根据监测情况进行跟踪注浆,动态施工;跟踪注浆采用地面袖阀管注浆,沿下穿房屋周边布设两排,袖阀管环间距为2m,水平间距为1m,浆液采用水泥浆。

加固区域为建筑物影响范围内基础底3m,当监测值达到预警值时,组织召开专项会议,确定启动跟踪注浆措施。根据施工监测情况,必要时房屋内人员临时清空处理,并做好人员临时安置的准备。

6.2.1.3　盾构掘进参数分析

施工期间,对盾构掘进参数进行了实施跟踪分析,并结合地表(房屋)沉降数据,对掘进参数进行了动态反馈,图6-20为出土量、注浆量随掘进里程(环号)的变化情况。

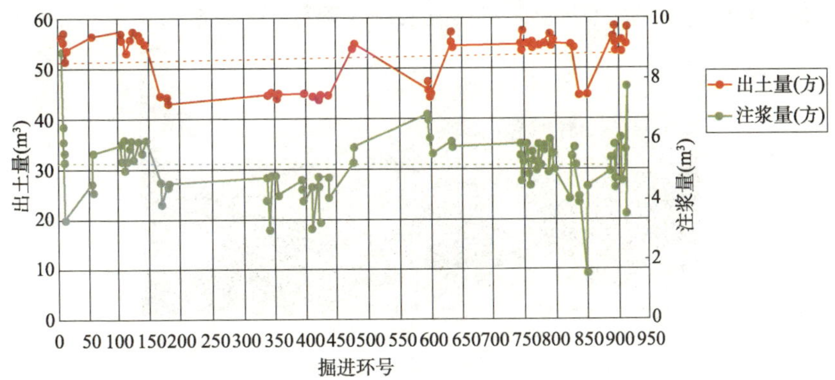

图 6-20　出土量与注浆量随掘进里程(环号)变化情况(区间左线)

由图 6-20 可知：

(1)出土量与浆液注入量有很好的对应关系(超挖情况下相应增大注浆量,及时填补地层空隙)。

(2)160 ~ 740 环,以及 817 环以后范围均采用环宽为 1.2m 的管片,浆液注入量约为 $4.5m^3$/环,对应浆液注入率 1.4(实际注浆量/盾尾空隙理论体积);出土量为 $43m^3$/环(与理论出土量 $44.6m^3$ 相近),表明在超挖控制较好的情况下,密实卵石土地层盾尾空隙浆液注入率在 1.4 左右即可保证盾尾空隙被有效充填。

6.2.1.4　地表沉降分析

施工期间,对所有房屋的沉降与位移都进行了实时监测,并对重点房屋测点最大沉降值进行分析(图 6-21),在穿越施工期间,房屋一般会产生 2 ~ 3mm 的沉降,通过后即稳定,不会出现反复的过程。

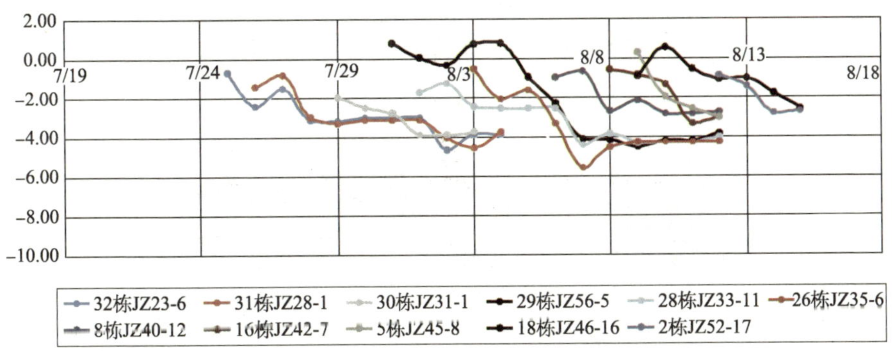

图 6-21　房屋测点最大沉降曲线

从监测数据变化趋势可以看出,在盾构穿越前数据变化较小,盾构穿越期间建筑物变化值在 3mm 左右,盾尾脱出 3d 后数据趋于稳定。

由以上监测数据变化规律可知,尽管隧道埋深较大,但盾构掘进期间引起的地层超挖与沉降变形在一定程度上是不可避免的,但在地层空隙得到及时回填到位的情况下,可将地层沉降控制在 -5mm 以内。

6.2.2　连续多次穿越老旧拱桥关键技术

成都地铁 5 号线在西北桥站前连续 4 次下穿老旧多跨拱桥,类似富水卵石土地层盾构隧道小净距多次下穿拱桥的案例极其少见，其实施风险极高（图 6-22）。

图 6-22　西北桥实景图

西北桥站是地铁 5、6 号线上下叠落布置的同台换乘车站，线路出西北桥站后先后 4 次下穿府河及西北桥，地铁 5 号线隧道先于 6 号线隧道施工，隧道距离西北桥墩基础最小垂直距离 2.98m。区间地下水位埋深约为 7.7m，隧道洞身主要穿过的地层为卵石土，该卵石粒径一般为 2～15cm，含漂石，填充物为中砂，自稳性差、易坍塌，该层富水性强，施工方法不当易产生隧道涌水、流沙危害。地铁隧道与西北桥的关系如图 6-23 所示。

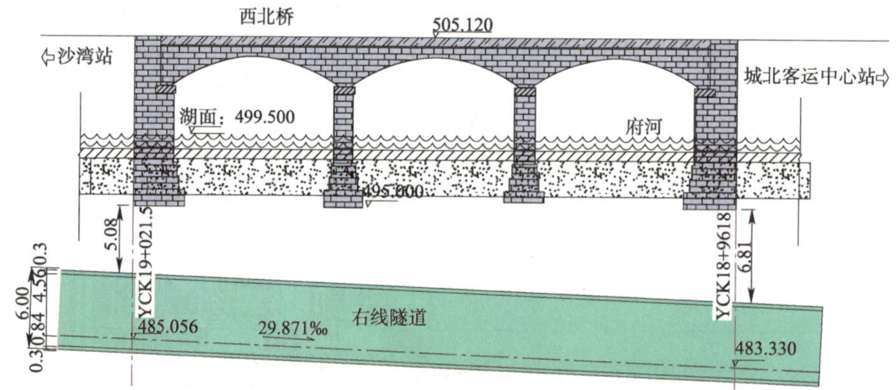

a)纵断面关系

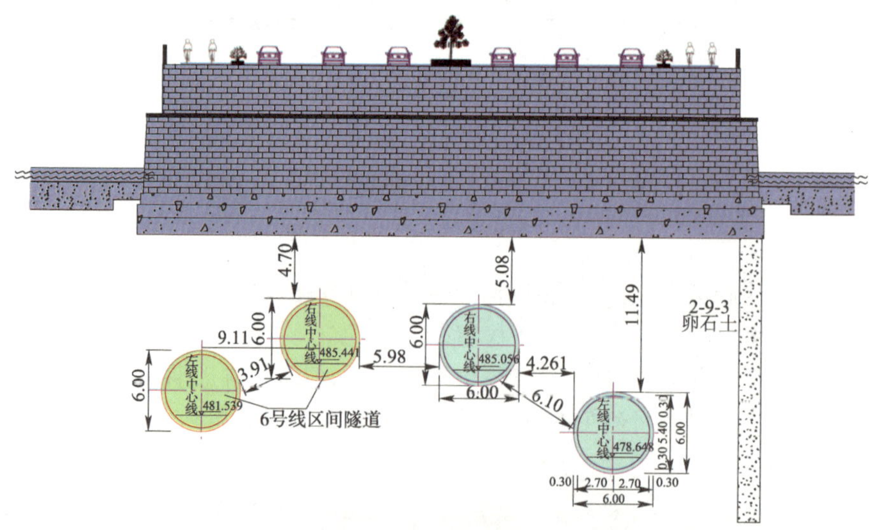

b)横断面关系

图 6-23　区间隧道与西北桥关系图（尺寸单位：m）

西北桥是三跨(19m + 17.2m + 19m)砖拱桥,桥梁采用实体墩式扩大基础形式,设计净跨径为12m,拱顶厚60cm,拱脚厚80cm,拱圈采用旧城墙砖,用100级砂浆砌筑,基底承载力不低于350kPa。

6.2.2.1　多跨拱桥变形控制标准

三跨砖拱桥实体墩式扩大基础位于粉土地层。考虑到连拱桥现状,盾构隧道施工引起的连拱桥单墩沉降基准值定为10mm,相邻桥墩差异沉降基准值定为5mm。

结合国内大量地铁隧道下穿既有桥梁基础的施工经验,在区间隧道下穿西北桥桥梁墩基过程中,制定了相应的施工控制标准,具体如下:

(1)桥梁相邻墩台间不均匀沉降差(不包括施工中的沉降),不应使桥面形成大于0.2%的附加纵坡(折角);西北桥两墩间桥跨度为18m,18 ×0.002 =36mm,老旧桥梁折减50%,即18mm,预警值70%。

(2)超静定结构桥梁墩台间不均匀沉降差,还应满足结构的受力要求。

6.2.2.2　拱桥加固措施

由于桥梁为老旧砖砌三跨连续拱桥,建设年代久远,因此对桥梁的加固以不破坏既有结构为基本原则,采用拱桥两侧钢管桩限位,最大限度减小水平向推力的影响,同时采用钢筋混凝土内部套拱,最大限度增加整体性与抵抗不均匀沉降的潜在风险(图6-24)。

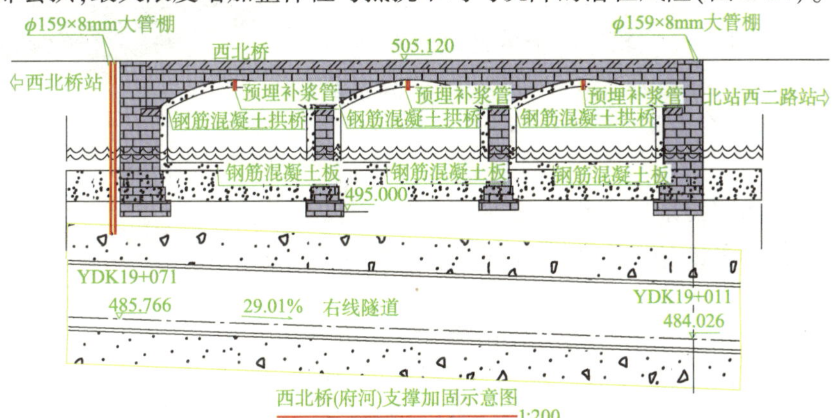

a)加固方案示意图

b)现场拱桥内部套拱加固

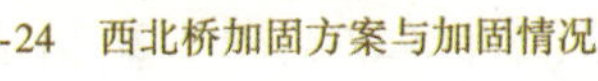

图6-24　西北桥加固方案与加固情况

6.2.2.3 数值模拟分析

1)计算模型与施工步骤

考虑到数值计算的边界效应,运用 midas GTS 软件建立计算模型,模型尺寸为 130m × 110m × 52m(横向 × 纵向 × 高度),隧道外径为 6m,隧道埋深为 7.98 ~ 17.77m,双洞间距为 6 ~ 11m,有限元网格模型图和注浆加固土体范围分别如图 6-25 与图 6-26 所示。

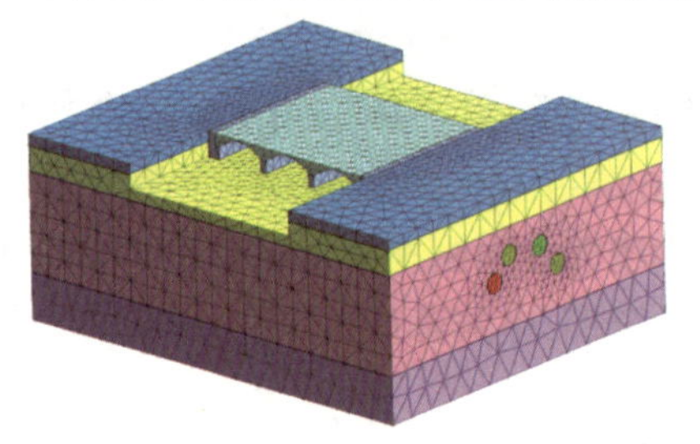
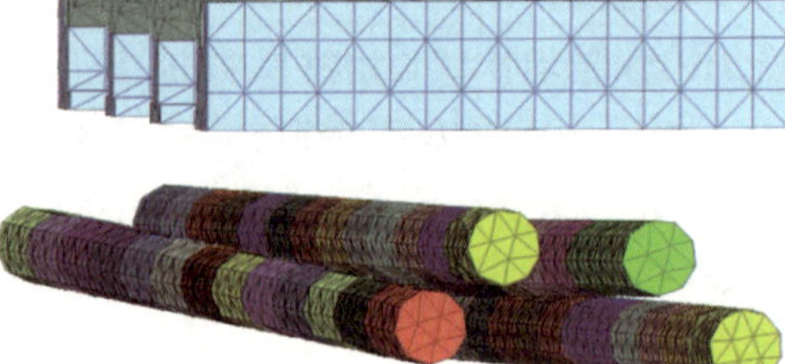

图 6-25 有限元模型和网格图

盾构施工是一个相当复杂的过程,包括刀盘掘削土体、盾构机推进、管片拼装机盾尾注浆等,它们对周围地层的影响采用应力释放的方法来模拟,隧道的开挖采用有限元程序提供的"生"与"死"功能进行处理,模拟过程主要分为两步:第 1 步,杀死开挖的土体单元,并对开挖轮廓线上的地层进行应力释放;第 2 步,在保持顶进压力不变的同时,完成剩余应力的释放,完成注浆及激活管片衬砌。

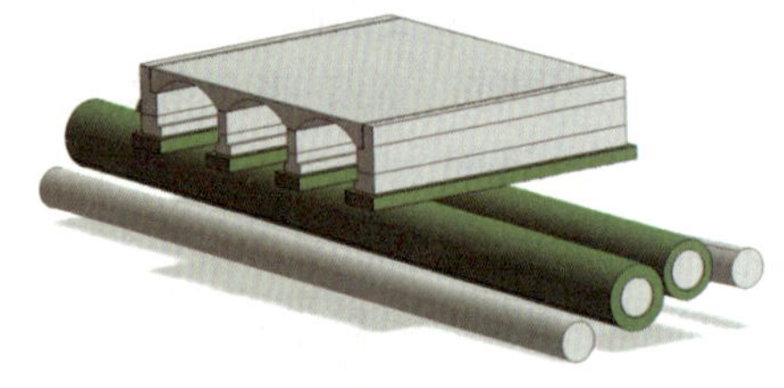

图 6-26 注浆加固土体范围示意图(图中绿色区域为注浆加固区)

2)计算参数

土体材料本构模型采用理想弹塑性本构模型,强度准则选用摩尔—库仑强度准则,管片和墩基础采用弹性本构,各土层及结构的物理力学参数见表 6-5。

岩土体及结构物理力学参数　　表 6-5

土　层	P(g/cm^3)	E_0(MPa)	c(kPa)	φ(°)	v
杂填土	1.5	13	8	10	0.4
粉土	1.7	28	16	21	0.3
卵石土	2.2	111	10	39	0.2
细砂	1.9	25	0	20	0.28
桥基础	2.5	3.25×10^4			0.2
管片	2.5	3.45×10^4			0.2
加固土体	2.4	360	650	40	0.2

3)地层不加固时盾构穿越的计算结果分析

(1)拱桥整体变形分析

拱桥实体墩基础均位于左右线隧道开挖引起的沉降槽内,而且拱桥作用在桥墩上的荷载会增加地层移动[桥面荷载取值根据《公路桥涵设计通用规范》(JTG D60—2018)车道荷载标准值并考虑桥的自重作用],开挖引起的沉降槽在地表(河床表面)产生叠加,地铁 5、6 号线下穿连拱桥桥梁的整体位移如图 6-27 与图 6-28 所示。

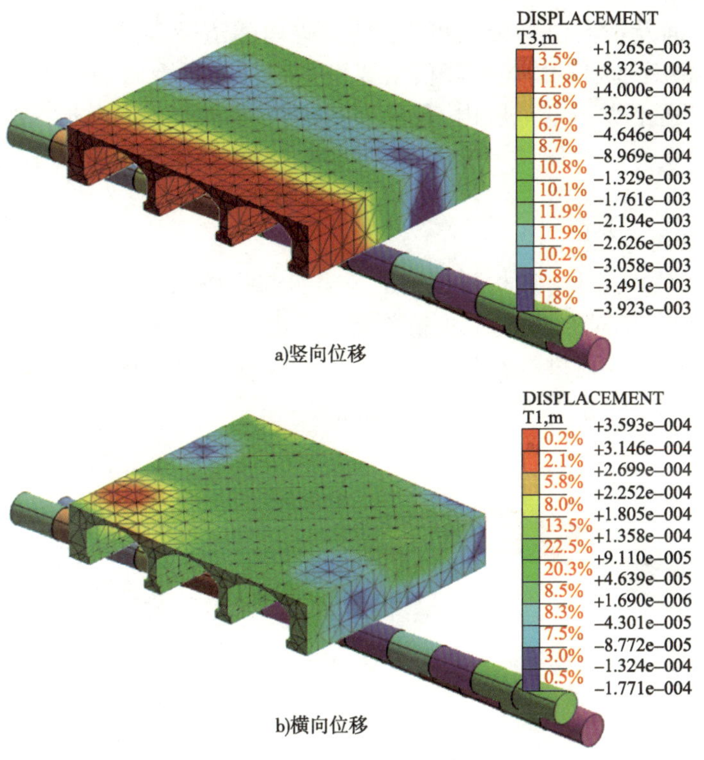

图 6-27 5 号线开挖完成后桥梁的整体位移

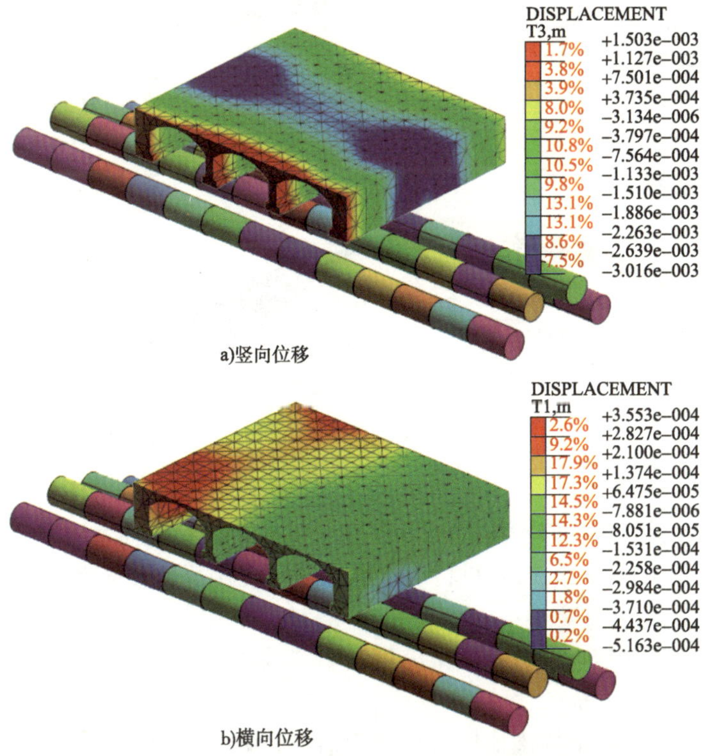

图 6-28 6 号线开挖完成后桥梁的整体水平位移

由连拱桥竖向及横向位移云图可以看出，盾构隧道下穿施工对上部既有拱桥的影响不可忽视，拱桥墩基础不均匀沉降值主要发生在桥梁墩台两侧位置，拱桥最大竖向位移发生在盾构隧道上方一定范围内，且相邻基础竖向位移沉降基本一致；拱桥基础不均匀横向变形主要发生在两侧桥台位置，最大竖向位移值为3.92mm，最大横向位移值为0.52mm。

(2)拱桥拱圈内力分析

由于桥墩的不均匀沉降，盾构隧道施工还会引起拱桥拱圈的轴力、剪力和弯矩发生变化。由于连拱桥结构的对称性，选取拱桥单跨进行内力分析，拱圈右端为固定约束端，左端为沉降端，盾构近接施工对拱圈受力的影响如图6-29所示，其中轴力以拉力为正，剪力以使截面顺时针转动为正，弯矩以拱桥上侧受拉为正。

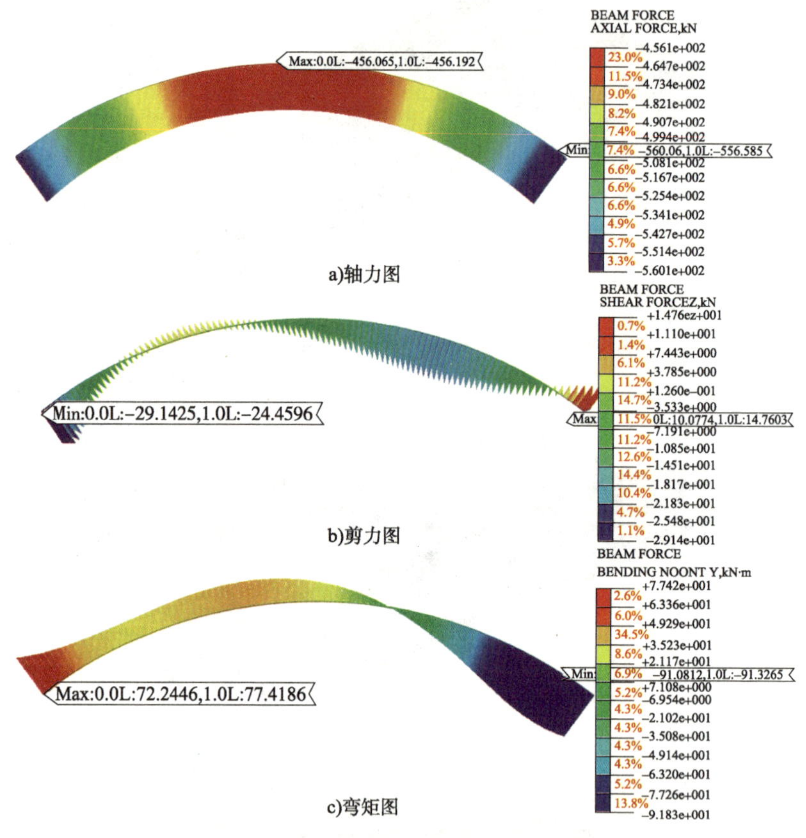

a)轴力图

b)剪力图

c)弯矩图

图6-29 拱桥单跨内力图

如图6-29所示，拱桥拱脚最大轴力为560.1kN，跨中部位最大轴力为456.1kN；拱桥最大剪力出现在拱脚处，剪力值为29.1kN；拱桥固定约束端和沉降端最大弯矩分别为91.1kN·m和72.2kN·m。

4)地层加固时盾构穿越的计算结果分析

(1)拱桥整体变形分析

在对连拱桥基底及隧道周围地层进行加固后，盾构施工对拱桥墩基础及拱圈结构的影响规律基本相同，只是在位移量值上大幅减少。拱桥最大竖向位移主要发生在盾构隧道上

方一定范围内，拱桥结构在竖向及横向出现不均匀沉降，最大竖向位移值为2.96mm，最大水平位移值为0.39mm，比无加固工况分别减少了24.5%和25.0%，加固后地铁5、6号线下穿连拱桥的桥体整体位移如图6-30与图6-31所示，无加固与加固时盾构隧道施工对拱桥位移的影响对比见表6-6。

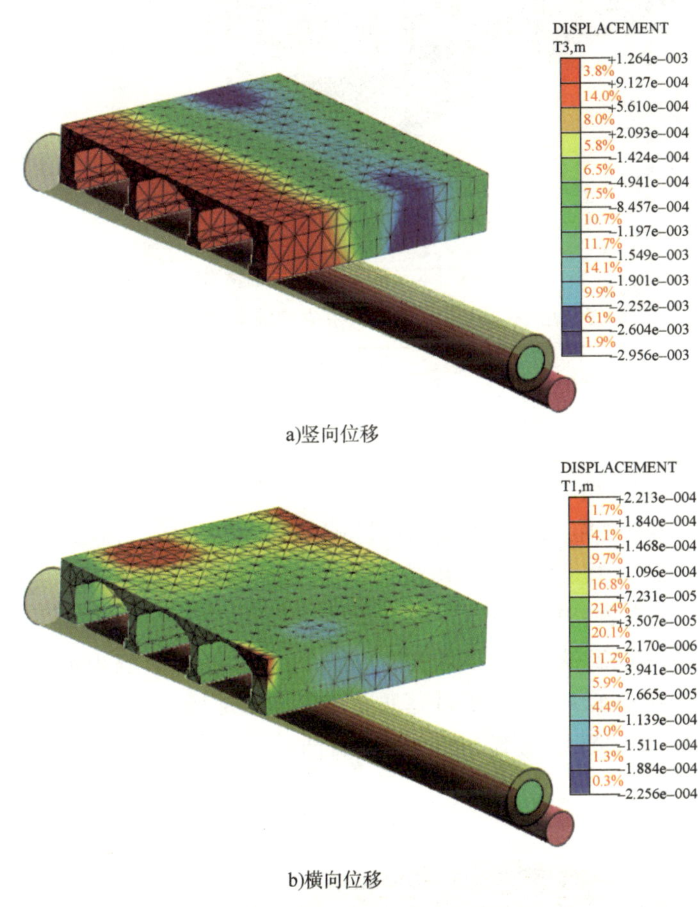

a)竖向位移

b)横向位移

图6-30 5号线开挖完成后桥梁的整体位移

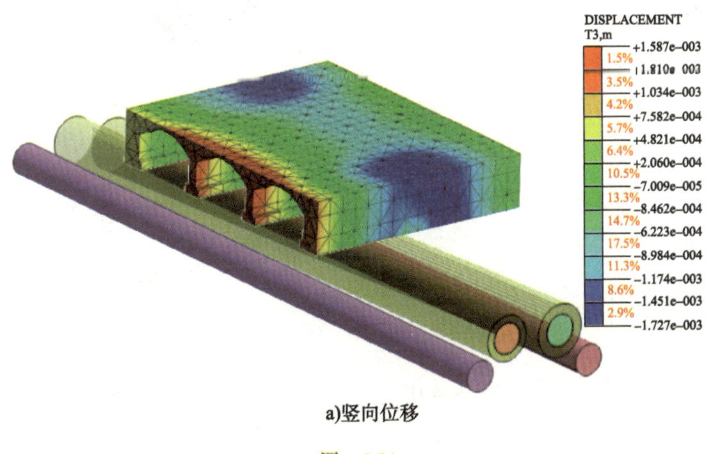

a)竖向位移

图 6-31

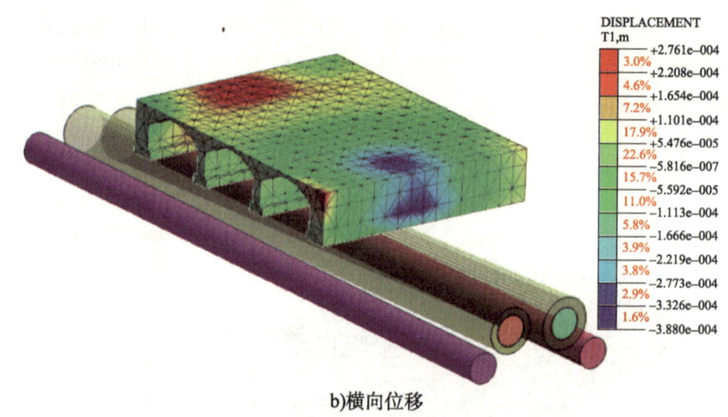

b)横向位移

图 6-31　6 号线开挖完成后桥梁的整体位移

加固前后盾构隧道施工对拱桥位移的影响(单位:mm)　　表 6-6

工　况	无　加　固	加　　固	降低百分比(%)
竖向	3.92	2.96	24.5
横向	0.52	0.39	25.0

(2)拱桥拱圈内力分析

地层加固后盾构近接施工对拱圈受力的影响如图 6-32 所示。由图可知,加固后拱脚轴力为 559.4kN,跨中轴力为 456.1kN。由此可见,在加固前后桥垮结构所受轴力变化较小;加固后拱桥最大剪力值为 28.3kN,均出现在具有较大沉降的拱脚处,加固前后桥垮结构所受剪力变化较小;加固后固定端最大弯矩为 82.7kN · m,比加固前减小了 9.2%,沉降端最大弯矩为62.8kN · m,减小了 13.1%,拱桥基底及隧道周围地层采取注浆加固措施会大幅度减小拱桥结构弯矩值,对拱桥结构有利,加固前后盾构隧道施工对拱桥内力的影响对比如表 6-7所示。

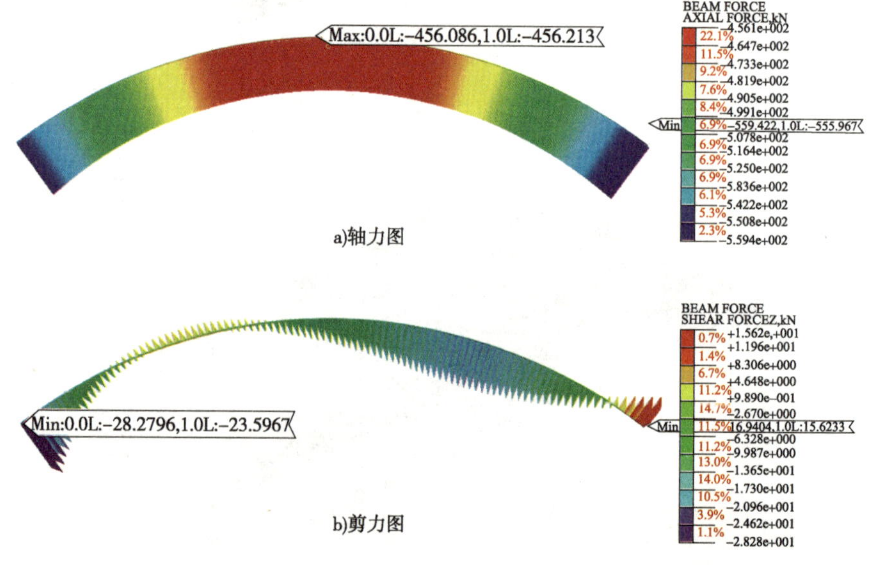

a)轴力图

b)剪力图

图　6-32

c)弯矩图

图 6-32 拱桥单跨内力图

加固前后盾构施工对拱圈内力的影响 表 6-7

工 况	无 加 固	加 固	降低百分比(%)
轴力(kN)	560.1	559.4	0.1
剪力(kN)	29.1	28.3	2.7
弯矩(kN·m)	91.1	82.7	9.2

6.2.2.4 盾构下穿拱桥施工灾害防控技术

(1)保护方案及施工控制措施

尽管根据现有地质资料,采用数值模拟分析的结果可满足地层变形以及桥梁沉降控制要求,但考虑到数值模拟的局限性,该地区地下水极其丰富,桥梁的上部受荷载影响,且现场尚有众多未知影响因素,应采取相应的保护方案及施工控制措施。为了保证西北桥的安全及区间隧道的顺利施工,拟采取以下保护措施:

①施工前对西北桥现状及受力情况进行检测评估,根据评估报告确定桥梁是否拆除及采取限行等措施。

②尽量选择枯水期间穿越。

③穿越前,采用地质雷达对穿越地段做详尽的地质勘探,彻底摸清地下障碍物情况,排除意外因素。

④盾构掘进前,检查刀盘、注浆系统、密封系统、推进千斤顶及监控系统等设备,确保穿越过程中设备无故障,进行连续施工,避免因各种原因在此地段开仓。

⑤盾构施工前,采用袖阀管对拱桥基底及地层进行注浆加固,以保证施工过程中拱桥的安全及正常使用。

⑥盾构过桥时应适当放慢盾构的掘进速度,尽量减少对土体的扰动;在盾构掘进过程中,及时进行管片背后注浆。

⑦穿越段范围配合地面量测及时采用洞内管片背后二次加强注浆加固方式进行加固。

(2)应急预案

除连拱桥基底及隧道周边地层的注浆加固措施外,在盾构隧道过连拱桥的施工中,将隧道施工影响范围内的连拱桥、建(构)筑物、地下管线等作为监控对象,根据工程条件及其特殊要求,建立管理基准值,将量测结果及时处理分析,并反馈到设计施工中,从而使施工更加符合工程的实际情况,保证连拱桥及地下管线的安全。

6.2.3 小结

本小节对砂卵石土地层盾构隧道长距离穿越老旧危房建筑群与多次下穿连拱桥进行了

分析,并对穿越过程中拱桥的变形特征及受力机理进行了研究,主要得出以下结论:

(1)盾构掘进期间引起的地层超挖与沉降变形在一定程度上是不可避免的,但在地层空隙得到及时回填到位的情况下,可将地层沉降控制在 -5mm 以内;密实卵石土地层,盾尾空隙浆液注入率为1.4 即可满足有效充填需要。

(2)拱桥两侧的限位措施与拱圈内侧的套拱加固,有效增加了连续砖拱桥的整体刚度与抵抗不均匀变形的能力,可为后续类似工程提供借鉴与参考。

(3)对连拱桥基底及隧道周围地层进行加固后,能够显著减小连拱桥的整体位移,桥体最大竖向、横向位移分别为2.96mm 和0.39mm,比无加固工况减小了24.5% 和25.0%;同时隧道多次下穿连拱桥对拱圈内力的影响也得到了控制,与无加固工况相比,桥体拱圈轴力和剪力变化较小,弯矩值显著减小,降低幅度为13.1%。

6.3 复杂河床地形穿江越河关键技术

随着近年来城市轨道交通项目的大量开展,盾构法隧道施工技术已经得到了广泛的应用,盾构法隧道浅覆土穿越江河的施工案例也逐渐增多。在我国长江、珠江、黄浦江、北京护城河、秦淮河以及黄河中下游等江河底下均已建成了盾构法隧道,但在富水卵石土地层,在水流湍急、河床地形复杂的江河下方,利用盾构法隧道修建城市轨道交通工程,仍相对欠缺成熟的经验,如成都地铁5号线多次穿越府南河(锦江)、兰州地铁1号线在巨厚富水卵石土地层穿越黄河等。

对于地铁盾构隧道长距离穿越城市江河,由于地铁线路一般沿城市主干道敷设,所以穿越位置一般邻近重要市政桥梁,因此市政桥梁处的冲刷深度计算就显得尤为重要,为确保地铁工程百年设计年限的实现,考虑各类冲刷深度影响的盾构法隧道最小覆土厚度也是必须要明确的关键问题,同时考虑冲刷作用与河床地形影响的隧道纵向稳定性、考虑抗震作用的隧道纵向稳定性也十分关键,另外,考虑高压富水作用的管片接缝防水能力也需要得到安全保证。

本节考虑既有桥墩影响的河流冲刷深度计算,以某富水卵石土地层盾构法隧道工程为依托,该区间隧道穿越位置处河流水流湍急,同时距离既有跨河大桥约为50m,对河床的冲刷更为显著(图6-33)。

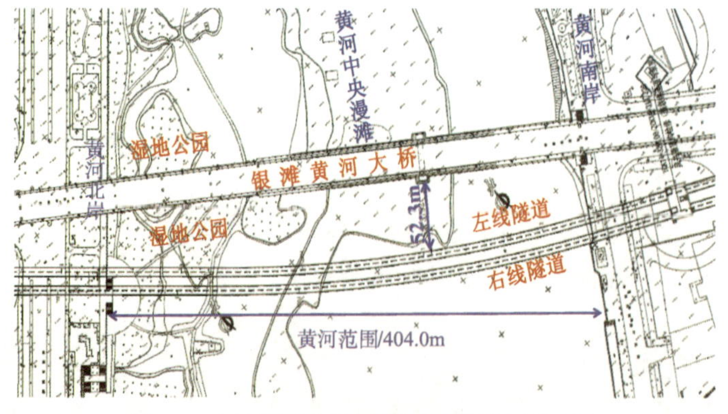

图6-33 区间隧道与跨河大桥的平面位置关系图

由图6-33可知,受到河流中央漫滩的影响,跨河大桥处河流主槽位于南、北两岸附近,北岸处湿地公园建设挖沙,导致靠近北岸处河床底部局部高程相对较低,而受到整个河道走向的影响,跨河大桥附近河流主槽位于南岸附近,河水的冲刷也最为严重,此处也成了河床最大冲刷深度的控制点。

6.3.1　考虑既有建(构)筑物影响的最大河床冲刷深度

河床的冲刷深度主要由三部分组成:自然演变冲刷深度(Δh)、一般冲刷深度(h_p)与局部冲刷深度(h_b),即 $h_s = \Delta h + h_p + h_b$。其中,自然演变冲刷深度主要由河床地形、地层特性与自然状态下的水流情况等决定,而一般冲刷与局部冲刷深度则主要受到隧址附近既有建(构)筑物(跨河大桥主墩)的影响。

6.3.1.1　自然演变冲刷

自然演变冲刷一般指在不受水工建筑物影响的情况下,由于水流携带泥沙行进而引起的河床冲刷。依托工程受到带状河谷城市地形的影响,历年来,水流湍急,多年平均流量在1000m³/s左右,通过对该河段的自然演变冲刷分析,该河床的自然演变冲刷处在冲淤平衡状态,则自然演变冲刷为0。

近年来,由于南水北调工程的分期实施,导致年引水量在 $170 \times 10^8 \mathrm{m}^3$ 左右,河道年均流量将相应增加 $540\mathrm{m}^3/\mathrm{s}$,达到 $1540\mathrm{m}^3/\mathrm{s}$。此时,初步估算河道还将刷深1m左右,即 $\Delta h = 1.0\mathrm{m}$。

6.3.1.2　一般冲刷

跨河大桥修建以后,桥孔压缩水流,大桥附近流速增大,水流挟沙能力随之增强,引起整个大桥附近断面河床的冲刷,称为一般冲刷。由于河床底部以卵石土为主,为非黏性土,因此一般冲刷深度采用公式(6-1)进行计算:

$$h_p = 1.04\left(A_d \frac{Q_2}{Q_c}\right)^{0.90}\left[\frac{B_c}{(1-\lambda)\mu B_{cg}}\right]^{0.66} h_{cm} \tag{6-1}$$

式中:h_p——经一般冲刷后的最大水深,m;

A_d——单宽流量集中系数;

Q_2——主槽部分通过的设计流量,m³/s,约占全断面流量的60%;

Q_c——天然状态下河槽部分设计流量,m³/s;

B_c——河槽宽度(400m);

B_{cg}——主河槽宽度(200m);

λ——阻水系数,设计水位下阻水面积与过水面积的比值;

μ——水流侧向压缩系数;

h_{cm}——深槽处最大水深,m。

(1)阻水面积分析

跨河大桥修建后,受桥墩阻水影响,不仅会使桥位断面同水位下过水断面面积减小,天然水流的流态受到挤压破坏,而且在桥址上游形成壅水区。

根据断面桥墩形状、位置、斜交程度,计算得出百年一遇洪水时,建桥前后桥位断面处过水面积和水面宽的变化,见表6-8。

建桥前后设计洪水过水面积和水面宽的变化 表 6-8

设计水位(m)	建桥前		大桥阻水情况		建桥后		桥墩阻水面积百分比(%)
	水面宽 B_Z(m)	断面面积(m^2)	桥梁法线与水流的夹角	总阻水宽度(m)	水面宽(m)	断面面积 ω_J(m^2)	
1526.42	400	2421	0	24.9	375.1	2259	6.7

由表 6-8 可见,桥下总过水面积 $\omega = 2421\text{m}^2$,净过水面积 $\omega_J = 2259\text{m}^2$,则

$$A_d = \left(\frac{\sqrt{B_Z}}{H_Z}\right)^{0.15} = \left(\frac{\sqrt{B_Z}}{\sqrt{\omega_J / B_Z}}\right)^{0.15} = 1.20 \tag{6-2}$$

$$\lambda = \frac{\omega - \omega_J}{\omega} = 0.07 \tag{6-3}$$

(2)河水流量分析

根据现有资料,百年一遇洪峰流量 $Q_c = 6500\text{m}^3/\text{s}$($Q_2 = 3900\text{m}^3/\text{s}$),相应水位 $H_洪 = 1526.55\text{m}$,按照 2012 年 7 月实测大断面图,工程断面所在位置主槽处最大水深为 $h_{cm} = 13.28\text{m}$(考虑 1.0m 的自然冲刷),平均水深为 7.05m。

根据设计流速 $v_s = 2.9\text{m/s}$,单孔净跨径 $L_0 = 120\text{m} > 45\text{m}$,且 $< 200\text{m}$,则

$$\mu = 1 - 0.375 v_s$$

$$L_0 = 1 - \frac{0.375 \times 2.9}{120} = 0.99$$

(3)一般冲刷深度计算

将 $A_d = 1.2$,$Q_c = 6500\text{m}^3/\text{s}$,$Q_2 = 3900\text{m}^3/\text{s}$,$B_c = 400\text{m}$,$B_{cg} = 200\text{m}$,$\lambda = 0.07$,$\mu = 0.99$,以及 $h_{cm} = 13.28\text{m}$ 等相关参数代入式(6-1),可得一般冲刷计算深度$h_p = 17.15\text{m}$。

由于百年一遇设计洪水冲刷前的河槽处最大水深为 13.28m(对应工程断面处河床最低点高程 $H_{自然} = 1513.27\text{m}$),冲刷后最大水深为 17.15m(对应工程断面处河床最低点高程 $H_{一般} = 1509.40\text{m}$),则洪水对工程断面处的一般冲刷深度为$h_{一般} = 3.87\text{m}$(图 6-34)。

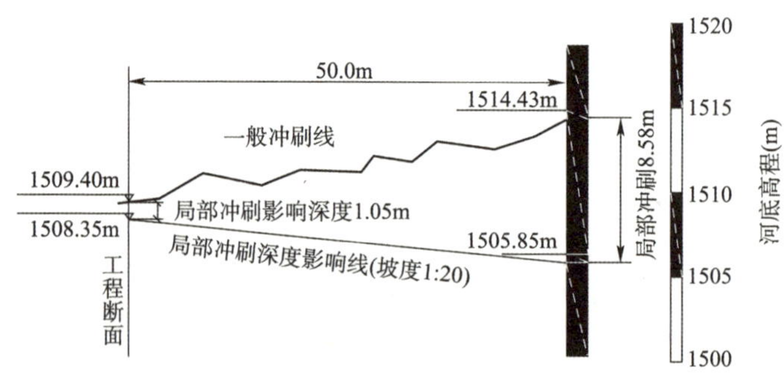

图 6-34 大桥土墩局部冲刷影响深度示意图

6.3.1.3 桥墩处局部冲刷计算

流向桥墩的水流受到墩身的阻挡,桥墩周围的水流结构发生急剧的变化。水流的绕流使流线弯曲,床面附近形成漩涡,剧烈地淘刷桥墩迎水端和周围的泥沙,形成局部冲刷坑。

(1)局部冲刷计算原则

考虑到工程断面位于银滩大桥上游 50m 处,针对大桥桥墩的局部冲刷不能反映工程断

面处的实际情况，为了明确大桥主墩处局部冲刷对工程断面处的影响，本书采用先计算大桥桥墩处的局部冲刷，然后根据局部冲刷深度与相对距离的位置关系（冲刷比降），提出工程断面处经过修正的局部冲刷计算公式。

现银滩大桥主墩距南岸大堤约140m，距主河槽河床最低点（$H'_{自然}=1512.00\text{m}$）约70m，桥墩处河床高程$H''_{自然}=1518.30\text{m}$，比河槽最低点高6.30m。为确保工程安全，将桥墩的局部冲刷按位于主流处考虑。

（2）局部冲刷计算

当$v \leqslant v_0$时，存在：

$$h_b = K_\xi K_{\eta 1} B_1^{0.6}(v - v_0') \tag{6-4}$$

当$v > v_0$时，存在：

$$h_b = K_\xi K_{\eta 1} B_1^{0.6}(V_0 - V_0')\left(\frac{v - v_0'}{v_0 - v_0'}\right)^{n_1} \tag{6-5}$$

其中：

$$K_{\eta 1} = 0.8 \times \left(\frac{1}{\bar{d}^{0.45}} + \frac{1}{\bar{d}^{0.15}}\right) = 0.68 \tag{6-6}$$

$$B_1 = \frac{b_1 h_1 + b_2 h_2}{h_P} = \frac{8.06 \times 7.3 + 18.6 \times 15.49}{22.79} = 15.22\text{m} \tag{6-7}$$

式中：h_b——桥墩局部冲刷深度；

v——一般冲刷后墩前河流行近流速；

v_0、v_0'——河床泥沙起动流速与墩前始冲流速；

K_ξ、$K_{\eta 1}$——墩形系数(1.1)、河床粒径影响系数；

B_1——桥墩计算宽度；

n_1——指数，$n_1=(V_0/V)^{0.25\bar{d}^{0.19}}$；

$\bar{d}$——河床泥沙平均粒径（$\bar{d}=25\text{mm}$）。

对应于一般冲刷计算公式，一般冲刷后墩前行近流速v可表示为：

$$v = \frac{A^{0.1}}{1.04}\left(\frac{Q_2}{Q_c}\right)^{0.1}\left[\frac{B_c}{\mu(1-\lambda)B_{cg}}\right]^{0.34}\left(\frac{h_{\max}}{h_c}\right)^{\frac{2}{3}} v_c \tag{6-8}$$

将$A=1.2$，$h_{\max}=17.15\text{m}$，$h_c=10.92\ \text{m}$，$v_c=2.9\text{m/s}$等相关参数代入式(6-8)，可得$v=5.36\text{m/s}$。

河床泥沙起动流速v_0可表示为：

$$v_0 = 0.0246 \times \left(\frac{h_p}{\bar{d}}\right)^{0.14}\left(332\bar{d} + \frac{10 + h_p}{\bar{d}^{0.72}}\right)^{0.5} \tag{6-9}$$

将相关参数代入式(6-9)，可得$v_0=2.13\ \text{m/s}$。

墩前始冲流速v_0'可表示为：

$$v_0' = 0.46\left(\frac{\bar{d}}{B_1}\right)^{0.06} v_0 \tag{6-10}$$

将相关参数代入式(6-10)，可得：$v_0'=1.01\text{m/s}$，$n_1=0.65$。

因为 $v > v_0$，所以采用式(6-5)进行计算，则：$h_b = 8.58\text{m}$。

经计算，百年一遇洪水时，桥墩局部冲刷深度为 8.58m，桥墩最深处河底高程 $H_{局部} = 1518.30 - 3.87 - 8.58 = 1505.85\text{m}$，水深 20.7m。

6.3.1.4　工程断面处局部冲刷计算

工程断面处在遭受百年一遇洪水一般冲刷后，河流主槽处河床底部最低点高程 $H_{一般} = 1509.40\text{m}$，比桥墩处局部冲刷后的最低点高 $\Delta H = 1509.4 - 1505.85 = 3.55\text{m}$。由于工程断面距下游银滩大桥桥墩 50m，既有研究表明，黄河中上游地段，河水局部冲刷引起的深坑，其向河流上游延伸的影响线斜率(1∶n)一般为 1∶20 ~ 1∶10，按最小斜率与最短距离进行计算(最不利工况)，桥墩处局部冲刷对工程断面的最大影响深度为：3.55 - 50/20 ≈ 1.05m，并将工程断面处局部冲刷全部按此最大冲刷深度进行考虑，则工程断面处得最低点高程为 1509.4 - 1.05 = 1508.35m，具体如图 6-35 所示。

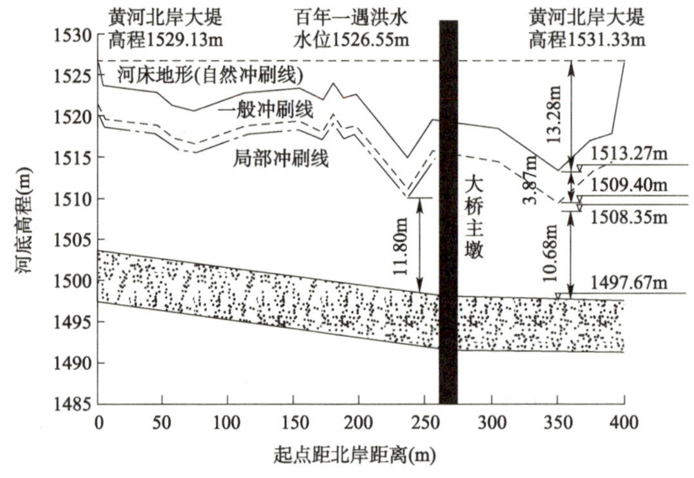

图 6-35　工程断面处河床冲刷情况示意图

由图 6-35 可知，根据线路走向，隧道拱顶与最大冲刷线之间的距离为 10.68m，即1.72 D(最小覆土厚度的 1.5 倍)，位于黄河南岸河流主槽位置。因此，在考虑最大冲刷深度的基础上，区间隧道纵断面的设计能够满足隧道抗浮稳定的要求。

6.3.1.5　考虑相邻建(构)筑物局部冲刷影响的冲刷深度计算方法

一般而言，局部冲刷深度计算是针对水中建(构)筑物自身的稳定性而展开的，应确保建(构)筑物在局部冲刷线以下具有足够的埋置深度，但也需要考虑相邻建(构)筑物局部冲刷深度对新建建(构)筑物的影响。

根据上面的分析，可得考虑相邻建(构)筑物局部冲刷深度影响的最终冲刷深度计算公式：

$$h_s = \Delta h + h_P + h_b' = \Delta h + h_P + \frac{\Delta h_b}{n} \tag{6-11}$$

式中：h_b'——相邻建(构)筑物局部冲刷的影响深度；

Δh_b——新建建(构)筑物处一般冲刷深度与相邻建(构)筑物最大冲刷深度的差值，$\Delta h_b \geqslant 0$；

n——相邻建(构)筑物局部冲刷影响线斜率的倒数。

6.3.2 考虑冲刷要求的盾构法隧道最小覆土厚度

纵观国内外文献资料，关于过江河段区间隧道的埋深问题研究甚少，究其原因，一方面是工程案例相对较少，另一方面也是缺少合适的计算理论。现有计算理论表明，过江河段盾构法隧道的最小覆土厚度由盾构掘削面稳定性与盾尾后方隧道抗浮稳定性共同决定，但在求解盾构掘削面支护压力时，对盾壳与周围地层之间摩阻力的考虑与实际情况存在一定差异，在求解盾尾后方隧道受到的向上作用力（上浮力）时，只考虑了隧道在水环境下的上浮力，没有考虑到盾尾后方隧道受到液态浆液包裹形成的上浮力要明显大于水环境下的上浮力，更没有考虑到周围地层应力形成的竖向不平衡力的影响，导致计算得出的最小覆土厚度偏小，不利于隧道纵向稳定性的控制。

对于盾构法隧道下穿江河时的最小覆土问题，规范明确指出，隧道拱顶覆土一般不宜小于1.0*D*（*D* 为隧道直径，下同），在有可靠辅助措施的情况下，可适当减小。国内外大量的工程实例（表6-9）表明，在覆土厚度明显小于1.0*D* 的情况下，也能确保工程安全，而在一些覆土厚度大于1.0*D* 的条件下，也时有安全事故发生。因此，针对具体的过江河段盾构法隧道工程，其最小覆土厚度必须要通过相应的计算分析才能确定，而盾构法隧道拱顶最小覆土厚度的确定必须考虑两个因素，即盾构掘削面土体的稳定性与盾尾后方隧道的抗浮稳定性。

盾构隧道浅覆土穿越江河施工案例 表6-9

序号	工 程 实 例	盾构类型与直径 *D*	隧道最小覆土
1	上海长江隧道	泥水盾构、$D=15.0$m	6.8m(0.44*D*)
2	北京铁路地下直径线下穿护城河	泥水盾构、$D=11.97$m	7.8m(0.65*D*)
3	南京地铁南北线穿越秦淮河	$D=6.2$m	0.97m(<1/6*D*)
4	德国第4条易北河隧道	$D=12.33$m	7.0m(0.57*D*)
5	上海大连路隧道穿越黄浦江	$D=11.9$m	5.5m(<0.5*D*)
6	广深港铁路狮子洋隧道穿越珠江	泥水盾构、$D=10.8$m	7.42m(0.69*D*)
7	南京长江隧道	泥水盾构，$D=14.93$m	15.0m(1.0*D*)
8	广州地铁三号线穿越珠江	泥水盾构、$D=6.2$m	7.4m(1.19*D*)
9	南水北调穿黄工程	泥水盾构、$D=8.7$m	3m(0.34*D*)

6.3.2.1 考虑盾构掘削面稳定性的最小覆土厚度

盾尾建筑空隙的存在，导致盾构通过后，盾尾后方地层会出现一定程度的向隧道方向的位移趋势，因此一般将盾构掘削面挤压力 P_g 控制在静止土压力 P_0 与被动土压力 P_p 之间，使掘削面前方覆土层有一定的隆起，以补偿后续工序引起的沉降，不至于将覆土层顶裂。被动土压力 P_p 的计算公式为：

$$P_p=\left[\left(H_w+h+\frac{D}{2}\right)\gamma_w+\left(h+\frac{D}{2}\right)\gamma' K_p+2c\sqrt{K_p}\right]\frac{\pi D^2}{4} \tag{6-12}$$

式中：D——隧道外径；

K_p——被动土压力系数，$K_p=\tan^2(45°+\varphi/2)$；

H_w——水深，由百年一遇洪水位与最大冲刷深度决定；

γ_w——水重度；

h——覆土厚度；

γ'——土有效重度；

c——土体凝聚力；

φ——土体内摩擦角。

由 $P_g < P_p$，可得：

$$h > \frac{\frac{4P_g}{\pi D^2} - 2c\sqrt{K_p} - H_w\gamma_w}{\gamma_w + \gamma' K_p} - \frac{D}{2} \tag{6-13}$$

考虑到盾壳与周围地层之间的摩阻力 F_f，盾构掘削面挤压力 P_g 可以表示为 $P_g = F - F_f$，F 为盾构机总推力。摩阻力 F_f 及隧道相应的最小覆土厚度求解如下：

(1)盾壳与周围地层之间的摩阻力 F_f

对于盾壳与地层之间的摩阻力 F_f，张庆贺等提出利用盾壳外周平均径向土压力进行求解，但这样的处理方式没有考虑到地层应力沿盾壳外周方向的变化规律，与实际情况存在一定出入，应进行修正。

对于单位长度隧道，以计算点处任意小的一块竖向土条为研究对象，其宽度为 a（土条与盾壳接触面相应高度为 b），高度为 h，水平土压力 σ_x 与竖向土压力 σ_y 的合力 f 指向隧道中心（图 6-36）。计算中不考虑沿盾构机轴向应力 σ_z，因为 σ_z 与隧道径向垂直，在隧道径向方向无分力。σ_x、σ_y 及 f 的计算公式如下：

$$\sigma_y = \gamma' h' \tag{6-14}$$

$$\sigma_x = K_0 \gamma' h' \tag{6-15}$$

$$f = \frac{\sigma_x b\sin\alpha}{b/\sin\alpha} + \frac{\sigma_y a\cos\alpha}{a/\cos\alpha} = \gamma' h' [(\cos\alpha)^2 + K_0(\sin\alpha)^2] \tag{6-16}$$

式中：K_0——静止土压力系数。

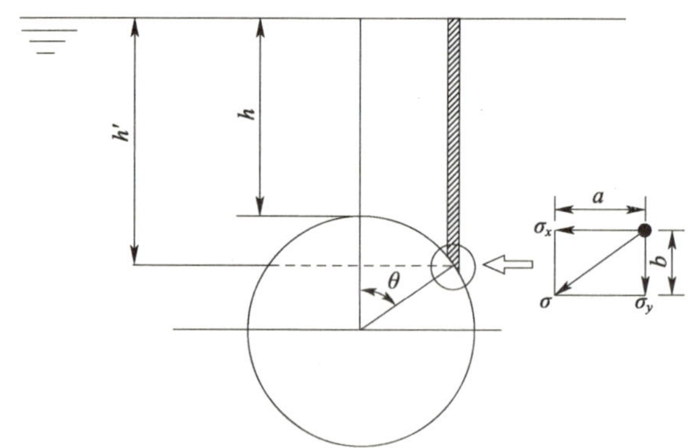

图 6-36 隧道结构(盾构机)受力示意图

图 6-36 中，$h' = h + R(1-\cos\alpha)$，h' 为计算点深度，R 为隧道半径，α 为计算点与竖直方向的交角（顺时针方向）。

由于隧道受力左右对称，将 f 沿圆周方向进行积分，可得：

$$F_f = \left\{2\int_0^{\pi} \gamma' h[(\cos\alpha)^2 + K_0(\sin\alpha)^2]R \cdot d\alpha\right\}L\mu \tag{6-17}$$

式中：L——盾构机长度；

$d\alpha$——对 α 进行微运算；

μ——摩擦系数。

(2)考虑修正摩阻力 F_f 的隧道最小覆土厚度

按照盾壳的实际受力情况，可以得到考虑修正摩阻力后，隧道拱顶的最小覆土厚度 h：

$$h > \frac{\dfrac{4(F - F_f)}{\pi D^2} - 2c\sqrt{K_p} - H_w\gamma_w}{\gamma_w + \gamma' K_p} - \frac{D}{2} \tag{6-18}$$

将 $D = 6.2\text{m}, c = 0, \varphi = 38°, K_p = 4.2, \gamma_w = 10\text{kN/m}^3, \gamma' = 11\text{kN/m}^3, H_w = 18.2\ \text{m}$等相关参数代入式(6-13)可得：

$$h > (5.91 \times 10^{-4} P_g - 6.34)\text{m} \tag{6-19}$$

将 $\gamma' = 11\text{kN/m}^3, R = 3.1\text{m}, K_0 = 0.25, L = 7.5\text{m}, \mu = 0.5$ 等相关参数代入式(6-17)可得：

$$F_f = (2452.7h)\text{kPa} \tag{6-20}$$

进一步由式(6-18)可得：

$$h > (2.41 \times 10^{-4} F - 2.59)\text{m} \tag{6-21}$$

实际工程中，盾构机的总推力总是在不断的变化中，全断面砂层中的总推力 F 一般为15～20MN，复合地层推力有时候也达到20MN以上，考虑到富水卵石土地层特性，取盾构机总推力范围为15～25MN，则确保掘削面稳定性的最小覆土厚度为1.03～3.44m。

6.3.2.2　考虑盾尾后方隧道抗浮稳定的最小覆土厚度

对于盾尾后方隧道抗浮稳定性，戴小平等在考虑隧道上方滑动土体两侧摩阻力的基础上，提出了改进的最小覆土厚度计算方法，但其未能考虑适当的安全系数，未能考虑到在施工期，盾尾后方隧道受到液态浆液包裹而产生的浮力要明显大于水环境下的浮力，更未考虑到地层应力形成的竖向不平衡力对隧道上浮趋势的影响，导致计算结果偏于不安全。

一般情况下，当管片脱出盾尾后，笔者总是尽量采取各种措施确保盾尾空隙在管片四周均匀分布，根据盾尾后方隧道的上浮过程，可以将隧道上浮分为2个阶段，即盾尾空隙(厚度≥10cm的三维环状空间完全能够给隧道提供足够的上浮空间)范围内的上浮，以及超过盾尾空隙范围的那部分上浮，具体见图6-37。工程实践表明，在隧道覆土深度较大的情况下，盾尾空隙范围内隧道的上浮(第一阶段)才是盾尾后方隧道上浮的主要原因，本章节的研究工作是针对隧道第一阶段上浮而展开的。

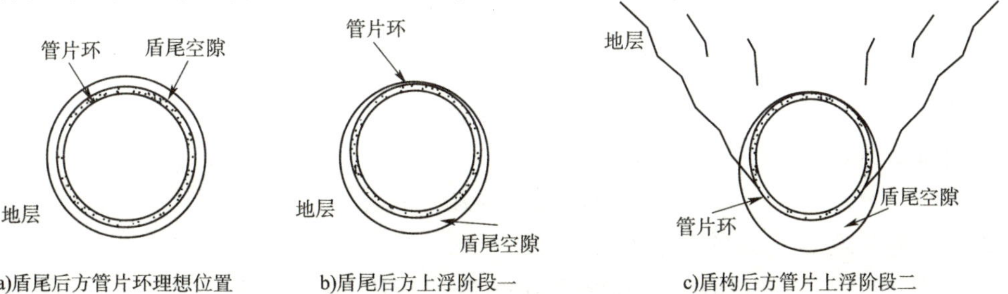

图6-37　盾尾后方隧道(管片)上浮两阶段示意图

(1)盾尾后方隧道上浮力的求解

对于盾尾后方隧道受到的上浮力,A. Bezuijen 等都进行过研究,一般认为上浮力即水环境下的浮力,这与盾尾空隙内隧道的整体受力情况不符。实际上,盾尾空隙内隧道的上浮力应有两部分组成:由地层应力形成的竖向不平衡力,即动态上浮力 $F_{动}$;由液态浆液包裹形成的上浮力,即静态上浮力 $F_{静}$。其中,动态上浮力 $F_{动}$ 并不是真正意义上水压力导致的浮力,而是相对于静态上浮力 $F_{静}$ 而提出的,是由隧道四周不平衡的地层应力作用引起的向上作用力。

以单位长度隧道及其外围包裹的浆液为研究对象,地层应力将通过浆液传递到管片上,导致其受到向上的作用力 $F_{总}$,该作用力减去浆液的自重 $G_{浆}$ 与隧道的自重 $G_{管}$,就是隧道受到的动态上浮力 $F_{动}$,即:

$$F_{动} = F_{总} - G_{浆} - G_{管} \tag{6-22}$$

单位长度隧道的自重为:

$$G_{管} = \pi R^2 \bar{\rho} g \tag{6-23}$$

其中:

$$\bar{\rho} = \frac{\rho_{空}\, g\pi\,(R-t)^2 + \rho_C g\pi[R^2-(R-t)^2]}{g\pi R^2} \tag{6-24}$$

式中:R——隧道外半径,m;

$\bar{\rho}$——隧道范围内的平均密度,kg/m^3;

$\rho_{空}$、ρ_C——空气密度、衬砌密度,kg/m^3;

t——衬砌厚度,m。

将相关参数 $R=3.1$m,$\rho_{空}=1.237$kg/m^3,$\rho_C=2400$kg/m^3,$t=0.35$m,代入式(6-23)可得,$\bar{\rho}=512.3$kg/m^3。

如果盾尾空隙处于理想充填状态,浆液充填率为100%,则单位长度范围内,充填浆液的自重为:

$$G_{浆} = \rho_g g\pi(R_0{}^2 - R^2) \tag{6-25}$$

式中:R_0——考虑注浆层厚度的隧道半径(3.2m);

ρ_g——浆液密度(1500kg/m^3)。

对于单位长度隧道,$F_{总}$ 的求解原理如图6-36所示(合力向下为正),即:

$$\begin{aligned} F_{总} &= 2\int_0^{\pi} f\cos\alpha R\,\mathrm{d}\alpha \\ &= 2\int_0^{\pi} \gamma' h'[\cos^2\alpha + K_0\sin^2\alpha]\cos\alpha R\,\mathrm{d}\alpha \\ &= -0.25(3+K_0)\pi\gamma' R^2 \end{aligned} \tag{6-26}$$

即隧道受到的向上的作用力为:

$$F_{总} = 0.25(3+K_0)\pi\gamma' R^2 \tag{6-27}$$

进一步可得,隧道受到的总浮力为:

$$F_{浮} = F_{总} - \pi R^2\bar{\rho} g - \rho_g g\pi(R_0{}^2 - R^2) + \rho_g g\pi R^2 \tag{6-28}$$

将相关参数代入式(6-28),可得:

$$F_{浮}=59.07R^2-9.42R-0.47 \tag{6-29}$$

进一步,可以得到总上浮力与静态上浮力随隧道半径的变化情况,具体如图6-38所示。

由图6-38可知,随着隧道半径的增大,总上浮力与静态上浮力之间的差值也随之增大,当$R=3.1\text{m}$时,$F_{静}=452.6\text{kN}$,$F_{浮}=538\text{kN}$,动态上浮力占静态上浮力的18.9%,可见如果忽视动态上浮力的影响,得出的最小覆土厚度是偏于不安全的。

(2)隧道抗浮稳定的最小覆土厚度

与隧道上方的太沙基塌落拱形状不同,隧道上浮导致的上方土体滑动面可以认为是直线,通过对任意滑动的微分土体进行受力分析(图6-39),可以得到微分土体的受力平衡计算公式:

$$2RP_{\text{V}}-2R(P_{\text{V}}-\text{d}P_{\text{V}})=\frac{2R\gamma'\text{d}z+2(c+K_0\gamma'z\tan\varphi)\text{d}z}{K} \tag{6-30}$$

式中:K——安全系数(1.2);

P_{V}——深度z处微分土体的竖向应力;

$\text{d}z$——微分土体高度;

$\text{d}P_{\text{V}}$——微分土体对应的竖向应力。

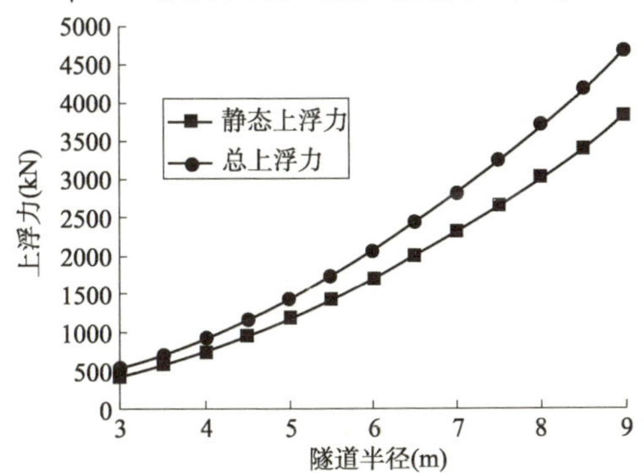

图6-38 上浮力随隧道半径的变化情况

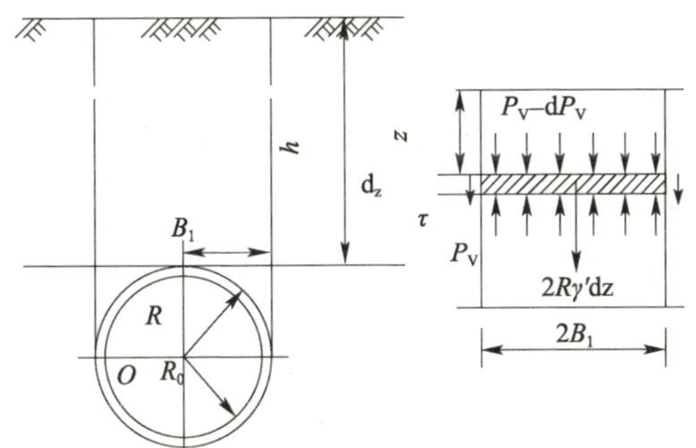

图6-39 计算模型示意图

对式(6-30)进行求解,利用边界条件:$z=0$时,$P_{\text{V}}=0$;$z=h$时,$P_{\text{V}}=P_0$,可以得到:

$$h=\frac{\sqrt{(R\gamma'+c)^2+2KK_0R\gamma'P_0\tan\varphi}-(R\gamma'+c)}{K_0\gamma'\tan\varphi} \tag{6-31}$$

以隧道拱顶处平面上下应力平衡条件,可得:

$$P_0 2R=F_{浮}-\left(2-\frac{\pi}{2}\right)R^2\gamma' \tag{6-32}$$

由式(6-31)、式(6-32)进一步可得:

$$h=\left\{\sqrt{B^2+KA\left[59.07R^2-9.42R-0.47-\left(2-\frac{\pi}{2}\right)R^2\gamma'\right]}-B\right\}\Big/A \tag{6-33}$$

式中:$A=K_0\gamma'\tan\varphi$,$B=R\gamma'+c$。

将$\gamma_{浆}=15\text{kN/m}^3$,$\gamma'=11\text{kN/m}^3$,$R=3.1\text{m}$,$c=0$,$K=1.2$,$K_0=0.25$,$\varphi=38°$等相关参数。代入式(6-33),可以得到盾尾隧道抗浮稳定的最小覆土厚度$h=7.09\text{m}$。

6.3.2.3 综合考虑掘削面稳定性与盾尾后方隧道抗浮稳定性的最小覆土厚度

由前述分析可见,确保盾构掘削面稳定的最小覆土厚度为3.44m,而确保施工期盾尾后方隧道抗浮稳定性的最小覆土厚度为7.09m，即1.14D，大于规范所述的1.0D，也明显大于一般认为的3.5～4.0m。

由此可见，盾尾后方隧道因浆液包裹而产生的静态上浮力与地层应力形成的竖向不平衡力之和（总上浮力）是隧道拱顶最小覆土厚度的决定因素。尽管砂卵石地层内摩擦角大、抗剪强度高，但理论上的最小覆土厚度却大于1.0D，这主要是由于卵石土渗透系数大，计算中只能采用土体的有效重度，与渗透系数较小的淤泥质土相比，相当于减小了上覆土体的自重效应，尽管隧道上方滑动土体两侧的摩阻力有一定程度的增大。

进一步分析可知，规范提出的最小覆土厚度1.0D没有考虑具体的地层条件，没有考虑河水的冲刷能力与要求，也没有考虑到具体的施工工艺（泥水盾构还是土压盾构）。因此，1.0 D可以作为最小覆土厚度的一个参考值，但不能作为设计依据，针对具体工程，必须进行具体计算才能从理论上确定合理的最小覆土厚度。

6.3.3 考虑冲刷要求的盾构法隧道纵向稳定性验算方法

可考虑采用修正的等效连续化模型计算隧道的纵向等效刚度，然后分别用弹性地基梁和双面弹性地基梁模拟隧道与周围土体的相互作用，计算隧道的纵向沉降变形。

6.3.3.1 隧道纵向等效刚度

采用修正的等效连续化刚度模型对地铁盾构隧道的纵向等效刚度进行计算，计算采用的环缝影响系数λ从0逐步增大到2.0，计算参数见表6-10、表6-11，计算结果如图6-40所示。

管片计算参数　　表6-10

隧道外径(mm)	隧道内径(mm)	管片厚度(mm)	环宽(mm)	弹性模量(MPa)
6200	5500	350	1.5	3.45×10^4

管片接头参数　　表6-11

环向接头(个)	纵向接头(个)	直径(mm)	长度(mm)	弹性模量(MPa)
12	16	36	400	2×10^4

由图6-40可知，纵向刚度有效率随着环缝影响系数λ的增大而减小：当$\lambda\leqslant1$时，随着λ由0增大到1，纵向刚度有效率从1减小到0.116，纵向刚度有效率随着λ的增大呈负指数形式减小；当$\lambda>1$时，λ的变化对纵向刚度有效率影响不大，基本稳定在0.112左右。分析表明，隧道纵向刚度有效率的主要影响范围为$\lambda\leqslant1$时。

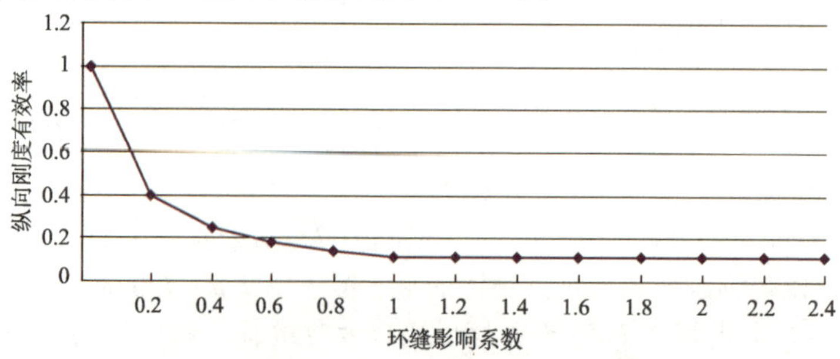

图6-40　环缝影响系数与纵向刚度有效率间的关系

6.3.3.2 隧道纵向刚度有效率对其稳定性的影响分析

按照隧道覆土情况确定隧道周围的荷载,隧道周围的荷载受冲刷深度的影响而变化,在最大水深(9m)条件下,按照自然冲刷、一般冲刷与局部冲刷3种工况,分别计算不同刚度有效率情况下,隧道自身刚度对纵向变形的影响,具体见表6-12。

不同刚度有效率条件下隧道最大纵向变形 表6-12

纵向刚度有效率		1	0.5	0.3	0.1
最大纵向变形量(mm)	自然冲刷	0.764	0.764	0.764	0.766
	一般冲刷	0.580	0.581	0.581	0.582
	局部冲刷	0.536	0.537	0.537	0.539

由表6-12可知,相同工况条件下,不同的纵向刚度有效率对隧道的最大纵向变形量影响很小,由此可见,隧道纵向刚度有效率对其纵向稳定性影响不大。

6.3.3.3 隧道纵向稳定性分析

假定隧道纵向刚度有效率为0.1(最不利情况),对自然冲刷、一般冲刷以及局部冲刷条件下隧道的纵向沉降进行计算,具体如图6-41与图6-42所示。

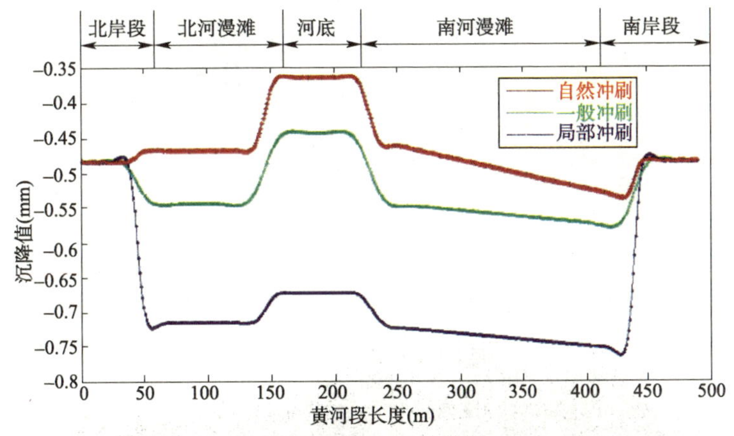

图6-41 基于弹性地基梁模型的隧道纵向沉降曲线

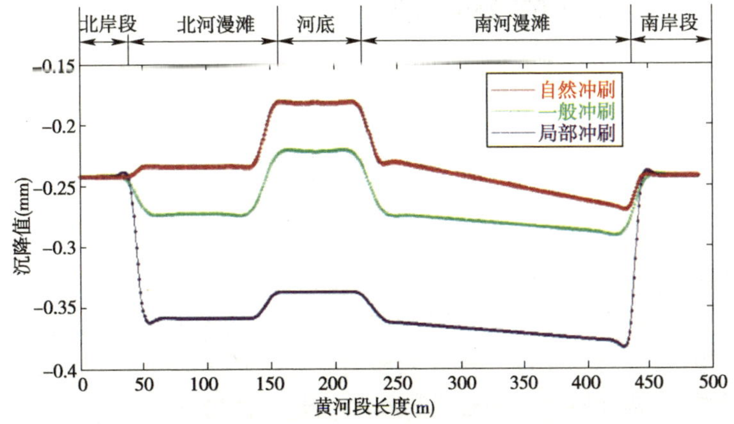

图6-42 基于双面弹性地基梁模型的隧道纵向沉降曲线

由上图可知，不同冲刷工况下，南北两岸的隧道纵向沉降规律基本相同，隧道纵向的差异沉降主要集中在岸边—河漫滩过渡段、河漫滩—河底过渡段，隧道的纵向变形趋势大致相同，沉降值≤0.8mm，沉降曲率≤0.15‰。

由以上分析可见，隧道自身的纵向刚度对隧道的纵向变形影响较小，采用增大管片环间连接刚度的措施对控制变形没有明显作用。在不同冲刷工况下，过黄河段隧道的纵向沉降规律相同，差异沉降主要集中在地形剧烈变化的过渡地带，在过渡段应采取必要控制措施。

6.3.4 考虑抗震要求的盾构法隧道纵向稳定性分析

6.3.4.1 计算模型

为了分析弱胶结卵石土地层条件下隧道的抗震稳定性，以过区间隧道最大埋深处为计算断面，采用平面应变模型（图6-43）及摩尔—库仑本构关系，选用 Rayleigh 阻尼，启用质量和刚度均衡条件，采用南关地震加速度时程曲线（图6-44）。

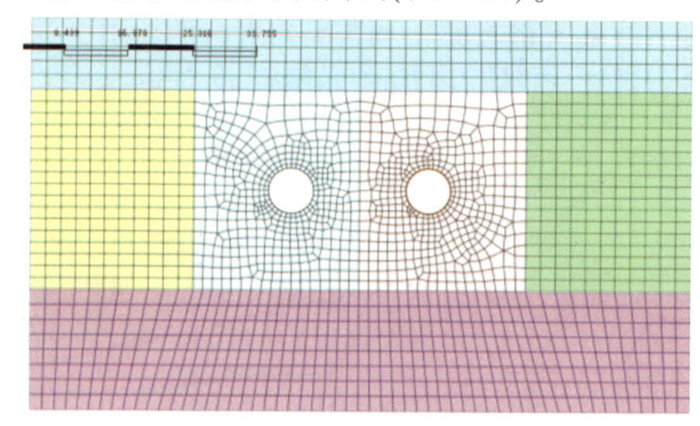

图6-43 计算模型

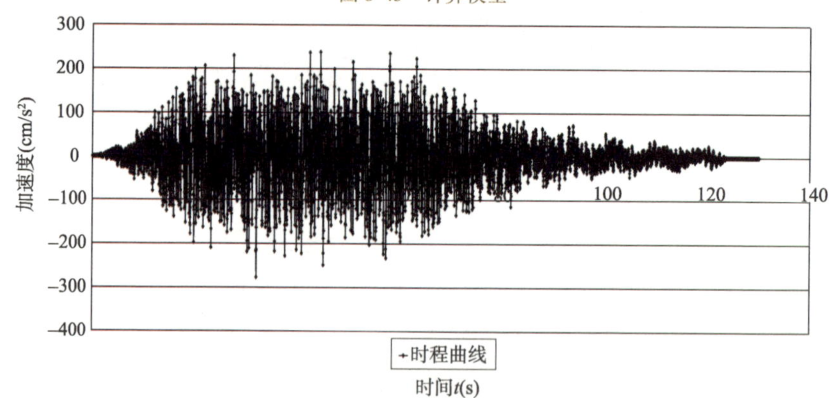

图6-44 南关地震加速度时程曲线

6.3.4.2 计算结果分析

地震荷载作用下，衬砌结构的内力与变形见图6-45～图6-47。

由图6-45～图6-47可知，地震荷载作用下衬砌的最大内力出现在拱腰处，分别达到52.54kN·m（弯矩）与－1886.89kN（轴力），竖向最大沉降变形为－2cm，对不利断面位置进行裂缝宽度验算可知，构件属于小偏心受压构件，满足裂缝宽度要求，表明隧道的抗震稳定性能够满足要求。

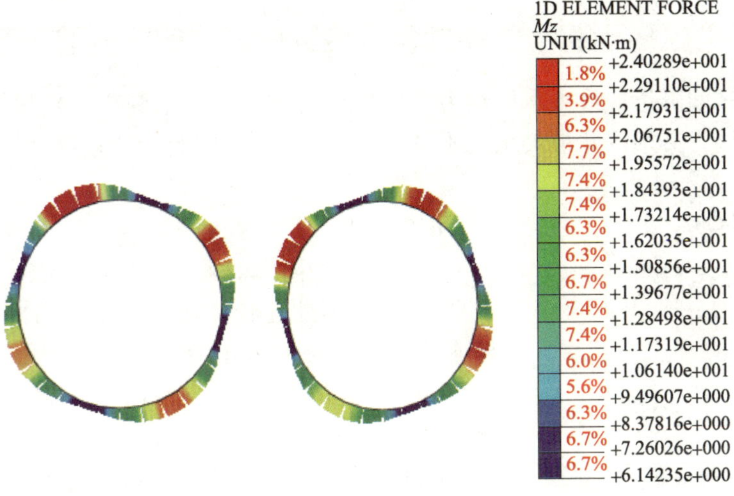

图 6-45　地震荷载下衬砌弯矩图

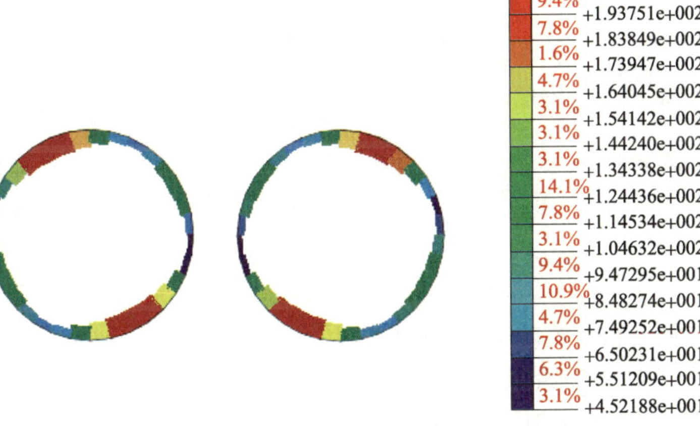

图 6-46　地震荷载下衬砌轴力图

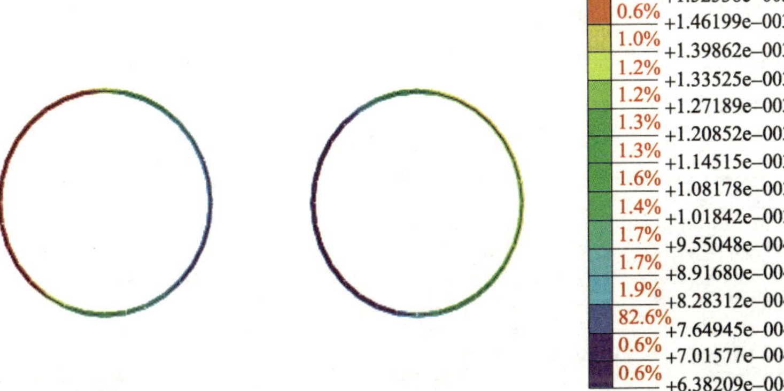

图 6-47　地震荷载下衬砌竖向位移

6.3.5　考虑高压富水条件的管片接缝形式与安全性验证方法

地铁过河区间隧道的最大水压约为0.3MPa（相当于30m水头压力），根据规范要求，接缝的最大防水能力必须按照最大水头压力的2~3倍考虑，因此管片接缝抵抗的最大水压力应≥0.9MPa。

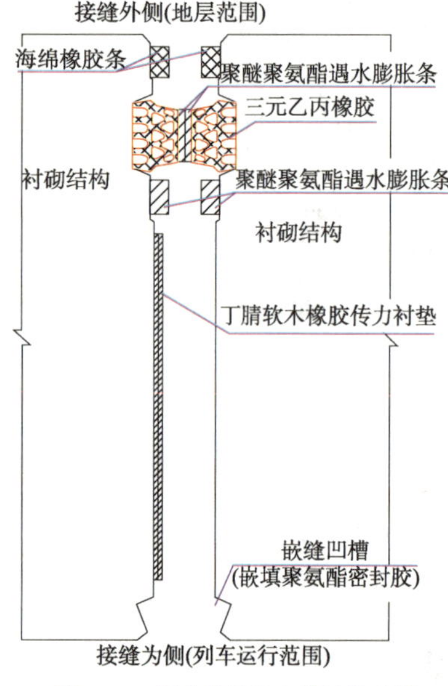

图6-48　衬砌接缝防水设计示意图

6.3.5.1　管片接缝形式

管片接缝的防水效果一定程度上决定了管片结构的长期耐久性，因此在管片接缝处由外向内共设置了四道防水装置，具体如图6-48所示，防水效果主要通过防水凹槽内的三元乙丙橡胶与防水凹槽下部的聚醚聚氨酯遇水膨胀条实现。

6.3.5.2　管片接缝防水性能分析

管片接头处能够承受的最大水压 $P_{max,w}$ 可由下式计算：

$$P_{max,w} = k \cdot P_0 \tag{6-34}$$

式中：k——常数，非膨胀性密封材料取1.32，水膨胀性密封材料取1.45~2.70（本工程取1.48）；

P_0——密封橡胶的接触压力。

接触压力 P_0 可根据接缝弹性密封材料的压缩应变进行计算，根据胡克定律，可由下式计算：

$$P_0 = E_2\varepsilon = \frac{E_1 \times (1-\mu)}{(1+\mu)\times(1-2\mu)} \times \varepsilon \tag{6-35}$$

式中：E_1——无侧限时密封橡胶的变形模量；

E_2——侧限时密封橡胶的变形模量；

μ——密封橡胶的泊松比，一般取为0.3；

ε——弹性密封材料的压缩应变（应考虑接缝张开量的影响）。

弹性密封材料应考虑老化的影响，根据经验，弹性密封材料老化后的变形模量为老化前的60%，老化前变形模量为1.2MPa，则 E_1 =0.72MPa，E_2 =0.969MPa。

密封材料原始厚度为16.5mm，管片接缝完全闭合后密封材料厚度为10mm，相应压缩量为6.5mm，按《地铁隧道保护条例》规定的接缝张开量 $\delta \leq 6$mm，不同接缝张开量情况下接缝的密封防水能力见表6-13。

不同接缝张开量下接缝的防水能力　　表6-13

衬砌接缝张开量（mm）	0	1	2	3	4	5	6
密封材料压缩量（mm）	6.5	6.0	5.5	5.0	4.5	4.0	3.5
压缩应变 ε	0.39	0.36	0.33	0.30	0.27	0.24	0.21
P_0（MPa）	0.38	0.35	0.32	0.23	0.26	0.23	0.21
$P_{max,w}$（MPa）	0.79	0.73	0.67	0.61	0.55	0.49	0.43

从表 6-13 可知，在充分考虑接缝张开和弹性密封材料老化的影响后，当接缝张开量达到极值 6mm 时，可抵抗的水压 0.43MPa < 0.9MPa，因此在密封垫下部设置了第二道防水屏障——聚醚聚氨酯遇水膨胀条。室内实测表明，双道止水装置能够抵抗的最大水压力 ≥ 1.0MPa。

6.3.6　小结

本小节通过高压富水卵石土地层河床冲刷组成与分析、隧道最小覆土厚度的确定、隧道纵向稳定性验算与管片接缝防水性能等方面的分析，基本可确保地铁隧道长距离穿越江河工程的安全性，并得出以下结论：

(1) 在考虑河床地层特性、隧址附近既有桥墩位置与尺寸、河水流量与主槽位置等相关因素的前提下，得出了不同冲刷类型的具体影响深度，明确了相邻建(构)筑物局部冲刷深度对新建建(构)筑物的具体影响，并进一步得出了考虑相邻建(构)筑物局部冲刷影响的新建建(构)筑物冲刷深度计算公式。

(2) 提出了由盾构掘削面稳定性决定的隧道最小覆土厚度的修正算法，以及由盾尾后方隧道上浮稳定性决定的隧道最小覆土厚度的修正算法，并明确了盾尾后方隧道受到的总浮力可以归纳为因浆液包裹产生的静态上浮力，以及地层应力引起的竖向不平衡力对应的动态上浮力。

(3) 高渗透性卵石土地层条件下，由盾尾后方隧道上浮稳定性决定的隧道最小覆土厚度明显大于 $1.0D$，规范提出的最小覆土厚度一般不宜小于 $1.0D$ 有待改善。

(4) 隧道自身的纵向刚度对其纵向变形影响较小，采用增大管片环间连接刚度的措施对控制变形没有明显作用。不同冲刷条件下，江河段隧道的纵向沉降规律相同，差异沉降主要集中在河床地形剧烈变化的过渡段，在过渡段应采取必要控制措施；地震荷载下衬砌属于小偏心受压，隧道抗震稳定性满足要求，地震荷载不是主要的控制荷载。

(5) 高压富水条件下的管片接缝宜尽量设置双道止水装置。

6.4　穿越铁路咽喉区复式交分道岔施工技术

城市轨道交通工程线路穿越普速铁路的情况比较常见，近年来更是出现了很多穿越高速铁路的案例。大量学者对城市轨道工程穿越铁路工程进行了研究，也取得了相应的研究成果，如王海祥针对西安地铁 4 号线黄土隧道暗挖穿越陇海铁路道岔区提出了 D 梁结合纵横梁加固措施；任建喜等针对地铁盾构隧道下穿陇海铁路进行了研究；陈周斌等针对砂质粉土地层矿山法隧道下穿沪杭铁路进行了研究；霍军帅等基于苏州某地铁盾构隧道下穿沪宁城际铁路工程验证了“板 + 桩”组合结构措施的有效性，以及基于成都地铁 1 号线盾构隧道穿越火车南站 10 股轨道也验证了常规 D 梁(纵横抬梁)措施的有效性。然而，目前的研究成果主要集中在穿越铁路的常规加固措施与盾构掘进一般参数等两个方面，纵观国内外穿越铁路工程的案例，成都地铁 5 号线赛云台—北站西二路区间盾构隧道在富水卵石土地层条件下集中连续穿越铁路咽喉区道岔群工程尚属首例，在连续穿越 4 组复式交分道岔的同时，还需要克服富水卵石土地层施工扰动明显、地层沉降控制困难的难题，再加上复式交分道岔导致常规的纵横抬梁或扣轨措施无法实施，因此必须基于富水卵石土地层特性，提出符合复式交分道岔变形控制要求的成套技术。

为确保盾构隧道穿越咽喉区工程的顺利实施，首先，需要基于本工程复式交分道岔特性，提出符合铁路正常运营要求的变形控制标准（变形速率不超过1mm/d）；其次，提出达到富水砂卵石地层预加固效果的可靠措施（高精度超长大管棚、既有过铁路人行通道加固与跟踪注浆）；随后，提出盾构掘进参数控制要点（保压掘进、盾构姿态控制及严控注浆参数，铁路运营天窗期掘施工等）；最后，基于铁路安全运营需求，提出铁路咽喉区保护应急预案。本章节提出的综合措施最终确保了盾构机安全穿越施工区，其中富水砂卵石地层条件下超长大管棚关键技术的研究与突破，是确保咽喉区道岔群变形可控与铁路运营安全的关键，为类似工况下的大管棚加固技术积累了经验。

6.4.1 工程概况

6.4.1.1 工程简介

成都地铁某区间隧道主要走行于富水砂卵石地层，地下潜水位埋深约在地表下6m（渗透系数在20m/d左右），在距离火车北站约600m处，沿商贸大道穿越铁路咽喉区（道岔群），隧道拱顶埋深10.8～17.8m（图6-49），咽喉区共涉及6股道（图6-50），4组复式交分道岔（图6-51），采用碎石道床，穿越段范围约长50m（采用加泥式土压平衡盾构机，隧道开挖轮廓直径6.28m，管片外径6m，壁厚0.3m，1+2+3分块模式，错缝拼装），地层物理力学参数见表6-14。

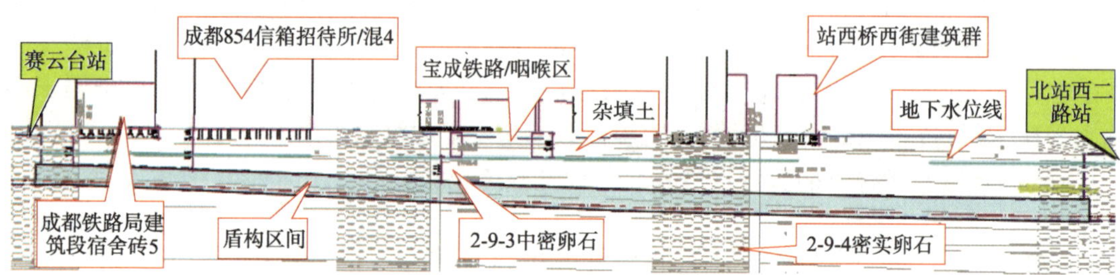

图6-49　区间纵断面示意图

图6-50　铁路咽喉区情况

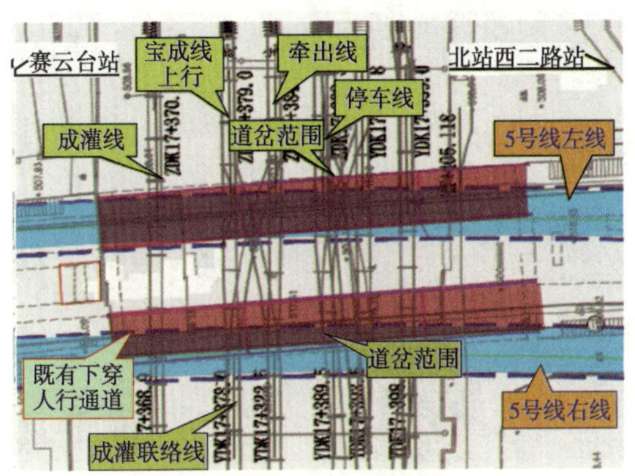

图6-51 铁路咽喉区道岔群总平面图

地层物理力学参数 表6-14

土层及其编号	比重 γ (kN/m^3)	黏聚力 C (kPa)	内摩擦角 φ (°)	侧压力系数 K_0	压缩模量 E_S (MPa)	土层厚度 (m)
1-1 填土	18	8	10	—	2.6	3.0
2-2 粉质黏土	19.7	37.1	17.1	0.40	6.0	0.6
2-9-1 松散卵石	20	0	30	0.33	20	3.2
2-9-2 稍密卵石	21	0	35	0.30	28	4.2
2-9-3 中密卵石	22	0	40	0.25	37	12.0
2-9-4 密实卵石	23	0	45	0.2	48	>20

铁路咽喉区为地面线，采用路基形式（碎石道床），由北向南依次为成灌线、成灌联络线、宝成线上行线、宝成线下行线、牵出线与停车线。同时，商贸大道东西两边各有一条穿越铁路的人行下穿隧道（图6-51～图6-53）。

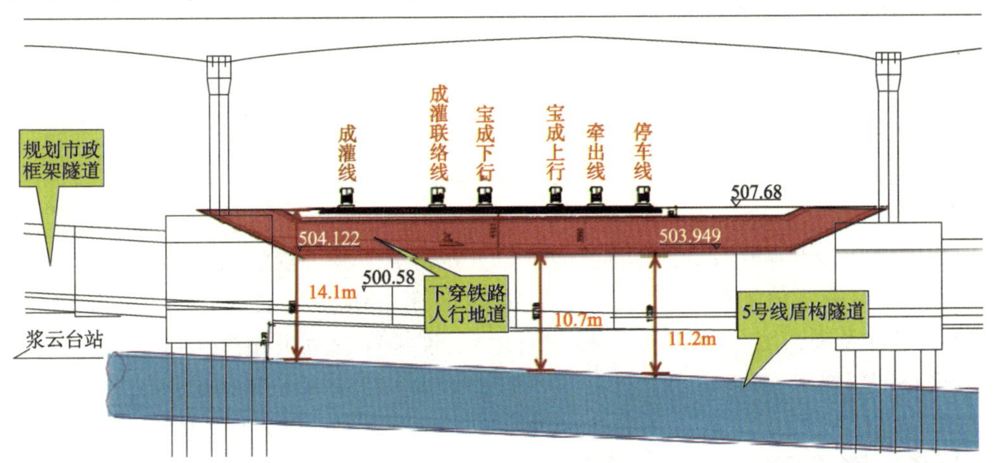

图6-52 下穿铁路咽喉区道岔群纵断面

既有过铁路下穿隧道采用顶推法实施，矩形框架结构形式（断面净空尺寸为2.5m×6m，壁厚0.4m），结构顶板与铁路竖向净距不足1m，纵向分段（单节长度约6m），于20世纪80年代初建成投入使用，过铁路下穿隧道工程实施期间，既有过铁路人行通道暂停使用，待穿越工程完毕后再行鉴定。

图 6-53 既有过铁路人行下穿通道

6.4.1.2 安全控制标准

为确保既有铁路正常运营与公众安全,尤其是客运专线(成灌线),基于既有工程经验与相关规范,同时考虑到富水砂卵石中工程经验相对欠缺,因此从严制定了盾构隧道穿越道岔区风险控制标准。

(1)路基沉降标准

该工程穿越铁路道床采用路基形式(碎石道床),基于盾构法隧道掘进施工引起的沉降范围,在参考既有工程经验的基础上,得到铁路路基允许最大沉降值,见表 6-15。

既有铁路路基允许最大沉降值(单位:mm) 表 6-15

中心埋深(m)	列车最高运行速度(km/h)			
	≤120	120~200	200~250	250~350
10~12	9.010	7.058	4.550	3.033
12~14	10.812	8.470	5.460	3.640
14~16	12.614	9.882	6.370	4.246
16~18	14.416	11.293	7.279	4.853
18~20	16.218	12.705	8.189	5.460
20~22	18.020	14.117	9.099	6.066

对比国内众多下穿既有铁路的工程案例,一般施工中所选取的最大沉降变形速率控制值为 5mm/d,但由于该工程涉及客运专线(最高时速 250km/h,普速铁路通过速度不超过 60km/h),且涉及高强度、大粒径富水砂卵石地层,连续穿越范围超过 50m,经综合比选,同时结合铁路部门要求,最终确定了道床沉降变形控制标准为 3mm,同时相应的沉降速率控制标准为 1mm/d。

(2)交分道岔沉降标准

铁路咽喉区涉及单开道岔与四组复式交分道岔(图 6-50 与图 6-51),由于成灌线与宝成线在火车北站要停站(距离穿越位置不足 1km),考虑到成灌线为市域铁路,基于既有工程经验与规范要求,制订了本工程交分道岔(轨道)变形控制标准为 3mm,变形速率控制值为 1mm/d,见表 6-16。

铁路轨道静态几何尺寸容许偏差值 表6-16

项目		U_{max} >160km/h 正线			160km/h≥U_{max} >120km/h 正线			U_{max} ≤120km/h 正线及到发线			其他站线		
		作业验收	经常保养	临时补修	作业验收	经常保养	临时补修	作业验收	经常保养	临时补修	作业验收	经常保养	临时补修
轨距(mm)		+2 -2	+4 -2	+5 -2	+3 -2	+4 -2	+6 -2	+3 -2	+5 -3	+6 -3	+3 -2	+5 -3	+6 -3
水平(mm)		3	5	7	4	5	8	4	6	9	6	8	10
高低(mm)		3	5	7	4	5	8	4	6	9	6	8	10
轨向(mm)	直线	3	5	7	4	5	8	4	6	9	6	8	10
	支距	2	3	4	2	3	4	2	3	4	2	3	4
三角坑(扭曲)(mm)		3	4	6	4	6	8	4	6	9	5	8	10

综合考虑路基与道岔沉降变形控制标准,同时,根据沉降基准值与既有工程经验,采用基准控制值的75%作为预警值,基准控制值的85%作为报警值,沉降控制指标见表6-17。

下穿铁路咽喉区道岔群沉降控制指标 表6-17

控制指标	路基沉降		轨道坡向控制道(‰)	轨道水平与垂直偏差(mm)	轨道沉降速率(mm/d)
	沉降值(mm)	沉降速率(mm/d)			
基准值	3	1	6	3	1
预警值	2.3	0.75	4.5	2.3	0.75
报警值	2.55	0.85	5.1	2.55	0.85

6.4.2 穿越铁路道岔区重难点分析

本工程富水砂卵石地层盾构隧道穿越铁路咽喉区道岔群,为国内首次连续穿越复式交分道岔施工,铁路咽喉区穿越范围约为50m,受制于四组复式交分道岔,常规的D梁或纵横抬梁无条件实施(图6-51、图6-52)。受市政下穿隧道工程影响,咽喉区北侧无加固场地,仅南侧场地有加固条件。同时,根据既有工程经验,富水砂卵石地层条件下预注浆效果较差。因此,长距离大管棚成为可供选择的超前预加固方法之一。

根据既有工程经验,成都地区富水砂卵石地层条件下,尤其是本工程面临的密实卵石土地层,管棚最长不宜超过35m(此时偏差可控制在0.6m以内),但本工程需要打设的管棚长度超过50m,同时面临着大粒径、高强度卵石的挑战。因此,"高精度、长距离、大直径管棚"施工工艺及其控制技术,成了首先需要突破的重点。其次,根据铁路部门要求,只有在铁路运营天窗期,盾构方可掘进施工,而根据盾构机掘进速度,至少需要连续掘进60h,因此分段掘进与停机后盾构机掘进参数的控制就显得尤为重要。同时,复式交分道岔不超过3mm的变形控制标准需要有变形超限的应急预案,才能确保铁路运营安全。

6.4.3 穿越铁路道岔区关键技术

铁路咽喉区工程涉及高精度超长大管棚施工、下穿铁路人行通道加固处理、铁路运营天窗期分段掘进、长时间停机后盾构掘进技术以及复式交分道岔微沉降控制技术等，都是本工程需要解决的关键问题。

6.4.3.1 高精度超长大管棚技术

基于本工程面临的大粒径（最大粒径在500mm以上）、高强度卵石土地层，超长大管棚的成功实施（图6-54），主要取决于顶进工艺、钻头强度与破岩（石）能力、钻进精度与导向装置等。

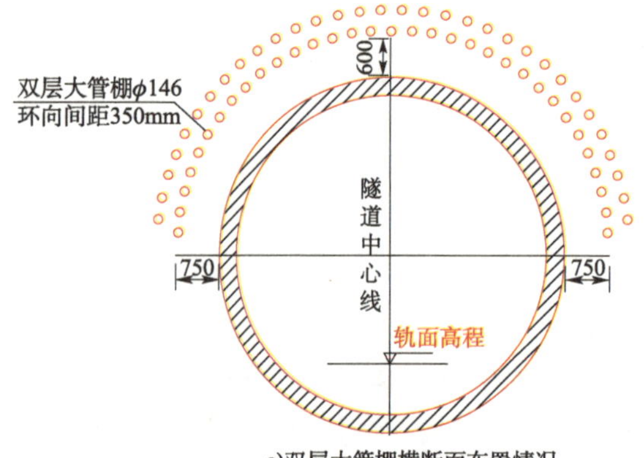

a)双层大管棚横断面布置情况

b)双层大管棚现场实施情况

图6-54 穿越铁路咽喉区大管棚布置与现场实施情况（尺寸单位：mm）

（1）大管棚顶进工艺与钻头选取

大管棚的顺利顶进必须要考虑到高强度卵石颗粒的破碎问题，因此钻进工艺、冲击钻头与导向技术就显得尤为重要。

大管棚可考虑采用螺旋出土跟管顶进工艺（无须泥浆护壁），管棚直径为159mm，管节之间采用丝扣连接，管内有螺旋出土钢管，出土钢管中间是螺旋钻杆，设备主要由螺旋钻杆、冲击钻头、导向系统（经纬仪、电脑、传感器、光源等）、空气压缩机等组成。

采用套管护孔，中间风动潜孔锤冲击钻进，钻孔达到预定深度后，钻杆带出潜孔锤，钢套管留在孔内作为管棚管。

顶进钻头（图6-55）可选用高强度合金钢，通过顶进前方钻头冲击破碎前方卵石土，回转钻头将破碎的渣土排出，通过钻孔螺旋钻杆出土。

图6-55 大管棚打设用钻头

（2）大管棚施工导向控制与方向调节

为确保管棚打设期间对地层的扰动可控，管棚施工精度必须得到保证。因此，管棚导向

采用“倾角偏差”和“坐标测量”的双重控制标准。

倾角偏差主要是通过管棚外壁传感器确定管棚在垂直方向与设计角度的偏差。

坐标测量主要通过螺旋钻杆内光源坐标与管棚设计坐标的对比分析，确定管棚方向。

大管棚螺旋冲击钻进施工主要靠钻头自重和定位扩孔方式调节管棚顶进方向（图6-56）。

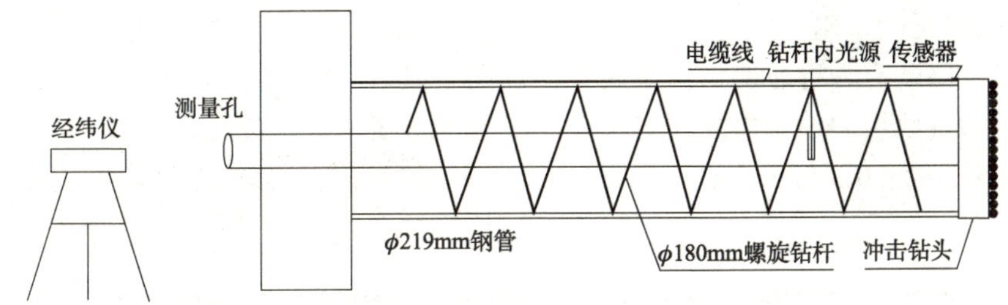

图6-56　大管棚钻进导向示意图

根据现场实测数据，大管棚施工精度可以控制在1%以内，满足设计要求。

（3）大管棚注浆工艺

大管棚管壁与地层之间存在一定空隙，由于砂卵石地层粒径大小不一，地层均一性较差，因此管壁与地层间空隙分布情况也不一样，因此大管棚注浆需采用流动性好，且具有微膨胀性的水泥（砂）浆，同时管壁预留的孔洞及其分布应与所注浆液特性、地层空隙情况相匹配。

由于管棚长度大，注浆范围长，同时为防止过大的注浆压力引起地层劈裂破坏与地层隆起变形，需要严格控制注浆压力，具体注浆压力值（终值，在实际工程中可按0.3～0.5MPa控制，以满足实际工程管棚注浆需要）可参考如下公式，根据监测情况综合确定。

$$P_{maxt} = \gamma \cdot h + \lambda_t \tag{6-36}$$

式中：P_{maxt}——注浆压力终值；

γ——地层重度；

h——注浆点埋深；

λ_t——围岩抗剪强度（直剪快剪试验对应的凝聚力与摩擦角）。

6.4.3.2　既有人行下穿通道加固与跟踪注浆

既有过铁路人行下穿通道建设年代久远（20世纪90年代底），采用顶管法施工，管节长6m，覆土约800mm。对下穿通道相邻管节接头加强处理：通道50m长度范围内接头全部采用型钢支撑（HW250mm×250mm，Q235），共计8个接头，加强既有通道结构纵向刚度（图6-57）。

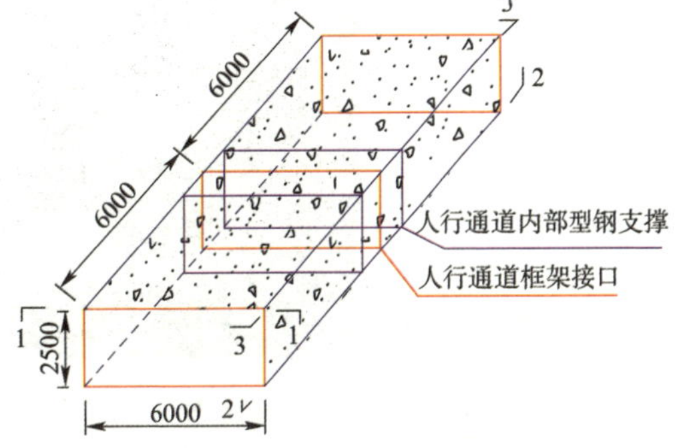

图6-57　既有过铁路人行下穿通道接头加固处理图（尺寸单位：mm）

由于过铁路人行通道与上方铁路竖向净距不足1.5m，因此对人行通道进行加固后，有望在铁路下方形成纵向大刚度挑梁，在一定程度上可起到纵梁的作用。

同时，考虑到50m咽喉区范围内施工人员无法进入进行地层加固，因此利用人行通道，预埋注浆管（PVC管）进行跟踪注浆（注浆压力建议不大于0.2MPa，浆液采用水泥浆，初凝时间按 4h 考虑,扩散半径按 0.3m 考虑),补偿盾构掘进可能引起的地层损失(根据盾构掘进参数与地层变形监测情况综合确定注浆时机与注浆参数,确保累计沉降变形不大于 3mm,单日沉降变形不超过 1mm),根据盾构掘进引起地层位移的传播途径与扩散范围(图 6-58 与图 6-59,图 6-59 为基于 midasGTS 数值计算分析结果,采用 midas GTS-NX 进行模拟分析,位移边界条件、修正的摩尔—库仑本构关系满足圣维南边界条件,地层采用实体单元模拟,盾构隧道与过铁路既有人行通道结构采用梁板单元模拟,管棚采用植入式锚杆单元模拟,袖阀管注浆加固通过地层力学参数的改变来体现),由西至东,既有人行通道两侧袖阀管长度分别为 6.0m、5.5m、5.0m 与 3.5m。

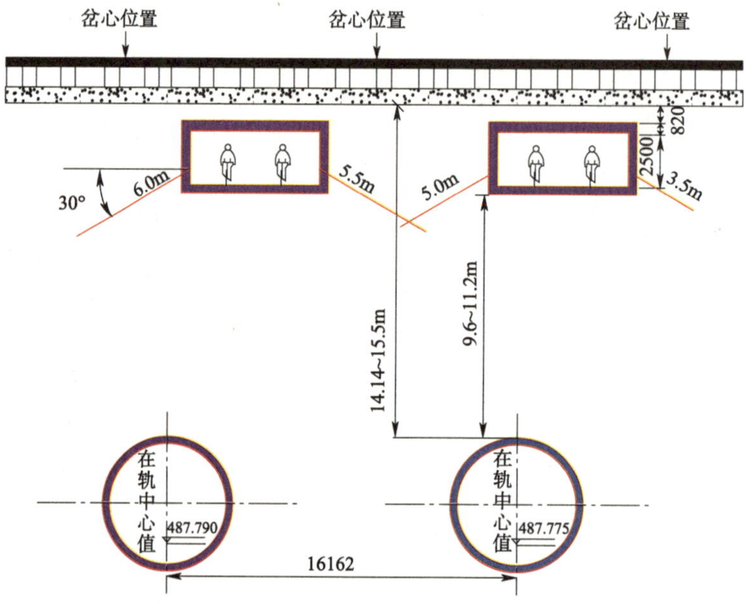

图 6-58　既有过铁路人行下穿通道袖阀管跟踪注浆布置图(尺寸单位:mm)

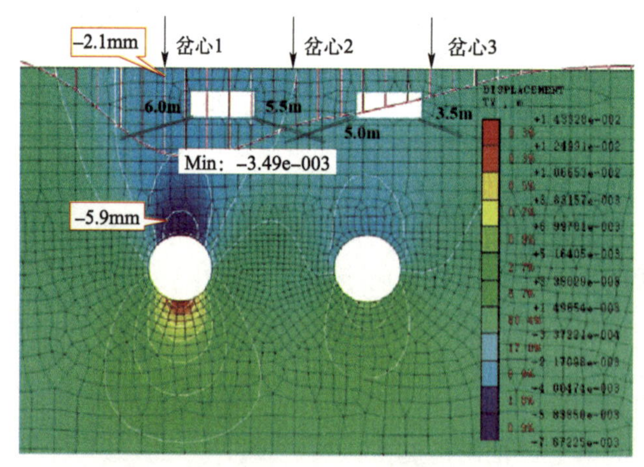

图 6-59　左右线隧道贯通后地层竖向位移等值线图

由图 6-59 可知,通道两侧袖阀管长度基本可以覆盖住盾构掘进引起的地层位移扩散区域,最大地表沉降变形也仅有 2mm(满足沉降变形控制标准)。

6.4.3.3 铁路运行天窗期分段掘进控制

由于需要在铁路运营天窗期(24:00～04:00)分段掘进,因此停机位置的选择就显得尤为重要。

从北向南,复式交分道岔主要集中在成灌联络线与宝成线下行线、宝成线上行线与牵出线,而相邻铁路之间的净距为4～6m,因此将咽喉区分成4段掘进通过,咽喉区范围内每段掘进长度不超过9m(6环,一个天窗期内完成),具体分段情况与盾构机刀盘停机位置详见图6-60。

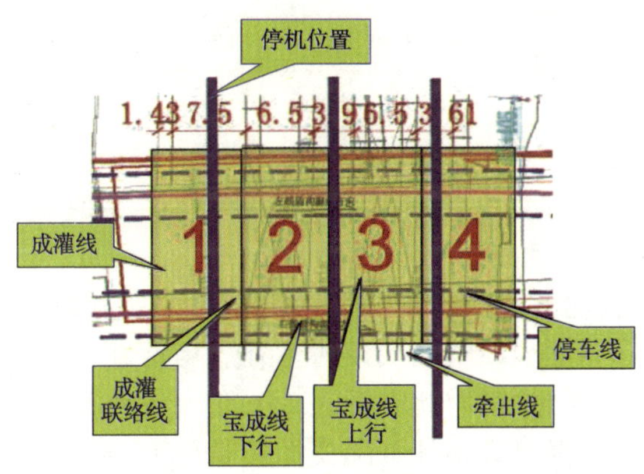

图6-60 铁路咽喉区范围分段掘进情况(尺寸单位:m)

6.4.3.4 长时间停机后盾构掘进参数的控制

基于盾构隧道施工基本原理,一次连续掘进施工对周边环境影响的控制最为有利,但为了确保铁路安全运营,因此采用在天窗期分段掘进,进而面临着在咽喉区范围停机后再次恢复掘进施工难题。

基于富水砂卵石地层特性与既有工程经验,为了确保停机后再启动期间掌子面稳定及对施工扰动进行控制,制订了如下技术措施:

(1)盾构机掘削面保压控制

停机期间,每隔3h刀盘维持转动一定时间,并根据土仓压力监测情况及时注入高质量钠基膨润土进行渣土改良,确保掌子面的有效保压(压力波动控制在10%以内)。

(2)严格控制盾构机与管片拼装姿态

穿越铁路前,调整盾构机姿态,确保盾构机、盾尾后方隧道轴线与线路走向平行(水平向夹角不大于3°),同时确保盾尾处管片与盾壳之间空隙相对均衡(严格控制在60～90mm)。

(3)严格控制盾构掘进参数

土仓上部土压严格控制在0.11～0.14MPa,盾构机总推力控制在13000～14000kN,刀盘扭矩控制在3500～4500kN·m,刀盘转速控制在1.5～1.7r/m,掘进速度控制在50～65mm/min。由于穿越铁路咽喉区范围仅为50m,左右线盾构前后相距100m以上,确保左线掘进通过咽喉区,监测数据显示地层变形稳定后,右线再掘进穿越施工。

千斤顶行程控制在300～1800mm(满足一环管片拼装要求)。

严格控制每环出土量,采用渣土质量与体积的双控标准,每环出土量不大于58m^3(理论出渣量为54.4m^3/环,松散系数在1.18左右)。

(4)严格控制注浆工艺

盾构掘进期间的同步注浆,不但关系到盾构掘进期间的地层稳定,更关系到掘进通过后地层的滞后沉降问题,因此首先采用厚浆(浆液比重为 1800kg/m^3,见表 6-18),浆液初凝时间控制在 4h 左右,同时每环注浆量不小于 7.2m^3(相应充填率为 1.5)。盾尾空隙浆液注入率按 2.0 考虑,同时在盾尾后方 2 环与 10 环位置,及时进行补压浆,确保盾尾空隙范围的有效充填。

大比重浆液质量配合比　　表 6-18

消石灰	粉煤灰	膨润土	砂	水	外掺剂
80	300	50	1180	280	3

6.4.3.5　复式交分道岔变形控制技术

为有效控制盾构掘进期间复式交分道岔的沉降变形,在采取一系列主动控制措施的基础上,还需要采取相应的被动预案,以确保铁路安全。

针对盾构掘进可能引起的地层损失与地层沉降趋势,一方面,采取既有下穿铁路人行通道内袖阀管跟踪注浆(根据监测情况),及时弥补盾构掘进引起的地层损失;另一方面,盾构掘进期间为铁路运营天窗期,因此需派人 24h 在现场助勤,根据监测情况,必要时对有砟轨道进行抬升处理,确保单日累计沉降变形控制在 1mm 以内,进而实现整体变形控制目标。

6.4.4　盾构掘进监测数据分析

盾构隧道于 2018 年 8 月中旬顺利穿越铁路咽喉区道岔群,穿越期间监测断面与监测数据如下(8 月 6 日,右线盾构开始穿越咽喉区,8 月 12 日完成穿越施工,左线盾构已于 7 月份完成穿越施工,详见图 6-61 与图 6-62)。

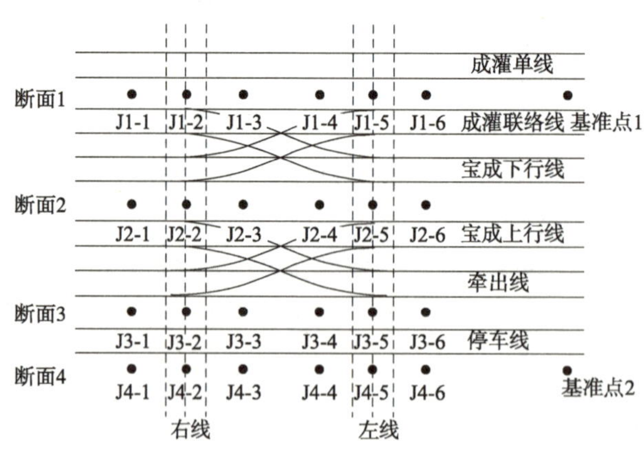

图 6-61　铁路咽喉区道岔群监测断面布置图

由图 6-62 可知,J1 断面最大沉降值出现在左线隧道上方,地表最大沉降值为 -1.2mm,同时右线盾构掘进时,左线上方沉降变形由 -0.7mm 逐步增大到 -1.2mm,随后又逐步恢复到 -0.7mm(既有过铁路下穿通道跟踪注浆),而右线隧道地层沉降值不超过 -0.5mm,左线隧道地层变形明显大于右线隧道,表明在左线隧道先行通过的情况下,右线隧道掘进扰动会

进一步加剧左线隧道的地层变形。虽然砂卵石地层颗粒骨架效应明显，但与软土地层类似，由于先掘进盾构对地层的扰动与地层刚度的下降，后掘进盾构施工对已施工隧道及其上方地层的影响是存在的。

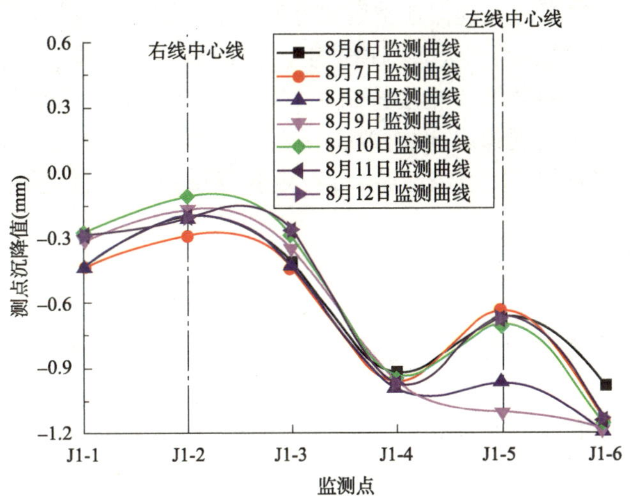

图 6-62 J1 断面监测曲线

进一步观察发现，左线隧道处地层变形在超过单日变形控制标准（-1mm）后，通过既有铁路下穿通道内注浆后（J4-5 位置），不但沉降趋势减弱，甚至出现了一定的反向隆起位移，这主要是由于下穿通道与地表距离较近（图 6-63），同时浆液比重与注浆压力较大，由此可见，在注浆压力得到有效控制的前提下，合适的袖阀管跟踪注浆工艺可以在一定程度上弥补盾构掘进扰动引起的地层沉降变形。

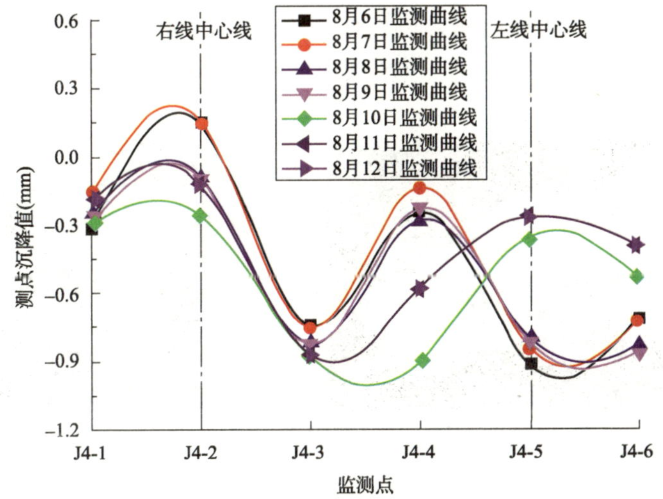

图 6-63 J2 断面监测曲线

由图 6-63 可知，J2 断面最大沉降值也出现在先行掘进通过的左线隧道处，最大沉降值约为 -1.0mm，左线隧道采取跟踪注浆后（J4-5 位置），沉降趋势也得到了较好的控制，而在左线与右线中间部位未进行跟踪注浆，相应沉降变形较为明显。

6.4.5 小结

本小节基于富水砂卵石地层盾构隧道穿越铁路咽喉区道岔群施工，在常规纵横抬梁无条件实施的情况下，研究提出了确保道岔区安全的技术措施，主要得出以下几点结论：

(1)高强度砂卵石地层中，当大管棚顶进工艺、钻头刚度与导向技术得到改善的情况下，当管棚长度超过50m时，可将施工精度控制在1%以内，提升了大管棚施工工艺。

(2)既有铁路下方人行通道纵向加固后，可在一定程度上起到纵向大刚度挑梁的效果；同时在人行通道内设置袖阀管跟踪注浆，可有效弥补由盾构掘进引起的地层损失与施工扰动。

(3)在土仓压力与掘削面保压效果得到有效控制的情况下，盾构机二次启动与分段掘进的影响基本可控。

(4)与软土地层类似，虽然砂卵石地层颗粒骨架效应明显，但先后掘进盾构施工之间的影响是普遍存在的。

(5)盾构掘进参数控制与微扰动施工是解决盾构穿越重大风险源的根本，后续研究可从富水砂卵石地层开挖面稳定机理、渣土改良以及土仓压力控制等方面进一步寻求突破。

6.5 大粒径漂卵石地层盾构多区间连续快速施工技术

大粒径漂卵石地层卵石含量高、漂石粒径大(含量接近10%，图6-64)、硬度大，受扰动后地层反应灵敏，同时地下水丰富、水位高，受扰动后极易引起地表大面积沉降，同时大粒径卵石容易在土仓内积聚。大粒径卵石地层未受扰动前，容易在隧道上半断面形成局部空洞(图6-65)。盾构机在此类地层中掘进风险极大，会遭遇掘进困难、刀盘刀具磨损严重、土压建立困难、一次掘进距离短、盾构机被抱死难以脱困等难题，对设备性能和施工技术要求极高。

图6-64 螺旋输送机排出的漂卵石

图6-65 开挖面上方形成的局部空洞

6.5.1 漂卵石地层工程概况与地层特点

成都地铁5号线一、二期工程九道堰站—杜家碾站—大丰站—石犀公园站区间主要采用盾构法施工，盾构区间总长度约为3573.188m。区间沿线穿越北三环输变电工程电力隧道、村镇、亲河名居以及毗河等重要建(构)筑物(图6-66)。区间最小平曲线半径为450m，

最大纵坡为29.674‰,隧道最小覆土为9.9m,隧道洞身主要位于中密与密实卵石土地层。

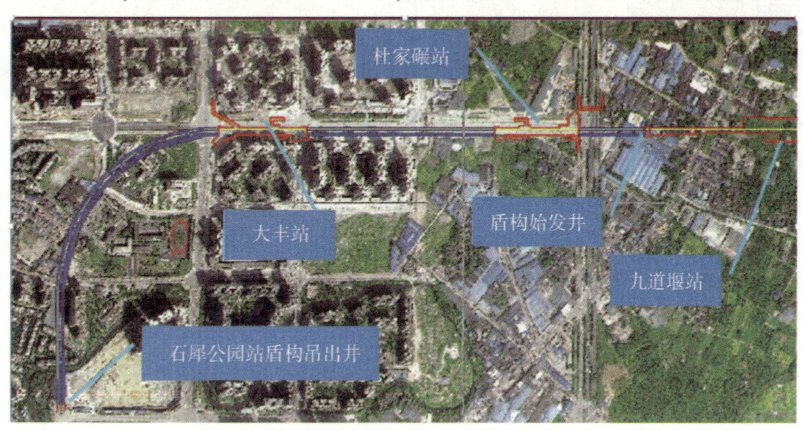

图6-66　盾构区间平面示意图

成都地铁5号线为贯穿城市南北的轨道交通干线,九道堰站—杜家碾站—大丰站—石犀公园站区间位于城市北部天龙大道、敬成路与商贸大道北延线范围,成都市西部与北部存在大粒径漂卵石土地层(漂石含量大于3%,体积比),卵石土地层特性如下:

(1)工程地质

隧道洞身主要穿越稍密卵石<2-9-2>、中密卵石<2-9-3>、密实卵石<2-9-4>,卵石土层分选性、均一性、自稳性均较差,隧道围岩稳定性差,综合围岩级别为Ⅴ~Ⅵ(图6-67)。

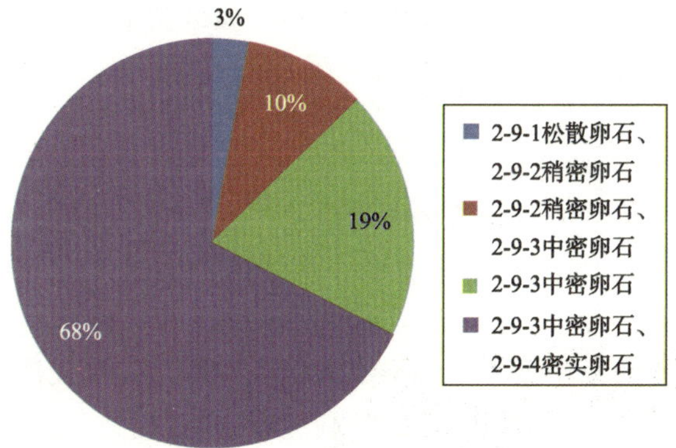

图6-67　隧道断面内不同地层长度占比

稍密实卵石层<2-9-2>:褐灰色、浅灰色、潮湿~饱和,稍密,粒径一般为2~15cm,含漂石,最大粒径可达50cm,漂石含量小于10%,圆砾及中、细砂填充,石质成分主要为砾岩、石英砂岩、灰岩及花岗岩等。

中密实卵石层<2-9-3>:褐灰色、浅灰色、中密、局部稍密,饱和,圆砾、中、砂填充,粒径为2~20cm,含漂石,最大粒径可达60cm,漂石含量小于10%,卵石原岩为石英砂岩、花岗岩。根据颗粒分析实验:粒径>20mm的颗粒含量为65.3%~68.6%,粒径2~20mm的颗粒含量为11.4%~15.4%。

密实卵石层<2-9-4>:褐灰色、浅灰色、饱和,密实,为石英砂岩、花岗岩,卵石含量大于70%,粒径为2~25cm,含漂石,最大粒径可达60cm,漂石含量小于10%,磨圆度较好,分选性较差,圆砾、中、砂充实。根据颗粒分析实验:粒径>20mm的颗粒含量为80.2%~83.5%,

粒径 2～20mm 的颗粒含量为 6.6%～9%。

(2)水文地质条件

根据成都区域水文地质资料及地下水的赋存条件，本区段地下水主要有两种类型：一是赋存于黏性土层之上填土层中的上层滞水，二是第四系砂、卵石土层的孔隙潜水。

上层滞水呈透镜体状分布于地表，赋存于黏性土层之上的填土层中，大气降水和附近居民的生活用水为其主要补给源。水量变化大且不稳定，对区间隧道有一定影响。

场地卵石土层较厚，且成层状分布，局部夹薄层砂，其间赋存有大量的孔隙潜水，其水量较大、水位较高，大气降水和区域地表水为其主要补给源。卵石土层中孔隙水形成贯通的自由水面，对区间隧道有较大影响。

由以上工程地质、水文地质特性可知，大粒径漂卵石地层结构松散、无胶结、卵石粒径大小不等，且卵石空隙多被中粗砂充填，颗粒之间点对点传力，地层反应灵敏，刀盘旋转切削时，刀盘与卵石层接触压力不等，导致刀盘振动，在推进力作用下很容易破坏原来的平衡状态而导致坍塌，引起较大的围岩扰动，使掌子面失去约束产生不稳定的情况。地层中卵石含量越大，粒径越大，掘进时扰动就越大，越容易引起出渣超方及地层塌陷。

在富水漂卵石地层连续穿越重要建(构)筑物施工，在成都地铁建设史上并不多见，为解决这一重大技术难题，在充分收集和分析国内外相关资料的基础上，综合运用工程类比、理论分析、室内试验、现场测试等方法和手段，充分剖析漂卵石地层特性，通过对盾构机改造设计、盾构平衡掘进模式、渣土改良、掘进参数与减阻降矩、同步注浆、刀盘卡停及脱困技术等方面的综合研究，形成富水漂卵石地层盾构隧道施工关键技术。

6.5.2 漂卵石地层盾构连续掘进关键技术

6.5.2.1 盾构机针对性改造设计

卵石含量，尤其是大粒径卵石含量较多的情况下，选择合理的盾构设备是保证盾构施工的首要条件。土压平衡盾构机卵石排出有两个主要的约束条件，即盾构机的刀盘开口尺寸和螺旋机通过最大卵石粒径的能力。为保证卵石不堵塞卡死螺旋机，尽可能选择较大轮廓直径的螺旋机，同时刀盘的开口尺寸要小于螺旋机允许通过的最大卵石的直径，确保进入土仓的卵石能顺利排出，保证盾构后续施工的顺利进行；同时提高刀盘及面板和螺旋机的耐磨性，提高推进的效率。因此，针对大粒径富水漂卵石盾构掘进需要，对盾构机进行了针对性的设计。

(1)刀盘结构形式

①刀盘采用 4 辐条加面板复合式结构，中心支撑方式，刀盘转速为 0～3.8r/m，可双向旋转。

②在大粒径漂卵石地层刀盘开口率以 30%～33% 为宜，开口率 38% 以上时无法保证出渣量，易塌方且渣土混合不好，开口率太小刀盘磨损严重；本盾构机刀盘设计开口率为 33%，有 8 个开口槽(图 6-66)。

③刀盘采用液压驱动，总功率为 945kW。

④刀盘结构改进。盾构机刀盘可通过的最大漂卵石粒径为 230mm×290mm，螺旋机可通过的最大粒径为 520mm×290mm。通过将刀盘中心区域的格栅割除 50～100mm，增加刀

盘中心区域进渣量，并在刀盘外圈区域增加8个长150mm、厚80mm钢板焊接的格栅，避免超大卵石进入土仓而螺旋机无法排出后造成卵石堆积。通过刀盘的改进，增加大粒径卵石刀盘通过量，避免刀盘前方卵石堆积难以排出，减小了刀盘与掌子面地层的摩擦扭矩(图6-68)。

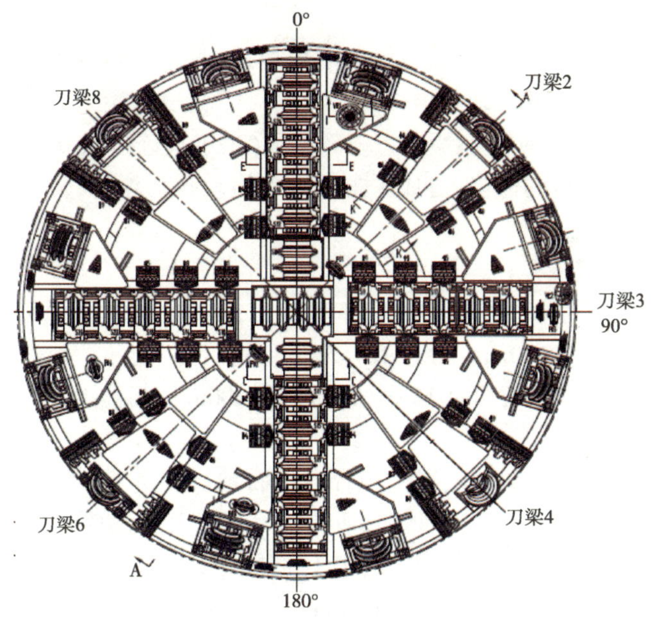

图6-68　刀盘结构及刀具布置图

⑤刀盘驱动系统改造。盾构机刀盘驱动系统采用液驱动方式，驱动系统采用3台315kW的电机驱动，8个A6VM500卓伦大排量液压电动机(图6-69)，预留一个安装液压电动机位置。额定扭矩为6848kN·m，脱困扭矩为8691kN·m，扭矩系数为35，刀盘转速为0~3.15r/min(连续可调双向旋转)。

图6-69　大排量液压电动机与8驱普通液压电动机对比

在大粒径漂石段掘进时，盾构机持续高扭矩推进，为减小刀盘卡停，将盾构机刀盘液压系统液压泵泵头的出口压力限值从28MPa调整为32MPa，并调整刀盘驱动系统额定功率回路上溢流阀的溢流压力为32MPa，通过调整使盾构机的液压系统为盾构机刀盘驱动提供更高的转动扭矩；调整盾构机刀盘PLC自动控制程序中的额定功率泵头压力限值和电路系统中比例放大卡，调节盾构机输出扭矩，为盾构机脱困提供更高的扭矩。

(2)渣土改良注入口设计

刀盘面板上有5个泡沫注入口,土仓中心有1路泡沫注入口,刀盘牛腿设计了单独的对冲式牛腿冲水(防止渣土堆积牛腿附近,致使土仓内渣土搅拌不均匀,加大刀盘的扭矩),泡沫注入口也可用来加注水、膨润土和其他添加剂。

(3)耐磨设计

在刀盘面板和外缘进行加焊高强度的耐磨板处理,并用耐磨焊条焊接格栅状的耐磨材料,对每个进渣口的周围进行处理并堆焊耐磨材料。刀盘边缘滚刀刀箱周围焊接4个耐磨块,既可以保护刀箱,也可以防止边缘滚刀刀毂磨损(由于掘进松散带的存在,刀毂直接和松散带的卵石接触,经过卵石的撞击,造成了主轴承的启动扭矩增大,从而造成边缘滚刀转矩增大,出现偏磨)。

(4)刀具设计及改进

刀具为中心4把17寸(1寸=0.033m)双联滚刀,刀间距为90mm,刀高187.5mm。正面20把18寸滚刀,刀间距为100mm,刀高187.5mm。边缘11把17寸滚刀,1把双刃仿形刀(行程40mm)。周边刮刀8对,切刀36把,刀间距为200mm,刀高140mm。

①刀具磨损分析

由于漂卵石强度高且不易破碎,在大粒径砂卵石地层掘进时,常常对刀盘、刀具进行二次甚至多次磨损。针对大粒径漂卵石地质,盾构机刀盘正面刀、边缘刀均配备18寸滚刀,适合地层的高冲击性。刀毂部分加焊耐磨层,用于挤压、破碎卵石和漂石等单轴抗压强度大的岩类。滚刀刀刃的工作面较刮刀工作面高43mm,使滚刀起到保护刮刀和刀盘体的作用。

在漂卵石地层,阻止滚刀转动的力矩主要由三部分组成,土仓内渣土的摩擦阻力力矩、刀箱内渣土的阻力力矩和滚刀的启动力矩(大小为30~50N·m)。

在松散砂卵石地层,由于阻力力矩由三部分组成,当滚刀的转动力矩小于阻力力矩时,滚刀便不能转动。造成滚刀不转动的原因有以下几点:

a.开挖面松散,不能给滚刀提供足够的反力,因此不能提供足够大的转动力矩。

b.刀箱内渣土的结块、结饼,使得滚动的阻力力矩增大。

c.由于掘进松散带的存在,刀毂直接和松散带的卵石接触,经过卵石的撞击,造成了主轴承的启动扭矩增大,从而造成滚刀转动阻力加大,使得转动困难。

d.由于滚刀的长期不转动,使得砂卵石对其一个方向发生摩擦,从而造成滚刀的严重偏磨。

②刀具改进

为有效减小刀具磨损,增加刀具掘进距离,提高盾构隧道施工工效,及时研发了分级梯度刀圈,刃口刀高30~40mm处可以控制在HRC56~62之间,40~50mm处可以控制在HRC50~55之间,55~75mm处可以控制在HRC40~48之间。在保证刀圈工作刃口高硬度、高耐磨、改变刀圈硬度均匀分布的同时,增强了刀圈的冲击韧性和抗冲击能力,可在漂卵石地层掘进650~800m,此优化为后期盾构砂卵石地层掘进大大节约了施工成本。

(5)螺旋输送机

①螺旋输送机采用轴式螺旋,筒体内径为910mm,节距为630mm,可通过最大粒径为350mm×590mm。

②螺旋机转速为 0 ~ 19r/min,最大出渣能力为 450m³/h,最大扭矩为 178kN·m。

③叶片前三节周边焊耐磨合金块,其余叶片周边焊接 Hardox 耐磨板,叶片表面焊接耐磨网格。筒体固定节堆焊 10mm 厚耐磨层,其余贴 Hardox 耐磨条(图 6-70)。

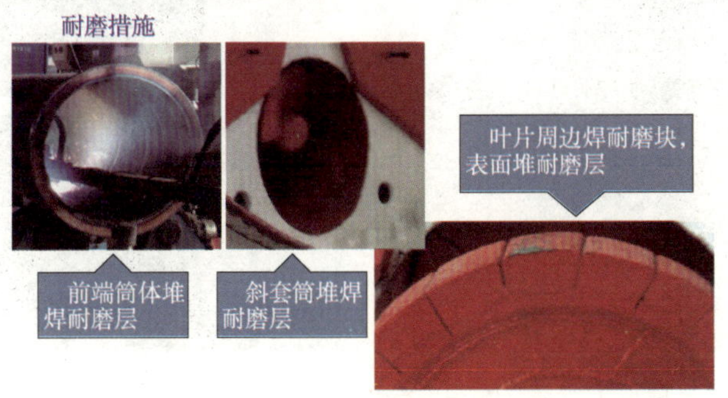

图 6-70　螺旋机耐磨处理

④出闸门应急关闭系统具有手动、自动双重功能,可在自动关闭系统失效时手动关闭 1.5 次。

通过上述刀盘结构改进(割除刀盘中心区域格栅,增加刀盘中心区域进渣量,增加大粒径卵石刀盘通过量)、刀盘驱动系统改造(调整使盾构机的液压系统为盾构机刀盘驱动提供更高转动扭矩)、刀盘与滚刀刀箱耐磨性增强设计、刀具改进(配置 18 寸滚刀更加适合地层冲击性;刀毂部分加焊耐磨层;段差式刀高设计:滚刀刀刃的工作面较刮刀工作面高 43mm;分级梯度刀圈,增强刀圈的冲击韧性和抗冲击能力;增加轴式螺旋内径与耐磨性能),极大提高了大粒径、高强度漂卵石地层盾构掘进单次长度,由最开始的 200 ~ 300m 换刀距离,提高到了单次掘进 650 ~ 800m,为后期盾构砂卵石地层掘进大大节约了施工成本,更为重要的是减少了地层扰动与沉降变形,提高了大粒径漂卵石地层盾构的适应能力。

6.5.2.2　盾构掘进三平衡控制技术

砂卵石地层是一种典型的力学不稳定地层,此类地层中盾构机掘进应严格遵循“掘进三平衡控制”措施,即“掘进土仓压力与地层自稳性平衡”“螺旋机排渣量与刀盘开挖进渣量平衡”“注浆填充量与开挖间隙及超方量平衡”三项平衡控制措施。

(1)掘进土仓压力与地层自稳性平衡

土压平衡盾构开挖土仓由刀盘、切口环、土仓隔板等组成一个密闭空间,盾构机掘进过程中将刀盘开挖的渣土填满土仓,在盾构推进力作用下将土仓内压力作用于掌子面,使掌子面稳定。通过螺旋输送机排渣,维持土仓内压力稳定在预定范围。

盾构机掘进时土仓压力通过土压传感器进行测量,并通过控制推进总推力、推进速度、螺旋机转速等来控制。在大粒径漂卵石地层施工中,由于卵石流动性差、摩擦力大、渗透系数高等因素,造成土仓压力不易稳定,因此需向土仓内注入适量的膨润土或泡沫剂进行充分搅拌,使渣土具有流塑性,保持土仓压力稳定,继而维持开挖面地层的稳定。

大粒径漂石或孤石集中地段,经常导致盾构机土仓内渣土塑流性与止水性难以满足螺旋机工作需求。大粒径砂卵石地层中的盾构法隧道经常出现土仓上半断面无法进行有效充填,导致出现半仓掘进(欠压掘进,图 6-71)。因此,大粒径漂卵石地层盾构法隧道工程,一方面要充分利用漂卵石地层颗粒骨架效应对地层稳定性的有利作用,另一方面也应在最大程度满足保压掘进与开挖面稳定要求的前提下，及时对盾构掘进引起的地层空洞或疏松区域进行注浆填充。

图6-71　砂卵石地层中盾构半仓(欠压)掘进与地层空洞

(2)螺旋机排渣量与刀盘开挖进渣量平衡

在漂卵石地层掘进时盾构机刀盘开挖进渣量要与螺旋机排渣量相平衡，以维持土仓压力平衡和掘进参数稳定。若盾构机刀盘开挖进渣量大于螺旋机排渣量，会使渣土在土仓内沉积、土仓压力增大、掘进扭矩增大、掘进速度下降。若掘进刀盘开挖进渣量小于螺旋机排渣量，会使土仓压力下降甚至会形成空仓掘进，造成掌子面不稳定，容易引起超挖继而引发地层塌陷。

①刀盘开挖进渣量计算

盾构机在往前掘进时通过刀盘旋转切削掌子面渣土，被切削下来的渣土随着刀盘转动流入土仓内，渣土的堆积使土仓形成一定压力，可用来平衡掌子面地层的稳定。刀盘开挖进渣量与刀盘开挖直径、盾构机掘进速度等参数有直接关系，具体计算为：

$$Q_{进} = S_{刀盘面积} \times v_{掘进速度} \times h_{进} = \pi \times (D_{刀盘}/2)^2 \times v_{掘进速度} \times h_{进} \tag{6-37}$$

式中：$Q_{进}$——刀盘开挖进渣量；

$S_{刀盘面积}$——刀盘开挖面积；

$D_{刀盘}$——刀盘开挖直径；

$v_{掘进速度}$——盾构机掘进速度；

$h_{进}$——盾构机掘进时间。

由上式可知，单位时间内，刀盘开挖进渣量 $Q_{进}$ 主要取决于盾构掘进速度 $v_{掘进速度}$。

②螺旋输送机排渣量计算

地层土体被刀盘切削下来后会有一定的松散，在盾构掘进过程中，为便于渣土排放在掘进工程中会加入泡沫、膨润土等渣土改良剂，使实际渣土体积与原地层体积有一等差别，将实际渣土体积与原地层体积的比值被称为松散系数，不同地层渣土松散系数不同，可根据试验段参数总结确定不同地层的松散系数。而螺旋输送机的排渣能力与螺旋机的容积、螺旋机转速及渣土的稠稀有关，而螺旋机的容积与包渣直径的轴向投影面积成正比，螺旋机排渣速度与螺旋机叶片间距和螺旋机转速成正比。

掘进时每环螺旋机排渣量计算公式为：

$$Q_{排} = \eta \times A \times v \times h_{排} = \eta \times \pi \times (D_{螺}/2)2 \times s \times n/60 \times h_{排} \tag{6-38}$$

式中：η——渣土充填系数；

A——螺旋机的容积；

v——螺旋机排渣速度；

$D_{螺}$——螺旋机排渣直径；

s——螺旋机叶片间距；

n——螺旋机转速；

$h_{排}$——螺旋机排渣时间。

由上式可知，单位时间内，螺旋机排渣量 $Q_{进}$ 主要取决于螺旋机转速 n。

③螺旋输送机排渣量与刀盘开挖进渣量平衡的影响参数

在盾构掘进过程为保持土仓压力的稳定性，确保掌子面的稳定和掘进参数正常，盾构掘进时螺旋输送机排渣量与刀盘开挖进渣量应平衡，$Q_{排}=Q_{进}$，即：

$$\eta\times\pi\times(D_{螺}/2)2\times s\times n/60\times h_{排}=\pi\times(D_{刀盘}/2)2\ \times v_{掘进速度}\times h_{进} \tag{6-39}$$

其中，在盾构掘进时刀盘切削进渣时间 $h_{进}$ 和螺旋机排渣时间 $h_{排}$ 基本相同；$D_{螺}$、s 和 $D_{刀盘}$ 为盾构设计参数，盾构机选型确定后将不可改变；η 受渣土特性和改良效果的影响；故在盾构掘进过程中影响螺旋输送机排渣量与刀盘开挖进渣量平衡的影响参数主要为螺旋机转速 n 与盾构机掘进速度 $v_{掘进速度}$。盾构掘进过程中通过控制螺旋机转速与盾构机掘进速度相匹配，可控制螺旋输送机排渣量与刀盘开挖进渣量平衡，继而维持土仓压力稳定，避免超方或欠方。大粒径漂卵石地层，应注意大粒径漂石可能导致进渣量的波动，此时渣土的松散系数将进一步增大。

(3)注浆填充量与开挖间隙及超方量平衡

为有效控制地层沉降变化，需及时对盾尾空隙范围内充填浆液，同时还需要考虑浆液向周围地层的扩散量，要求注浆填充量与开挖间隙及扩散量平衡。不同地层的孔隙率和渗透系数差异，使注浆填充系数不同。

①正常掘进时利用盾构机上的注浆泵进行同步注浆，填充刀盘开挖直径与管片外径之间的间隙，同步注浆速度与盾构机推进速度相匹配。当管片环宽为1.5m时，刀盘开挖间隙 $Q_{开挖间隙}$ 和同步注浆 $Q_{同步注浆}$ 分别为：

$$Q_{开挖间隙}=\pi\times(D_{刀盘}{}^{2}-d_{管片外径}{}^{2})/4\times L=3.14\times(6.28^{2}-6^{2})/4\times1.5=4.05\text{m}^{3}$$

$$Q_{同步注浆}=\eta\times Q_{开挖间隙}=(1.5\sim2)\times4.05\ \approx6\sim8\text{m}^{3}$$

大粒径漂卵石地层，需考虑盾尾处压力较大的浆液向周边高渗透性地层扩散的影响，因此地层填充系数 η 较大，一般可按150%～200%考虑，即同步注浆量为6～8m^3。其中，中密卵石和密实卵石层地层每环同步注浆量为6～7m^3，稍密卵石地层和松散地层同步注浆量为7～8m^3。

②盾构掘进少量超方环(即超方量为1～2m^3)，在该处位置到盾尾可同步注浆时，利用同步注浆系统加大同步注浆量1～2m^3，并及时利用管片吊装孔进行二次补浆，填充刀盘开挖间隙和掘进时的超方量。同步注浆量与二次补浆量之和要平衡刀盘开挖间隙和掘进时的超方量之和，即：

$$Q_{同步注浆}+Q_{补浆}=\eta\times Q_{开挖间隙}+Q_{超方量} \tag{6-40}$$

③盾构掘进超方量较大的环(即超方量3m^{3}以上)，在该处位置到盾尾可同步注浆时，利用同步注浆系统加大同步注浆量1～2m^3，并及时利用管片吊装孔采用深孔注浆工艺进行

补浆,同时在相应里程地面进行钻孔排查,发现空洞后从地面进行砂浆回填,填充刀盘开挖间隙和掘进时的超挖量。同步注浆量、深孔补浆量及地面回填量之和要与刀盘开挖间隙、掘进超方量之和平衡。但隧道内和地面填充总量要与地层开挖间隙及超方量相平衡,及时抑制地层变形,即:

$$Q_{同步注浆} + Q_{补浆} + Q_{回填} = \eta \times Q_{开挖间隙} + Q_{超方量}$$

不同工况的地层填充量与开挖间隙量平衡示意图如图6-72所示。

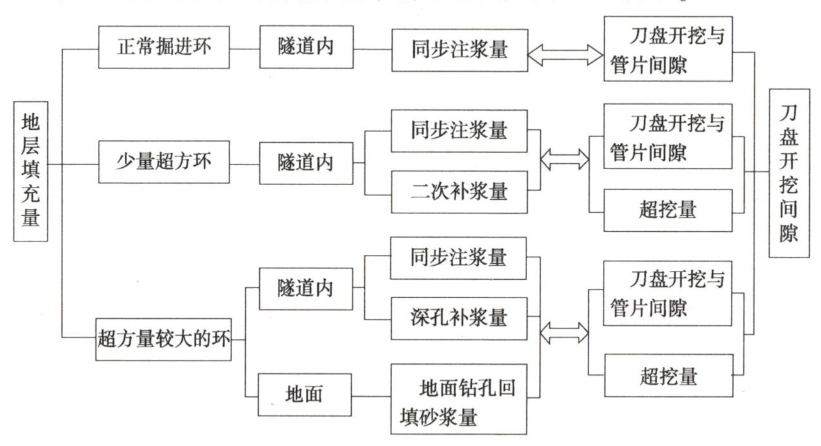

图6-72 地层填充量与开挖间隙量平衡示意图

地层填充量与开挖间隙扩散量平衡效果检查主要采用分析法,结合掘进速度及衬砌、地表与周围建筑物变形量测结果进行综合分析、判断,必要时采用地质雷达探测法进行效果检查。

通过上述盾构掘进期间的三平衡控制技术(即掘进土仓压力与地层自稳性平衡、盾构掘进速度与螺旋机转速平衡、注浆量与开挖地层空隙平衡),在最大程度上满足了开挖面稳定性控制与周边地层沉降变形的控制要求,满足了周边环境风险的管控要求。

6.5.2.3 复合式渣土改良技术

在大粒径漂卵石地层,为降低渣土内摩擦角,降低刀盘扭矩,增加渣土的流动性、渗透性,从而达到堵水、减磨、降扭及保压的效果,必须进行有效的渣土改良,渣土改良和管理是确保富水地区大粒径漂卵石地层盾构顺利掘进的重要环节。

通过盾构机配置的泡沫系统、膨润土系统和管路向刀盘面、土仓内或螺旋输送机内注入泡沫或膨润土,利用刀盘的旋转搅拌、土仓搅拌装置搅拌或螺旋输送机旋转搅拌使添加剂与土渣混合,使盾构切削下来的渣土具有良好的流塑性、合适的稠度、较低的透水性和较小的摩阻力,实现漂卵石地层盾构掘进的理想工作状况,在减少卵石地层刀盘刀具磨损的同时,提高掘进效率。

(1)泡沫剂改良渣土

土压平衡盾构机配备泡沫注入系统,泡沫发生器自动运行,通过专用管路分别将泡沫注入刀盘前部、土仓或螺旋输送机内改良渣土,以增加渣土的流塑性及止水性。

在泡沫发生器工作过程中,可以设定泡沫剂与水混合的比例。根据泡沫生产厂商的不同,泡沫剂成分有所不同,在许可范围内,泡沫系统的建议输入参数也不同。在盾构掘进过程中,分别将3%、4%、5%比例的泡沫注入重塑土中进行改良,发现土体的内摩擦角和抗剪强度均比改良前有不同程度的降低,对土体改良效果较为明显;其中,按5%比例的泡沫注

入，可使重塑土体的内摩擦角降低最大约5°；按3%比例的泡沫液注入，可使重塑土抗剪强度与按5%比例的泡沫注入后的重塑土抗剪强度相当。综合分析，泡沫剂的浓度选取3%较为合理。但在扭矩长时间过大，单靠调整流量又难以降低扭矩或遇喷涌、流沙的情况下，可将该浓度适当调大。

(2)膨润土改良渣土

膨润土由于具有吸湿膨胀性、低渗性、高吸附性及良好的自封闭性能。土压平衡盾构施工对加入的膨润土泥浆的一个基本要求是其能够形成泥膜，可以形成于土粒内部和土粒之间，由胶结和固结的膨润土组成。泥膜具有低渗透性，从而可以将过量的地下水压力中的液体压力转化为土颗粒和土颗粒之间的有效应力，这对稳定地层防止推进中的地面塌陷至关重要。因此在盾构穿越重要建(构)筑物过程中，膨润土的作用就显得尤为重要。

①膨润土制拌、膨化

在盾构施工过程中，为了满足膨润土的使用，地面上设一膨润土搅拌设备(图6-73)，配有一台膨润土搅拌罐，容量为8m^3。同时修建1个膨润土膨化池(图6-74)，容量为80m^3，地面拌好的优质高浓度的钠基膨润土溶液放入膨化池直至池满，并将膨化池内分成4个独立空间，用于存放已发酵不同时间的膨润土溶液，待膨化24h，检测膨润土浓度达到20～40s方可使用。

图6-73　膨润土搅拌设备

图6-74　膨化池

②膨润土运输

采用45t电机车运输膨润土至盾构机，电机车上设置两个砂浆车，一个运输膨润土溶液，一个运输同步砂浆浆液。在膨润土膨化池上设置输送泵，膨润土溶液通过输送管道泵入膨润土砂浆车内，然后通过砂浆车拉至隧道内，抽入盾构机的膨润土储存罐内，如图6-75所示。

图6-75　砂浆罐

③膨润土注入

将台车上的自有注浆管路改装为土仓壁和盾体径向注浆孔,如图6-76所示。

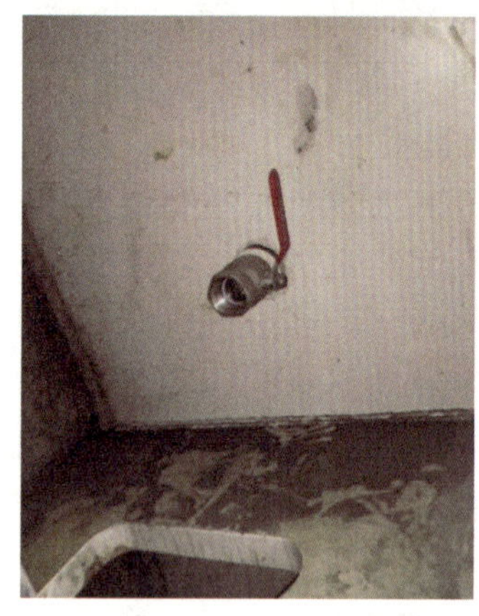

图6-76 土仓壁及盾体径向注浆孔

(3)渣土改良试验

根据地质情况、盾构施工要求以及成都已完工程的渣土改良经验,采用如下渣土改良试验方法,见表6-19。

试验测试项目 表6-19

试验项目	目 的	试验求取值	试验设备
坍落度试验	改良土的塑流性	坍落度(cm),流动度(cm)	标准坍落度桶
渗水试验	改良土的止水性	渗透系数(cm/s)	直径为20cm的有机玻璃渗透系数仪
滑动试验	改良土和钢条之间的摩擦	钢条与土体之间的摩擦系数	角钢和土体接触,用拉力计测得拉力
观察	观察是否离析,以及流动性、包裹小的卵石的情况		

试验前先对一定量的渣土进行筛分,渣土按大、中、小进行分类,分为石、土、沙,每样称重分析渣土中所含比重。筛分分为粒径0~100mm、粒径100mm以上两组。取渣样,分别加入不同比例的泡沫、膨润土水进行试验,确定各种添加剂的加入量。

①0~100mm粒径渣样试验

该组试验对象约占试样方量的35%,试验中,往该渣样土中加水,将其加到饱和状态,当含水率为19%时,坍落度为21cm,根据观察具有较好的塑性流动性和一定的保水性。

通过拉动试验和搅拌测试功率的试验,发现该土体的摩擦系数偏大,在加入浓度为3%的泡沫剂150mL发泡后,该土体具有了更好的流塑性,并且内摩擦角明显减小。

②100mm以上粒径渣样试验

该组试验对象约占试样方量的65%,对该组渣土,分别添加泡沫剂、膨润土及泡沫剂+膨润土进行不同改良试验,具体试验结果见表6-20。

不同添加剂试验结果　　表6-20

改良方式	试验结果				
	渗透系数（cm/s）	坍落度（cm）	滑动试验	流动性和保水性观察	改良结论
只添加泡沫剂	1.8×10^{-4}	17	钢条拉动试验拉力为15N左右，对于改善钢条和渣土之间的摩擦有很大作用	较好的流动性和一定的保水性	抗渗系数不满足要求，对于存在大颗粒的情况下，喷涌的危险性很大
只添加膨润土	13×10^{-7}	12	钢条拉动试验拉力在30N左右，拉动钢条波动较大，表明大块易卡住	较好的保水性和塑性流动性	大颗粒的卵石已经被细颗粒所包裹，细颗粒含量达35%，满足土压平衡盾构1×10^{-5}cm/s的要求
添加泡沫剂和膨润土	4.1×10^{-6}	19	钢条拉动拉力在21N左右，可匀速拉动，大大地减小了土体与钢条之间的摩擦	较好的塑性流动性和保水性、黏性	渣土的流动性极大地增大，抗渗系数满足要求

③试验结论

综合分析评价得出，大粒径漂卵石地层宜采用“泡沫＋膨润土”的改良方案，发挥了两种材料的互补性，泡沫主要在细颗粒中起到减磨和提高流动性的作用，膨润土主要起到增加细颗粒含量、提高渣土流塑性、提高抗渗性的作用。同时，采用此方案可以有效地减小盾构刀具与卵石颗粒之间的摩擦作用，减小刀具的磨损，增加刀具的掘进行程，节约掘进成本。

改良的具体指标根据地层中细颗粒含量确定添加材料的掺入率和浓度。

(4)复合式渣土改良应用效果

砂卵石地层情况变化快，对渣土改良要求高，掘进过程中需要高度集中，观察掘进参数的实时变化，提前做出预判，并及时调整掘进参数。

为充分说明大粒径漂卵石地层各类渣土改良剂的实施效果，基于成都地铁5号线九道堰—杜家碾站区间掘进过程中，不同添加剂的试掘进情况进行对比分析。

①泡沫剂＋水

通过试掘进试验表明，泡沫剂＋水这种改良方式(表6-21)的效果不是很理想，掘进参数波动大，掘进出渣量不易控制，渣土流塑性及止水性较差，且渣土改良效果不够稳定易出现喷涌和水土分离(图6-77)。

泡沫剂＋水改良剂试掘进参数表　　表6-21

掘进环号	掘进速度（mm/min）	土仓压力（MPa）	总推力（kN）	刀盘扭矩（kN·m）	渣土状态	地面最大沉降（mm）
25	35～58	0.085	14400	3900	出现喷涌	-23
26	32～54	0.088	16100	4600	出渣困难	-22
27	36～58	0.086	15600	4300	水土分离	-27
28	31～55	0.076	14100	4050	出现喷涌	-26
29	37～61	0.081	15700	4300	水土分离	-28

图 6-77　泡沫剂 + 水渣土改良效果

②膨润土溶液

通过试掘进试验表明，膨润土溶液这种改良方式（表 6-22）的效果仍然不理想，容易出现渣土较干或出土困难等情况（图 6-78）。

膨润土溶液改良剂试掘进参数表　　表 6-22

掘进环号	掘进速度（mm/min）	土仓压力（MPa）	总推力（kN）	刀盘扭矩（kN·m）	渣土状态	地面最大沉降（mm）
37	34～42	0.071	16210	4300	渣土较干	-27
38	28～38	0.067	15670	4250	出渣困难	-22
39	30～42	0.068	15560	4200	出渣困难	-23
40	31～44	0.074	16100	4100	渣土较干	-18
41	33～47	0.068	15925	4220	渣土较干	-18

图 6-78　膨润土溶液渣土改良效果

③膨润土 + 水

通过试掘进试验表明，膨润土 + 水这种改良方式（表 6-23）的效果仍然不理想，渣土流塑性及止水性均较差，容易出现出土困难或渣土偏干或偏稀等情况，且渣土改良效果不够稳定。

膨润土＋水改良剂试掘进参数表　　表6-23

掘进环号	掘进速度（mm/min）	土仓压力（MPa）	总推力（kN）	刀盘扭矩（kN·m）	渣土状态	地面最大沉降（mm）
49	38～53	0.071	16215	4700	出渣困难	－14
50	39～52	0.068	14723	3800	出现喷涌	－22
51	37～57	0.063	17398	3800	出渣困难	－18
52	38～44	0.065	14320	3930	渣土较稀	－19
53	42～53	0.067	15400	4200	流塑状态	－16

④膨润土＋泡沫溶液＋水

通过上述比较，可以看出采用膨润土溶液＋泡沫剂＋水的方式渣土改良效果最好（表6-24、图6-79），盾构的各项掘进参数均控制较好，并且地面沉降得到有效控制，改良出来的渣土具有较好的流塑性、止水性，兼具膨润土溶液改良土的塑流性、止水性与泡沫剂改良土的减摩、流动性。

膨润土＋水改良剂试掘进参数表　　表6-24

掘进环号	掘进速度（mm/min）	土仓压力（MPa）	总推力（kN）	刀盘扭矩（kN·m）	渣土状态	地面最大沉降（mm）
61	42～58	0.076	15130	4200	流塑状态	－9
62	44～62	0.079	15370	4100	流塑状态	－10
63	48～67	0.072	15100	3990	流塑状态	－14
64	43～58	0.075	15000	3800	流塑状态	－10
65	48～63	0.079	15300	3400	流塑状态	－9

图6-79　泡沫剂＋水与膨润土＋泡沫剂＋水复合式渣土改良效果对比

（5）复合式渣土改良参数及注入方式

当隧道断面地层中含沙量小于20%时，采用泡沫剂、膨润土和水的方式进行渣土改良，具体添加量通过试验和试掘进段总结如下：

①泡沫原液比例在2.5%～3%之间，发泡率为15～18，4根管路同时注入，单管泡沫流量为300～330L/min，原液用量每环为30～340L。

②膨润土为1:0.5的质量配合比，即1m^{3}水加500kg膨润土拌制，膨化时间为24h；膨润土膨化后比重为1.08，黏度为20～40s；膨润土单管流量为80～140L/min，每环注入量为

2～3m^3(4号泡沫管路改注膨润土)。

③水：单管流量为60～140L/min，每环添加量为2～3m^3；刀盘加水，以刀盘前面加入为主，土仓加入为辅，刀盘面板改造1根泡沫管为加水管，1根靠近刀盘边缘，中心牛腿加水不变，土仓加水尽量减少。水在刀盘前面可以与掌子面刮下来的土充分混合，而土仓加水混合不均匀容易造成渣土离析。

6.5.2.4　出渣量三重控制与超方控制

盾构机掘进对出渣量采取三重控制管理措施，一是通过渣土箱进行体积量取，二是通过门式起重机对出渣的重量进行称重，三是通过油缸行程进行出渣量控制(图6-80)。

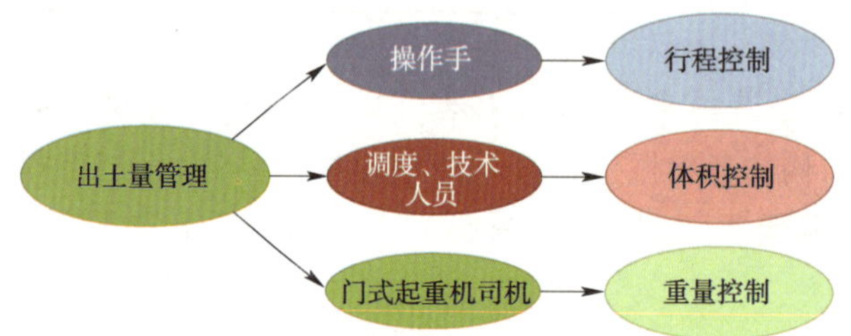

图6-80　出渣量三重控制示意图

(1)体积控制

考虑稍密卵石土体松散系数为1.1、密实卵石地层为1.2，盾构机每掘进一环(1.5m)理论出渣量为：

$$V_{理}=(1.1\sim1.2)\pi(D/2)^2L$$
$$=(1.1\sim1.2)\times3.14\times(6.28/2)^2\times1.5$$
$$=51.08\sim55.73m^3$$

施工中采用电瓶车每斗长5.8m、宽1.5m、高2m、中间底部下沉0.54m、容积$V_{容}$为18m^3的渣斗装运渣土，考虑渣斗顶部预留空间(顶部10～15cm高度范围不装渣)与底部残渣因素，实际渣斗装渣体积$V_{斗}=15.7\sim16.13m^3$，即实际施工中每斗理论装渣量为16m^3左右；通过$V_{理}/V_{斗}=(51.08\sim55.73m^3)/16m^3=3.19\sim3.48$可知盾构推进每环出渣量为不到3斗半。

盾构掘进时在每个渣斗外侧标志方量刻度，方便装渣量统计；每环推进完成后对每斗渣土顶部预留量进行测量，统计每环出渣量时记录每斗实际的预留量$V_{留}$来计算满斗渣土体积和空斗(残渣量$V_{残}$)体积量，通过$V_{渣}=V_{容}-V_{留}-V_{残}$计算每斗实际方量。对渣斗内水与渣土的尺寸进行分别计数，并正确换算各自体积。

每环实际出渣量体积为：

$$V_{实}=V_1+V_2+V_3+V_4-V_{水}-V_{添加剂}$$
$$=(V_{1斗}-V_{1留}-V_{1残})+(V_{2斗}-V_{2留}-V_{2残})+(V_{3斗}-V_{3留}-V_{3残})+$$
$$(V_{4斗}-V_{4留}-V_{4残})-V_{水}-V_{添加剂}$$

通过$V_{实}-V_{理}$可计算本环实际超方量。

(2)重量控制

理论重量：为盾构掘进每环不同地层出渣的理论体积乘以渣土的容重之和，即：$G_{理}=V_1\times\gamma_1+V_1\times\gamma_1+...+V_n\times\gamma_n$($1\sim n$代表本环地层中不同地层)；同时将全断面稍密卵石层、中密卵石层、密实卵石层等地层各统计正常掘进50环为试验段，取其渣土平均重量作为该地层的出渣参考重量。稍密卵石地层每环渣土参考重量为98t，密实卵石地层每环渣土参考重量为118t。

实际重量：渣土重量以门式起重机实际称重为准，记录每斗渣土的满斗重量和空斗重量，本环每斗净重量之和为本环出渣的实际重量，即 $G_{实} = G_{1净} + G_{2净} + G_{3净} + G_{4净}$。

通过每环 $G_{实} - G_{理}$ 计算本环实际超方量。

(3)掘进参数及油缸行程控制

掘进速度控制：漂卵石地层盾构长时间掘进对地层扰动影响大，再加上局部地层空隙的空间效应，地层空隙在长时间内得不到及时充填，容易导致后方地层的局部坍塌。根据实际掘进情况，大粒径漂卵石层，盾构掘进速度宜控制在40mm/min以上的某一水平，若长时间速度过低或速度波动过大，则极有可能出现掘进超方。

刀盘扭矩控制：漂卵石在土仓内沉积会造成掘进时刀盘扭矩较大，刀盘扭矩波动较大且经常卡停的位置，掘进极有可能超方。

推进油缸行程净进尺控制：通过电瓶车每斗装渣量16m^{3}和盾构掘进单位延米时的开挖渣土量 $V'_{理}$，可计算出每个渣斗装满时盾构机推进油缸行程净进尺，即：

$$
\begin{aligned}
V_{斗}/V'_{理} &= V_{斗} \div [(1.1 \sim 1.2)\pi(D/2)^2] \\
&= 16 \div [(1.1 \sim 1.2) \times 3.14 \times (6.28 \div 2)^2] \\
&= 0.43 \sim 0.47\text{m}
\end{aligned}
$$

即盾构机推进行程净进尺430～470mm可装满1斗，1.5m环宽管片盾构掘进时前3斗装满后，第4斗盾构机推进行程净进尺90～210mm。

施工中按照盾构机推进油缸净进尺430～450mm装满每斗控制，第4斗推进油缸净进尺135～210mm控制，第4斗出渣行程超过210mm时判定本环掘进出渣超方。实际掘进过程中根据表6-25进行控制。

出土量行程控制表　　表6-25

序　号	本环掘进进尺(mm)	累计松散土方量(m^3)	土仓出土(m^3)
1	430	16	装满第一个土斗
2	860	32	装满第二个土斗
3	1290	48	装满第三个土斗
4	1500	56	1/3第四个土斗

漂卵石地层盾构掘进出渣量以渣土体积、渣土重量和千斤顶(油缸)行程相结合，超出理论每斗的行程或总重量即预判为超方，应立即进行分析，在地面相应里程位置探孔处理，探孔深度在隧道拱顶以上3m，发现空洞，及时填充处置。

通过渣土体积、渣土质量与千斤顶行程的三重控制标准，可及时发现存在的超方情况(大粒径漂卵石地层盾构掘进，超方在一定程度上不可避免)，及时调整盾构掘进参数、减少超方。更为重要的是，对超方区域进行精确定位，及时回填注浆，最大程度确保隧道周围地层空洞或疏松区域及时进行注浆处理，盾尾后方隧道与地层密贴。

6.5.2.5　盾构掘进参数与"匀速降扭"措施

大粒径漂卵石地层盾构掘进施工中掘进参数控制至关重要，同时需要针对普通地段、卵石含量较大地段、受外界因素影响土层松动不稳定地段以及松散大粒径漂卵石地段情况的不同,制订有针对性的掘进参数与技术措施。

(1)漂卵石地层普通段掘进参数

稍密卵石层、中密卵石层和密实卵石层等不同卵石含量地层,经过复合式渣土改良,渣土和易性、流塑性达到效果后,盾构掘进参数可控制在相类似范围。

通过一段时间的施工,对渣土改良配比调整、掘进参数精细化控制,从5号线大丰站—石溪公园站区间始发端选取部分掘进参数进行统计,分析总结漂卵石地层普通段掘进参数,为实际工程提供控制标准,具体各项参数控制标准如下:

①盾构推进速度控制在50~70mm/min之间(图6-81)。

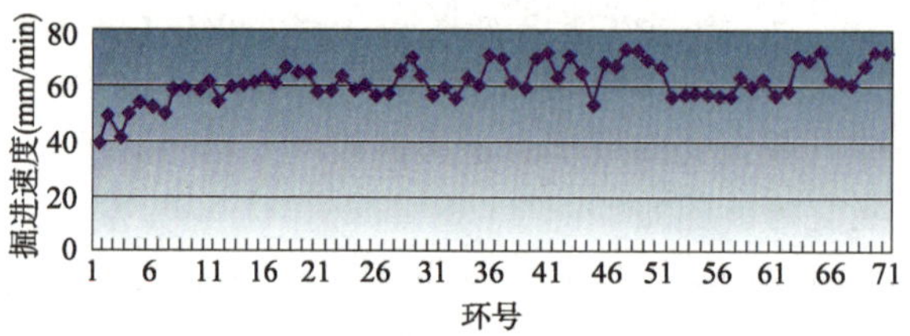

图6-81 盾构掘进速度时程曲线

②千斤顶总推力控制在8000~12000kN之间(图6-82)。

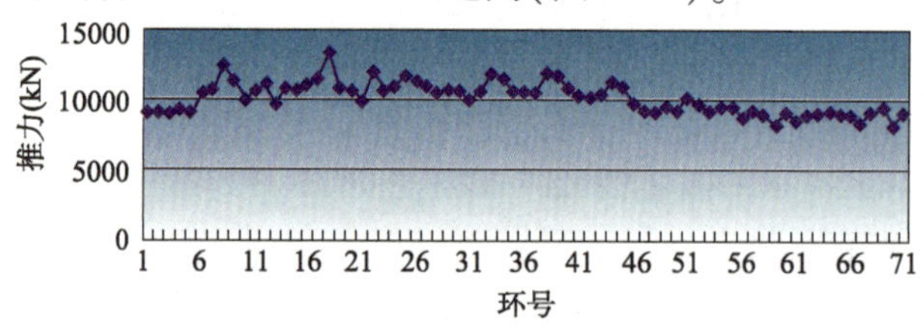

图6-82 盾构总推力时程曲线

③刀盘转速控制在1.3~1.5r/min之间(图6-83),刀盘扭矩控制在2500~4000kN·m之间(图6-84)。

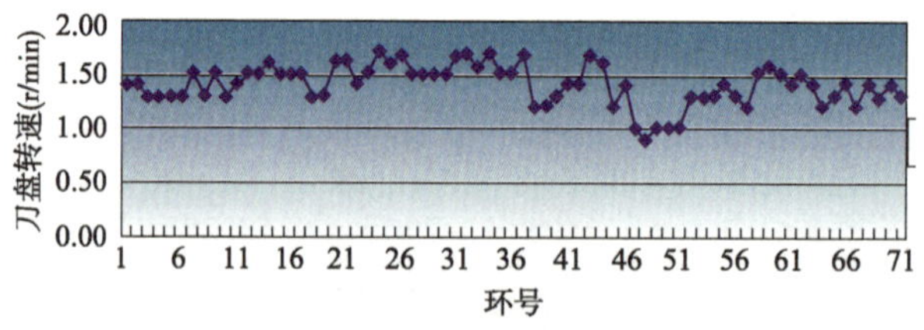

图6-83 盾构掘进速度时程曲线

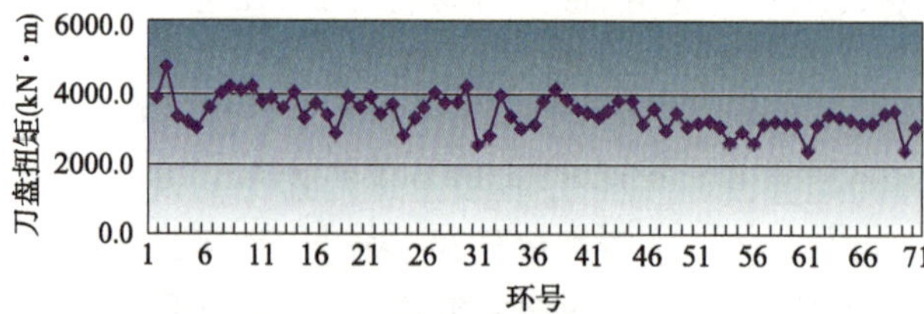

图6-84 盾构掘进速度时程曲线

④螺旋机转速:6.0~8.0r/min(图6-85)。

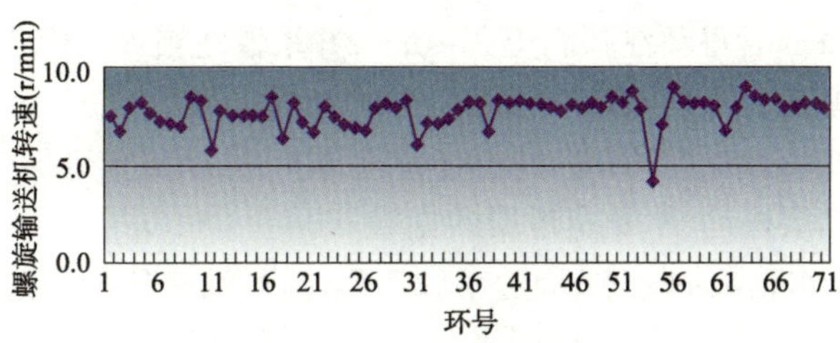

图6-85　盾构掘进速度时程曲线

⑤顶部土压控制在0.08～0.12MPa之间(停机后保持顶部土压稳定至0.08MPa，图6-86)。

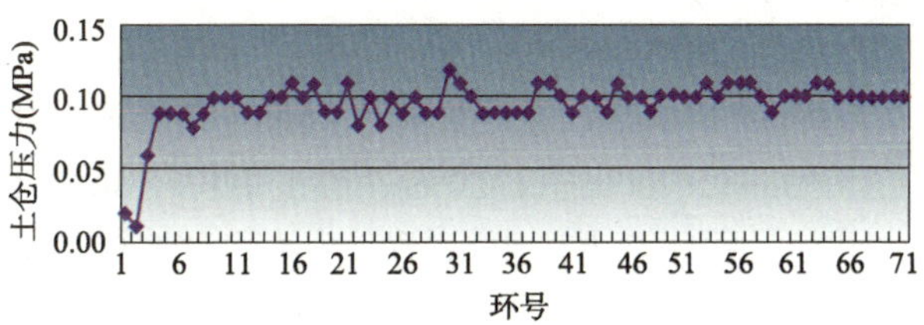

图6-86　盾构掘进速度时程曲线

⑥每环同步注浆量控制在6～8m^{3}之间，可根据情况进行适当加注，注浆压力控制在0.25～0.3MPa之间(图6-87)。

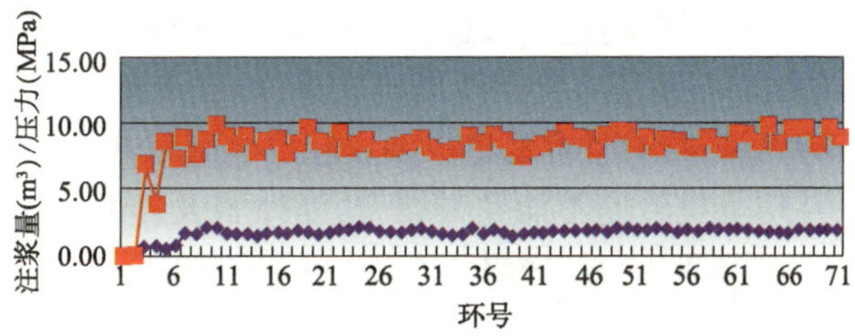

图6-87　盾构掘进速度时程曲线

⑦盾构机姿态上、下、左、右偏差控制在±50mm之内、垂直趋势控制在2～4mm之间、水平趋势控制在0～2mm之间、每环纠偏量不得大于5mm(姿态尽量减少大浮动调整，调一环稳一环，图6-88)。

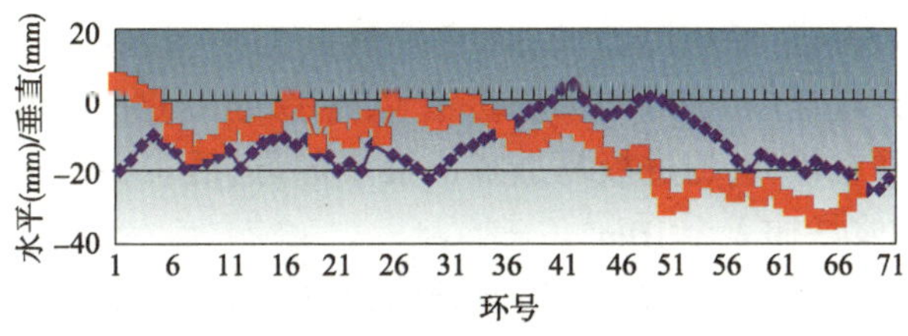

图6-88　盾构掘进速度时程曲线

⑧盾尾间隙：上、下、左、右间隙控制在50～80mm之间。

(2)卵石含量大，细颗粒较少，未受外界影响，稳定地层

细颗粒少，盾构掘进过程中经常出现扭矩大、掘进速度慢、超挖严重等情况。

盾构掘进前，提前注泡沫3～5min，渣土改良采用泡沫和膨润，泡沫原液3.0%，5路泡沫单管流量为300～350L/min，发泡倍率15倍；膨润土采用泡沫1号或2号管路注入掌子面，

单管流量为 90 ~ 140L/min，每环注膨润土 3 ~ 6m³，并采取适当欠压模式掘进，缩短每环推进间隔时间，并在停机间隔注入 1 ~ 2m³ 的膨润土；随着掘进环数增加，可能出现扭矩大、刀盘卡停频繁的情况，停机采用惰性浆液进行土仓置换，随后再恢复推进。

(3)受外界影响土层松动、不稳定地层的掘进

受外界影响，如污水管长期漏水、周边市政工程建设等，在盾构掘进通过之前，地层可能就呈现松动不稳定的情况。此时，盾构掘进过程中，渣土改良采用泡沫和膨润土，在扭矩不大于 5000kN · m 情况下提高掘进速度，保证满仓推进，顶部土压控制在 0.06 ~ 0.1MPa，视掘进情况适当加大膨润土注入量，每环推进间隔时间保持在 1.5h 内，每环停机间隙注入膨润土 1 ~ 2m³，最大程度充填地层空隙。

(4)松散大粒径漂卵石地层掘进

受周边高层建筑施工扰动、长期降水或周边排水沟渠长期渗漏等影响，渣土中大颗粒卵石含量增多，最大体积为 600mm × 400mm × 300mm(渣土中粒径 400 ~ 600mm 的卵石占渣土总量的 5%、粒径 300 ~ 100mm 的卵石占渣土总量的 70%)，同时地层含水量增大，透水性增强，细小颗粒物质较少。

①掘进异常描述

刀盘启动扭矩偏大(3000 ~ 5000kN)，推进速度循环波动，且范围比较大(30 ~ 80mm/min)；经常出现刀盘油压超限，刀盘被卡停(扭矩为 5500 ~ 6000kN)的现象。

地层卵石粒径较大，螺旋机低转速时大粒径卵石不能及时排出，卵石堆积土仓死角。停机时间超过 40min，土仓内卵石及渣土会出现离析状态，卵石大量沉积到土仓底部及土仓底部两边的死角，再次掘进无法排出，且容易造成油压超限继而刀盘卡停。土仓内渣土离析情况下，每一环开推第一斗螺旋机转速不能及时提升，滤掉了大量细沙，久而久之大量大颗粒卵石堆积于土仓死角，推进参数达不到理想状态，容易导致超挖。

②掘进处理措施

a. 该地层盾构掘进需优化施工工序，该段地层采取不停机连续掘进模式。

掘进时土压不宜过高，应根据现场掘进情况调整土压。每环掘进启动扭矩较大时，应停止掘进模式，减少对地层的扰动，不可多次重复反向旋转刀盘，否则极易造成掌子面坍塌。宜通过扭矩控制掘进速度，扭矩增大时，减小推力，防止刀盘卡停。

b. 该段地质盾构机掘进，减小刀盘转速(宜控制在 1.0 ~ 1.2r/min)，减小贯入度(宜控制在 35mm/min 以下)，转速越大，对地层扰动越大，容易造成砂卵石地层超方。

c. 该段地层卵石颗粒较大，掘进极易造成出渣量超方，盾构掘进应严格控制掘进参数，控制出渣量，将同步注浆量加大至 10m³。

d. 渣土改良采取“膨润土 + 泡沫剂”相混合的改良浆液(其形状为果冻状，对卵石渣土有一定的悬浮效果)，可以起到对颗粒卵石的包裹作用。掌子面渣土改良主要靠泡沫控制(封闭作用)，土仓内渣土改良主要靠膨润土控制(活化作用)。膨润土管路改在土仓壁上部(3、9 点以上)，宜注入土仓内部。加大单环膨润土注入量 3 ~ 4m³ 以上，减少水的用量，防止喷涌。掘进过程中，刀盘扭矩的改善主要靠泡沫的控制，合理选择泡沫参数、注入量可有效控制扭矩超限。

e. 渣土置换。采取惰性砂浆置换土仓内颗粒卵石有一定的效果，但无法彻底解决土仓

两边死角的卵石,该处的堆积卵石对盾构掘进无影响,可不做处置。

渣土置换尽量避免停机置换,宜采取边掘进边置换的模式。

(5)盾构机长时间停机

①停机后盾构机满仓顶部土压为0.004MPa,每半小时先打泡沫和水,再转刀盘,刀盘停止后停止泡沫和水,在防止刀盘固结的同时还可以防止地层水涌入造成离稀。

②停机不超过5h,每2h进行一次刀盘旋转,同样提前加水泡沫。

③停机如要超过5h,通过盾尾注浆管注入膨润土浆液,使膨润土通过盾壳反流到土仓内,至土压上升为止。

(6)"匀速降扭"掘进措施

大粒径漂卵石地层盾构掘进施工,刀盘扭矩与掘进速度的匀速平稳控制是关键,这将直接影响盾构掘进出渣超方和刀具的使用寿命,继而影响施工安全。

①刀盘扭矩控制

掘进过程中应时刻关注渣土情况,若土仓卵石颗粒较大,地层颗粒物质较少时,易造成扭矩增大且无法控制,此时盾构机掘进速度将随之降低,极易造成出渣量超方,通过渣土改良改善土仓环境,可降低刀盘扭矩。针对刀盘扭矩波动大或持续高扭矩,采取如下控制措施:当扭矩增大时,盾构机掘进速度也会降低,易造成出土量超方,通过渣土改良可改善土仓环境,降低刀盘扭矩,也可通过停止掘进,空转刀盘,待扭矩降低后再恢复掘进。

a.土仓卵石颗粒较大,地层颗粒物资较少,此时宜加大膨润土用量,可改善土仓环境,降低扭矩。

b.微调螺旋输送机转速,增加0.2r/min,持续约5min。

c.适当减小推力继续掘进,观察扭矩变化,控制推力油压差在3MPa左右,进一步稳定扭矩。

d.若扭矩持续上升,将刀盘换向。

e.当完成上述步骤扭矩仍无法下降时,采取低速掘进,平稳控制各项参数的掘进模式,宜将扭矩控制在2000~3000kN·m。此模式下易造成出渣量超方,应加强渣土改良,当掘进速度上升时,应再次减少推力。

f.若采取上述步骤措施后,刀盘扭矩仍无法下降或参数均不能正常控制时,应停止掘进,采取在土仓内注入惰性浆液,完成渣土置换的改良措施后,方可恢复掘进。

②掘进速度控制

大粒径砂卵石地层盾构施工应保持快速、连续掘进,根据施工经验分析可知,当掘进平均速度小于40mm/min[盾构下穿建(构)筑物及管线段,平均速度小于50mm/min]时,极易造成出渣量超方,大粒径漂卵石地层盾构掘进保持一个较高速度是避免超方的关键,控制措施如下:

a.大颗粒卵石含量较多且渣土干时,扭矩波动较大,容易造成掘进速度波动,此时应减小推力,加大膨润土注入量,持续约10min后,速度可以维持在一个稳定状态。若采取上述措施后,速度仍波动较大,应停止掘进,在土仓内注入膨润土,进行渣土改良后,方可恢复掘进。

b.当土仓压力大造成扭矩、速度波动较大时,应停止掘进,向土仓内注入惰性浆液,完成渣土置换后,方可恢复掘进。

c. 针对超方阶段多次发生在盾构掘进第 2 ~ 3 斗的情况,采取在盾构掘进时,土仓压力实增 0.02MPa 以及加大膨润土注入量的渣土改良措施,降低刀盘启动扭矩,并缩短盾构每环间的衔接时间(1 ~ 1.5h)。

d. 若渣土干湿程度适中且均匀,但速度波动仍然较大时,应控制各项掘进参数,禁止调整螺旋输送机转速,保持参数控制平稳掘进即可。

e. 卵石地层掘进采用小推力、小扭矩掘进,减少刀盘在掘进过程中的卡停现象,使刀盘处于一种稳定的转动状态,防止卵石沉积土仓底部。

通过以上分析,明确了一般卵石土地层在理想状况下的盾构掘进参数(V = 50 ~ 70mm/min,总推力为 50 ~ 70mm/min,刀盘转速为 1.3 ~ 1.5r/min;刀盘扭矩为 2500 ~ 4000kN · m;螺旋机转速为 6.0 ~ 8.0r/min;环同步注浆量为 6 ~ 8m^3,注浆压力为 0.025 ~ 0.03MPa);卵石含量大的稳定地层,可考虑采用适当欠压掘进;受外界影响土层松动的不稳定地层,应采用满仓保压掘进;大粒径漂卵石地层容易出现渣土无法顺利排出、刀盘扭矩偏大甚至被卡停的情况,可综合通过减小刀盘转速、使用“膨润土 + 泡沫剂”混合渣土改良、加大同步注浆量的连续掘进模式进行处理,同时提出了基于刀盘扭矩与掘进速度平稳控制的大粒径卵石地层盾构“匀速降扭”技术措施。

6.5.2.6 漂卵石地层同步注浆技术

漂卵石地层对注浆工艺与浆液性能提出了苛刻的要求,根据既有工程经验,漂卵石地层盾构隧道注浆用浆液需要具备以下基本条件:浆液初凝时间短、抗水分散性好、初始屈服强度高以及具有良好的和易性与工作性能。

(1)注浆配比

漂卵石土层同步注浆采用水泥砂浆,普通段浆液的初步配合比为:水泥 150kg,膨润土 50kg,细砂 600kg,粉煤灰 360kg。

(2)浆液主要性能指标

胶凝时间:一般为 3 ~ 10h,根据地层条件和掘进速度,通过现场试验加入促凝剂及变更配比来调整胶凝时间。

固结体强度:1d 不小于 0.2MPa,28d 不小于 2.5MPa。

浆液结石率:>95%,即固结收缩率 <5%。

浆液稠度:8 ~ 12cm。

浆液稳定性:倾析率(静置沉淀后上浮水体积与总体积之比)小于 5%。

(3)注浆模式

注浆可根据需要采用自动控制或手动控制方式,自动控制方式即预先设定注浆压力,由控制程序自动调整注浆速度,当注浆压力达到设定值时,自行停止注浆。手动控制方式则由人工根据掘进情况随时调整注浆流量,以防注浆速度过快而影响注浆效果。一般不从预留注浆孔注浆,以降低从管片渗漏水的可能性。

(4)注浆设备配制

搅拌站:在洞外施工场地配置自行设计建造的砂浆搅拌站 1 座,搅拌能力为 30m^3/h。

同步注浆系统:配备 KSP 液压注浆泵 2 台,注浆能力为 2 × 10m^3/h,4 个盾尾注入管口及其配套管路，并预留4个盾尾注入管。

(5)注浆压力

同步注浆时要求在地层中的浆液压力大于该点的静止水压及土压力之和，做到尽量填补而不劈裂。注浆压力过大，隧道将会因浆液扰动而造成后期地层沉降及隧道本身的沉降，并易造成跑浆；注浆压力过小，浆液填充速度过慢、填充不充足，会使地表变形增大。同步注浆压力设定为0.2~0.4MPa，并根据监控量测结果做适当调整。

(6)注浆量与注浆时间

同步注浆量为理论间隙的150%~200%，一般同步注浆量为6~8m^3(不低于6m^3，特殊情况可以加注)，二次补浆在管片脱出盾尾3~4环进行。

注浆时间及速度：盾构机掘进的同时，进行同步注浆，同步注浆的速度与盾构机推进速度相匹配。

(7)注浆顺序

采用4个注浆孔同时压注，在每个注浆孔出口设置压力检测器，以便对各注浆孔的注浆压力和注浆量进行检测与控制，从而实现对管片背后区域的对称、均匀压注。

(8)注浆结束标准和注浆效果检查

采用双指标标准，即注浆压力达到设计压力或注浆压力未达到设计压力但注浆量达到设计注浆量，即可停止注入。

6.5.3 漂卵石地层盾构机刀盘卡停及脱困技术

由于地层漂卵石含量多、粒径大，采用传统的渣土改良方式，无法实现理想的土压平衡盾构所需要的具有良好的流塑性和低渗透率的流土，无法达到真正的土压平衡状态，再加上拼装管片或交接班停机时间过长，造成土仓内泡沫在卵石层中溢散，加剧土仓内渣土的堆积，土仓内渣土由于重力作用离析分层(图6-89)，掘进过程中进入土仓内的大漂卵石由于重力作用很快掉入土仓中下部，易造成刀盘局部受力严重，扭矩超限时进而导致刀盘卡停。

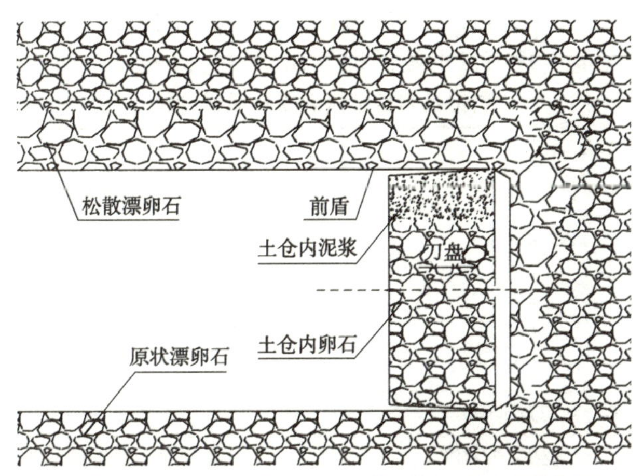

图6-89 漂卵石地层盾构掘进土仓内渣土分层示意图

刀盘被卡停后所需的驱动扭矩非常大，当现有主轴承的脱困扭矩小于刀盘被卡时所需的驱动扭矩时，将导致刀盘卡死。

6.5.3.1 刀盘卡停原因及预防控制措施

(1)原因分析

土压平衡盾构刀盘驱动扭矩 T 由刀盘前表面的摩擦力矩 T_1、刀盘圆周面上的摩擦力矩 T_2、刀盘切削土体扭矩 T_3、刀盘背面的摩擦力矩 T_4、刀盘开口槽的剪切力矩 T_5、土仓内的搅拌力矩 T_6、推力载荷产生的轴承旋转反力矩 T_7、刀盘自重产生的轴承旋转反力矩 T_8、密封装置的摩擦力矩 T_9等几部分组成。其中,刀盘前表面、圆周面以及刀盘背面上的摩擦力矩,刀盘开口槽的剪切力矩和土仓内的搅拌力矩占所有驱动扭矩的99%,即:

$$T = T_1 + T_2 + T_3 + T_4 + T_5 + T_6 + T_7 + T_8 + T_9 + \cdots$$

当 $T < T_{额定}$时,盾构机刀盘可以正常旋转,确保盾构机正常掘进;

当 $T > T_{额定}$时,盾构机刀盘卡停,可尝试使用盾构机刀盘驱动系统的脱困模式进行脱困;

当 $T < T_{脱困}$时,盾构机刀盘可能会脱困成功;

当 $T > T_{脱困}$时,盾构机刀盘卡死,需采取其他措施进行刀盘脱困。

漂卵石地层中卵石粒径大、细颗粒少、渣土改良后流动性较差,渣土内摩擦阻力大是盾构机掘进过程中易出现高扭矩的主要原因,当因地质突变、土仓内卵石堆积、出渣超方后上部地层塌陷等各种原理造成刀盘面板前方、周圈或土仓内渣土对刀盘旋转更高的反扭矩,使得刀盘主动扭矩小于反扭矩时,会造成刀盘卡停无法旋转(图6-90)。

图6-90 土仓内卵石堆积造成刀盘卡停

砂卵石粒径大,渣土改良不好容易造成刀盘卡死,进而导致超方,进入恶性循环中,除采用常规的泡沫、膨润土浆液进行综合改良外,还可采用泡沫与悬浮剂进行改良;当漂石较多时可采用泡沫与惰性浆液的综合改良方法,降低渣土间的摩擦力,防止卵石沉积。

当刀盘卡死时不应采用大量出渣方法进行脱困,应先保持刀盘不转,将土仓内渣土输出一部分,采用惰性浆液回填土仓的方法,降低土仓内渣土的扭矩,达到刀盘脱困的目的。

针对施工过程中可能出现刀盘卡停的现象和原因分析见表6-26。

盾构机刀盘卡停现象及原因分析　　表6-26

卡停现象	原因分析
漂卵石粒径大导致刀盘卡停	刀盘开口进不来漂卵石,刀盘前方及开口扭矩大
长时间停机导致刀盘卡停	刀盘前方泡沫失效,摩擦扭矩增大
细颗粒少、漂卵石多导致刀盘卡停	漂卵石沉积,刀盘大臂搅拌力矩大
喷涌时掘进导致刀盘卡停	细颗料流失,导致漂卵石沉积
盾构掘进超方,地层变得松散导致刀盘卡停	刀盘面板上摩擦力矩大
渣土改良不好导致刀盘卡停	渣土产生的摩擦力矩大
盾构司机操作水平低导致刀盘卡停	对漂卵石地层的掘进技术掌握不到位

(2)预防刀盘卡停措施

①降低盾构机掘进期间刀盘的被动扭矩

a. 土仓内渣土置换。将土仓内的漂卵石渣土置换成加砂膨润土浆液,提高渣土中的细颗粒。

b. 降低推力，减少刀盘前方对掌子面的正压力。

c. 采用半衰期长的优质泡沫，同时长时间停机刀盘转动前注部分泡沫。

d. 如果地层中水过多，打设降水井，降低掘进地层水位。

e. 对松散地层进行加固。

f. 开仓清理刀盘开口处的漂石。

g. 注入大量细颗粒，提高渣土中细颗粒含量。

②提高盾构机刀盘驱动扭矩。

a. 盾构机选型时采用较大的额定扭矩和脱困扭矩，从主轴承、驱动马达、液压元器件及液压系统效率等多方面提高盾构机的扭矩性能。

b. 从 PLC 程序控制：当盾构机刀盘发生因扭矩大导致刀盘跳停或转速减小等情况时，盾构扭矩只达到了额定扭矩的 85%。应综合考虑造成刀盘跳停或转速减小的原因，理论上只要盾构能够提供足够大的扭矩，便可有效改善刀盘被卡跳的情况。

c. 保证设备正常运转的情况下，将额定扭矩调整到 90%，适当加大盾构扭矩。有利于在掘进中避免偶然出现大扭矩导致刀盘突然卡停的情况，便于操作人员及时调整推力及刀盘扭矩。

(3) 刀盘脱困措施

①若出现刀盘卡停现象后，优先采用通过向掌子面加大泡沫注入量和往掌子面、土仓内注入高浓度膨润土的措施，以改善掌子面和土仓渣土的和易性和流动性，减小渣土的内摩擦力，即减小土仓内的搅拌力矩 T_6 和刀盘开口槽的剪切力矩 T_5，为刀盘脱困提供条件。

②若刀盘持续卡停，应适量排渣以减小刀盘背面的摩擦力矩 T_4 和土仓内的搅拌力矩 T_6；采用小幅度正反转刀盘的方法减小刀盘圆周面上的摩擦力矩 T_2，但不可多次反复扰动掌子面，反复扰动极易造成掌子面坍塌。

③将盾构机刀盘驱动液压系统调整为脱困模式，增大盾构机刀盘转动的主动扭矩，为盾构机刀盘脱困提供更大的扭矩。排渣时试转刀盘，同时在地面及时进行探孔，发现空洞后及时对空洞进行回填处理，隔离松散地层对刀盘面板压实后所增加的刀盘圆周面上的摩擦力矩 T_2，在混凝土或砂浆初凝前不能转动刀盘，初凝后再次往土仓内注入高浓度膨润土后试转刀盘。

④采用土仓内加压和盾尾铰接收缩相结合的措施，迫使盾构机后退，减小刀盘与掌子面土体之间的摩擦阻力，即减小刀盘前表面的摩擦力矩 T_1 和刀盘圆周面上的摩擦力矩 T_2。

⑤往土仓内注入大量膨润土，当膨润土填充满地层空洞和掌子面空隙后，往土仓内加压缩空气，使盾构机后退，减小刀盘与掌子面土体之间的摩擦阻力，即减小刀盘前表面的摩擦力矩 T_1、刀盘圆周面上的摩擦力矩 T_2、刀盘背面的摩擦力矩 T_4 及刀盘开口槽的剪切力矩 T_5。

⑥往土仓内注入惰性砂浆对土仓内堆积的漂石进行置换，减小土仓内卵石对刀盘的摩擦阻力，即减小刀盘背面的摩擦力矩 T_4、刀盘开口槽的剪切力矩 T_5 及土仓内的搅拌力矩 T_6，减小刀盘脱困时的反扭矩。

⑦往盾构机刀盘面板和土仓内注入大量高浓度膨润土泡仓，使刀盘正面及周围与地层接触部位被高浓度膨润土包裹，且土仓内渣土与刀盘接触部位也被高浓度膨润土包裹，起到

润滑作用,减小刀盘前表面及刀具贯入地层的摩擦力矩 T_1、刀盘圆周面上的摩擦力矩 T_2、刀盘背面的摩擦力矩 T_4及刀盘开口槽的剪切力矩 T_5,减小刀盘脱困时的反扭矩。

在刀盘脱困过程中需采用以上措施中的一种或多种措施相结合实施。

6.5.3.2 惰性砂浆置换刀盘脱困技术

若在完成扭矩调整后,扭矩仍然较大或刀盘持续卡停,此时应停止掘进,对出渣量进行分析,判断是否已经发生超方,并对地面进行探孔排查,同时对土仓内渣土采用惰性砂浆进行置换。

(1)惰性砂浆的拌制

惰性砂浆由砂浆搅拌站进行拌制,应具有较好的流动性及黏稠度,表 6-27 为多次试验取得的惰性砂浆试验配比参数。

惰性砂浆配比表　　表 6-27

粉煤灰(kg)	膨润土(kg)	砂(kg)	水(kg)
300	100	600	400

在施工中,根据地层条件、地下水情况及周边环境等,对试验配比略做调整,本配比浆液稠度为 120mm,初凝时间为 10h 以上。

图 6-91　惰性砂浆置换出的大粒径卵石

制拌合格的惰性砂浆由 45t 电机车运送至盾构机 1 号台车,并泵送至砂浆罐。将砂浆泵自有注浆管路改装到土仓壁及盾体径向孔。

(2)惰性砂浆置换大颗粒卵石渣土

将盾尾注浆管路转接土仓壁 3 点、9 点位,用两根注浆管路同时注入惰性砂浆,排渣过程中螺旋机不断进行伸缩动作以扰动土仓内积累的卵石,持续注入惰性砂浆并保证排出的渣土和注入的惰性砂浆体积相同。直至螺旋机排出的惰性砂浆中不含大颗粒卵石,此时可恢复正常掘进模式,盾构机完成脱困。惰性砂浆置换出的大粒径卵石如图 6-91 所示。

6.5.3.3 地表处理与膨润土压注工艺

(1)地表处置

盾构机在漂卵石地层掘进易造成超方与开挖面土体坍塌,进而导致刀盘卡停,因此需进行地面探孔排查,当探出空洞时立即进行回填处理,将超方处与刀盘前方原状土进行有效隔离,防止连续超方。回填材料为 M25 砂浆或细石混凝土,待回填料初凝后方可恢复掘进。

(2)膨润土注入

①盾尾注浆管路注入

将膨润土注入注浆管路,四根管路各注入 0.5m^{3}左右,注入时观察土压变化情况,待土压上升 0.01 ~0.02MPa 时停止注入,关闭盾尾注浆球阀。通过在盾尾注入高浓度膨润土,可有效防止恢复推进后盾尾注浆管路出现堵塞。

②盾体径向注入

盾体径向注入时,将 1 号、4 号盾尾注浆管路拆开,转接到 1 点、11 点位注浆孔,各注入 0.25m^{3}左右。通过盾体的径向注入,可有效填充盾体与地层间隙,起到润滑盾体的作用,减小恢复掘进时的铰接压力。

③土仓内膨润土注入

a.针对土仓堆积情况。将盾尾注浆管路转接土仓壁5点、7点位，用两根注浆管路同时注入3～4m^3，再将管路移至土仓壁3点、9点位各注入3m^3，最后在土仓壁上容易注入的位置注入1～2m^3，尽可能使土仓内堆积的卵石在高浓度膨润土的冲击及浸泡、润滑作用下产生松动，如图6-92所示。

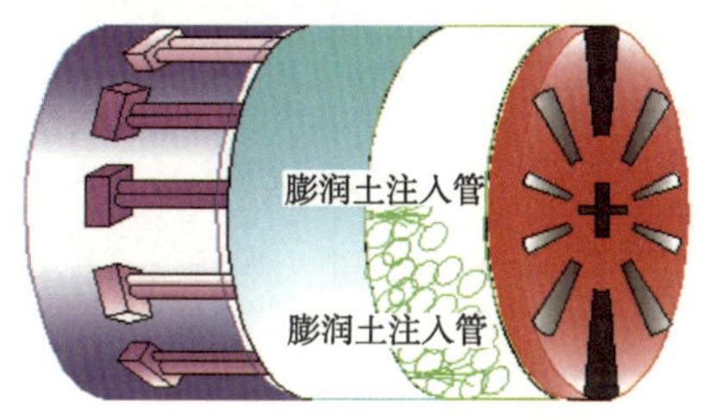

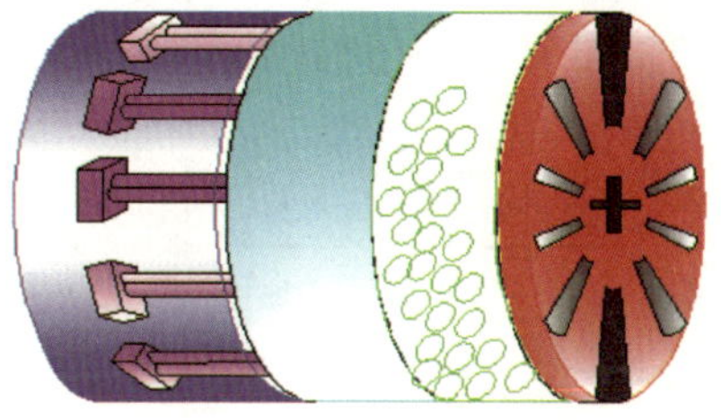

图6-92　膨润土注入效果示意图

b.针对掘进超方情况。当发生超方时，土体结构发生了变化，导致刀盘的受力情况也产生了变化。刀盘卡停时，需向土仓内及掌子面注入足量膨润土，填充超挖所导致的空腔，使刀盘周边土体再次产生平衡。膨润土注入后效果如图6-93所示。

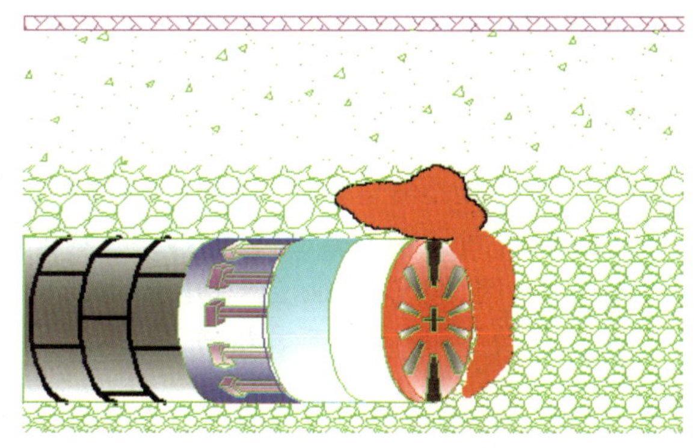

图6-93　膨润土对土体进行支撑效果示意图

(3)膨润土泡仓

通过向盾构机主机各部位注入优质高浓度的膨润土(浓度在40s左右)进行“泡仓”，减少卵石间内摩擦力，为盾构机刀盘与周边土体转动时提供润滑效果，减小刀盘与周边地层的摩擦扭矩，待“泡仓”8～10h后进行刀盘试转，试转时间为2～3h，从而实现脱困，工艺流程如图6-94所示。

(4)刀盘试转

如刀盘仍不能脱困，则可通过边排渣边注入高浓度的膨润土置换土仓内堆积的卵石，但不能多于15m^3，即土仓容积的一半，直到刀盘实现脱困。排渣过程中螺旋机不断进行伸缩动作扰动土仓内堆积的卵石，同时继续注入泡沫和膨润土确保排出的渣土和加入的添加剂体积相同。排渣过程中需向掌子面注入膨润土，以填充土仓内螺旋机排渣后的空隙，并润滑掌子面及刀盘周身的卵石，减小刀盘扭矩。

(5)恢复正常掘进

盾构机刀盘脱困后，继续向土仓注入高浓度的膨润土，当刀盘空转扭矩小于2000kN·m

时才可恢复掘进,初始掘进过程中通过添加高浓度的膨润土和泡沫两种添加剂进行渣土改良,在掘进参数正常后可逐渐减少膨润土的用量。

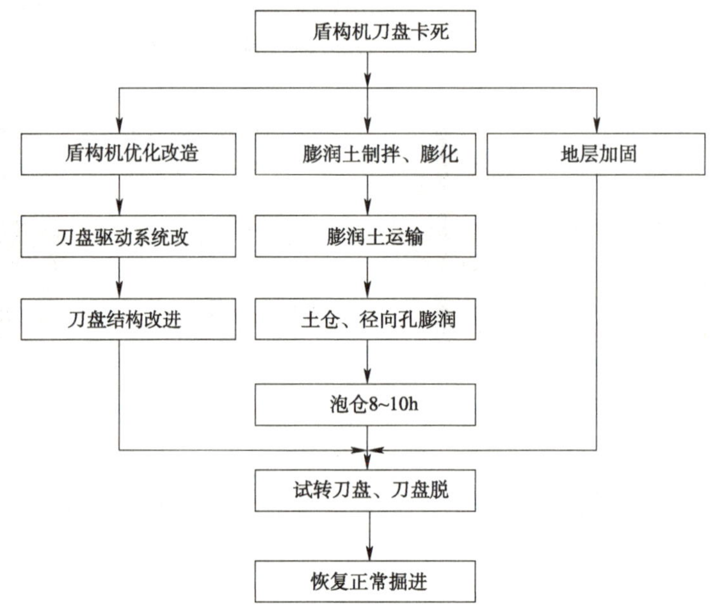

图 6-94　膨润土泡仓刀盘脱困工艺流程图

常规盾构机刀盘脱困施工,需反复排渣进行刀盘试转,往往造成出渣严重超方,引发地面塌陷等安全隐患,本节通过运用多种脱困方式的尝试与研究,基于降低被动扭矩、提高驱动扭矩的思路提出了相应的脱困措施,经现场实际工程检验推荐采用惰性砂浆置换渣土、高浓度膨润土泡仓等措施,可有效解决漂卵石地层盾构机刀盘脱困难的问题。

6.5.4　富水漂卵石地层素桩加固盾构常压开仓换刀技术

盾构机在富水漂卵石地层中施工时,盾构机频繁切削、破碎大粒径漂卵石,对其刀盘刀具的磨损非常严重,每掘进一段距离(如 300m)就需要开仓更换刀具,否则将严重磨损刀盘,导致盾构掘进异常。同时,大粒径漂卵石(大于 27cm)难以从螺旋机中排出,造成土仓内卵石堆积、刀盘卡死,需开仓取石。因此,在富水漂卵石地层中进行盾构机开仓作业不可避免,若采用常压开仓作业的方式,刀盘转动会引发坍塌事故;而采用带压开仓作业,砂卵石地层孔隙率大,土仓保压不稳定,安全风险高。

基于富水漂卵石地层特性,可采用"素桩 + 降水"的方式进行处理(图 6-95),或者采用"双排素桩 + 桩间注浆止水"的方案(图 6-96)。在实际工程中,可根据情况在隧道中线左右两侧布设降水井,将作业区域水位降至隧道底 1m 以下,同时在开仓作业位置处进行地面素桩加固,采用旋挖钻施工 C20 混凝土素桩。根据隧道轮廓尺寸"一"字形横向布设 4 ~6 根混凝土素桩(具体布设素桩数量可根据降水效果与地层情况调整),形成稳定的加固体保护结构。待混凝土素桩强度达到要求后,盾构机掘进至素桩,当刀盘全部切入素桩后停机排空土仓内的渣土,进行开仓更换刀具作业,为开仓作业提供了一个安全可控的施工环境,降低了施工安全风险。

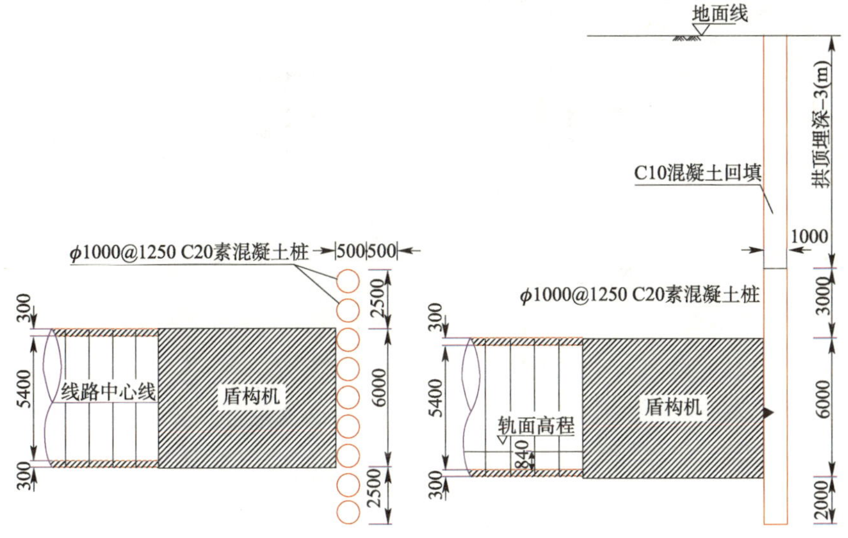

图 6-95 单排素桩 + 降水方案布置图(尺寸单位:mm)

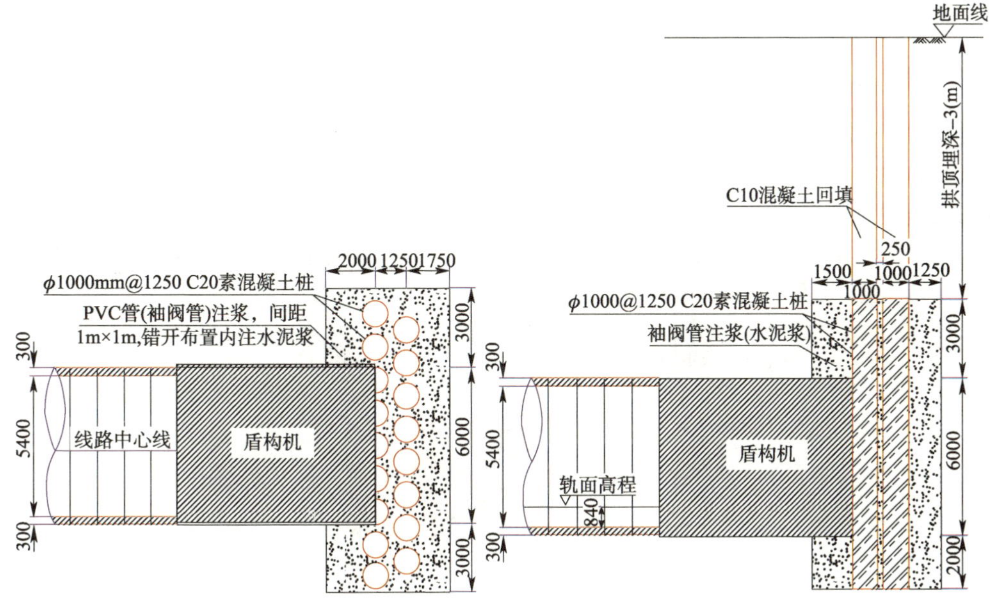

图 6-96 多排素桩 + 注浆止水方案布置图(尺寸单位:mm)

6.5.4.1 开仓换刀位置选定

根据盾构机掘进参数变化及大粒径漂石地层掘进经验,提前确定开仓换刀位置,富水漂卵石地层一般在 300m 左右进行开仓换刀。

6.5.4.2 降水施工

根据涌水量计算及现场实际情况,采用 2 ~ 5 口降水井进行降水,管井为 ϕ300mm 钢筋混凝土管。降水井布设在距离隧道中线左、右两侧各 6m 处,管井底部距隧道拱底约 10m。降水井施工完成后,在盾构机到达前 5d 开始降水,确保盾构开仓期间地下静水位位于隧道底部 1m 以下。盾构机开仓作业期间降水井正常运行,降水井布设平面图与纵断面图如图 6-97与图 6-98 所示。

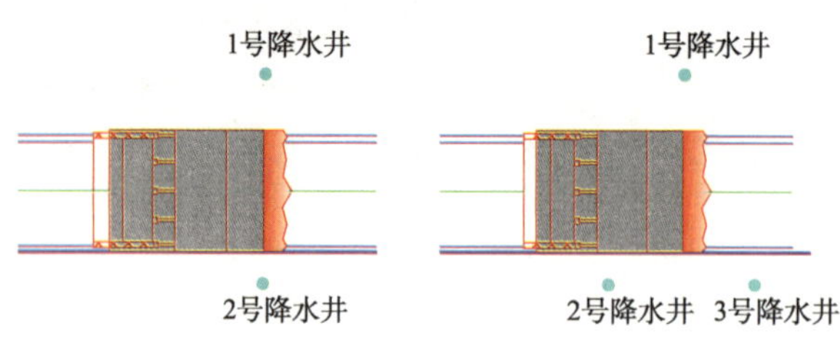

图 6-97 降水井布设平面布置图

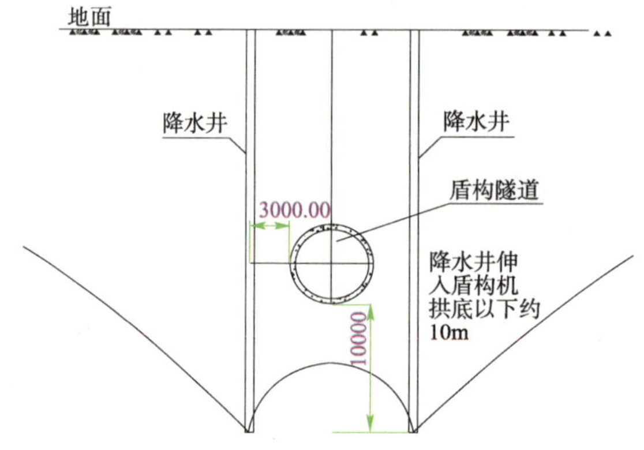

图 6-98 降水井布设纵断面图(尺寸单位:mm)

6.5.4.3 素桩加固

(1)混凝土素桩加固布设原则

在隧道轮廓线内横向布设 4 根 ϕ1.5m 的 C20 混凝土素桩,呈"一"字形排列,桩中心间距为 1.5m。桩身底部伸入隧道拱底 1m。素桩加固平面、横断面图如图 6-99 与图 6-100 所示。

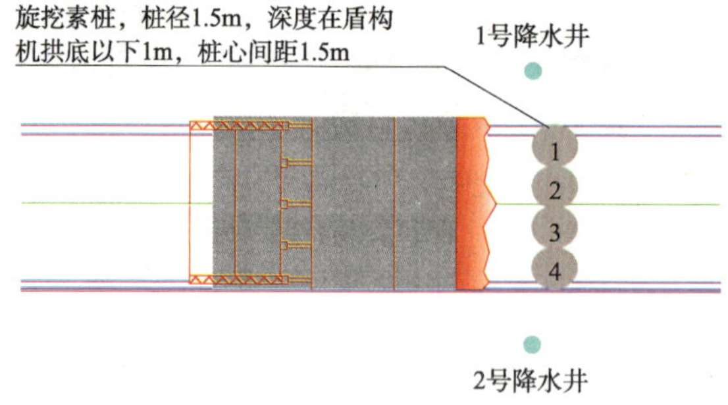

图 6-99 素桩加固平面图

(2)钻孔施工

采用旋挖钻机进行钻孔,当通过砂、砂砾和含砂量较大的卵石层时,钻进速度控制在 7 ~ 12r/min,以防止卡钻冲坏孔壁。钻孔施工需跳桩作业,待相邻桩基混凝土强度达到 5MPa 以上后方可进行施工。

(3)水下混凝土灌注

为避免刀盘磨桩时刀具不必要的磨损,桩身混凝土采用水下 C20 进行灌注,坍落度为 200mm ± 20mm。1 号、3 号桩基桩顶高程为距地面以下 2m 位置,2 号和 4 号桩基桩顶高程为隧道拱顶 5m 以上位置。

(4)桩位回填

待桩基混凝土初凝后,桩顶以上孔径空间采用原状卵石土进行回填,回填应密实。

6.5.4.4　素桩段掘进

在桩基强度符合要求后,盾构机掘进至素桩。当刀盘进入素桩时,盾构机的掘进参数会发生明显变化,此时需对参数进行调整。盾构机总推力控制在10000kN左右,掘进速度控制在5～10mm/min,降低刀盘转速至1.2～1.3r/min。盾构机刀盘进入素桩0.7～0.8m后停机,进行开仓作业。磨桩完成开仓后掌子面情况如图6-101所示。

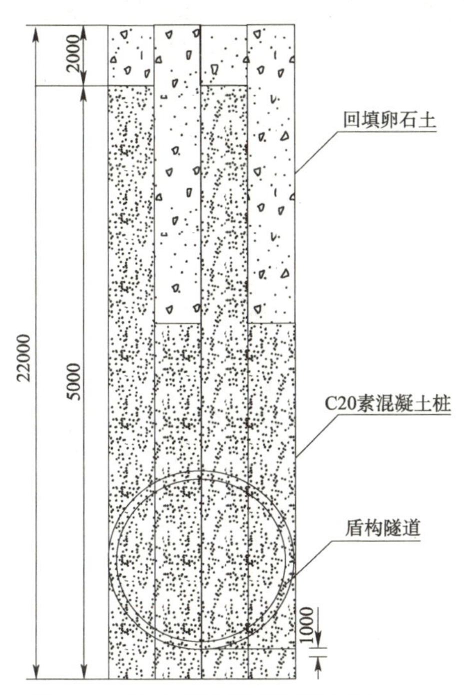

图6-100　素桩加固纵断面图(尺寸单位:mm)

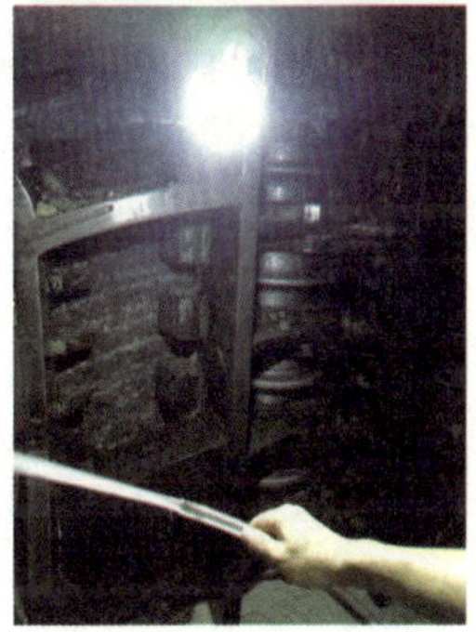

图6-101　磨桩完成开仓后掌子面情况

6.5.4.5　开仓作业

开仓作业前,应先检测降水井水位是否降至刀盘底部1m以下,同时对盾尾后管片整环进行注浆封堵,避免管片后方渗水。注浆完毕后,排空土仓内的渣土,同时通过螺旋机出闸口和人仓板上的球阀对土仓内气体进行检测,并经气体检测仪进行气体检测,检测合格后方可进行开仓作业。

仓门打开后,气体检测人员携带气体检测仪器和防爆手电,首先对土仓顶部以及人仓附近左下和右下方空气进行检测。同时现场值班土建工程师判断仓内土体及掌子面情况,确认掌子面素桩加固质量及掌子面土体稳定安全后,方可进入土仓进行下一步检测。全面检测完毕且判断地层稳定、空气质量合格后,需经现场负责人复核确认。判断安全后,维保人员进仓,安设安全灯具,打开通风口处仓内盖板,引入风管进行通风,开始空气循环。

开仓换刀时,应拆一把换一把,刀盘转动一周,刀具应全部更换完毕;开仓取石应在刀盘不转动、不扰动掌子面地层时,由人工对土仓内的大粒径漂石进行清理。

6.5.4.6　恢复掘进

开仓作业完成后,需采用高浓度膨润土对土仓进行回填。盾构机在素桩段掘进过程中逐渐建立土仓压力,待刀盘穿过素桩段时,土仓压力恢复至正常压力值,此时可恢复正常掘进。

采用"地面降水+素桩加固"的常压开仓作业施工技术,利用混凝土素桩形成保护墙的方法有效解决了漂卵石地层掌子面稳定性差的难题,降低了施工安全风险,为富水漂卵石地层盾构机常压开仓积累了宝贵的施工经验。

6.5.5 小结

基于成都地区富水漂卵石地层特性,本节针对性地对盾构机刀盘结构与螺旋机直径、刀盘与刀具的耐磨性等方面进行优化;提出了漂卵石盾构掘进"三平衡控制"机理,明确了复合式渣土改良、出渣量三重控制、同步注浆等关键技术,为盾构掘进提供依据;提出了基于不同卵石地层特性的盾构掘进模型(掘进参数与掘进模式);提出了基于刀盘扭矩与掘进速度平稳控制的大粒径卵石地层盾构"匀速降扭"技术措施;基于降低被动扭矩、提高驱动扭矩的思路提出了相应的盾构脱困技术措施;提出了素桩加固的常压开仓技术措施。研究成果形成了一套完整、成熟的盾构机掘进大粒径漂卵石地层的施工经验。

6.6 后掘盾构超越先掘盾构对地层变形的影响

盾构法施工一般采用在同一个工作井先后两台盾构出洞,向同一个接收井同向推进,按规范要求两台盾构前后间距需要相差100m以上,原有的这种正常的施工方法已不能满足城市建设的整体需要。因此,为了减少工期,在有些情况下需要后掘进盾构超越先掘进盾构,盾构超越施工因此而产生。

盾构施工不可避免的将对周围土体产生扰动作用,尤其是在隧道交叠施工时,针对盾构施工对周围土体的扰动,张庆贺等分析了盾构机不同部位对周围地层的不同作用;房营光在顶管施工中考虑了土体受到挤压密实度变化导致的体积变化对地表沉降槽的影响,进一步对peck公式进行了修正。

曾小清等对双线并行盾构隧道的相互影响进行了数值模拟,指出在上海地区采用两台土压平衡式盾构机同向平行推进时,两者的相隔距离大于50m较为安全可靠;林志等对近间距双线大直径泥水盾构施工相互影响的施工技术和施工参数进行过一些相关研究;廖少明等探讨了不同地基变形模式下,后推隧道对已建隧道结构的响应规律,还用边界元法模拟了两隧道不同位置的交叠施工,得出两隧道相对位置的变化对土层位移场影响较大;邵华等对盾构近距离穿越已运营隧道的扰动进行了分析,得出穿越对已运营隧道的影响主要以竖向位移为主;陈越峰等对近距离三线并行盾构隧道进行了实测分析,得出了盾构推进对近距离并行已建隧道的施工影响特点。

尽管双线隧道施工相互影响的研究众多,但相邻盾构在施工期间的超越现象并不多见,有其特殊规律,如后掘进盾构对周围土体的二次扰动所引起的对先掘进盾构的影响、被超越后的先掘进盾构在新近已扰动过的土体中推进对前方后掘进盾构隧道的影响、超越施工导致的地层不均匀沉降和偏移现象等,值得专题研究。

6.6.1 工程概况

该区间隧道工程是某地区轨道交通7号线工程的一个重要组成部分(图6-102),由于下行线盾构(土压平衡盾构)出洞后设备故障多,进度慢,出洞后的近一个月内仅推进 7 环,而上行线盾构(土压平衡盾构)已经具备出洞条件。为加快区间隧道的推进速度,在区间下行线盾构车架转换期间,上行线盾构从西侧超越下行线盾构,两隧道中心间距 13m 左右。具体超越施工情况:下行线推进至 17 环时停止掘进,进行车架转换;2007 年 8 月 23 号上行线推进到 17 环,开始超越施工;持续到 8 月 29 号,上行线推进到 42 环,下行线才开始继续推进,二者相距 32.4m;到 9 月 8 号,上行线推进到 83 环,下行线推进到 29 环,二者相距 64.8m,超越任务完成,此后二者的距离进一步拉大。

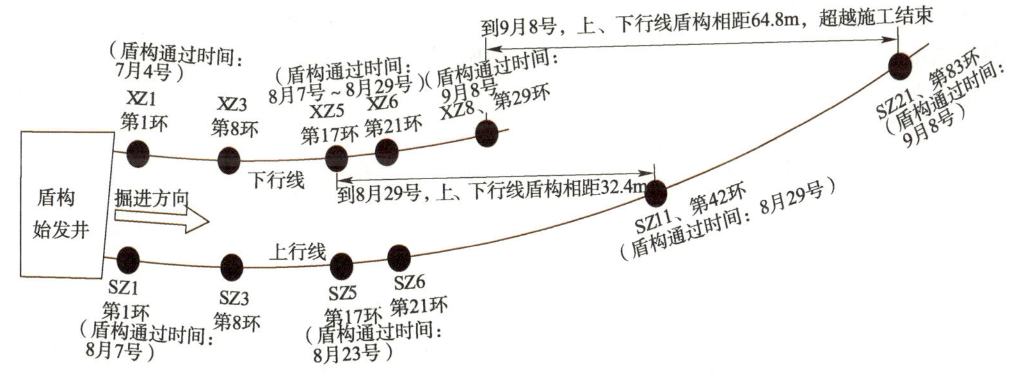

图 6-102　上行线超越下行线施工情况示意图

盾构超越施工的土层及其主要物理力学指标见表 6-28 和图 6-103。

地基土层基本物理力学指标　表 6-28

土层名称	层底高程(m)	含水率 w(%)	重度 γ(kN/m^3)	快剪峰值	
				黏聚力 C(kPa)	内摩擦角 φ(°)
黏土	-6.09	51.7	16.6	11.0	11.5
灰色黏土	-10.33	43.4	17.2	12.0	13.0
粉质黏土	-14.33	24.5	19.7	40	17.5

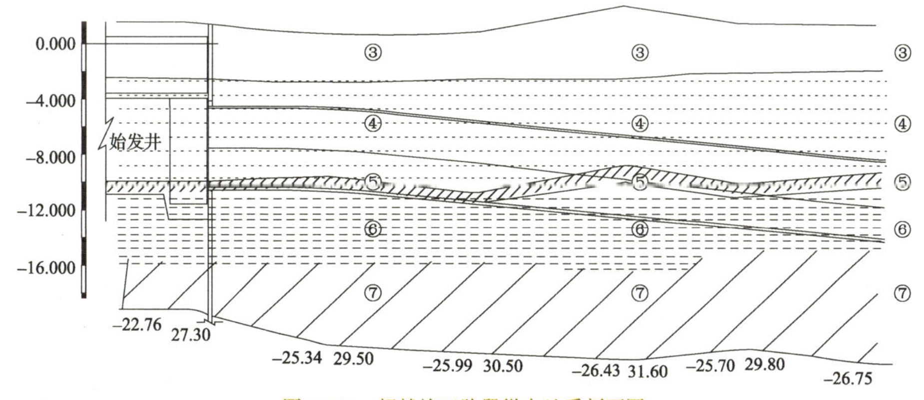

图 6-103　超越施工阶段纵向地质剖面图

6.6.2　数值模拟分析

6.6.2.1　计算参数的选取

以工程实例为背景,运用有限差分 FLAC^{3D} 软件进行数值计算,计算中模型所涉及的相关参数均取自工程实体，土体的本构关系采用弹塑性摩尔—库仑模型，模型左、右边界相距70m，两隧道中心相距将近15m，隧道中心距模型顶部13m(实际工况)，隧道中心距模型底部为35m，采用位移边界条件。

数值模拟中，开挖面支护压力采用0.7倍(静止土压力系数)的地层应力，并考虑应力梯度，将开挖面支护压力设置成梯形，两米一个循环开挖，开挖后立即施加管片单元，相应参数：$E=3.45\times10^4$MPa，泊松比 $\nu=0.3$，管片厚度0.35m，密度2450kg/m^3，在管片后面添加0.2m厚度的注浆层，并考虑浆液收缩变形(5cm)的影响。

6.6.2.2 应力云图分析

从超越施工前后的应力云图(图6-104)可见，两隧道中间的土体由于受到反复的挤压作用，沉降变形最大，超越前最大沉降量为5.12cm，超越后最大沉降量为7.05cm，而且最大沉降范围由拱顶附近延伸到地表。另外，随着超越施工，上行线附近的沉降范围明显扩大，对比沉降区域的左侧边界可以发现，下行线附近的沉降区域出现了向上行线方向位移的趋势，表明盾构掘进引起周围土层的应力释放与土体刚度的下降，会导致既有隧道向该区域偏移。

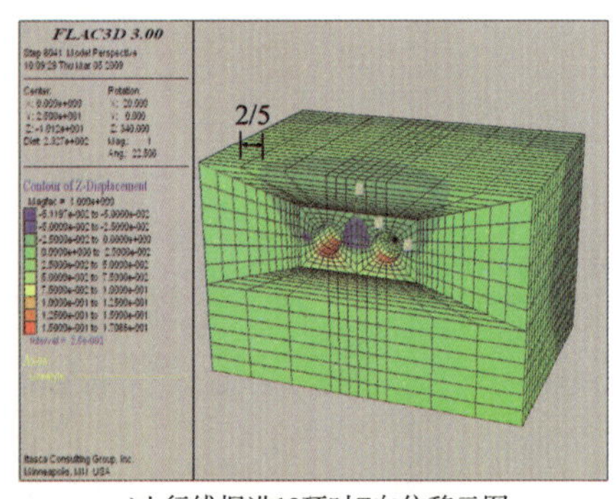

a)上行线掘进13环时Z向位移云图

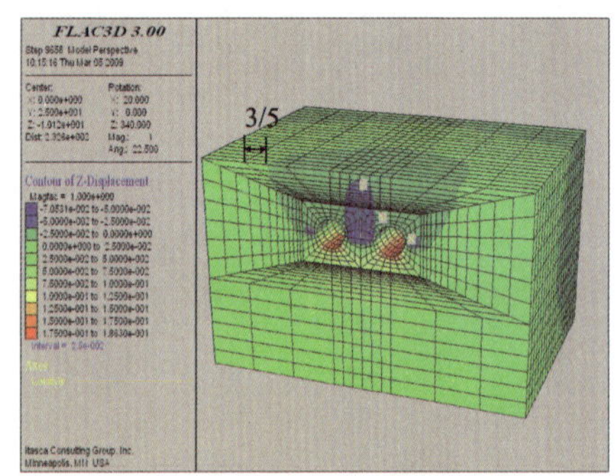

b)上行线掘进21环时Z向位移云图

图6-104 超越施工前后Z向位移云图

6.6.2.3 超越位置观测点的沉降曲线分析

图6-105中历时曲线7记录的是17环处(超越点)两隧道拱顶连线中点的沉降变化，历时曲线9记录的是17环处(超越点)拱顶连线中点在地表附近投影点的沉降变化。施工超越前后，拱顶连线中点的沉降值从0.85cm增加到2.8cm，而相应地表测点的沉降值也从0.55cm增加到1.5cm，说明超越施工导致两隧道中间区域出现了明显的下沉。

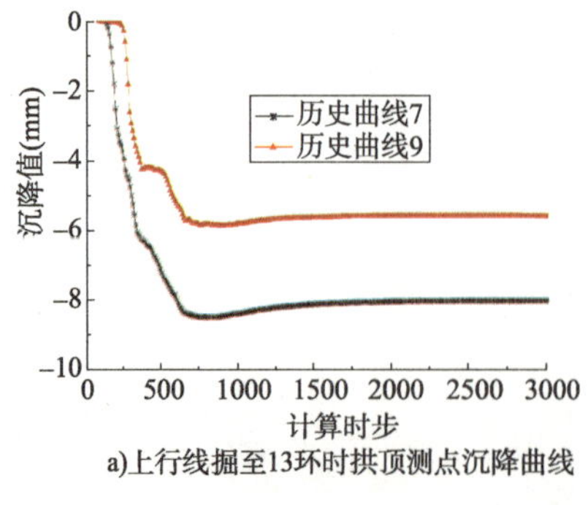

a)上行线掘至13环时拱顶测点沉降曲线

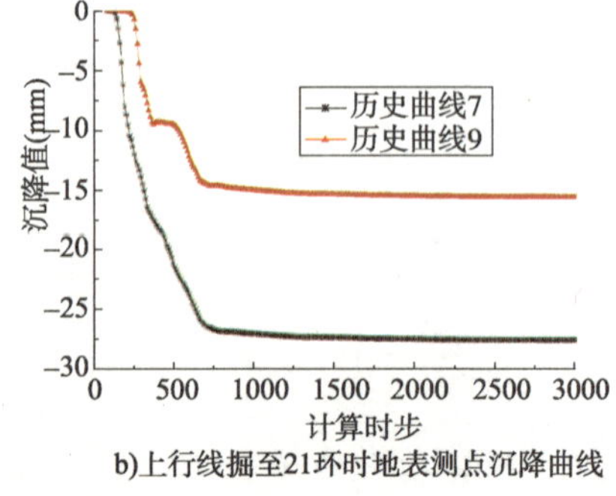

b)上行线掘至21环时地表测点沉降曲线

图6-105 超越施工前后超越点处两隧道中心测点沉降历时曲线

6.6.3　地面监测数据分析

6.6.3.1　下行线监测断面沉降分析

由下行线 XZ3(图 6-106)各点的沉降变化可见,隧道中心两侧的沉降变化很不对称,右侧受到上行线施工的影响,沉降变化很大,最外侧靠近上行线一侧,测点沉降值甚至超过了隧道中心。8 月 29 日(d =9m),上行线已掘进到 42 环,由于上行线的超越施工导致附近土体强度明显下降,导致下行线继续推进后,沉降值急剧增大,尤其是在靠近上行线侧。

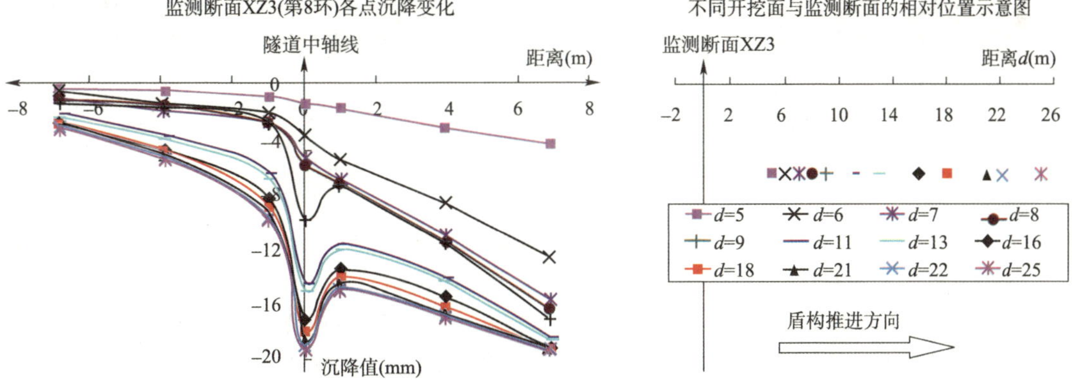

图 6-106　下行线监测横断面 XZ3 上各点位移变化

注:d 为盾构开挖面到监测断面的距离(m),开挖面在断面前为正。

与断面 XZ3 相比,监测断面 XZ6(图 6-107)的沉降变化规律大致相同,隧道中心沉降量超过最右侧的时间仍是在 8 月 29 日(d = -2m)附近,但整体沉降量明显增大,而且沉降的影响范围波及下行线左侧。究其原因,主要是由于上行线先通过该断面,使地表预先产生了一定的沉降变形,并使下行线侧土体强度、密实度、弹性模量等下降。

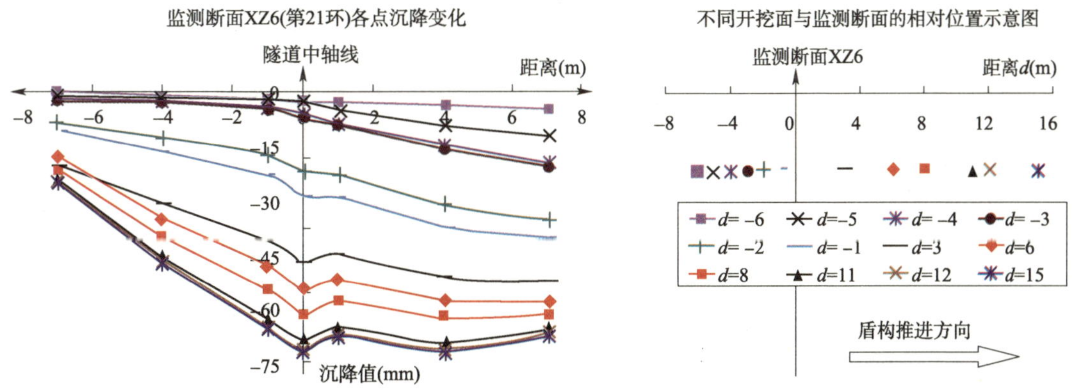

图 6-107　下行线监测横断面 XZ6 上各点位移变化

注:d 为盾构开挖面到监测断面的距离(m),开挖面在断面前为正。

6.6.3.2　上行线监测断面沉降分析

下行线比上行线早通过 SZ3(图 6-108)所在断面,受到下行线的影响,上行线监测断面 SZ3 的沉降槽中心向下行线方向偏移,沉降的异常变化集中在隧道左侧,与下行线的沉降变化有了很好的对应。8 月 23 日(d =8m)左右盾尾到达该断面,整体沉降突然增大,最大沉降发生在隧道中心左侧 1m,表明隧道沉降控制的关键时刻在管片脱出盾尾时。从沉降的数值上看,沉降量明显大于下行线相应断面,与下行线 XZ6 监测断面变化规律相似。

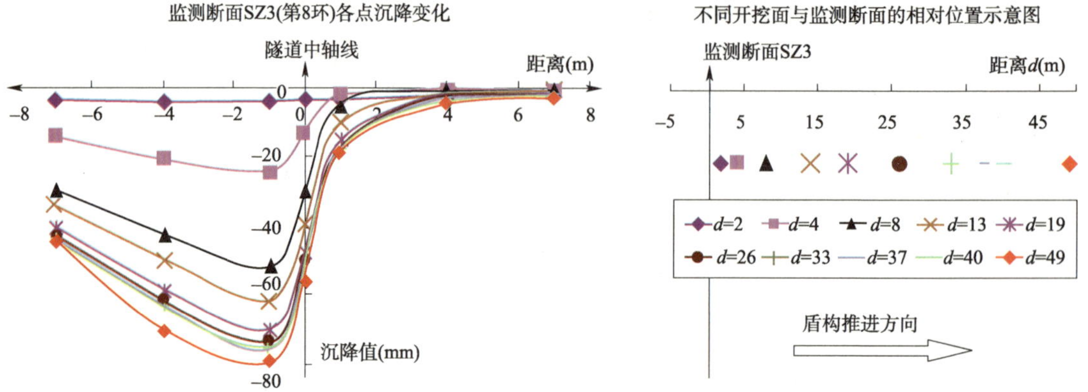

图 6-108　上行线监测横断面 SZ3 上各点位移变化

注:d 为盾构开挖面到监测断面的距离(m),开挖面在断面前为正。

SZ6 断面(图 6-109)沉降整体上比 SZ3 断面大,特别是隧道右侧,沉降量明显增大。沉降槽中心向左偏离隧道中心 4m,有进一步向下行线方向位移的趋势。原因在于下行线盾构停止推进后正面土压力没有及时跟上,以及盾尾建筑空隙等影响导致周围土体产生相应位移。与断面 SZ3 相比,隧道左侧土体的沉降变形相差不大,但是右侧土体的沉降却明显变大,原因在于下行线掘进对前方土体先产生一定的挤压作用,之后由于长时间停止掘进,不可避免地导致前方土体产生了一定的卸载。

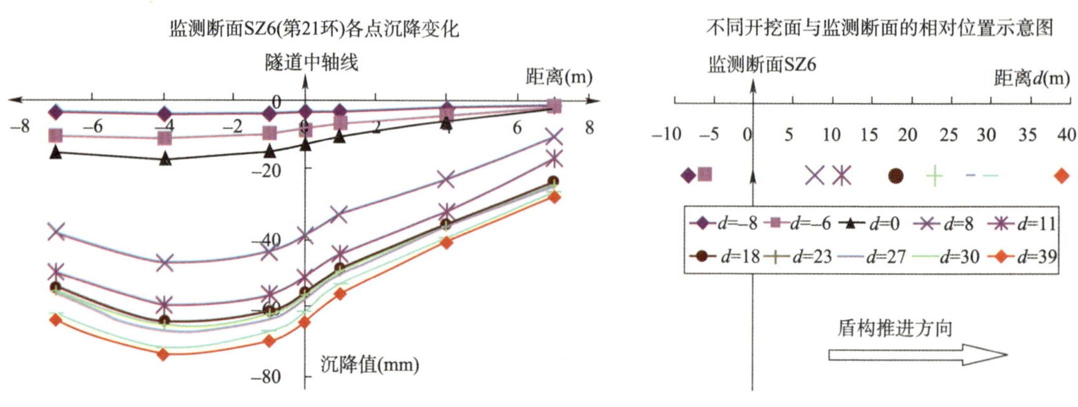

图 6-109　上行线监测横断面 SZ6 上各点位移变化

注:d 为盾构开挖面到监测断面的距离(m),开挖面在断面前为正。

通过上、下行线各个监测断面的沉降分析,可以得出:

(1)由于隧道掘进的交叉施工,相互之间的扰动影响较大,沉降影响相对集中的区域位于两隧道中间,监测断面的沉降曲线都向相邻隧道倾斜,上、下行线的沉降曲线左右对应。

(2)下行线的沉降槽中心在隧道中心,而上行线的沉降槽中心却向下行线方向产生了一定的偏移,表明在上行线超越下行线过程中,上行线中心及左侧土体出现了向下行线方向的水平位移,主要原因是下行线掘进对周围土体的扰动,导致土体应力释放,强度相应下降。

(3)超越施工中,不管是上行线还是下行线,当开挖面土体已经受到相邻隧道施工扰动

时,继续推进时总体沉降变形明显增大。

6.6.3.3 下行线纵断面沉降受上行线推进的影响

由图6-110中各监测点的沉降变化可见(此时下行线开挖面暂停在17环附近,上行线开挖面从第1环推进到第42环):上行线超越施工中,掘进速度缓慢且稳定,掘进速度始终控制在每天3环左右,但下行线还是产生了显著的沉降,下行线中心各点的突然沉降都是在上行线盾构盾尾通过该监测点所在断面以后一段时间发生的,说明上行线盾尾间隙和同步注浆对周围土体扰动的影响传播到下行线需要一定的时间,下行线土体的隆沉对上行线施工的反应具有明显的时间滞后特性(因为上行线相应断面处土体的沉降变形早已发生);进一步观察发现,下行线中心各点发生突然沉降的时间和大小,与下行线盾构开挖面和各监测点之间的相对位置密切相关:当监测点XZ3、XZ4位于下行线开挖面后方时,监测点距下行线开挖面的距离越远,上行线盾构通过相应断面引起该点沉降所需的时间T越长,而且引起的沉降峰值S越小;当监测点XZ5、XZ6、XZ7位于下行线开挖面前方时,监测点距下行线开挖面的距离越远,上行线盾构通过相应断面引起该点沉降所需的时间T越短,而且引起的沉降峰值S越大,简而言之,$S_{XZ3} < S_{XZ4} < S_{XZ5} < S_{XZ6} < S_{XZ7}$、$T_{XZ3} > T_{XZ4} > T_{XZ5} > T_{XZ6} > T_{XZ7}$。究其原因,下行线盾构开挖面后方各点由于先前已经受到了下行线施工的扰动作用,土体之间已经产生了一定沉降变形,在土体结构破坏以前,在一定的变形范围以内,土体颗粒之间的相对位移趋势减弱,土体对二次扰动的敏感性降低,如图6-111所示。监测点1由于在加固区内,其变化程度不能真实反映土体的变形,故不对其进行分析。

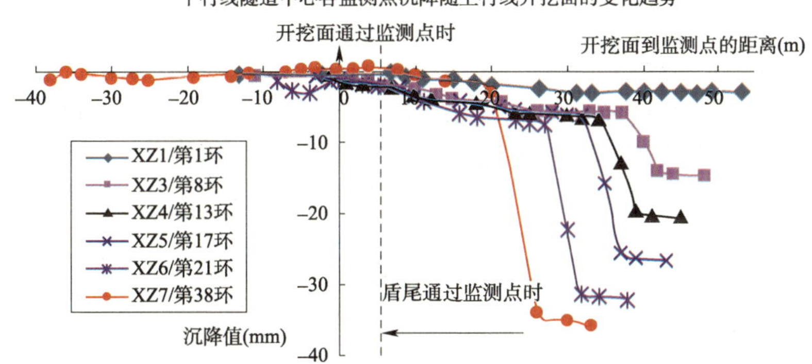

图6-110 下行线隧道中心测点沉降随上行线开挖面的变化趋势

注:距开挖面的距离为负表示测点处于开挖面前方,此时下行线盾构开挖面在第17环位置不变。

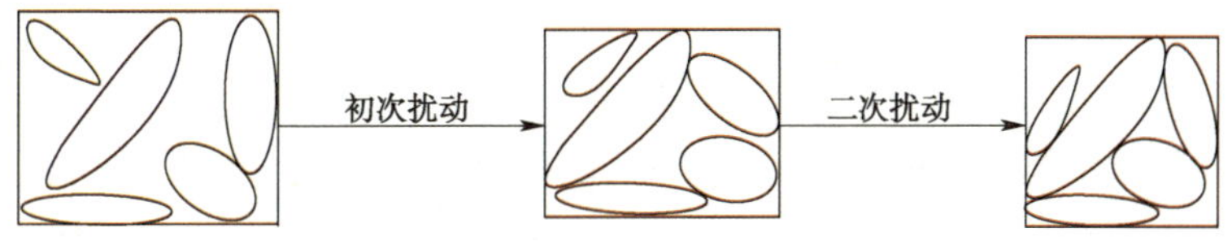

图6-111 土体对二次扰动的敏感性降低

6.6.4 盾构机姿态分析

由图6-112可见,在超越施工中:下行线在17环(超越处)以前,高程偏差控制在-10~15mm以内,但是当上行线超越之后,前方土体已经受到扰动,强度已经下降,当盾构

推进到21环时,高程明显偏离设计轴线,达到-65mm。此后虽然进行了积极地调整,但是高程还是明显低于设计轴线,直到将近60环左右,上行线超越施工的影响逐步减弱,高程的变化才比较理想。与下行线变化不同,上行线盾构刚出加固区,高程就出现了明显的下降,这与下行线盾构在上行线超越之后的高程变化趋势是一致的,说明先掘进盾构对周围土体的扰动对后掘进盾构有明显影响,而当上行线超越后逐步远离下行线时,高程得到逐步提升,变化程度控制在-20~20mm之内,达到了相应的控制标准。

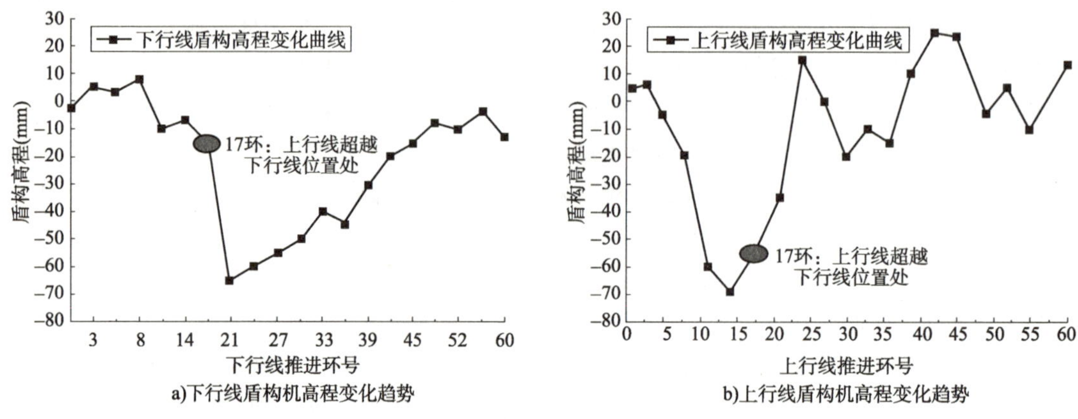

图6-112　超越施工中盾构机高程变化

6.6.5　土体扰动机理分析

6.6.5.1　土体扰动影响分区

根据盾构掘进中,盾构机各部位与周围土体之间发生的不同作用,土体的应力状态将发生相应的变化并有很大的差异,可以将盾构周围土体进行如下分区(图6-113)。

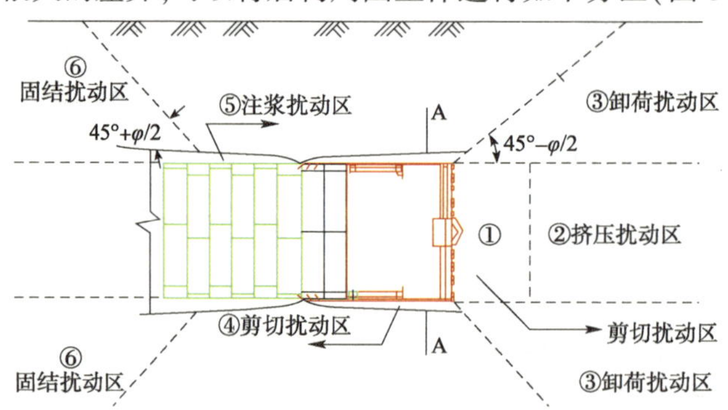

图6-113　盾构施工对周围土层的扰动

(1)由于刀盘对土体切削搅拌扰动作用极大,①区土体受到千斤顶的挤压以及刀盘切削与振动作用,应力状态极其复杂,开挖面前端土体扰动面的倾角为45° $-\varphi/2$(被动土压力)。

(2)盾构前方②区距离开挖面较远,主要承受开挖面传递的挤压应力作用而产生变形。

(3)隧道开挖后应力释放,土体经历卸荷阶段的原始应力状态发生改变,在隧道周围形成卸荷扰动区③。

(4)掘进中盾壳摩擦剪切周围土体形成剪切扰动区④。

(5)盾尾建筑空隙的存在,使周围土体有向盾尾空隙坍塌的趋势,形成注浆扰动区⑤,盾尾两侧土体扰动面的倾角为 $45° + \varphi/2$（主动土压力）。

(6)由于盾构掘进引起土体孔隙水压的变化，盾构通过后土体将会发生固结变形，形成固结扰动区⑥。

6.6.5.2　扰动范围的确定

盾构通过后，假设隧道中心埋深为 H，盾构半径为 R，隧道底部扰动边界距离地面与盾构中心的垂直距离分别为 H_1 与 H_2，盾构掘进对周围土体的扰动影响区边界距离隧道边界为 B，两隧道对周围土体的扰动区域在地表处的重叠段长为 S，如图 6-114 所示。

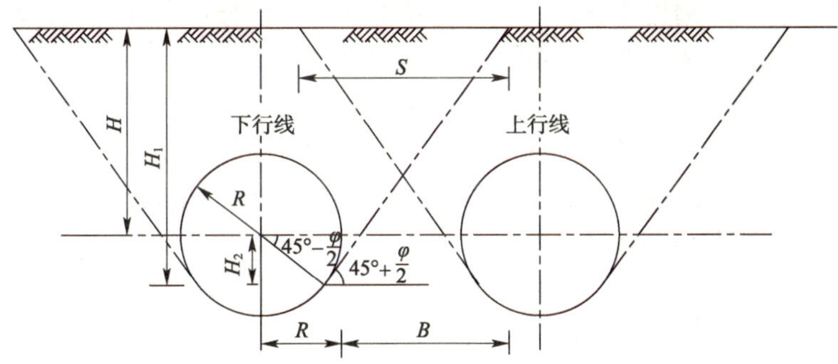

图 6-114　盾构掘进对周围土体扰动的影响范围示意图

则：

$$B + R = H_2 \times \tan(45° + \varphi/2) + H_1 \times \cot(45° + \varphi/2) \tag{6-41}$$

因此可得：

$$B = R \times \sin(45° + \varphi/2) + [H + R\cos(45° + \varphi/2)] \times \cot(45° + \varphi/2) - R \tag{6-42}$$

式中：B——盾构掘进时对周围土体的扰动影响区边界距离隧道边界的距离。

盾构底部主要位于暗绿～草黄色粉质黏土中，内摩擦角 $\varphi = 17.5°$，隧道中心埋深 $H = 13\text{m}$，盾构半径 $R = 3.17\text{m}$，将数据代入上式，可得 $B = 10.3\text{m}$。

假设两隧道中心相距 L，根据几何关系，可以进一步求得两隧道交叠施工扰动区在地面的重叠区域范围 S：

$$S = 2 \times [H_1 - (L/2 - R\sin\theta)\tan\theta]\cot\theta \tag{6-43}$$

将 $H_1 = [H + R\cos(45° + \varphi/2)]$ 代入上式，可得 $S = 13.9\text{m}$。

由以上计算可见，两隧道地表中心两侧 7m 范围内土层，受到上、下行线掘进的双重扰动影响。

6.6.5.3　土体扰动机理分析

刀盘切削搅拌的剪切力可使①区土体产生剪胀或剪缩变形，循环的切削力与刀盘的振动会引起粉土的液化；①区与其相邻的③区由于距离开挖面较近，受到①区扩散的挤压应力和剪切应力的作用，盾构推进时，水平和竖向应力均有所增加，产生相应的挤压和剪切变形。土体由于压缩和剪胀或剪缩变形而使密实度改变，同时受到挤压向外移动，使地表产生隆起变形。同时，由于盾尾注浆无法完全有效填充盾尾建筑空隙，将会使周围土体产生向盾尾空隙位移的趋势，地表产生相应沉降变形。

下行线盾构掘进，导致沿线扰动区土体性能如强度、承载力、变形模量和密实度等相应降低，土体稳定性也有较大的降低，降低的程度与土体的灵敏度和扰动变形的大小有关。上、下行线通过超越断面的时间间隔短，上行线在下行线掘进到第 17 环之后开始掘进超越施工，而此时上、下行线只相距19.2m。上、下行线掘进中对土体的扰动范围出现重叠区域，两隧道中间轴线左右7m范围内，都将受到盾构掘进的反复挤压与卸荷影响，在典型黏性土地层条件下，土体渗透系数小，受扰动后孔隙水压力消散慢，下行线先行掘进对周围土体的扰动致使土体性能与稳定性下降，之后上行线的超越施工直接导致了上行线盾构机的突沉、隧道轴线的偏移以及地表沉降加剧等现象。

6.6.6 小结

通过对监测数据、盾构机姿态以及土体扰动机理的综合分析，可明确盾构超越施工引起的地层变形规律，以下是本小节得出的几点主要结论：

(1)由于上、下行线施工间隔时间短，从上、下行线监测断面的沉降曲线及数值计算分析结果可以看出，两条隧道中间部位土体受到反复的挤压与卸荷作用，产生的沉降量远远大于隧道外侧土体，而且沉降曲线左右对称，使得总体上的沉降曲线呈现W形。

(2)上行线施工引起下行线土体的变形需要一定时间的传递，下行线土体的隆沉对上行线施工的反应具有明显的时间滞后特性；土体结构破坏以前，在一定的变形范围以内，对二次扰动的敏感性降低，土体颗粒之间的相对位移趋势减弱。

(3)上行线盾构高程受到已掘进下行线的明显影响，刚脱离加固区就出现明显下沉，在超越点附近达到最低点，超越并逐步远离下行线后高程得到了较好的控制；下行线盾构在被超越后再掘进时，高程也严重偏离设计轴线，出现明显下沉，当上行线盾构逐步远离、影响逐步减弱后高程才得到有效控制。

(4)在超越施工时，由于下行线的先行掘进导致土体应力释放，扰动区土体性能与稳定性降低，致使上行线在超越过程中出现了不曾预料到的水平偏移，地表沉降加剧。

6.7 穿越重大管线变形控制标准与风险管控措施

由于市政管线与轨道交通一般情况下均首选沿城市主干道下方敷设，因此，重大管线穿越施工是城市轨道交通工程无法回避的问题。

无论是上海、天津的软土地层，还是重庆、青岛的岩质地层，还是西安地区的黏性土地层，在相对均一的地层条件下盾构隧道穿越重大管线施工，近年来已经积累了相对丰富的经验，建立了相对完备的控制标准。但在富水卵石土地层，由于地层中卵石含量一般在60%左右，再加上局部大粒径漂卵石的存在，欠压掘进与施工超挖成为常态，在此类地层条件下穿越重大管线施工，为确保管线及周边环境安全，首先必须建立以管线变形控制标准为基础的控制体系，随后基于地层特性与管线变形控制要求制定相应的技术措施。

6.7.1 盾构施工地表沉降三维预测模型

盾构隧道施工引起的地表沉降变形分析，最常用的理论是Peck沉降槽计算公式，但Peck沉降槽计算理论主要针对单线隧道，在实际工程中，城市轨道交通一般采用上行线与下行线分离的单洞单线形式，即需要考虑双线盾构隧道先后掘进穿越的影响。

6.7.1.1 单线盾构施工地表沉降三维预测模型

Peck在大量实测资料分析的基础上，提出隧道施工地表横断面上沉降槽分布可以用高

斯分布曲线拟合。Attewell 等人和 Rankin 进一步总结分析提出了如下的简化计算公式：

$$s = s_{\max}\exp\left(\frac{-y^2}{2i^2}\right) \tag{6-44}$$

式中：$s_{\max}$——沉降分布曲线对称点的沉降值(也是隧道中心轴线的地表沉降量)；

y——隧道中心轴线对应地面点到计算点的水平距离；

i——隧道中心轴线对应地面点到沉降曲线拐点的水平距离(又称为沉降槽宽度)。

其中，最大沉降值可依据地层损失率与隧道开挖面积的关系确定，表达式如下：

$$s_{\max} = \frac{AV_l}{\sqrt{2\pi}i} \tag{6-45}$$

式中：V_l——地层损失率，定义为地表沉降槽面积与隧道开挖面积 A 之比。

O' Reilly 和 New 依据伦敦地区的经验，建立了沉降槽宽度 i 与隧道埋深 z_0 之间的线性关系：

$$i = Kz_0 \tag{6-46}$$

式中：K——沉降槽宽度参数。

Attewell 和 Woodman 采用累积概率曲线，基于地表横向沉降槽 Peck 公式，推导地表纵向沉降槽公式，表达式如下：

$$s = s_{\max}\exp\left(\frac{-y^2}{2i^2}\right)\left[G\left(\frac{x-x_i}{i}\right) - G\left(\frac{x-x_f}{i}\right)\right] \tag{6-47}$$

式中：x_i——隧道起点位置；

x_f——隧道终点位置，即掌子面位置。

G 为概率函数，其表达式如下：

$$G(z) = \frac{1}{\sqrt{2\pi}}\int_{-\infty}^{z}\exp\left(\frac{-u^2}{2}\right)\mathrm{d}u \tag{6-48}$$

6.7.1.2　双线盾构施工地表沉降三维预测模型

基于双线隧道施工横向地表沉降预测模型研究成果，引入非累积概率曲线控制函数公式和考虑双洞不同步开挖间距 b，可得双线隧道不同步施工地表沉降过程三维预测模型：

$$\begin{aligned} s = {} & s_{\max}\exp\left[\frac{-(y+y_0)^2}{2i^2}\right]\left\{g\left(\frac{x-x_i}{i}\right) - g\left(\frac{x-x_{\mathrm{f}}}{i}\right)\right\} + \\ & s_{\max}\exp\left[\frac{-(y-y_0)^2}{2i^2}\right]\left\{g\left(\frac{x-x_i}{i}\right) - g\left[\frac{x-(x_{\mathrm{f}}-b)}{i}\right]\right\} \end{aligned} \tag{6-49}$$

式中，控制函数 $g(z)$ 为：

$$g(z) = 1 - \frac{1}{1+\mathrm{e}^{\frac{z}{0.62i^{0.5}}}} \tag{6-50}$$

$$s_{\max} = \frac{AV_l}{\sqrt{2\pi}i} \tag{6-51}$$

$$i = Kz_0 \tag{6-52}$$

式中：y——从两隧道中心线对应的地面点到计算点的水平距离；

y_0——单个隧道中心线距两隧道中线的距离；

x——对应地面计算点隧道纵向位置坐标；

x_i——隧道起点位置；

x_f——隧道终点位置，即掌子面位置；

s_{max}——在曲线的对称点处的沉降（单个隧道中心线正上方的地表沉降）；

i——从隧道中心线对应的地面点到沉降曲线的拐点处的水平距离（又称为沉降槽宽度）；

z_0——隧道拱腰距离地表的距离；

b——后开挖隧道滞后先开挖隧道开挖面间距；

V_l——地层损失率；

K——地表沉降槽宽度系数。

需要确定的五个参数：

（1）y_0，即单个隧道中心线距两隧道中线的距离。

（2）z_0，即隧道拱腰距离地表的距离。

（3）V_l，即地层损失率：

$$V_l = e^{\frac{32-C}{15}} + 1.3e^{\frac{23-\varphi}{11.4}} + 1.4e^{\frac{Es-5.6}{3.3}} - 1.9 \tag{6-53}$$

式中：C——隧道覆盖层土体加权黏聚力，kPa；

φ——隧道覆盖层土体加权摩擦角，°；

Es——隧道覆盖层土体加权压缩模量，MPa。

（4）K，即地表沉降槽宽度系数：

$$K = \varphi^{-0.2} \tag{6-54}$$

式中：φ——覆盖层各层土的摩擦角加权平均摩擦角。

（5）b，即后开挖隧道滞后先开挖隧道开挖面的间距。

6.7.1.3 双线盾构施工地层沉降三维预测模型

地层变形预测模型是依据地表变形预测模型，考虑地层不同深度土体的沉降槽曲线相对于地表沉降槽曲线的变化而建立的。国外学者 Mair 等人认为地表以下的沉降槽仍然能够用高斯分布来描述。Mair 根据在黏土中的一些实测资料（包括采用黏土中离心模型试验成果）发现沉降槽宽度随深度的增大而减小。相应的公式为：

$$i_d = 0.5z_0 - 0.325z \tag{6-55}$$

根据 O'Reilly 沉降槽宽度公式，依据富水卵石土地层特点，一定埋深地层的沉降槽宽度公式修正为：

$$i_d = K(z_0 - K_d z) \text{ 或 } i_d = i_0 - KK_d z \tag{6-56}$$

地层和地表最大沉降是相互关联的，假定建立关系如公式（6-57）所示。

$$s_{dmax} = (1 + K_{ds}) s_{max} \tag{6-57}$$

双线盾构隧道施工引起地层沉降的三维预测模型为：

$$\begin{aligned} s = {} & s_{dmax}\exp\left[\frac{-(y+y_0)^2}{2{i_d}^2}\right]\left\{g\left(\frac{x-x_i}{i_d}\right) - g\left(\frac{x-x_f}{i_d}\right)\right\} + \\ & s_{dmax}\exp\left[\frac{-(y-y_0)^2}{2{i_d}^2}\right]\left\{g\left(\frac{x-x_i}{i_d}\right) - g\left[\frac{x-(x_f-b)}{i_d}\right]\right\} \end{aligned} \tag{6-58}$$

式中：$i_{\rm d}$——不同深度的地层沉降槽宽度；

$K_{\rm d}$——不同深度的地层沉降槽宽度系数，一般取值为0.65；

$s_{\rm dmax}$——不同深度的地层最大沉降量。

6.7.2　盾构施工邻近管线变形预测模型

基于管线沉降槽与地层沉降槽之间的几何关系，推导盾构施工影响范围内的管线变形预测模型。

6.7.2.1　管线变形与地层沉降之间影响变化规律

管线沉降槽宽度 $i_{\rm g}$ 计算公式：

$$i_{\rm g}=K_{gi}i_{\rm d} \tag{6-59}$$

$$K_{gi}=0.1D+0.03D+1 \tag{6-60}$$

进一步可得：

$$i_{\rm g}=(0.1D+0.03D+1)i_{\rm d} \tag{6-61}$$

式中：D——管线直径；

$i_{\rm d}$——地层沉降槽宽度；

$i_{\rm g}$——管线沉降槽宽度；

K_{gi}——管径对管线沉降槽槽宽影响系数。

管线沉降槽最大沉降 $s_{\rm gmax}$ 计算公式：

$$s_{\rm gmax}=K_{\rm gs}s_{\rm dmax} \tag{6-62}$$

$$K_{\rm gs}=1-0.14D \tag{6-63}$$

$$s_{\rm gmax}=(1-0.14D)s_{\rm dmax} \tag{6-64}$$

式中：D——管线直径；

$s_{\rm dmax}$——地层最大沉降位移；

$s_{\rm gmax}$——管线沉降槽最大沉降；

$K_{\rm gs}$——管径对管线沉降槽最大沉降影响系数。

6.7.2.2　盾构施工邻近管线变形预测模型

结合地层变形预测模型公式[式(6-58)]和管线的影响系数公式[式(6-61)、式(6-64)]可得管线变形预测模型：

$$\begin{gathered}s=s_{\rm gmax}\exp\left[\frac{-(y+y_0)^2}{2i_{\rm g}^{\ 2}}\right]\left\{g\left(\frac{x-x_i}{i_{\rm g}}\right)-g\left(\frac{x-x_{\rm f}}{i_{\rm g}}\right)\right\}+\\ \lambda_1 s_{\rm gmax}\exp\left[\frac{-(y-y_0)^2}{2(\lambda_2 i_{\rm g})^2}\right]\left\{g\left(\frac{x-x_i}{\lambda_2 i_{\rm g}}\right)-g\left[\frac{x-(x_{\rm f}-b)}{\lambda_2 i_{\rm g}}\right]\right\}\end{gathered} \tag{6-65}$$

式中控制函数 $g(z)$ 为：

$$g(z)=1-\frac{1}{1+{\rm e}^{\frac{z}{0.62i_{\rm g}^{0.5}}}} \tag{6-66}$$

式中管线沉降槽宽度 $i_{\rm g}$ 为：

$$i_{\rm g}=K_{gi}i_{\rm d} \tag{6-67}$$

式中管线沉降槽最大沉降 s_{gmax} 为：

$$s_{gmax}=K_{gs}s_{d\max} \tag{6-68}$$

6.7.3 地表沉降风险控制标准的建立思路

地表横断面地表沉降预测模型：

$$s=s_{max}\exp\left(\frac{-y^2}{2i^2}\right) \tag{6-69}$$

地层沉降预测模型：

$$s=s_{dmax}\exp\left(\frac{-y^2}{2{i_d}^2}\right) \tag{6-70}$$

式中，地层沉降槽宽度 i_d：

$$i_d=K(z_0-K_{di}z) \tag{6-71}$$

地层最大沉降计算公式：

$$s_{dmax}=(K_{ds}z+1)s_{max} \tag{6-72}$$

管线变形预测模型：

$$s=s_{gmax}\exp\left(\frac{-y^2}{2{i_g}^2}\right) \tag{6-73}$$

式中，管线沉降槽宽度 i_g：

$$i_g=K_{gi}i_d \tag{6-74}$$

式中，管线沉降槽最大沉降 s_{gmax}：

$$s_{gmax}=K_{gs}s_{dmax} \tag{6-75}$$

管线最大转角：

$$\Delta\phi_{gmax}=2\tan^{-1}(K_{ghmax}) \tag{6-76}$$

式中管线最大斜率：

$$K_{ghmax}=\frac{\partial s}{\partial y}\Big|_{y=i_g}=\frac{-s_{gmax}y}{{i_g}^2}\exp\left(\frac{-y^2}{2{i_g}^2}\right) \tag{6-77}$$

地表最大斜率：

$$K_{hmax}=\frac{\partial s}{\partial y}\Big|_{y=i}=\frac{-s_{max}y}{i^2}\exp\left(\frac{-y^2}{2i^2}\right) \tag{6-78}$$

首先，根据不同场地地层参数加权平均值的区间范围选取最小的沉降槽宽度，即摩擦角最大，沉降槽宽度最小，地表斜率最大。这样可以确定不同场地最不利的地表沉降槽宽度 i，并且通过式(6-74)和式(6-71)得到管线沉降槽宽度 i_g。

然后，根据式(6-76)和式(6-77)，结合已知的管线最大允许转角以及上述得到的管线沉降槽宽度 i_g，可以得到管线的最大允许沉降 s_{gmax}。

最后，通过已知的管线的最大允许沉降 s_{gmax}，根据式(6-71)、式(6-74)、式(6-76)可以逆推地表最大允许沉降 s_{max}。地表最大允许倾斜率通过式(6-78)可以得到(具体流程见图6-115)。

双线隧道施工引起管线变形影响范围的计算：根据相关学者研究，单洞沉降槽影响范围为三倍槽宽，故双线沉降槽影响范围应该考虑双线隧道间距，双线沉降槽影响范围也可采用如下公式计算：

$$D_f = 3i + y_0 \tag{6-79}$$

地表沉降影响范围为$[-D_f, +D_f]$，D_f为地表沉降影响距离。

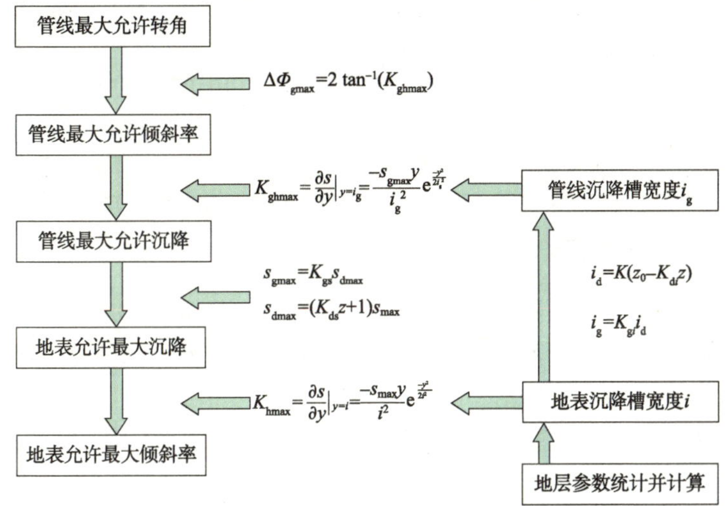

图6-115 管线、地层、地表沉降分析计算流程图

6.7.4 管线接头转角控制标准

当管线接头的转动角度或接缝张开值小于允许值时，管道接头处于安全状态，否则将产生泄漏或破坏。针对市政管道工程中不同材质、端面形式、接口类型、尺寸大小的管道，规定了接头转角值。表6-29是对市政管道中一些管道管材变形控制条件的分类统计。数据来源于《城镇燃气输配工程施工及验收规范》(CJJ 33—2005)、《给水排水管道工程及验收规范》(GB 50268—2008)、《建筑给水排水及采暖工程施工质量验收规范》(GB 50242—2002)及《市政管道施工技术》等。

部分管道管材转角控制条件 表6-29

管线类别	管径(mm)	最大允许转角(°)
铸铁管(大然气管)	80~100	1.5
	150~200	1.25
	250~300	1
	350~600	0.75
铸铁管/玻璃钢管(承插连接/法兰连接)	400~500	1.5
	500~1000	2
	1000~1800	1
	>1800	0.5
铸铁管/玻璃钢管(套筒连接)	400~500	3
	500~1000	2
	1000~1800	1
	>1800	0.5

续上表

管线类别	管径(mm)	最大允许转角(°)
混凝土管	500~700	1.5
	800~1400	1
	1600~3000	0.5
聚乙烯管	≤400	1.5
硬聚氯乙烯管	≤400	1
陶土管	≤400	1.5

6.7.5 盾构隧道地表沉降风险控制标准

就一般城市轨道交通区间隧道而言,一般埋深为10~30m,以成都地铁前三期盾构隧道直径6m为例,隧道埋深越小,沉降越大,地表斜率越大。考虑最不利状态,隧道埋深取10m,隧道外径 $D=6\text{m}$,管线埋深取5m。

根据成都富水卵石土地层特性可知,卵石土地地层黏聚力为0,内摩擦角均值在38°左右(综合内摩擦角,根据地层密实情况,变化范围一般在32°~45°之间),根据沉降槽宽度计算公式得到,地面沉降槽宽度范围为6.7~12.3m。沉降槽宽度取最小值时,地表沉降斜率最大。

管线埋深一般大于3m为深埋管线,基本管线在5m以内,个别污水管和排水管埋深大于5m。所以管线埋深分别按3m、5m、8m考虑。

地铁施工管线风险控制标准主要通过管线允许转角反推得到地表最大沉降和地表最大倾斜两个指标。

6.7.5.1 *砂卵石地层*

隧道埋深在10m范围以内,隧道洞身范围主要涉及松散或稍密卵石,土体内摩擦角为28°~32°,变形模量为18.0~20.0MPa(压缩模量为20.0~23.0MPa),静止侧压力系数为0.30~0.33,承载力特征值为200~350kPa。此时,管线允许转角、地表最大沉降量和地表最大倾斜值见表6-30。

隧道埋深≤10m时地表沉降控制标准(管线埋深5m)　　表6-30

管　材	管径(mm)	管线控制转角(°)	地表最大沉降(mm)	地表最大斜率(mm/m)
金属管	400~500	1.5	-40.7	2
	500~1800	1	-28	1.38
	>1800	0.5	-18	0.88
混凝土管	400~700	1.5	-40.7	2
	800~1400	1	-29.3	1.44
	1600~3000	0.5	-17.3	0.85

隧道埋深在20m范围以内,隧道洞身范围主要涉及稍密或中密卵石,土体内摩擦角为32°~38°,变形模量为20.0~28.0MPa(压缩模量为23.0~32.0MPa),静止侧压力系数为0.25~0.30,承载力特征值为350~550kPa。此时,管线允许转角、地表最大沉降量和地表最大倾斜值见表6-31。

隧道埋深 10 ~ 20m 时地表沉降控制标准(管线埋深 5m) 表 6-31

管 材	管径(mm)	管线控制转角(°)	地表最大沉降(mm)	地表最大斜率(mm/m)
金属管	400 ~ 500	1.5	-71.3	1.67
	500 ~ 1800	1	-48	1.12
	>1800	0.5	-34	0.79
混凝土管	400 ~ 700	1.5	-71.3	1.67
	800 ~ 1400	1	-52	1.22
	1600 ~ 3000	0.5	-32	0.75

隧道埋深在 30m 范围以内,隧道洞身范围主要涉及中密或密实卵石,土体内摩擦角为 38° ~45°,变形模量为 28.0 ~ 38.0MPa(压缩模量为 32.0 ~ 43.0MPa),静止侧压力系数为 0.25 ~0.20,承载力特征值为 550 ~ 850kPa。此时,管线允许转角、地表最大沉降量和地表最大倾斜值见表 6-32。

隧道埋深 20 ~ 30m 时地表沉降控制标准(管线埋深 5m) 表 6-32

管 材	管径(mm)	管线控制转角(°)	地表最大沉降(mm)	地表最大斜率(mm/m)
金属管	400 ~ 500	1.5	-131.3	1.37
	500 ~ 1800	1	-90	0.94
	>1800	0.5	-65.3	0.68
混凝土管	400 ~ 700	1.5	-131.3	1.37
	800 ~ 1400	1	-97.3	1.01
	1600 ~ 3000	0.5	61.3	0.64

6.7.5.2 *泥岩或砂岩地层*

隧道埋深在 20m 范围以内,隧道洞身主要位于强风化泥岩或砂岩地层,静止侧压力系数为 0.25,黏聚力为 65kPa,内摩擦角为 30°,承载力特征值为 200kPa。此时,管线允许转角、地表最大沉降量和地表最大倾斜值见表 6-33。

隧道埋深≤20m 地表沉降控制标准(管线埋深 5m) 表 6-33

管 材	管径(mm)	管线控制转角(°)	地表最大沉降(mm)	地表最大斜率(mm/m)
金属管	400 ~ 500	1.5	-69.3	1.67
	500 ~ 1800	1	-47.3	1.14
	>1800	0.5	-33.3	0.8
混凝土管	400 ~ 700	1.5	-69.3	1.67
	800 ~ 1400	1	-51.3	1.24
	1600 ~ 3000	0.5	-31.3	0.76

隧道埋深在 30m 范围以内,隧道洞身主要位于中等风化泥岩或砂岩地层,天然单轴极限抗压强度为 5 ~ 6MPa(饱和单轴极限抗压强度为 3 ~ 4MPa),黏聚力为 300kPa,内摩擦角为 35°,承载力特征值为 750kPa。此时,管线允许转角、地表最大沉降量和地表最大倾斜值见表 6-34。

隧道埋深20～30m时地表沉降控制标准(管线埋深5m) 表6-34

管材	管径(mm)	管线控制转角(°)	地表最大沉降(mm)	地表最大斜率(mm/m)
金属管	400～500	1.5	-132	1.35
	500～1800	1	-90	0.92
	>1800	0.5	-65.3	0.67
混凝土管	400～700	1.5	-132	1.35
	800～1400	1	-98.7	1.01
	1600～3000	0.5	-62	0.64

由表6-30～表6-34可知,在盾构掘进引起的地层损失率不变的情况下,隧道埋深越大(隧道洞身范围内地层条件越好),地表最大沉降控制值越大,地表最大斜率控制值越小。

由第6.7.1节推导的公式可知,在地层损失率与其他条件不变的情况下,隧道埋深越大,地层条件越好(隧道拱顶以上地层参数加权平均),地表沉降槽宽度参数K($K=\varphi^{-0.2}$)与沉降槽宽度i越小,对应的地表最大沉降值s_{max}越大(地层损失率一定的情况下,最大沉降值与沉降槽宽度成反比)。

鉴于此,实际工程中应以地层损失率对应的地表最大沉降限值,并结合相关规范的要求,从严控制重大风险地段的地表沉降变形标准。同时,为确保重要管线安全,宜适当考虑以地表倾斜率为指标的控制标准。

由以上分析可知,为确保重大管线与周边环境安全,必须严格控制盾构掘进引起的地层损失率。隧道埋深越大,地层条件越好,地层损失率的控制应越严格。根据成都地铁既有工程经验,盾构隧道穿越重大管线或其他重大风险源地段,地层损失率必须严格控制在1%以内。

6.7.6 小结

(1)基于富水卵石土地层特性与盾构施工沉降槽分布规律,建立了双线盾构施工引起的地表/地层沉降三维预测模型。

(2)基于管线转角与斜率控制要求,明确了地表沉降风险控制标准基本思路,并提出了典型卵石土地层与泥岩/砂岩地层满足管线沉降变形控制要求的地表沉降(斜率)控制标准。

(3)地层损失率是引起地层沉降变形的主因,盾构隧道穿越重大管线或其他重大风险源地段,地层损失率必须严格控制在1%以内。

6.8 本章小结

本章对富水卵石土地层,各类典型的城市轨道交通盾构法隧道重大风险源工程进行了论述,涵盖了高层建筑、老旧危房、老旧拱桥与河流、铁路以及既有线工程等方面,主要结论如下:

(1)明确了重大风险源地段盾构法隧道微扰动施工的核心理念,即“一核心”“两控制”“三辅助”。“一核心”就是以渣土改良与保压掘进为核心内容,“两控制”就是以盾构掘进参数控制与注浆控制(中盾注浆、盾尾注浆)为控制要素,“三辅助”就是基于隧道内深孔注浆

的“跟踪注浆”技术、基于钢管隔离桩的“变形隔离”技术以及基于盾尾后方隧道上浮控制的成型隧道质量控制为主要辅助手段。

(2)富水卵石土地层,由于颗粒大小不一且存在大粒径漂石,因此盾构掘进期间引起的地层超挖与沉降变形在一定程度上是不可避免的,但在地层空隙得到及时回填且回填到位的情况下,可将地层沉降控制在 -5mm 以内;密实卵石土地层,盾尾空隙浆液注入率 1.4 即可满足有效充填需要。

(3)连续多跨砖拱桥两侧的限位措施与拱圈内侧的套拱加固,有效增加了砖拱桥的整体刚度与抵抗不均匀变形的能力,可为后续类似工程提供借鉴与参考。

(4)高强度富水卵石土地层中,大管棚长度 50m 左右情况下可将精度控制在 1% 以内,在土仓压力与掘削面保压效果得到有效控制的情况下,盾构分段掘进的影响基本可控。

(5)基于富水漂卵石地层特性,提出了盾构机刀盘、刀具、螺旋机的优化改造方案,明确了盾构掘进“三平衡控制”机理,提出了复合式渣土改良、出渣量三重控制、同步注浆等关键技术,提出基于不同卵石地层特性的盾构掘进模型,提出了盾构“匀速降扭”技术措施;基于降低被动扭矩、提高驱动扭矩的思路提出了相应的盾构脱困技术;提出了素桩加固的常压开仓技术,形成了一套完整、成熟的盾构机掘进大粒径漂卵石地层的施工经验。

(6)平行超越先掘进盾构施工,由于两线中间部位土体受到反复的挤压与卸荷作用,产生较大的沉降;土体结构破坏以前,在一定的变形范围以内,地层对二次扰动的敏感性降低,土体颗粒之间的相对位移趋势减弱;先掘进盾构导致扰动区土体性能与稳定性降低,进而可能导致后掘盾构向既有线方向水平向偏移。

(7)建立了双线盾构施工引起的地表/地层沉降三维预测模型,提出了满足管线沉降变形控制要求的地表沉降(斜率)控制标准,进一步明确了地层损失率是引起地层沉降变形的主要原因。

本章参考文献

[1] 黄爱军,沈国红. 桩基击穿的盾构隧道结构修复加固技术[J]. 现代隧道技术,2010(S):635-639.

[2] 王秀志,梁伟,曹文宏. 特殊环境条件下的上海轨道交通 4 号线修复工程设计综述[J]. 地下工程与隧道,2007,4:1-14.

[3] 杨鹏,工勇. 人工冻结法进行地铁隧道修复施工的数值分析[J]. 西部交通科技,2009,8:114-120.

[4] 陆明,秦灏,朱祖熹. 上海轨道交通 9 号线盾构区间隧道抢险修复工程[J]. 中国建筑防水,2007,4:27-30.

[5] 王立新. 盾构超近距离穿越大型立交桩基群影响研究[J]. 地下空间与工程学报,2016,12(03):761-768+838.

[6] 刘建航,侯学渊. 盾构法隧道[M]. 北京:中国铁道出版社,1991.

[7] 何川,封坤,方勇. 盾构法修建地铁隧道的技术现状与展望[J]. 西南交通大学学报,2015,50(01):97-109.

[8] 任建喜,史景阳,占有名,等. 地铁盾构施工对既有拱桥的变形影响规律与控制技术[J]. 施工技术,2014,43(18):61-65.

[9] 邹鹏. 城市地铁盾构法施工对上部桥梁的影响研究[D]. 重庆交通大学,2015.

[10] 于宁,朱合华. 盾构隧道施工地表变形分析与三维有限元模拟[J]. 岩土力学,2004,25(8):1330-1334.

[11] 周宪伟,王幼青,李德海.盾构法隧道施工引起地表变形分析[J].低温建筑技术,2009(2):93-95.
[12] 丁传松,杨兴富.盾构近距离下穿对已运营隧道的变形分析[J].施工技术,2012,41(1):84-86,91.
[13] 滕丽,张桓.盾构穿越砂卵石地层地表沉降特征细宏观分析[J].岩土力学,2012,33(04):1141-1150+1160.
[14] 徐奎,朱陈,于洋.浅埋软岩隧道围岩变形的分形结构分析[J].铁道建筑,2017,(07):71-73.
[15] 张凤祥,朱合华,傅德明.盾构隧道[M].北京:人民交通出版社,2004.
[16] 兰宇,方勇,段绍和,等.地铁盾构隧道侧穿锦江大桥施工的三维数值模拟[J].铁道工程学报,2009,26(03):79-83.
[17] 桜井春輔.都市トンネルの実際[M].日本(东京):鹿島出版会,1998.
[18] 潘昌实.隧道力学数值方法[M].北京:中国铁道出版社,1995.
[19] 周顺华,徐正良,刘恩军.软土隧道应力释放率研究[J].铁道工程学报(专刊),1994:645-649.
[20] 方勇,何川.盾构法修建正交下穿地铁隧道对上覆隧道的影响分析[J].铁道学报,2007,29(2):83-88.
[21] 张庆贺,王慎堂,严长征,等.盾构隧道穿越水底浅覆土施工技术对策[J].岩石力学与工程学报,2004,23(5):857-861.
[22] 马龙,田磊.浅覆土段盾构过河研究[J].施工技术,2009,36:95-97.
[23] 戴小平,郭涛,秦建设.盾构机穿越江河浅覆土层最小埋深的研究[J].岩土力学,2006,27(5):782-786.
[24] 中铁第一勘察设计院集团有限公司.兰州市城市轨道交通1号线一期工程总体设计[R].西安:中铁第一勘察设计院集团有限公司,2011.
[25] 黄河水利委员会上游水文水资源局.兰州市城市轨道交通1号线穿越黄河工程防洪评价报告[R].兰州:黄河水利委员会上游水文资源局,2011.
[26] 李昕,舒恒,张亚果,等.超高水压复合地层大直径盾构隧道纵断面优化设计研究[J].现代隧道技术,2015,52(4):7-14.
[27] 张汝清,殷学纲,董明.计算结构动力学[M].重庆:重庆大学出版社,1987.
[28] GUPTA S,DEGRANDE G. A coupled periodic FE-BE model for ground-borne vibrations from underground railways [C]. Solids,Structures and Coupled Problems in Engineering,III European Conference on Computational Mechanics, Lisbon, Portugal, June 2006.
[29] 中华人民共和国交通运输部.公路工程水文勘测设计规范:JTG C30—2015[S].北京:人民交通出版社股份有限公司,2015.
[30] 夏鹏举,忽慧涛,陈郁,等.盾构隧道双层预制结构施工荷载模型试验研究[J].现代隧道技术,2015,52(4):105-110.
[31] 戴志仁.盾构隧道管片设计若干问题研究与探讨[J].铁道工程学报,2012,(6):65-70.
[32] 戴志仁.软土地区盾构隧道同步注浆机理与工程应用研究[D].上海:同济大学,2010.
[33] 中华人民共和国住房和城乡建设部.地铁设计规范:GB 50157—2013[S].北京:中国计划出版社,2013.
[34] 沈鑫国,杨平,王许诺.超大直径盾构隧道管片上浮原因与对策分析[J].南京工程学院学报:自然科学版,2001,9(1):26-31.
[35] BEZUIJEN A,TALMON A M,KAALBERG F J,et al. Field measurements of grout pressures during tunneling of the sophia rail tunnel[J]. Soil and Foundations,2004,44(1):39-48.
[36] 叶飞,朱合华,丁文其,等.施工期盾构隧道上浮机理与控制对策分析[J].同济大学学报:自然科学版,2008,36(6):738-743.
[37] 戴志仁.盾构隧道盾尾管片上浮机理与控制[J].中国铁道科学.2013,34(1):59-66.

[38] 韩月旺,钟小春,虞兴福. 盾构壁后注浆体变形及压力消散特性试验研究[J]. 地下空间与工程学报,2007,3(6):1142-1147.

[39] 叶飞. 软土地区盾构隧道施工期上浮机理分析及控制研究[D]. 上海:同济大学,2007.

[40] 张双亚,陈馈. 北京铁路地下直径线盾构选型[J]. 铁道工程学报,2007,(3):70-73.

[41] 刘东. 繁华城区富水砂卵石地层大直径泥水平衡盾构隧道施工关键技术[J]. 隧道建设,2011,31(1):76-81.

[42] 黄河水利委员会上游水文水资源局. 兰州市城市轨道交通 1 号线穿越黄河工程防洪评价报告[R]. 兰州:黄河水利委员会上游水文水资源局,2011.

[43] 中华人民共和国交通运输部. 公路工程水文勘测设计规范:JTG C30—2015[S]. 北京:人民交通出版社股份有限公司,2015.

[44] 张庆贺,朱忠隆,杨俊龙,等. 盾构推进引起土体扰动理论分析及试验研究[J]. 岩石力学与工程学报,1999,18(6):699-703.

[45]房营光,莫海鸿,张传英. 顶管施工扰动区土体变形的理论与实测分析[J]. 岩石力学与工程学报,2003,22(4):601-605.

[46] PECK R B. Deep excavation and tunnelling in soft ground[C]// 7th International Conference on Soil Methanics and Foundation Engineering. Mexico City,1969,225-290.

[47] ATTEWELL A B, WOODMAN J P. Predicting the dynamic of ground settlement and its derivatives by tunneling in soil[J]. Ground Engineering,1982,15:13-22.

[48] 曾小清,张庆贺,曹志远. 地铁工程双线盾构平行推进的相互作用[J]. 同济大学学报(自然科学版),1997,25(4):386-389.

[49] 林志,朱合华,夏才初. 近间距双线大直径泥水盾构施工相互影响研究[J]. 岩土力学,2006,27(7):1181-1186.

[50] 廖少明,白廷辉,彭芳乐,等. 盾构隧道纵向沉降模式及其结构响应[J]. 地下空间与工程学报,2006,2(4):566-570.

[51] 廖少明,余炎,白廷辉,等. 盾构隧道叠交施工引起的土层位移场分布规律[J]. 岩土工程学报,2006. 4.

[52] 邵华,张子新. 盾构近距离穿越施工对已运营隧道的扰动影响分析[J]. 岩土力学,2004,11(25):545-549.

[53] 陈越峰,张庆贺,张颖,等. 近距离三线并行盾构隧道施工实测分析[J]. 地下空间与工程学报,2008,4:335-340.

[54] 戴志仁,王天明. 盾构隧道衬砌结构计算若干问题研究与建议[J]. 铁道工程学报,2015,6(总201):45.

[55] 戴志仁,王天明,杜宇,等. 砂卵石地层地铁隧道上方基坑开挖卸载影响与对策分析[J]. 隧道建设,2017,37(10):1255.

[56] 王海祥. 浅埋暗挖黄土隧道下穿铁路道岔区技术研究[J]. 铁道工程学报,2016,8(总215):85.

[57] 任建喜,李龙,郑赞赞,等. 黄土地区地铁盾构下穿铁路变形控制技术[J]. 铁道工程学报,2013(5):57.

[58] 陈周斌,吴祖福,董光炎. 浅埋隧道下穿铁路的线路加固措施与效果分析[J]. 铁道标准设计,2005(3):27.

[59] 霍军帅,王炳龙,周顺华. 地铁盾构隧道下穿城际铁路地基加固方案安全性分析[J]. 中国铁道科学,2011,32(5):71.

[60] 罗松,张浩然. 成都富水砂卵石地层盾构施工滞后沉降防控措施探讨[J]. 隧道建设,2010,30(3):317.

[61] 时亚昕. 砂卵石地层超长管棚技术应用与研究[J]. 铁道标准设计,2017,61(12):101.

[62] 戴志仁. 盾构隧道衬砌结构计算模型探讨[J]. 铁道工程学报,2013(6):52.
[63] 杨志团. 高压富水砂卵石地层盾构隧道管片选型与应用[J]. 都市快轨交通,2014,27(4):79.
[64] 胡欣雨,张子新. 砂卵石地层土压盾构开挖面动态平衡机理研究[J]. 地下空间与工程学报,2009,5(6):1115.
[65] 戴志仁. 盾构隧道盾尾管片上浮机理与控制[J]. 中国铁道科学,2013,34(1):59.
[66] 白云,戴志仁,徐飞,等. 后掘盾构越先掘盾构对地层变形的影响研究[J]. 土木工程学报,2011,2(44):128.
[67] 张莎莎,戴志仁. 兰州地铁穿黄段盾构隧道关键技术研究[J]. 现代隧道技术,2015,52(6):20.

第7章　富水卵石土地层盾构法隧道工程风险评估体系

城市轨道交通工程工期长，施工难度大，且大多都处于繁华的市区，面临很多不确定性风险因素，施工中容易引发风险事故。这些风险事故不仅造成了工程成本增加、工期延期，也带来巨大的社会负面影响。我国城市轨道交通工程建设起步较晚，施工经验较少，相关专业人才储备不足，在一定程度上无法完全满足当前建设需要，导致地铁施工事故频繁发生，给国家造成了巨大财产损失。开展城市轨道交通施工风险评估和风险防控技术的研究，可用于指导地铁施工，减少施工事故的发生，这对地铁事业的顺利发展有着重要的现实意义。

成都地铁5号线一、二期工程全长49km，全线地处市中心繁华地段，环境复杂多变。线路下穿建（构）筑物56处、桥梁14处、河流7处、管线30处、既有线路（道路）30处、小净距隧道7处，这势必造成工程在施工期内的风险数量多、种类复杂，给安全施工带来严重的威胁。本章开展隧道工程施工安全风险评估研究，并将成果应用于实际工程，找出风险源，给出其施工风险的等级，最后提出施工对策及建议，减少风险的发生可能性，最终达到对施工风险进行控制的目的。

我国地铁施工风险评估研究起步比较晚，较少采用定量的分析方法进行风险评估，风险评估工作信息化程度也有待提高。可通过开展定量的方法进行风险评估，使评估结果更加客观，提高风险评估结果的说服力。开发地铁施工风险评估软件，建立施工事故数据库，为风险评估提供客观真实的数据基础，提高风险评估效率和风险管理的信息化程度。

综上，基于成都地铁5号线工程区间盾构隧道工程，开展地铁隧道施工安全风险评估及其应用研究有重要的现实意义和工程价值。

7.1　地铁隧道风险评估理论基础

地铁隧道风险评估是地铁工程风险管理的核心内容，是系统地识别工程风险和科学合理地管理风险的重要纽带，是决策分析的基础。风险评估的内容包括对风险进行分析和评价，对风险危害性及其处置措施进行决策。风险评估的过程可以描述为：对风险进行界定和风险辨识得出风险清单，在此基础上运用概率论和数理统计的方法进行风险估计（风险发生的概率估计和风险发生造成的损失估计），进而借此对风险等级进行评定，最后提出相应的风险处置措施。风险辨识是风险评估的基础性工作，地铁施工风险事故的统计和分析可为风险辨识提供数据依据。风险评估流程图如图7-1所示。

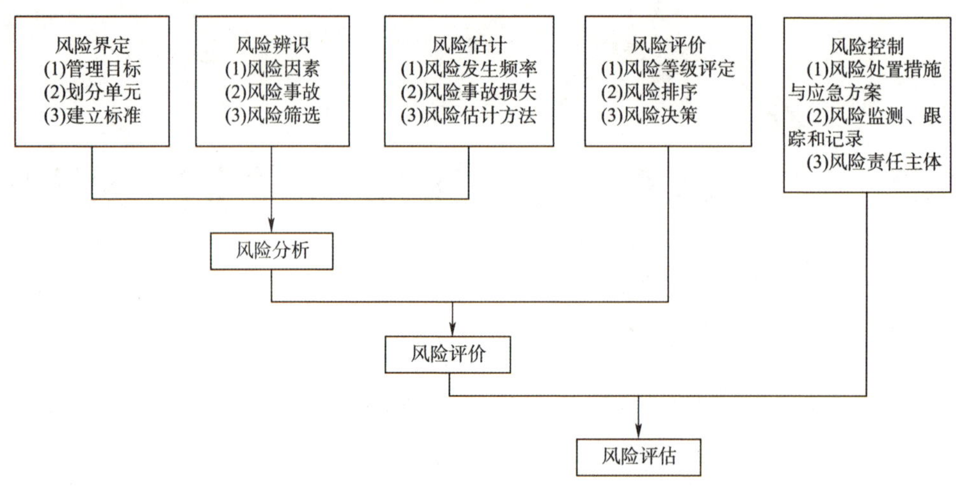

图 7-1　风险评估流程图

7.1.1　地铁隧道施工安全风险评估相关理论

7.1.1.1　地铁隧道施工风险概念

关于地铁施工风险的精确定义,目前学术界仍没有统一的说法。国际隧道协会(ITA)在《隧道风险管理指南》中定义风险为所识别的风险源发生的概率和影响后果的综合。《地铁及地下工程建设风险管理指南》将风险定义为:与预期利益相悖的损失或不利后果(即潜在损失),或由各种不确定性因素造成对工程建设参与各方的损失。《城市轨道交通地下工程建设风险管理规范》(GB 50652—2011)将风险定义为:不利事件或事故发生的概率(频率)及其损失的组合。

虽然学术界对风险定义有所差异,但其均涉及了风险最基本的两个要素,即风险发生的概率和风险造成的损失。有关风险的通用数学模型表达式如下:

$$R = F(p,c) \tag{7-1}$$

式中:R——风险;

p——风险发生的概率;

c——风险发生造成的损失。

综合本项目的研究内容,笔者将地铁施工风险定义为:在地铁施工阶段,不利于安全施工的事件发生概率及事件发生造成直接或间接损失的综合。

7.1.1.2　地铁隧道施工风险分析方法介绍

风险分析是风险评估的核心内容,其内容包括对风险进行界定、辨识和估计,采用定性或定量方法分析风险。风险分析方法主要有三种:定性的分析方法、定量的分析方法、定性定量结合的综合分析方法。其中,定性分析方法是以研究者的专业知识和实践经验为基础,对风险进行分析,得出的分析结果较为全面,且符合实际,是目前最为常用的风险分析方法。定量分析方法立足于实际的数据,用一定的手段和方法对风险进行分析,定量分析得出的结果较为客观,也更具说服力。定性定量结合的综合分析方法综合了两者的优点,是在缺少数据的情况下得出的风险分析结果,分析结果具有相应的代表性。表 7-1 对常用的风险分析方法进行了简单介绍。

地铁隧道施工安全风险分析方法　　表7-1

方法类型	方法名称	说　明	适用范围	优缺点
定性分析方法	专家评议法	根据事物的过去、现在及发展趋势，对事物的未来进行分析、预测	适用于对已有方案进行决策和判断，或从已有的几种方案中选择一种	优点：简单易行，能够对各种模糊的、不确定的问题做出较为准确的确定回答。 缺点：受人主观因素的影响，从根本上讲还是"多数人说了算"的方法
	专家调查法（德尔菲法）	利用专家的经验、知识和智慧等分析不能数量化、带有较大模糊性的信息，通过多次信息交换而解决某个复杂问题的方法	只适用于对已有方案进行决策和判断，或从已有的几种方案中选择一种，而不能形成方案	优点：效率高，避免因权威作用或人数众多而压倒其他意见。 缺点：专家不能当面交流，可能会坚持错误意见
	"如果……怎么办"法	该方法对凡是觉得有危险性的目标，通过提出一系列"如果……怎么办"的问题，发现存在的危险、危害性及其程度	该方法既可适用于一个系统，又可以适用于系统中某一个环节，适用范围较广	优点：可以找出一个工程所存在的危险，提出消除或降低其危险的对策，结果醒目、直观。 缺点：要求参与人员有扎实的专业知识和丰富实践经验，系统复杂时容易产生错漏
	失效模式和后果分析法（FMA）	从元件的故障开始逐次分析其原因、影响及应采取的对策措施	可用在整个系统的任何一级，常用于分析某些复杂的关键设备	优点：对于一个系统的失效模式进行详细分析并得到失效产生的后果。 缺点：只能用于考虑非危险性失效，花费时间长，一般不能考虑各种失效的综合原因
定量分析方法	层次分析法	将复杂问题分解成几个级别层次和多重要素，通过比较、判断和计算，得到各自的相对重要程度，最后确定项目的风险程度	应用领域比较广阔，可以分析社会、经济以及科学管理领域中的问题	优点：有效地处理那些难于完全用定量方法来分析的复杂问题，简洁实用。 缺点：只能进行方案优选，不能生成方案，人的主观判断、选择对结果影响大
	蒙特卡洛法	首先建立一个概率模型或随机过程，通过对模型或过程的观察或抽样试验来计算所求参数的统计特征，最后给出所求解的近似值	这种方法既有对项目结构的分析，又有对风险因素的定量评价，因此比较适合在大中型项目中应用	优点：风险因素被更具体的量化，有效发挥专家作用，可用计算机计算。 缺点：建模困难，没计入风险因素间的影响，结果可能偏小
	等风险图法	这种方法把已识别的风险分为低、中、高三类。根据项目失败和成功的概率，估算项目失败的后果和成功的后果	该方法适用于对结果要求精度不高，只需要进行粗略分析的项目	优点：方便直观，简单有效，根据风险发生概率和风险后果，就可直接得到其风险系数。 缺点：不易得到风险发生概率和风险后果两个变量的值

续上表

方法类型	方法名称	说明	适用范围	优缺点
定量分析方法	控制区间记忆模型(CIM)	该方法用直方图代替变量的概率分布,用“和”代替函数积分,求解风险概率	该模型适用于结果精度要求不高的项目,且只适用于变量间相互独立或相关性可以忽略的项目	优点:风险因素量化过程变得简单、直观,并且易于实现概率的加法和乘法计算。 缺点:结果的精确度与所取区间大小有很大关系,若所取区间较大,所得结果精确度不高
	神经网络法	它不需要设计任何数学模型,只靠过去的经验来学习,对相应数据进行预测	预测问题、原因和结果的关系模糊的场合;模式识别,涉及模糊信息的场合;组合数量非常多,实际求解几乎不可能的场合	优点:具有很强的学习能力、抗故障性和并行性。 缺点:计算量很大,当样本大、神经网络所含神经元数量多时更是如此
	模糊数学综合评判法	应用模糊变换原理和模糊数学的基本理论,考虑与评价事物相关的各个因素,从而科学地得出评价结论	模糊综合评判方法适用于任何系统的任何环节,其适用性比较广	优点:简单易行,是对多因素、多层次的复杂问题评判效果比较好的方法,适用范围比较广。 缺点:隶属函数或隶属度的确定、评价因素对评价对象的权重的确定都有很大的主观性
	主成分分析法	利用降维的思想,把多指标转化为少数几个综合指标的多元统计方法	主成分分析法可适用于各个领域,但运用主成分分析模型得到的综合评估值在比较相对大小时才有意义	优点:降维处理,计算简单,个别样本对主成分影响不大。 缺点:评价标准具有不可继承性,评价工作存在盲目性,需借助较多的统计资料
定性定量分析方法	事故树法	一种描述事故因果关系的有向逻辑树,它能对各种系统的危险性进行识别评价	FTA的应用比较广,非常适合于重复性较大的系统。可用于工程或设备的设计阶段、在事故查询或编制新操作方法,用于直接经验较少的风险辨识	优点:为人们提供设法避免或减少导致事故基本原因的线索,从而降低事故发生的可能性。 缺点:步骤繁多,计算复杂,容易产生疏漏
	事件树法(决策树法)	是一种从原因到结果、自下而上的分析方法	可以用来分析系统故障、设备失效、工艺异常、人的失误等,应用比较广泛	优点:层次清楚、阶段明显,可以进行多阶段、多因素复杂系统中事故发展的预测。 缺点:在国内外数据较少,工作量大,容易产生疏漏和错误
	影响图法	变量间的相互作用关系可以通过图形的形式表现出来,为决策分析提供依据	影响图法与事件树法适用性类似。由于影响图方法比事件树法有更多的优点,因此,也可以应用于较大的系统分析	优点:计算机实现的正规数量化分析的手段,能够清晰地表示变量之间的时序关系、信息关系和概率关系。 缺点:概率分布往往是根据经验得到的,或者是主观的估计,难以确切给出变量自身的概率和变量间的条件概率

续上表

方法类型	方法名称	说明	适用范围	优缺点
定性定量分析方法	风险评价矩阵法	它是将决定危险事件的风险的两种因素——风险严重度(S)、风险可能性(P),按其特点划分为相对的等级,形成一种风险评价矩阵,并赋予一定的加权值来定性衡量风险大小	可适用于整个系统,又可以适用于系统中某一个环节	优点:简单,灵活。 缺点:要参照过去经验和有关故障资料,主观性较强

7.1.1.3 地铁隧道施工风险分析方法选择

自从风险管理引入工程建设领域以来,风险分析方法受到世界各国学者的关注,发展至今已经有几十种之多。不同的风险分析方法的适用范围有所差异,所以我们需要对地铁施工涉及的内容进行研究,并找出合适的风险分析方法。大量的不确定性和模糊性是地铁工程的固有特点,因此可考虑基于模糊数学、灰色系统理论、神经网络等理论与传统风险分析方法的结合,开展地铁施工安全风险评估的研究。另外,第7.1.2节对地铁施工事故进行了比较系统的统计,有大量的数据样本基础。结合神经网络分析方法的优点,经过综合考虑,决定采用BP神经网络分析法进行地铁施工安全风险概率和损失的估计。

(1)BP神经网络的介绍

人工神经网络是一种通过模仿人类大脑中枢组系统神经元之间的互相联系,采用数学和物理方法来进行计算的信息处理技术。大脑的学习过程就是神经元之间的连接强度随外部激励信息自适应的调整过程。这是一般神经网络通用建模方法的生物学依据。在建模过程中,先构筑合适的网络结构,固定处理单元(神经元)的数目,然后通过不断改变神经元(处理单元)间的连接强度来对网络进行训练,优化网络性能,最终实现网络的应用目标。BP神经网络算法(Error Back Propagation,BP)是目前应用最为广泛且较成功的一种算法,它采用非线性连续变换函数,使隐含层神经元具有学习能力,从而使该网络在各方面获得了成功的应用。BP神经网络具有以下几个特点:①对于所要解决的问题,BP神经网络并不需要预先设计数学模型来进行计算,而只需给它若干训练实例,就可以通过学习来完成,这是BP神经网络的一个显著特点;②具有自适应能力,可从外部环境中获取信息来不断完善自己;③具有很强的容错性,当系统接受了不完整信息时仍能给出正确的解答;④具有较强的识别能力,善于联想、类比和推理。

(2)BP神经网络的原理

BP神经网络以神经元之间的联系为基础,神经元从邻近其他神经元接受信息,同时也向邻近其他神经元发出信息,整个网络的信息处理是通过神经元之间的相互作用来完成的。BP神经网络算法(以下简称BP算法)的基本思想是,采用有指导的学习方式进行训练和学习,信息从输入层各神经元获取,经隐含层神经元作用,向输出层传播,在输出层的各神经元获得网络的输出信息。通过比较输出层各神经元的实际输出与期望输出,获得二者之间的误差,然后按照减小误差的方向,从输出层经各隐含层并逐层修正各连接权值和阈值,最后回到输入层。此过程不断重复进行，直到网络输出的误差减少到可以接受的程度，或进行到预先设定的学习次数为止。BP 算法原理图如图 7-2 所示。

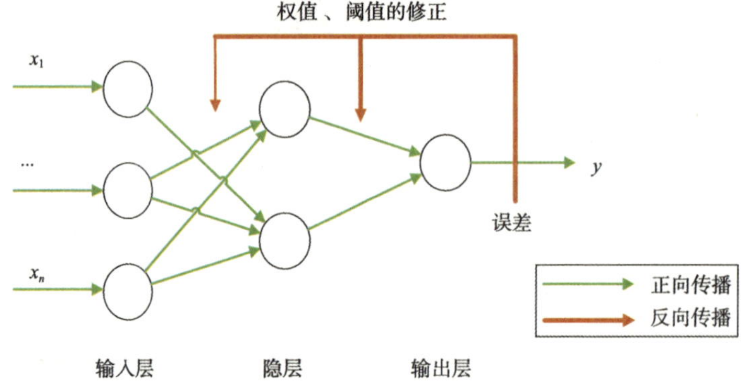

图 7-2　BP 算法原理图

(3) BP 神经网络的算法

作为误差逆传播算法训练的多层前馈网络，BP 网络结构通常是由输入层、隐层和输出层组成的三层网络结构，其拓扑结构如图 7-3 所示。

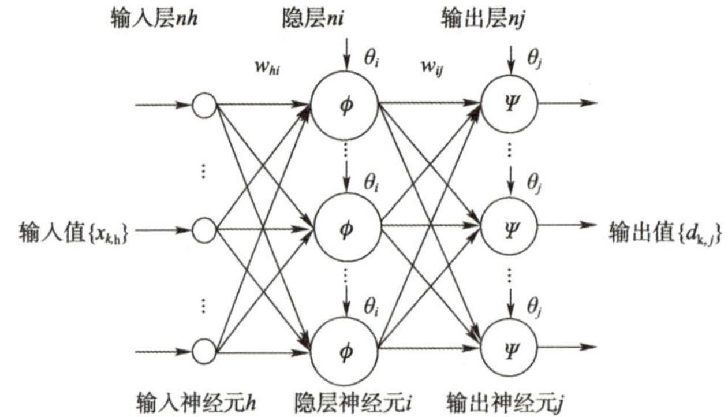

图 7-3　BP 神经网络的拓扑结构图

图中，输入神经元为 h、隐层神经元为 i、输出神经元为 j，nh、ni、nj 分别为输入层、隐层、输出层的节点数目，θ_i、θ_j 分别为隐层节点 i、输出层节点 j 的阈值，w_{hi}、w_{ij} 分别为输入层节点 h 与隐层节点 i 及隐层节点 i 与输出层节点 j 间的连接权值，各节点输入为 x，输出为 y。$\phi(x)$、$\psi(x)$ 分别为隐层神经元和输出层神经元的作用函数，BP 神经网络的神经元作用函数一般采用 sigmoid 压缩函数 $y=1/(1+\mathrm{e}^{-x})$，即 $\phi(x)=\psi(x)=\dfrac{1}{1+\mathrm{e}^{-x}}$。

BP 神经网络的算法如下：

①初始化。将输入样本、输出样本按照式(7-2)进行初始化，得到[0,1]区间常值的样本数据。

$$\bar{x}=\frac{x_i-x_{\min}}{x_{\max}-x_{\min}} \tag{7-2}$$

式中：x_i——输入或输出数据；

$x_{\max}$——数据最大值；

x_{min}——数据最小值。

经归一化处理的输入、输出样本为：

$$\{x_{k,h}, d_{k,j} | k=1 \sim nk; h=1 \sim nh; j=1 \sim nj\} \tag{7-3}$$

nk 为样本容量。给各连接权值 $\{w_{hi}\}$、$\{w_{ij}\}$，阈值 $\{\theta_i\}$、$\{\theta_j\}$ 赋予 $(-1,1)$ 区间上的随机值。

②令 $k=1$，选取学习模式对 $\{x_{k,h}, d_{k,j}\}$ 提供给网络训练 $(h=1 \sim nh; j=1 \sim nj)$。

③计算隐层个节点的输入 x_i、输出 $y_i(i=1 \sim ni)$：

$$x_i = \sum_{h=1}^{nh} w_{hi} \cdot x_{k,h} + \theta_i \tag{7-4}$$

$$y_i = \frac{1}{1+e^{-x_i}} \tag{7-5}$$

④计算输出层各节点的输入 x_j、输出 $y_j(j=1 \sim nj)$：

$$x_j = \sum_{i=1}^{ni} w_{ij} \cdot y_i + \theta_j \tag{7-6}$$

$$y_j = \frac{1}{1+e^{-x_j}} \tag{7-7}$$

⑤计算输出层各节点所收到的总输入变化时单样本点误差 E_k 的变化率：

$$\frac{\partial E_k}{\partial x_j} = y_j(1-y_j)(y_i - d_{k,j}) \tag{7-8}$$

其中，单点样本误差 $E_k = \frac{1}{2}\sum_{j=1}^{nj}(y_i - d_{k,j})^2$，下同。

⑥计算隐层各节点所收到的总输入变化时单样本点误差的变化率：

$$\frac{\partial E_k}{\partial x_i} = y_i(1-y_i)\sum_{j=1}^{n_j}\left(\frac{\partial E_k}{\partial x_j} \cdot w_{ij}\right) \tag{7-9}$$

⑦修正各连接权值和阈值：

$$w_{ij}^{t+1} = w_{ij}^{t} - \eta \frac{\partial E_k}{\partial x_j} y_i + \alpha(w_{ij}^{t} - w_{ij}^{t-1}) \tag{7-10}$$

$$\theta_j^{t+1} = \theta_j^{t} - \eta \frac{\partial E_k}{\partial x_j} + \alpha(\theta_j^{t} - \theta_j^{t-1}) \tag{7-11}$$

$$w_{hi}^{t+1} = w_{hi}^{t} - \eta \frac{\partial E_k}{\partial x_i} x_h + \alpha(w_{hi}^{t} - w_{hi}^{t-1}) \tag{7-12}$$

$$\theta_i^{t+1} = \theta_i^{t} - \eta \frac{\partial E_k}{\partial x_i} + \alpha(\theta_i^{t} - \theta_i^{t-1}) \tag{7-13}$$

式中：t——修正系数；

η——学习速率且 $\eta \in (0,1)$；

α——动量因子且 $\alpha \in (0,1)$。

⑧令 $k=k+1$，取学习模式对 $\{x_{k,h}, d_{k,j}\}$ 提供给网络，转步③，直至全部 nk 个模式对训练完毕，转步⑨。

⑨重复步骤②至步骤⑧，直至网络全局误差函数

$$E = \frac{1}{2}\sum_{k=1}^{nk}\sum_{j=1}^{nj}(y_j - d_{k,j})^2 \tag{7-14}$$

小于预先设定的一个较小值或学习次数大于预先设定的值,转步骤⑩。

⑩结束学习。

在以上学习步骤中,步骤③至步骤④为输入学习模式的“正向传播过程”;步骤⑤至步骤⑦为网络误差的“反向传播过程”;步骤⑧至步骤⑨则完成训练和收敛过程。BP 算法程序流程见图 7-4。

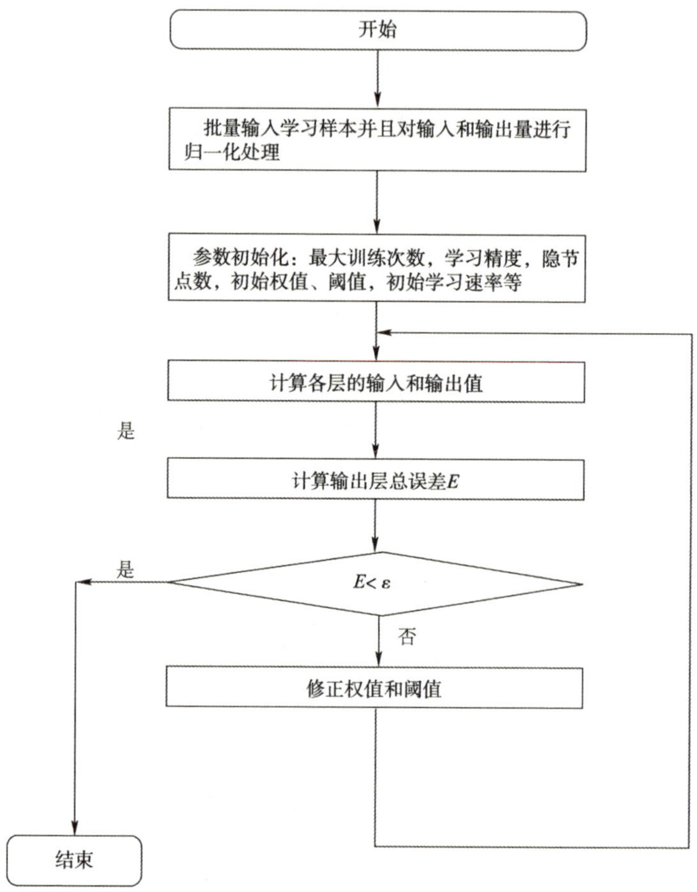

图 7-4　BP 算法程序流程图

可见 BP 神经网络算法具有很强的学习能力和自适应用能力,随着误差反向传播不断进行修正,从而提高对输入模式识别的正确率,而得到更精确的解。因此,BP 神经网络算法采用的学习算法称之为误差反向传播算法,是一种误差函数按梯度下降的学习方法。

(4)BP 神经网络隐层节点数选取

BP 神经网络隐含层神经元节点数的选择没有统一的标准,也不存在一个理想的解析式,通常根据多次实验来确定。以下给出确定最佳的节点数的经验公式:

$$ni = \sqrt{nh + nj} + \alpha \tag{7-15}$$

$$ni \leqslant \sqrt{nh(nj + 3)} + 1 \tag{7-16}$$

7.1.1.4　地铁隧道施工安全风险评估内容

《城市轨道交通地下工程建设风险管理规范》(GB 50652—2011)对风险评估的定义:对

风险进行分析和评价，对风险危害性及其处置措施进行决策。本小节对地铁隧道施工安全风险评估研究主要从以下三方面进行：

(1)地铁隧道施工风险分析。对地铁施工事故进行调研，分析事故的特征和原因，同时调查研究与风险事件相关的数据和资料，并利用专家调查问卷等方式，完成对风险的界定和风险辨识，确定风险源及风险因素。在确定风险清单基础上，利用BP神经网络分析法估算风险发生概率和风险损失，完成风险估计工作。

(2)地铁隧道施工风险评价。在确定风险概率和风险损失的基础上，根据《城市轨道交通地下工程建设风险管理规范》(GB 50652—2011)规定的风险等级标准，对风险进行等级评定。

(3)地铁施工风险控制。根据风险等级制定相应的风险处置措施及应急预案。

7.1.2　地铁施工事故统计分析

7.1.2.1　地铁施工事故统计

事故资料数据的收集来源包括：应急管理部网站、国内外相关学术论文、地铁相关书籍、问卷调查以及事故新闻快报等。对收集事故资料的相关信息，运用柱状图、饼图、相关性分析等手段进行统计分析。

对国内各大修建地铁城市的192起地铁隧道施工事故进行统计，得到以下9种主要事故类型，按事故发生率由高到低，分别为坍塌、地表塌陷、水害、机械事故、管线破坏、其他、火灾、物体打击、爆炸等。192起地铁隧道施工各类事故起数统计见表7-2。为了更细致地分析隧道施工事故发生的基本规律及其损失后果，结合事故调查资料，对隧道施工事故进行详细分类，见表7-3。事故统计起数柱状图见图7-5，各类事故比例饼状图见图7-6。

地铁隧道施工事故统计表　　表7-2

事故类型	坍塌	地表塌陷	水害	机械事故	管线破坏	火灾	物体打击	爆炸	其他	总计
事故个数	68	36	25	22	13	8	6	4	10	192
比例(%)	35.42	18.75	13.02	11.46	6.77	4.17	3.13	2.08	5.21	100

地铁隧道施工事故分类表　　表7-3

事故基本类型	详细分类	事故基本类型	详细分类
坍塌	支护结构坍塌	水害	结构渗漏水
	基坑失稳坍塌		涌水
	坑内滑坡坍塌		渗流破坏
	区间隧道塌方	管线破坏	管线破坏
地表塌陷	路面沉降	物体打击	物体打击
	建筑倾斜	火灾	火灾
	建筑倒塌	爆炸	爆炸
机械事故	龙门吊倾覆	其他	其他
	机械坠落		

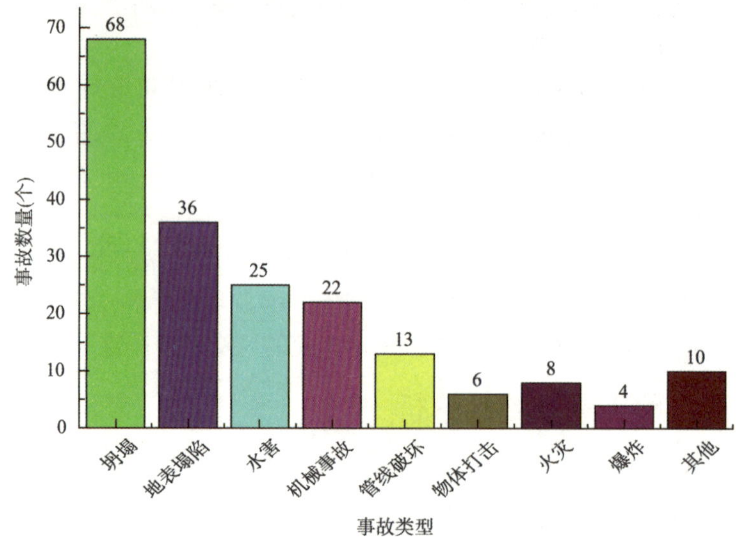

图 7-5 地铁隧道施工事故类型起数统计柱状图

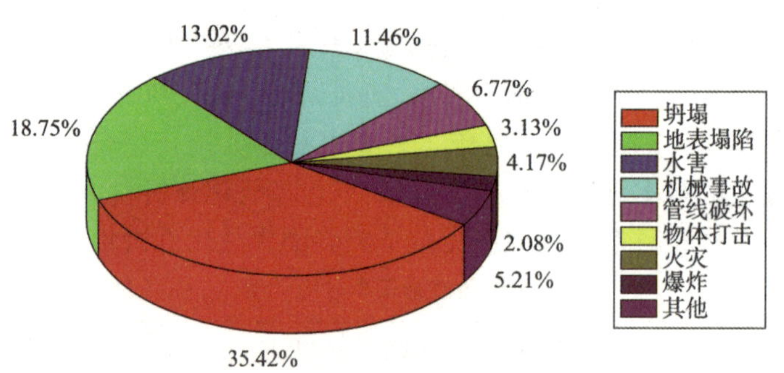

图 7-6 地铁隧道施工事故类型比例饼状图

统计分析表明：地铁隧道施工事故中以坍塌和地表塌陷事故发生最为频繁，分别占事故总数的 35.42% 和 18.75%；其次是水害和机械事故，分别占事故总次数的 13.02% 和 11.46%。由于统计数据的不完全性，各事故占比与实际有一定出入，但参考工程实践和已有研究成果，其总体趋势是可靠的。

7.1.2.2 典型地铁施工事故影响因素分析

地铁隧道施工事故的发生原因多种多样，要从根本上减少和避免隧道工程施工安全风险事故，就必须认真分析总结各类典型事故的原因，明确事故的影响因素。针对成都地铁 5 号线一期工程的现场实际情况，下面将简述各类典型施工事故，并根据统计资料，运用鱼骨图分析法详细总结坍塌、地表塌陷、水害、管线破坏 4 类典型事故的影响因素。

(1)坍塌

①坍塌事故综述

地铁施工坍塌事故一般指基坑或隧道本身及其构造物在施工过程中发生的倒塌事故。地铁施工坍塌事故主要有以下类别：基坑围护结构坍塌；基坑钢支撑失稳引起的坍塌；基坑内土体滑坡；区间隧道塌方。

②地铁施工坍塌事故的原因

运用鱼骨图分析法对地铁施工中造成坍塌的原因从工程自身因素、环境因素、工程地质因素、勘察设计因素、施工技术因素、管理因素6个方面进行分析,具体分析过程如图7-7所示。

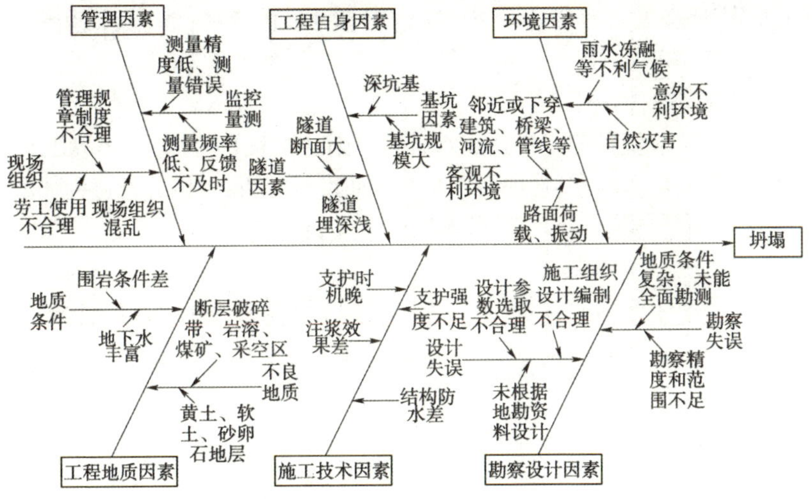

图7-7 坍塌事故原因分析图

(2)地表塌陷

①地表塌陷事故综述

地铁施工地表塌陷事故一般指基坑或隧道开挖时,其周边地表沉降及由地表沉降引起的建筑倾斜甚至倒塌事故。地铁施工地表塌陷事故主要有以下类别:路面沉降;地表沉降引起的建筑倾斜;地表沉降引起的建筑倒塌。

②地铁施工地表塌陷事故的原因

运用鱼骨图分析法对地铁施工中造成地表塌陷的原因从工程自身因素、环境因素、工程地质因素、勘察设计因素、施工技术因素、管理因素6个方面进行分析,具体分析过程如图7-8所示。

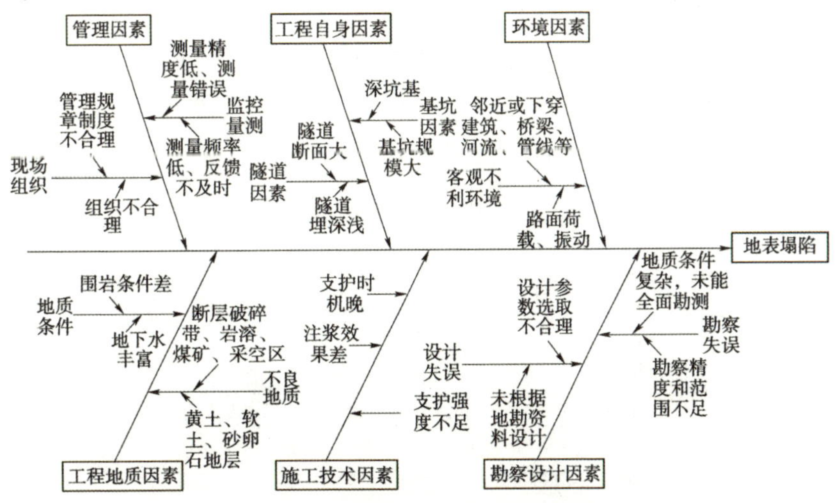

图7-8 地表塌陷事故原因分析图

(3)水害

①水害事故综述

地铁施工水害事故一般指基坑或隧道开挖时,基坑或隧道发生渗漏水或者涌突水等事故。地铁施工水害事故主要有以下类别:结构渗漏水;涌突水;渗流引起基坑或隧道结构破坏。

②地铁施工水害事故的原因

运用鱼骨图分析法对地铁施工中造成水害的原因从工程自身因素、环境因素、工程地质因素、勘察设计因素、施工技术因素、管理因素6个方面进行分析,具体分析过程如图7-9所示。

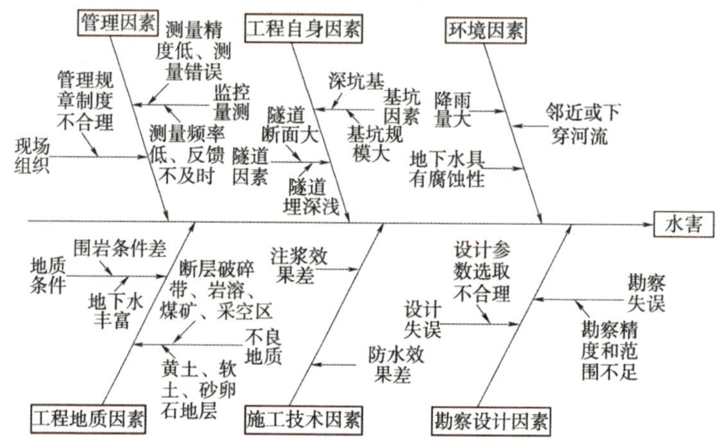

图7-9　水害事故原因分析图

(4)管线破坏

①管线破坏事故综述

地铁施工管线破坏事故一般指基坑或隧道开挖时,管线结构发生渗漏水或者涌突水等事故。地铁施工管线破坏事故主要有以下类别:市政水管(自来水、消防、污水等水管)破裂;市政线缆(通信、交通信号等线缆)破坏;军用线缆破坏。

②地铁施工管线破坏事故的原因

运用鱼骨图分析法对地铁施工中造成管线破坏的原因从环境因素、勘察设计因素、施工技术因素、管理因素4个方面进行分析,具体分析过程如图7-10所示。

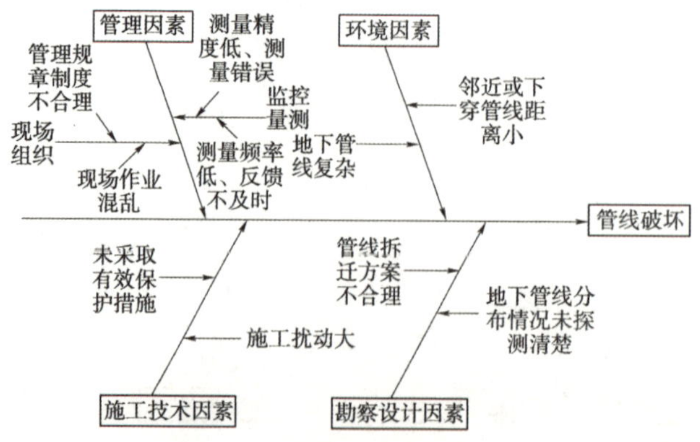

图7-10　管线破坏事故原因分析图

7.1.2.3 事故统计分析意义

通过对国内地铁施工事故案例的统计和风险成因分析,为风险辨识提供客观有效的数据。地铁施工风险事故的统计分析,可通过有效地归纳总结风险类型和风险因素,为地铁施工风险评估体系的建立提供参考。同时,为 BP 神经网络分析法在地铁施工安全风险评估的应用提供训练样本数据。

7.1.3 小结

本小节主要介绍地铁隧道施工安全风险评估理论基础的相关内容。风险评估理论基础是进行风险评估工作的依据和指导,风险评估理论基础的内容主要包括风险评估理论和风险事故调研两部分。

首先,进行风险评估理论内容的描述,对风险评估流程、风险概念、风险评估方法、风险评估内容等进行介绍,并根据地铁隧道施工的特点,选择 BP 人工神经网络法作为风险评估方法,为风险评估工作提供理论基础。

其次,进行地铁施工事故统计分析工作,为建立风险事故数据库做好铺垫。收集全国 192 起地铁施工事故,针对事故特点进行分类,得出常见的地铁施工事故类型,为风险评估指标选取提供参考;系统地分析典型事故的影响因素,总结归纳出事故的风险因素类型及各风险因素情况;统计各类事故类型发生比例及事故损失情况,为 BP 神经网络分析法提供训练样本数据。

7.2 地铁隧道风险评估模型

地铁隧道施工安全风险评估模型建立流程可描述为:根据地铁施工事故调研资料,并结合专家问卷调查和相关文献资料,确定评估对象和风险因素,建立风险评估体系;采用 BP 神经网络法建立地铁施工风险概率模型和风险损失模型,估算风险发生可能性和风险损失;根据《城市轨道交通地下工程建设风险管理规范》(GB 50652—2011)规定的风险等级标准,对风险进行等级评定。地铁隧道施工安全风险评估模型建立流程如图 7-11 所示。

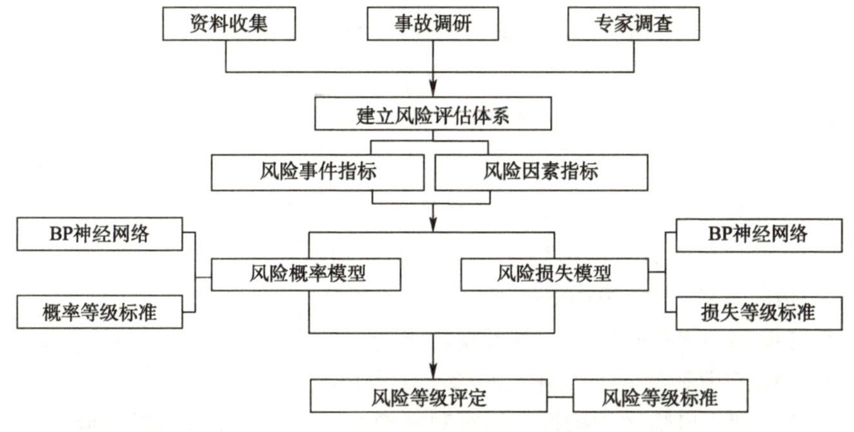

图 7-11 地铁隧道施工安全风险评估模型建立流程

7.2.1 地铁隧道施工安全风险评估指标体系构建

构建地铁隧道施工安全风险评估指标体系是建立地铁隧道施工安全风险评估模型的基础工作。本小节在第 7.1.2 节地铁施工事故统计分析基础上,以成都地铁 5 号线一期工程施工安全风险为研究对象,结合现场资料调研、专家意见及其他学者研究成果,建立了地铁隧道施工安全风险评估指标体系。

7.2.1.1 地铁隧道施工安全风险评估指标体系构建步骤

构建地铁隧道施工安全风险评估指标体系的步骤如下:①收集大量的文献资料,包括地铁施工事故统计分析资料、专家意见、现场调研的工程资料、相关学者的研究成果等;②根据收集的文献资料,结合地铁隧道施工特点,对地铁施工风险事件和风险因素分类分析,根据相关规范和专家意见,确定重大风险评估指标(风险事件)和风险因素指标;③将不同的风险评估指标与相应风险因素搭配组合,建立地铁隧道施工安全风险评估指标体系。构建地铁隧道施工安全风险评估指标体系步骤如图 7-12 所示。

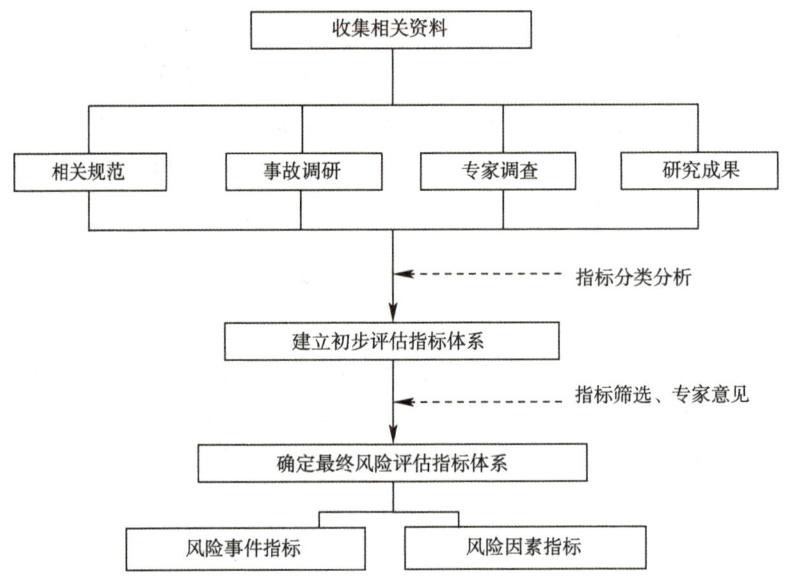

图 7-12 地铁隧道施工安全风险评估指标体系建立步骤

建立指标体系的方法一般有专家评定法和数据统计分析法两种。专家评定法主要依据专家经验知识来确定指标,适用于资料有限的情况;数据统计分析法适用于具有定量评价指标的被评价对象。

7.2.1.2 地铁隧道施工安全风险评估指标体系构建原则

构建一个完整、科学、合理的指标体系是得到准确风险评估结果的保证。因此,为了保证评估结果的精确合理,评估指标的选取应遵循以下原则:

(1)完整性原则。地铁隧道施工环境复杂多变、涉及的风险因素众多,在选取风险指标时,必须考虑到所有风险,才能最大限度地降低工程风险。

(2)可靠性原则。风险评估指标能够客观准确地反映工程中存在的风险,其指标选取必须是真实有效的,以增加风险评价的可信度。

(3)代表性原则。地铁施工涉及多种风险因素,选取的风险评估指标应能够代表这些因素,降低评价过程的复杂度。

(4)多层次性原则。地铁施工风险因素体现在“人、机、料、法、环”五个方面,这些因素之间交叉影响,选取风险指标时应理顺关系、逐级筛选,使指标体系结构明了、层次清晰。

(5)协调性原则。风险指标的选取必须与现行规范、相关政策等吻合。

(6)可操作性原则。风险评估指标应能用定性或定量的方法对其进行量化,可操作性好,数据统计容易。

7.2.1.3　地铁隧道施工安全风险评估指标体系

地铁隧道施工安全风险评估指标体系由风险事件指标和风险因素指标组成。地铁隧道包括地铁区间隧道和地铁车站两部分,浅埋地铁车站施工方法常采用明挖法,区间隧道施工方法主要采用盾构法和矿山法。本小节针对盾构法的特点,建立盾构法施工安全风险评估指标体系。

通过施工事故调研,并结合相关规范、专家意见和其他学者的研究成果,盾构法施工主要风险事件有:盾构掘进风险、地表塌陷风险、涌水风险、管线破坏风险、盾构机事故 5 项。主要风险因素可分为 7 类:工程自身因素、工程地质因素、勘察设计因素、环境因素、施工技术因素、管理因素、其他因素。盾构法隧道施工风险事件和施工风险因素具体如下:

(1)风险事件

①盾构掘进风险。盾构掘进掌子面塌方、盾构掘进时土体仓坍塌、盾构机对地层不适应等盾构机掘进引发的事故。

②地表塌陷。主要指地表路面沉降、地表沉降引起建筑物倾斜甚至倒塌等。

③涌水。主要指隧道掌子面涌水、涌水引起的隧道塌方等。

④管线破坏。主要指水管、煤气管、通信线缆等市政管线及军用线缆破坏。

⑤盾构机事故。主要指盾构机掘进过程中盾构机卡头、盾构刀盘损坏等盾构机不能正常工作的事故。

(2)风险因素

①工程自身因素

a. 隧道断面。隧道断面越大,越不利于隧道结构受力,施工难度越大,施工工序越复杂。施工作业面大,易发生坍塌事故。

b. 隧道埋深。城市地铁隧道埋深基本属于浅埋类型,隧道上覆岩体的厚度是影响支护结构受力体系的主要因素之一。

c. 隧道曲率。盾构机转弯时存在超挖现象,对隧道结构体系受力不利,同时也不利于管片拼接,对盾构准确掘进也是考验。

d. 隧道坡度。盾构机在坡度段掘进时易发生盾构机头部滑落或错动,导致周围土体发生扰动,引起地表变形。

②工程地质因素

a. 围岩级别。隧道围岩级别是隧洞结构受力稳定的重要影响因素,由于围岩具有自稳能力,围岩越好,越有利于隧道结构体系受力。

b. 不良地质。断层破碎带、岩溶、软土、黄土、煤矿采空区、砂卵石地层等不良地质给施工造成极大困难,同时不良地层对结构受力也带来不利影响。

c. 地下水。地下水越丰富,围护结构受到的水压力越复杂,同时结构受到周围水环境的侵蚀作用,就越容易导致结构渗漏水,甚至产生涌水破坏。

③环境因素

a. 下穿建筑。下穿建筑主要指地面楼房(居民楼、文物单位等)、既有铁路等建筑物,地铁施工与下穿建筑之间的相互作用是一个复杂的土与结构的动态相互作用问题。建筑物与施工基坑的距离越小,受力越不利,结构越容易发生破坏,同时也容易引起建筑物的破坏。

b. 下穿江河。江河与地下水组成复杂的系统,隧道下穿江河容易发生结构渗漏水,甚至涌水破坏等问题。

c. 下穿桥梁。地铁施工对周围土体造成不同程度的扰动,引起其应力场的变化,对邻近桥梁桩基的受力稳定性造成不良影响,引起桥梁沉降甚至倒塌。

d. 下穿管线。管线主要指水管、各类市政及军用线缆、煤气管道等管线,施工过程中对管线周围环境造成扰动,容易引起破坏。

e. 穿越障碍物。地铁穿越障碍物主要有桩基、地下停车场等地下建筑,复杂的相互作用发生于地铁施工与穿越建筑之间,该过程是动态的,容易发生结构破坏等事故。

f. 小净距隧道。隧道与隧道之间距离小,施工时对隧道间共同土层扰动,引起应力重分布,不利于结构的稳定。

④勘察设计因素

a. 勘察情况。地质勘察内容越详细,勘察范围越大,设计越合理,同时勘察单位的资质越高,勘察的结果越可靠。

b. 设计合理度。设计方案、支护类型、支护参数等是设计的主要内容,设计参数的不合理容易引起结构受力不合理,从而引发盾构机掘进事故及涌突水破坏等事故。

⑤施工技术因素

a. 施工缺陷。盾构法施工缺陷主要有支护强度不足、结构防水缺陷、未按照设计施工等。

b. 注浆情况。对围岩注浆可以加固地层,改善围岩条件,有利于管片周围均匀受力。同时也可以起到对水的堵截作用,注浆效果的好坏直接影响结构及其周围地层受力的合理性。

c. 支护时机。合适的支护时机可以保证支护结构稳定、受力合理,支护过晚容易引起结构受力不合理,从而产生地表不均匀沉降、结构开裂,甚至坍塌等问题。

⑥管理因素

a. 监控量测。监控量测的数据反映结构的稳定性,当数据出现异常时应及时采取相应措施进行控制,保证结构的稳定。监控量测的精确性和及时性是防患事故于未然的重要保证。

b. 超前预报。隧道施工是一个动态过程,施工时需要根据隧道的具体情况修改相应的设计参数,超前地质预报的情况与实际地质情况的差异影响设计的合理度,从而对隧道结构的稳定性产生影响。

c. 现场组织。现场组织合理,施工作业有序进行,可以保证施工的顺利进行,减少因盲目施工造成的事故。

⑦其他因素

其他风险因素主要指自然灾害(地震、洪水、暴雪、泥石流等)、盾构法施工不常见的风险因素、不易量化的因素、影响程度小的因素以及未考虑到的因素。

综上所述,盾构法施工安全风险评估体系由 5 个风险事件指标和 22 项风险因素指标构成,评估体系如图 7-13 所示。

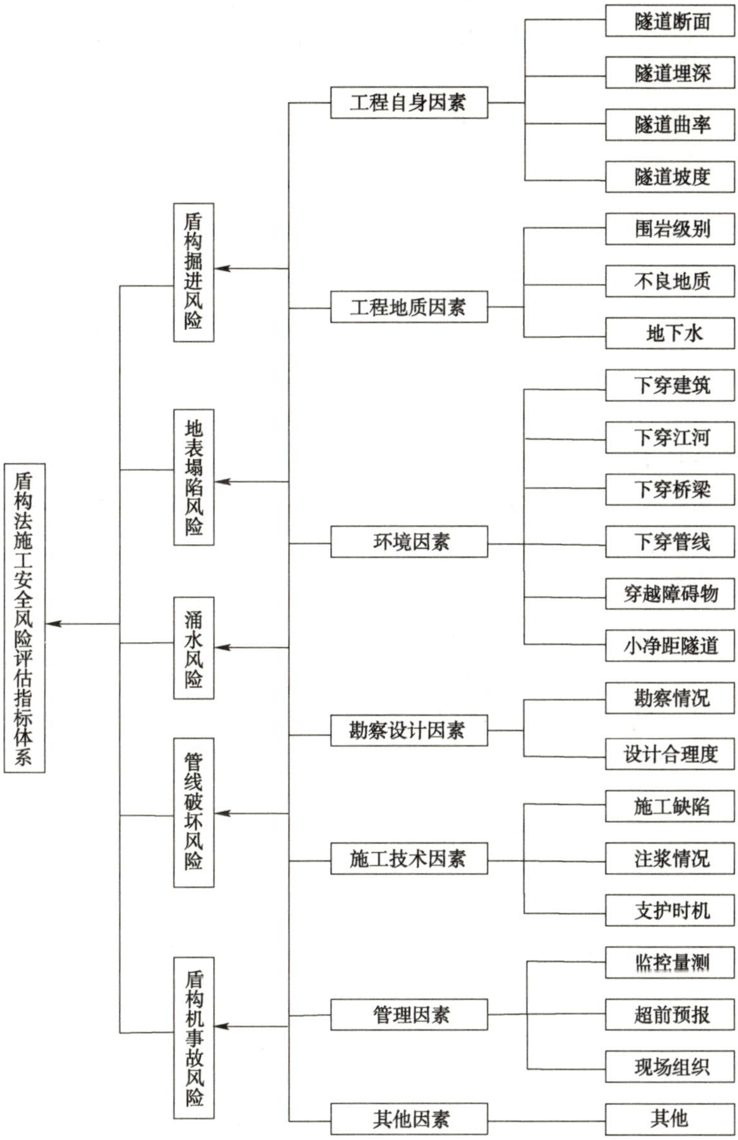

- 盾构法施工安全风险评估指标体系
  - 盾构掘进风险
  - 地表塌陷风险
  - 涌水风险
  - 管线破坏风险
  - 盾构机事故风险
    - 工程自身因素
      - 隧道断面
      - 隧道埋深
      - 隧道曲率
      - 隧道坡度
    - 工程地质因素
      - 围岩级别
      - 不良地质
      - 地下水
    - 环境因素
      - 下穿建筑
      - 下穿江河
      - 下穿桥梁
      - 下穿管线
      - 穿越障碍物
      - 小净距隧道
    - 勘察设计因素
      - 勘察情况
      - 设计合理度
    - 施工技术因素
      - 施工缺陷
      - 注浆情况
      - 支护时机
    - 管理因素
      - 监控量测
      - 超前预报
      - 现场组织
    - 其他因素
      - 其他

图 7-13 盾构法施工安全风险评估指标体系

7.2.2 地铁隧道施工安全风险评估模型

首先采用 BP 神经网络算法估算风险发生的概率和损失,然后参考风险等级标准评定风险概率等级和风险损失等级,最后根据风险概率等级和风险损失等级参考风险等级标准评

定风险等级。地铁隧道施工风险评估模型如图 7-14 所示。

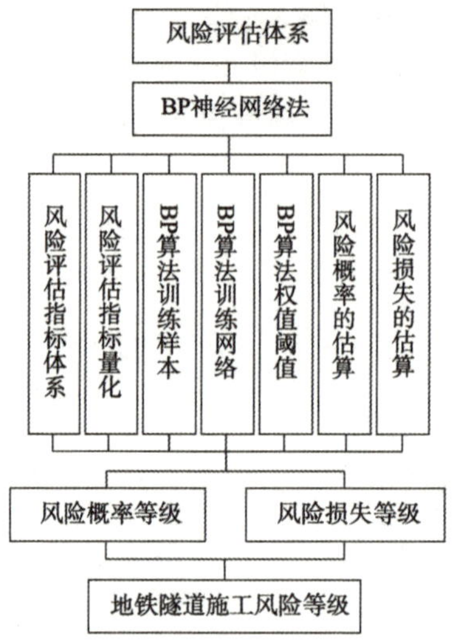

图 7-14　地铁施工安全风险评估模型

根据第 7.2.1 节所确定的盾构法施工安全风险评价体系，以及工程情况，选取风险评估指标并确定风险评估指标所涉及的风险因素。将风险因素作为 BP 神经网络输入层，风险评估指标概率等级量化值和损失等级量化值作为 BP 神经网络输出层，确定其盾构法施工风险评估模型的 BP 神经网络结构。

输入层节点内容为：

$$\{x_h | h = 1 \sim nh\} = \left\{\begin{array}{l}\text{隧道断面、隧道埋深、隧道曲率、隧道坡度、围岩级别、}\\ \text{地不良地质、地下水、下穿建筑、下穿江河、下穿桥梁、}\\ \text{下穿管线、穿越障碍物、小净距隧道、勘察情况、设计}\\ \text{合理度、施工缺陷、注浆情况、支护时机、监控量测、}\\ \text{超前预报、现场组织、其他}\end{array}\right\}$$

输入节点数 nh 及输入内容根据评估指标内容和工程实际情况来确定，其值为各风险因素量化值，取值范围为(0 ~ 1)。

输出层节点内容为：

$$\{y_j | j = 1 \sim nj\} = \{\text{风险事件概率等级量化值，风险事件损失等级量化值}\}$$

评估指标内容根据工程实际情况确定，评估指标从盾构掘进风险、地表塌陷、涌水、管线破坏、盾构机事故 5 项中选择，取值范围为(0 ~ 1)。

根据工程的具体情况，得到测试输入样本(具体工程风险因素量化值)：

$$\{x_h\} = \{x_1, x_2, \cdots, x_{nh}\}$$

利用训练好的 BP 神经网络预测盾构掘进风险、地表塌陷、水害、管线破坏、盾构机事故 5 项风险评估指标的概率量化值和损失量化值，参照风险评估标准和风险等级量化标准，完成风险评估指标风险等级评定。

7.2.3　小结

本节进行地铁隧道施工安全风险评估模型的研究。先建立地铁隧道施工安全风险评估体系,在此基础上,完成对地铁隧道施工安全风险评估模型的建立。

地铁隧道施工安全风险评估体系由风险事件指标和风险因素指标组成。基于事故统计分析成果,并结合相关文献规范、其他学者的研究成果,建立盾构法隧道施工安全风险评估体系。

在确定地铁隧道施工安全风险评估体系的基础上,明确风险事件指标和风险因素指标。运用 BP 神经网络分析法,以风险因素作为神经网络的输入层内容,以评价指标作为神经网络的输出层内容,建立盾构法隧道的风险概率模型和风险损失模型。

盾构法隧道施工风险评估模型,根据具体的工程情况进行风险辨识,确定风险事件和风险因素后,再生成 BP 神经网络,最终建立相应的施工风险评估模型。

7.3 地铁隧道风险评估标准与风险控制措施

研究制定地铁隧道施工风险评估标准,为进行风险等级评定提供参考标准。为方便第 7.2 节建立的评估模型计算,需要将风险因素、风险等级进行量化,研究制定相应的量化标准。风险控制是风险评估的最终目的,在完成风险评估后,研究制定相应的风险控制策略及控制措施。

7.3.1 地铁隧道施工风险评估标准

地铁隧道施工风险评估标准主要包括三部分内容:风险等级分级标准、风险因素量化标准、风险等级量化标准。风险等级分级标准为风险评定等级提供标准,风险因素的量化和风险等级的量化是为方便 BP 算法计算风险发生的概率等级和风险损失等级所进行的标准量化。

7.3.1.1 风险等级分级标准

风险等级标准是衡量风险等级的依据,其包括风险发生可能性等级标准、风险损失等级标准和风险等级标准,《城市轨道交通地下工程建设风险管理规范》(GB 50652—2011)对地铁建设风险发生可能性等级、风险损失等级、风险等级做了详细的分级规定。

(1)风险发生可能性标准

风险发生可能性等级标准采用概率或频率表示,详细分级见表 7-4。

风险发生可能性等级标准 表 7-4

等级	1	2	3	4	5
可能性	频繁的	可能的	偶尔的	罕见的	不可能的
概率或频率值	>0.1	0.01 ~ 0.1	0.001 ~ 0.01	0.0001 ~ 0.001	<0.0001

(2)风险损失标准

风险损失等级标准按损失严重性程度划分为五级,详细分级见表 7-5。

风险损失等级标准 表 7-5

等级	A	B	C	D	E
严重程度	灾难性的	非常严重的	严重的	需考虑的	可忽略的

①人员伤亡风险损失等级标准

工程建设人员和第三方伤亡等级标准按风险可能导致的人员伤亡类型与数量划分为五级,详细分级见表7-6。

工程建设人员和第三方伤亡等级标准　表7-6

等级	A	B	C	D	E
工程建设人员	死亡(含失踪)10人以上	死亡(含失踪)3~9人,或重伤10人以上	死亡(含失踪)1~2人,或重伤2~9人	重伤1人,或轻伤2~10人	轻伤1人
第三方	死亡(含失踪)1人以上	重伤2~9人	重伤1人	轻伤2~10人	轻伤1人

②环境影响风险损失等级标准

环境影响等级标准按建设对周边环境的影响程度划分为五级,详细分级见表7-7。

环境影响等级标准　表7-7

等级	A	B	C	D	E
影响范围及程度	涉及范围非常大,周边生态环境发生严重污染或破坏	涉及范围很大,周边生态环境发生较重污染或破坏	涉及范围大,区域内态环境发生污染或破坏	涉及范围较小,邻近区生态环境发生轻度污染或破坏	涉及范围很小,施工区生态环境发生严重污染或破坏

③经济损失风险损失等级标准

经济损失等级标准按照建设风险引起的直接经济损失费用划分为五级,工程本身和第三方的直接经济损失等级标准见表7-8。

工程本身和第三方直接经济损失等级标准(单位:万元)　表7-8

等级	A	B	C	D	E
工程本身	1000以上	500~1000	100~500	50~100	50以下
第三方	200以上	100~200	50~100	10~50	10以下

④工期延误风险损失等级标准

工期延误等级标准按长期工程和短期工程划分为五级,详细分级见表7-9。

工期延误等级标准　表7-9

等级	A	B	C	D	E
长期工程	延误大于9个月	延误6~9个月	延误3~6个月	延误1~3个月	延误少于1个月
短期工程	延误大于90d	延误60~90d	延误30~60d	延误10~30d	延误少于10d

注:短期工程工期为2年以内,含2年;长期工程工期为2年以上。

⑤社会影响风险损失等级标准

社会影响等级标准按照建设风险影响严重程度和转移安置人员数量划分为五级,详细分级见表7-10。

社会影响等级标准 表 7-10

等级	A	B	C	D	E
影响程度	恶劣的，或需紧急转移安置1000人以上	严重的，或需紧急转移安置500~1000人	较严重的，或需紧急转移安置100~500人	需考虑的，或需紧急转移安置50~100人	可忽略的，或需紧急转移安置小于50人

(3)风险等级标准

根据风险发生的可能性和风险损失，地铁隧道施工风险等级分为四级，详细分级见表7-11。

风险等级标准 表 7-11

可能性等级		损失等级				
		A	B	C	D	E
		灾难性的	非常严重的	严重的	需考虑的	可忽略的
1	频繁的	Ⅰ级	Ⅰ级	Ⅰ级	Ⅱ级	Ⅲ级
2	可能的	Ⅰ级	Ⅰ级	Ⅱ级	Ⅲ级	Ⅲ级
3	偶尔的	Ⅰ级	Ⅱ级	Ⅲ级	Ⅲ级	Ⅳ级
4	罕见的	Ⅱ级	Ⅲ级	Ⅲ级	Ⅳ级	Ⅳ级
5	不可能的	Ⅲ级	Ⅲ级	Ⅳ级	Ⅳ级	Ⅳ级

7.3.1.2 风险因素量化标准

本项目用BP神经网络分析法求解风险发生的概率等级和风险损失等级，为完成风险估计，需要对各风险因素进行量化。地铁施工风险因素中有不少因素属于定性指标，而地下工程本身具有不确定性。因此，采用模糊数学理论对地铁施工中的风险因素进行量化，将模糊数学理论与神经网络结合，建立一种模糊神经网络评估模型。参考相关规范、文献资料，并结相关学者研究成果，按照风险因素对风险事件的影响程度赋予相应的数值，风险因素影响程度定性或者定量分为5个级别：1-很可能(1.0)、2-可能(0.8)、3-偶然(0.6)、4-不可能(0.4)、5-很不可能(0.2)。风险因素影响等级量化值见表7-12。

风险因素影响等级量化值 表 7-12

量化值	1.0	0.8	0.6	0.4	0.2
影响等级	1	2	3	4	5
影响程度	很可能	可能	偶然	不可能	很不可能

(1)工程自身因素量化标准

以隧道断面、隧道埋深、隧道曲率、隧道坡度这4项指标描述工程自身状况。根据《地铁设计规范》(GB 50157—2013)相关内容，盾构法工程自身因素各指标量化标准见表7-13。

盾构法工程自身因素量化标准　　表 7-13

风险因素	影响等级(量化值)				
	1-很可能 (1.0)	2-可能 (0.8)	3-偶然 (0.6)	4-不可能 (0.4)	5-很不可能 (0.2)
隧道断面	$>100m^2$	$80\sim100m^2$	$50\sim80\ m^2$	$10\sim50\ m^2$	$<10m^2$
隧道埋深	<10m	10~20m	20~30m	30~40m	>40m
隧道曲率 R	300~350m	350~600m	600~800m	800~1200m	>1200m
隧道坡度	30‰~35‰	20‰~30‰	10‰~20‰	5‰~10‰	<5‰

注：R-曲率半径。

(2)工程地质因素量化标准

隧道围岩等级主要有Ⅰ级、Ⅱ级、Ⅲ级、Ⅳ级、Ⅴ级、Ⅵ级，围岩级别越高，地质条件越差，越不利于隧道结构受力；不良地质以基坑周围不良地质分布规模情况来描述，分为大规模、中等规模、小规模三个级别；地下水主要以围岩水量分布多少来描述，分为极丰富、富水、弱富水、少水、无水五个级别。盾构法工程地质因素各指标量化标准见表 7-14。

盾构法工程地质因素量化标准　　表 7-14

风险因素	影响等级(量化值)				
	1-很可能 (1.0)	2-可能 (0.8)	3-偶然 (0.6)	4-不可能 (0.4)	5-很不可能 (0.2)
围岩级别	Ⅵ级	Ⅴ级	Ⅳ级	Ⅲ级	Ⅱ级
不良地质	大规模	中等规模	小规模	—	—
地下水	极丰富	富水	弱富水	少水	无水

(3)环境因素量化标准

根据《建筑基坑支护技术规程》(JGJ 120—2012)规定的近接影响范围来对环境因素分级量化。盾构法环境因素各指标量化标准见表 7-15。

盾构法环境因素量化标准　　表 7-15

风险因素	影响等级(量化值)				
	1-很可能 (1.0)	2-可能 (0.8)	3-偶然 (0.6)	4-不可能 (0.4)	5-很不可能 (0.2)
下穿建筑/S	$<0.7H$	$0.7H\sim1.0H$	$1.0H\sim2.0H$	$>2.0H$	—
下穿江河/S	$<0.7H$	$0.7H\sim1.0H$	$1.0H\sim2.0H$	$>2.0H$	—
下穿桥梁/S	$<0.7H$	$0.7H\sim1.0H$	$1.0H\sim2.0H$	$>2.0H$	—
下穿管线/S	$<0.7H$	$0.7H\sim1.0H$	$1.0H\sim2.0H$	$>2.0H$	—
小净距隧道/S	$<0.7H$	$0.7H\sim1.0H$	$1.0H\sim2.0H$	$>2.0H$	—

注：S-临近距离；H-新建隧道外直径。

根据工程自身造价对穿越障碍物风险因素指标的量化,量化标准见表7-16。

盾构法穿越障碍物风险因素指标量化标准 表7-16

风险因素	影响等级(量化值)				
	1-很可能 (1.0)	2-可能 (0.8)	3-偶然 (0.6)	4-不可能 (0.4)	5-很不可能 (0.2)
穿越障碍	>1000万元	500万~1000万元	100万~500万元	50万~100万元	<50万元

(4)勘察设计因素量化标准

盾构法勘察情况风险因素指标量化标准和设计合理度风险因素指标量化标准见表7-17。

盾构法勘察设计因素量化标准 表7-17

风险因素	影响等级(量化值)				
	1-很可能 (1.0)	2-可能 (0.8)	3-偶然 (0.6)	4-不可能 (0.4)	5-很不可能 (0.2)
勘察情况	专业勘察乙级资质,无类似工程勘察经验,基本没勘察,只是利用类似工程经验作为依据,勘察费用占施工费用比例<1%	专业勘察乙级资质,有类似工程勘察经验,进行了较为粗略的勘察,勘察费占施工费用比例为1%~2.5%	专业勘察甲级资质,无类似工程勘察经验,进行了较为详细的勘察,勘察费用占施工费用比例为2.5%~5%	专业勘察甲级资质,有类似工程勘察经验,进行了详细的勘察,勘察费用占施工费用比例为5%~10%	专业勘察甲级资质,具有丰富的类似工程勘察经验,进行了详细的勘察,勘察费用占施工费用比例>10%
设计合理度	设计依据不全,支护类型和设计参数不合理	设计依据全面,支护类型和设计参数不合理	设计依据全面,支护类型和设计参数较合理	设计依据全面,数据合理	支护类型和设计参数合理

(5)施工技术因素量化标准

注浆情况的好坏可根据相关规范标准进行评价,施工缺陷和支护时机根据工程具体情况确定。盾构法施工技术风险因素量化标准见表7-18。

盾构法施工技术量化标准 表7-18

风险因素	影响等级(量化值)				
	1-很可能 (1.0)	2-可能 (0.8)	3-偶然 (0.6)	4-不可能 (0.4)	5-很不可能 (0.2)
施工缺陷	大范围缺陷	较大范围缺陷	小范围缺陷	较小范围缺陷	无缺陷
注浆情况	极差	差	一般	好	极好
支护时机	极晚	晚	正常	早	极早

(6)管理因素量化标准

超前地质预报按照预报方式来衡量。盾构法管理风险因素量化标准见表7-19。

盾构法管理因素量化标准　　表 7-19

风险因素	影响等级(量化值)				
	1-很可能 (1.0)	2-可能 (0.8)	3-偶然 (0.6)	4-不可能 (0.4)	5-很不可能 (0.2)
监控量测	测量频率和精度不符合规范要求;信息反馈迟缓;测量人员无资质	测量频率和精度符合规范要求;信息反馈迟缓;测量人员无资质	测量频率和精度符合规范要求;信息反馈迟缓;测量人员有资质	测量频率和精度符合规范要求;信息反馈及时;测量人员有资质	
现场组织	现场管理混乱,无管理人员,标志牌不齐全	现场管理作业较为混乱,有管理人员,标志牌不齐全	现场管理作业较为混乱,有管理人员,标志牌齐全	现场管理作业规范,有管理人员,标志牌齐全	
超前预报	地质调查法	物探法	超前钻孔	超前导坑、综合预报法	

注:综合预报法指将超前钻孔、地质调查法、超前导坑相结合的预报方法。

(7)其他因素

其他因素按其影响程度进行量化,量化值参照表 7-4。

7.3.1.3　风险等级量化标准

(1)风险概率等级量化标准

采用 BP 神经网络计算风险发生的概率等内容,需要对风险概率等级进行量化。根据模糊数学原理,风险概率等级量化标准见表 7-20。

风险概率等级量化标准　　表 7-20

量化值	1.0	0.8	0.6	0.4	0.2
概率等级	1	2	3	4	5
可能性	很可能	可能	偶然	不可能	很不可能

(2)风险损失等级量化标准

本项目用 BP 神经网络计算风险发生的损失等级,需要对风险损失等级进行量化。根据模糊数学原理,风险损失等级量化标准见表 7-21。

风险损失等级量化标准　　表 7-21

量化值	1.0	0.8	0.6	0.4	0.2
损失等级	A	B	C	D	E
严重程度	灾难性的	非常严重的	严重的	需考虑的	可忽略的

7.3.2　地铁隧道施工安全风险控制

风险控制是风险评估的最终目的。针对不同的风险等级,应采用不同的风险处置原则和控制方案。参考《城市轨道交通地下工程建设风险管理规范》(GB 50652—2011),各等级风险的接受准则应符合表 7-22 的规定。

风险接受准则　　表 7-22

<table>
<tr><th>等级</th><th>接受准则</th><th>处置原则</th><th>控制方案</th><th>对应部门</th></tr>
<tr><td>Ⅰ</td><td>不可接受</td><td>必须采取风险控制措施降低风险，至少应将风险降低至可接受或不愿意接受的水平</td><td>应编制风险预警与紧急处置方案，或进行方案修正或调整</td><td rowspan="2">政府主管部门、工程建设各方</td></tr>
<tr><td>Ⅱ</td><td>不愿接受</td><td>应实施风险管理降低风险，且风险降低的所需求成本不应高于风险发生后的损失</td><td>应实施风险防范与监控，制定风险处置措施</td></tr>
<tr><td>Ⅲ</td><td>可接受</td><td>实施风险管理，可采取风险处理措施</td><td>应加强日常管理与监测</td><td rowspan="2">工程建设各方</td></tr>
<tr><td>Ⅳ</td><td>可忽略</td><td>可实施风险管理</td><td>可开展日常审视审查</td></tr>
</table>

针对表 7-22 风险接受准则的内容，本节简单研究风险控制策略和控制措施，建立地铁施工安全风险控制体系。本次选取地铁下穿既有建筑施工风险控制为例进行简要的描述，其余情况的施工风险控制措施和详细的风险控制措施有待进一步细化研究。

7.3.2.1　风险控制策略

风险控制指针对客观存在的风险事件，采取相应的措施和手段对风险进行防范和控制。风险控制策略常用的四种方式有：风险规避、风险转移、风险减轻、风险自留。

(1) 风险规避

风险规避主要指采取一定方式避开风险源或放弃实施可能造成损失的活动，从而杜绝风险隐患。在地铁工程中，风险规避主要指采取避开不良地层、避开下穿建筑、避开穿越障碍物、不在雨季施工等规避风险源的措施。风险规避是处理风险的最有效方法。但在地铁施工阶段，由于地铁线路规划、城市空间有限等客观原因，风险规避实施起来比较困难。

(2) 风险转移

风险转移指采取适当的方法和手段，将风险的后果转移到其他单位。常用的风险转移措施有购买工程保险、业绩奖罚条款、担保性合同等。

(3) 风险减轻

风险减轻指采用先进的施工技术和先进的施工工艺，降低风险发生的可能性或减轻风险发生造成的损失。地铁施工阶段风险降低措施主要有对地质条件差的地层注浆加固，下穿建筑段对建筑地基加固等。

(4) 风险自留

风险自留指由项目工程自身承担风险带来的损失。制定风险事故应急方案，并在风险发生时执行，减少处理风险后果的费用。

地铁进入施工阶段，由于线路规划、地下空间有限等客观事实，进行风险规避和风险转移比较困难，更多的是采用风险减轻和风险自留等方式来应对风险。

7.3.2.2　风险控制措施

地铁施工阶段的风险控制措施主要包括两方面：技术措施和管理措施。在施工阶段，技术措施是由当前施工技术水平决定的，具体的技术措施结合工程自身情况和工程所处的环境而决定。管理措施由工程参与单位的管理水平决定,通常科学的管理是对风险控制的有效方法。

(1)技术措施

通过制定合理的施工方案、采用科学合理的施工技术、使用先进的施工设备等措施,将风险源进行消除或者抑制风险发生,具体的技术措施根据工程的情况决定。

(2)管理措施

①加强相关人员培训。地铁工程建设人员可以分为两类:技术型人员和管理型人员。对技术型人员进行涉及技术等专业知识的培训,对管理型人员进行涉及安全、质量、组织等管理知识的培训。

②做好监控量测工作。地铁施工过程中,隧道自身与其周围环境相互作用,实时掌握施工环境的变化情况,及时反馈分析检测数据并做出正确决定,可以有效地防范风险。依照施工现场管线的分布、建筑布局等,针对风险源位置设置合理的监测点,重点加强监测,检测内容主要涉及工程主体结构、围护结构、周边建筑、管线等变形和安全状态监测。实施监测时应该注意以下两点:

a.监测的时间范围应该涉及施工的整个过程。

b.监测频率、精度等要按相关规范进行,并及时分析数据,反馈数据。

③设置应急预案。在地铁施工阶段,风险是客观存在的,为了预防风险发生和减少风险发生所造成损失,应提前设置稳妥的应急方案,建立突发事故的处理小组,小组成员由项目负责人、总工程师、设计人员、施工负责人等构成。当监测点出现异常时,应及时反馈并讨论分析,并提出有效的解决方法,通知现场人员做出相应的处理。

④规范施工现场组织管理。做好现场施工组织计划,对施工现场的管理进规范化,安排专门人员进行现场施工监督管理,建立相应的奖励惩罚条例,确保现场施工有条理、有秩序地进行。

(3)下穿既有建(构)筑物施工风险控制措施

①建立合理的施工参数

根据穿越地段的埋深,地质水文、既有建(构)筑物与地铁结构分布情况,选取合理的注浆形式和超前加固措施,确定准确的掘进参数。

②建立严密的监控量测体系

a.根据工程地质和水文地质条件、建(构)筑物的基础形式、结构种类、建(构)筑物的重要程度及其与地铁结构的距离等因素,布置沉降观测点的位置和数量。

b.地面允许沉降值为 $-30 \sim +10$mm,房屋不均匀沉降允许值为 $0.002L$(L 为框架梁长),房屋倾斜不允许大于 $0.004L$。

c.盾构通过时检测频率为每天两次。盾构通过两星期后,监测数值已趋于稳定,可每 1~2d 监测一次,如果监测数值异常,应加大监测频率。

7.3.3 小结

本节主要进行了地铁隧道施工安全风险评估标准和风险控制体系研究,主要结论如下:

(1)参考《城市轨道交通地下工程建设风险管理规范》(GB 50652—2011),对风险发生可能性等级(风险概率等级)、风险损失等级、风险等级等做了详细的分级规定,确定地铁隧道施工风险的评估标准。

(2)为方便 BP 神经网络对风险概率和风险等级的估算,根据模糊数学理论,查阅地铁施工相关规范、文献资料、学者研究成果等,对明挖法、盾构法、矿山法 3 种施工方法的风险因素进行量化。同时对风险概率等级和风险损失等级进行量化。

(3)进行地铁隧道施工风险控制体系研究,从风险控制策略和风险控制措施两方面进行研究。

7.4 地铁隧道风险评估软件开发与工程应用

目前,数字信息化施工所带来的方便越来越受到人们的欢迎,地铁隧道施工安全风险评估软件的研发有着重要的现实意义和社会经济效益。它是在对风险事故统计分析的基础上,建立数据库,对风险事故进行系统的管理和记录,为风险评估工作提供有效的基础数据;同时,根据所建立的风险评估模型,结合风险评估标准研究成果,开发评估软件实现风险评估工作的智能化,提高风险评估效率。开发地铁隧道施工安全风险评估软件,是对风险评估工作信息化和智能化的一大尝试。

7.4.1 开发环境

该软件是在 Microsoft Visual Studio 软件平台上用 C#和 SQL Server 进行软件程序的开发。C#具有安全、稳定、简单的特点。C#综合了 VB 简单的可视化操作和 C + + 的高运行效率,以其强大的操作能力、优雅的语法风格、创新的语言特性和便捷的面向组件编程的支持成为. NET 开发的首选语言。SQL 是英文 Structured Query Language 的缩写,意思为结构化查询语言。SQL 语言的主要功能就是同各种数据库建立联系,进行沟通。按照 ANSI(美国国家标准协会)的规定,SQL 被作为关系型数据库管理系统的标准语言。SQL Server 是由 Microsoft 开发和推广的关系数据库管理系统(DBMS)。

7.4.2 软件功能

地铁隧道施工安全风险评估软件的基本理念是以数据库作为数据支持,在完成风险辨识后,进行风险评估,给出风险决策。地铁施工事故信息管理由数据库来实现,运用数据库的强大功能,对地铁施工事故中的工程概况、风险源、风险因素、风险事件等信息进行记录,为风险辨识和风险评估提供参考。地铁施工风险评估在评估模型建立的基础上,开发评估软件,简化风险评估计算工作,提高风险评估效率。根据已有的研究成果,本软件的基本功能包括风险事故信息管理和风险评估两大功能。

(1)风险事故信息管理功

该功能主要指:①已发生地铁施工事故信息储存;②已发生地铁事故信息查询。

(2)风险评估功能

该功能主要指:①风险概率等级估计;②风险损失等级估计;③风险等级评定;④风险评估标准查询。

7.4.3 软件设计

根据软件的功能,对软件结构进行设计,软件由事故信息管理、风险评估、评估标准 3 个模块组成。

(1)事故信息管理

该模块实现地铁施工事故的信息管理,主要包括事故信息录入和事故信息查询两个方面内容。根据统计的地铁施工事故相关信息数据,对事故信息进行存储。事故信息包括:事故名称、时间、地点、工程概况、事故类型、风险因素、事故损失、事故过程描述等。事故信息查询可按照工程名称、事故类型、风险因素类型、风险因素、时间、城市名称等关键词查询。

(2)风险评估

本软件可对明挖法、盾构法、矿山法 3 种施工方法的风险进行评估。风险评估内容有:风险概率等级估计、风险损失等级估计、风险等级估计。明挖法施工有基坑失稳、基坑降水、地表塌陷、水害、管线破坏 5 项风险评估;盾构法有盾构掘进事故、地表塌陷、涌突水、管线破坏、盾构机事故 5 项风险评估;矿山法有塌方、地表塌陷、涌水、管线破坏、瓦斯、岩爆 6 项风险评估。

(3)评估标准

该模块提供风险评估的依据。风险评估标准包括:风险概率等级标准、风险损失等级标准、风险等级标准。其中,风险损失标准包括:人员伤亡等级标准、环境影响等级标准、经济损失等级标准、工期延误等级标准、社会影响等级标准。

7.4.4 软件的实现

(1)软件界面

该软件为单机版本软件,输入正确的登录名和密码就可以登进入软件主界面,同时软件支持注册新用户、找回密码等功能。软件主界面主要有事故信息管理、风险评估、评估标准 3 个功能模块。软件登录界面见图 7-15,软件主界面见图 7-16。

图 7-15 地铁隧道施工安全风险评估软件登录界面

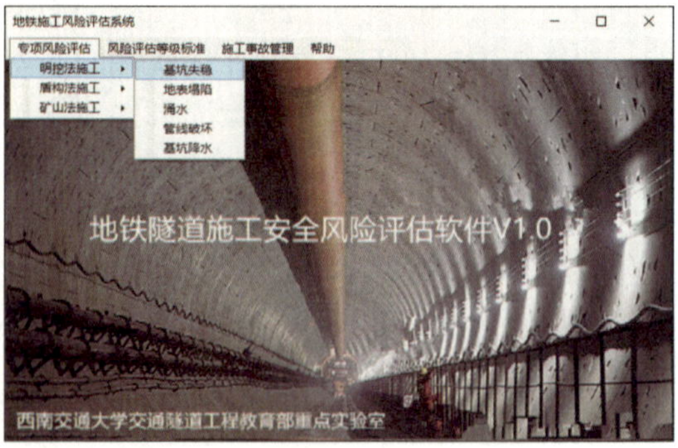

图 7-16 地铁隧道施工安全风险评估软件主界面

(2)事故信息管理

①事故信息录入

事故信息录入主要包含事故名称、时间、城市、工程概况、事故类型、风险因素、事故损失、事故描述等信息的录入。各信息录入窗口如图 7-17 所示。

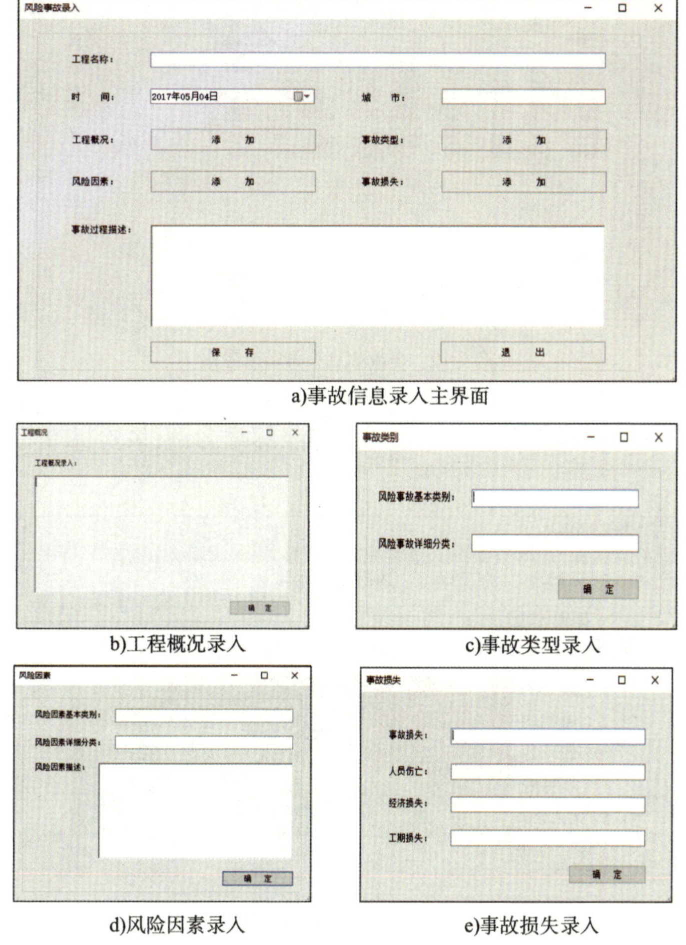

图 7-17　各种信息录入窗口

②事故信息查询

可以根据事故的关键字进行事故信息查询，如城市名称、时间、风险因素、事故类型等。事故信息查询界面如图 7-18 所示，查询结果界面如图 7-19 所示。

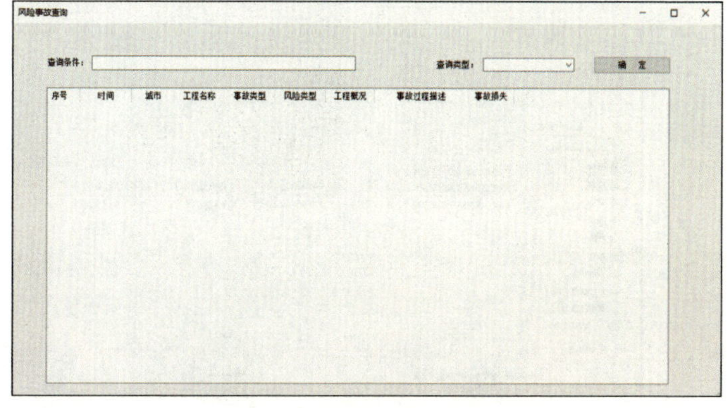

图 7-18　事故信息查询界面

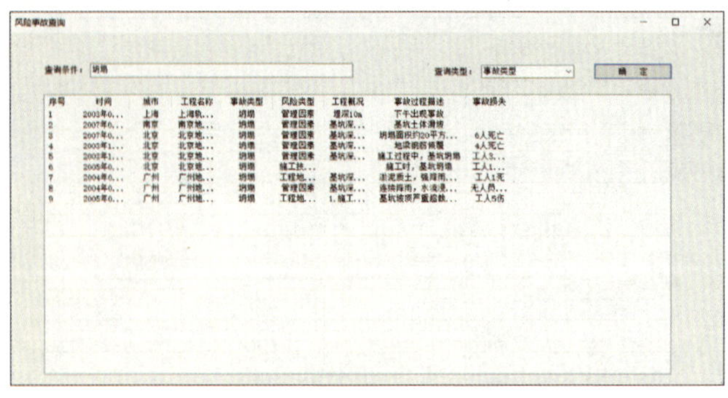

图 7-19　事故信息查询结果界面

(3)评估标准

可对风险评估标准进行查看。以查看风险等级标准为例,风险标准等级界面如图 7-20 所示。

风险等级标准

损失等级 / 可能性等级		A 灾难性的	B 非常严重的	C 严重的	D 需考虑的	E 可忽略的
1	频繁的	Ⅰ级	Ⅰ级	Ⅰ级	Ⅱ级	Ⅲ级
2	可能的	Ⅰ级	Ⅰ级	Ⅱ级	Ⅲ级	Ⅲ级
3	偶尔的	Ⅰ级	Ⅱ级	Ⅲ级	Ⅲ级	Ⅳ级
4	罕见的	Ⅱ级	Ⅲ级	Ⅲ级	Ⅳ级	Ⅳ级
5	不可能的	Ⅲ级	Ⅲ级	Ⅳ级	Ⅳ级	Ⅳ级

图 7-20　风险标准等级界面

(4)风险评估

风险评估菜单包括明挖法、盾构法、矿山法三种施工方法的风险评估。其中,明挖法施工有基坑失稳、基坑降水、地表塌陷、涌水、管线破坏 5 项风险评估;盾构法风险评估有盾构掘进风险、地表塌陷、涌水、管线破坏、盾构机事故 5 项风险评估;矿山法有塌方、地表塌陷、涌水、管线破坏、岩爆、瓦斯 6 项风险评估。下面以明挖法施工中的基坑失稳风险评估为例,评估界面如图 7-21 ~ 图 7-23 所示。

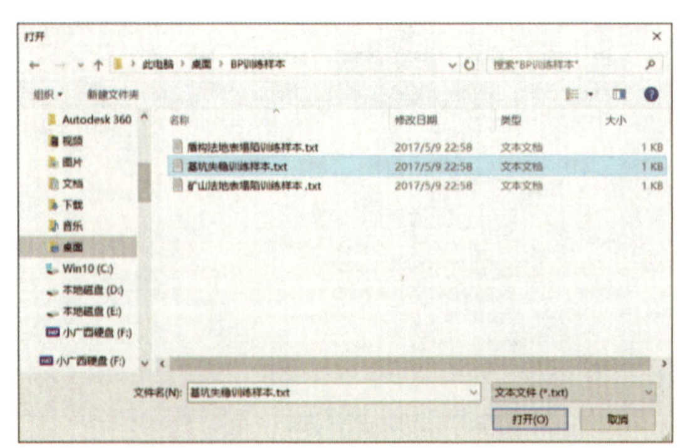

图 7-21　打开训练样本界面

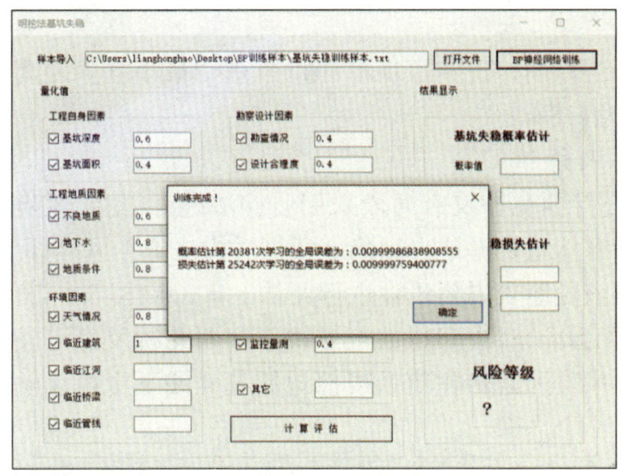

图 7-22　样本训练结果界面

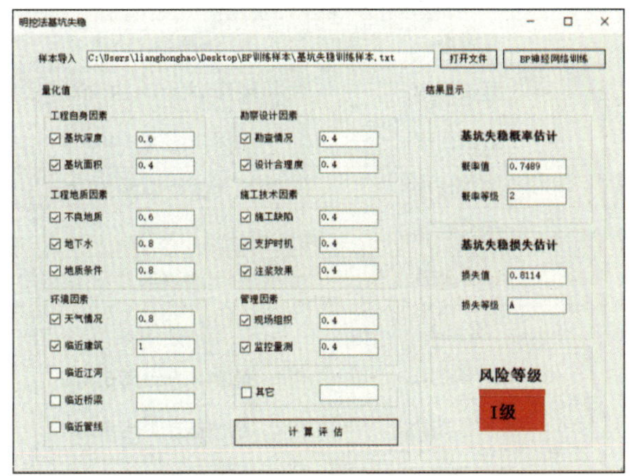

图 7-23　评估结果界面

7.4.5　盾构法下穿西北桥及府河段施工风险评估

7.4.5.1　工程概况

(1)工程概况

成都地铁五号线下穿西北桥及府河段位于北站西二路—西北桥区间内，下穿段起讫里程为 DK19 +000 ~ DK19 +098。区间隧道采用盾构法施工，区间最大纵坡为 29.01‰，隧道中线曲率半径 R =400m，盾构隧道断面半径 R =3m，隧道埋深为 18.05 ~19.80m，左线隧道和右线隧道间距为 10.29 ~10.66m。

(2)工程地质

隧道洞身主要位于稍密 ~ 中密卵石层中，局部分布有透镜体中砂层。总体围岩地质条件差，围岩稳定性差，围岩综合分级为Ⅳ级。

(3)水文地质

场地地下水水位埋深为 5.9 ~7.3m，地下水丰富，卵石土地层渗透系数 K≈20m/d，属于强透水地层。地下水对混凝土及混凝土中的钢筋具微腐蚀性，场地土对混凝土及钢筋混凝土结构中的钢筋具有微腐蚀性。

(4)周围环境

区间隧道下穿西北桥和府河,隧道顶部和桥梁基础最小垂直距离为4.4m,与距离河床上表面最小垂直距离为6.8m。

7.4.5.2　施工风险评估

成都地铁5号线下穿西北桥及府河段采用盾构法施工,主要风险源为盾构法下穿西北桥及府河段,该段风险事件主要是地表塌陷。根据盾构法施工风险评估模型的研究成果,结合本工程实际情况,对该段地表塌陷风险进行评估。

根据风险因素量化标准,对成都地铁五号线下穿西北桥及府河段施工涉及的风险因素进行量化,确定测试样风险因素量化值。成都地铁五号线下穿西北桥及府河段施工风险因素量化值见表7-23。

成都地铁5号线下穿西北桥及府河段施工风险因素量化值　　表7-23

风险因素类别	风险因素	实际情况	量化值
工程自身因素	隧道断面	面积28.26m^2	0.4
	隧道埋深	埋深18.05~19.80m	0.8
	隧道曲率	曲率半径$R=400$m	0.8
	隧道坡度	最大纵坡为29.01‰	0.8
工程地质因素	围岩级别	Ⅵ级	1.0
	不良地质	中密卵石	0.6
	地下水	丰富	0.8
环境因素	下穿江河	最小垂直距离6.8m	0.6
	下穿桥梁	最小垂直距离4.3m	0.8
	小净距隧道	左右线隧道间距10.3~10.7m	0.6
勘察设计因素	勘查情况	甲级,勘察较详细	0.4
	设计合理度	设计合理	0.4
施工技术因素	施工缺陷	按设计要求掘进	0.2
	注浆情况	袖阀管基底注浆+洞内注浆	0.2
	支护时机	及时	0.4
管理因素	监控量测	测量频率和精度符合规范要求	0.2
	现场组织	现场组织规范合理	0.4

根据成都地铁5号线下穿西北桥及府河段工程情况,建立该段盾构法施工风险评估模型。将该段施工的17项施工风险因素作为输入层,将地地表塌陷的风险概率值和风险损失值作为输出层。隐层节点数为12。

则输入样本为:

$$\{x_{k,h}|k=1,2,\cdots,nk;h=1,2,\cdots,nh\}=\left\{\begin{array}{l}\text{隧道断面、隧道埋深、隧道曲率、隧道坡度、隧道级别、}\\\text{不良地质、地下水、下穿江河、下穿桥梁、小净距隧道、}\\\text{勘查情况、设计合理度、施工缺陷、注浆情况、支护时机、}\\\text{监控量测、现场组织}\end{array}\right\}$$

输出样本为：

$$\{d_{k,j}|k=1,2,\cdots,nk;j=1,2\}=\{\text{地表塌陷概率、地表塌陷损失}\}$$

以类似工程历史样本数据 10 组数据作为训练样本。

本次评估采用 C#高级编程语言编制软件对样本进行训练学习。利用评估软件，点击“网络训练”按钮，即出现打开文件窗口，找到样本数据文件，点击“选择文件”就可以将样本数据输入学习模式系统，训练过程由计算机来实现。

将前 8 组数据作为训练样本，后 2 组数据作为测试样本，测试结果如图 7-24 和图 7-25 所示，测试结果对比表见表 7-24。从表 7-24 可以看出，测试结果和实际值基本一致，该组样本数据可用来进行下穿西北桥及府河段施工风险等级的预测。

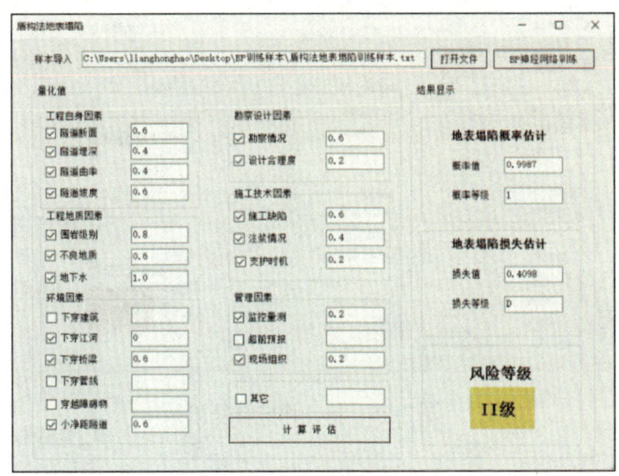

图 7-24　样本 9 测试结果

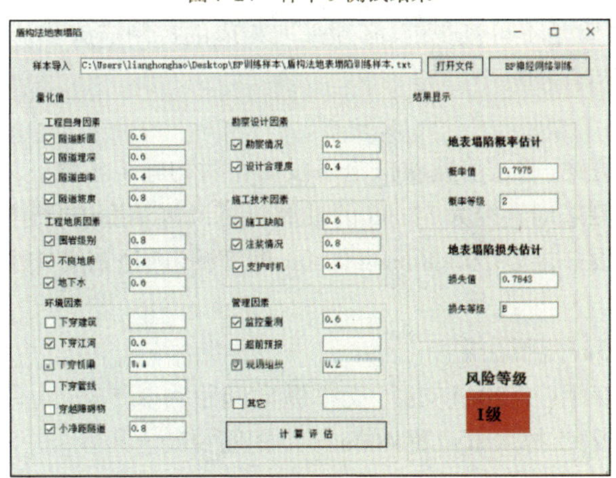

图 7-25　样本 10 测试结果

测 试 结 果 表　　　　表 7-24

序　号	测　试　值			真　实　值		
	概率等级/值	损失等级/值	风险等级	概率等级/值	损失等级/值	风险等级
样本 9	1/0.9987	D/0.4098	Ⅱ	1/1.0	D/0.4	Ⅱ
样本 10	2/0.7975	B/0.7843	Ⅰ	2/0.8	B/0.8	Ⅰ

将表 7-23 中成都地铁 5 号线下穿西北桥及府河段工程风险因素量化值代入评估系统，采用人工神经网络模型进行评估。成都地铁 5 号线下穿西北桥及府河段施工风险等级为Ⅰ级，详细评估结果见表 7-25 和图 7-26。该评估结果与实际工程情况一致。

成都地铁 5 号线下穿西北桥及府河段施工风险等级评估结果　　表 7-25

风险源	风险事件	概率等级	损失等级	风险等级
下穿西北桥及府河	地表塌陷	1(0.9935)	C(0.6224)	Ⅰ

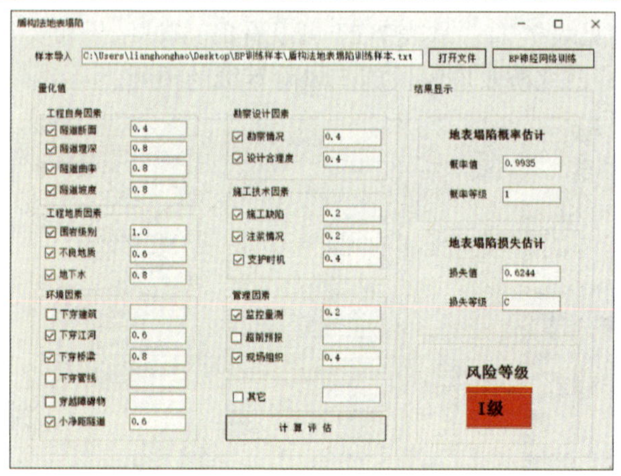

图 7-26　软件评估结果图

7.4.5.3　风险控制

根据风险评估结果可知，成都地铁 5 号下穿西北桥及府河段施工风险等级为Ⅰ级。根据风险接受准则，该风险是不可接受的，必须采取相应的控制措施和应急预案。针对本工程特点，采取如下风险控制措施：

(1)控制措施

①细化盾构施工方案，通过前置模拟施工段量化盾构施工参数。

②在两侧桥台外侧采用直径为 52mm 的袖阀管对两侧基底进行注浆加固。

③桥台两侧各打设一排 ϕ159 ×8mm@0.4m 钢管桩(内插钢筋并灌注水泥)。

④采用围堰截流。

⑤盾构外轮廓外 3m 范围注浆。

⑥全桥面进行工字钢(工 20a)支撑，支撑纵向间距为 2.5m。为保证支撑效果，支撑背面全环设 20mm 厚钢板，支撑底部设置 400mm 厚钢筋混凝土压板。

(2)应急措施

①当周边建筑发生沉降或倾斜时，采取相应的措施控制变形，如对地层注浆加固，适当调整盾构施工参数等。

②当地沉降或建筑倾斜趋近于预警值，且采取应急控制措施不能阻止沉降或倾斜的进一步发展时，立即告知相关部门，并实行交通管制。

③当沉降或建筑倾斜达到预警值时，立即启动人员紧急撤离和疏散方案，并实施交通管制。

7.4.6　小结

本节研发了地铁盾构隧道施工安全风险评估软件,实现了地铁施工事故信息管理和地铁施工风险评估的功能。软件依托数据库的强大功能,对事故信息进行管理,可实现对事故信息的存储和查询。

对成都地铁5号线一期工程下穿西北桥及府河段进行施工风险评估,并根据风险辨识与风险评估结果,结合工程的具体情况,有针对性地提出风险控制措施。

评估结果表明:成都地铁5号线盾构法下穿西北桥及府河段施工风险等级为Ⅰ级。项目评估结果与实际工程情况一致,说明本项目研究成果适用于成都地铁5号线施工安全风险评估,能够为此类地铁隧道施工安全风险评估提供借鉴。

7.5　本章小结

本章以地铁隧道施工安全风险评估为研究对象,对地铁隧道施工安全风险评估及其应用进行了研究和探索。主要研究了地铁隧道施工安全风险评估相关理论基础,包括风险评估理论和地铁施工事故统计分析,进而研究地铁隧道施工安全风险评估模型,并对风险评估标准和风险控制进行研究,在地铁隧道施工安全风险评估模型和事故统计分析的基础上开发风险评估软件,最后将地铁隧道施工安全风险评估的研究成果应用于成都地铁5号线施工安全风险评估中,并取得良好效果。

(1)选择BP人工神经网络法作为风险评估方法,为风险评估工作提供理论基础。收集全国192起地铁施工事故,针对事故特点进行分类,得出常见的地铁施工事故类型,为风险评估指标选取提供参考依据;系统地分析事故的影响因素,总结归纳事故的风险因素类型及各风险因素情况;统计各类事故类型发生比例及事故损失情况,为BP神经网络提供训练样本数据。

(2)构建了盾构法隧道施工安全风险评估模型。运用BP人工神经网络原理,结合模糊数学理论,以风险因素作为神经网络的输入层内容,风险评估指标(主要风险事件)的概率和损失作为神经网络的输出层内容,建立了盾构法隧道风险评估数学模型。

(3)参考《城市轨道交通地下工程建设风险管理规范》(GB 50652—2011),对风险发生可能性等级(风险概率等级)、风险损失等级、风险等级等做了详细的分级规定,确定地铁隧道施工风险的评估标准;为方便BP神经网络对风险可能性等级和风险等级的估算,基于模糊数学理论,结合地铁施工相关规范、文献资料、学者研究成果等,对盾构法隧道风险因素进行数值(0~1)量化,同时对风险可能性等级和风险损失等级进行数值(0~1)量化;从风险控制策略和风险控制措施两方面进行风险控制的研究。

(4)研发了地铁隧道施工安全风险评估软件,实现地铁施工事故信息管理和地铁施工风险评估的智能化功能,可对事故信息进行存储和查询,对盾构法隧道专项施工风险进行评估。

(5)将地铁隧道施工风险评估研究成果应用于成都地铁5号线施工风险评估,并根据评估结果,有针对性地提出风险控制措施。评估结果表明:成都地铁5号线盾构法下穿西北桥及府河段施工风险等级为Ⅰ级。项目评估结果与实际工程情况一致,说明本项目研究成果适用于成都地铁5号线施工安全风险评估,能够为此类地铁隧道施工安全风险评估提供借鉴。

本章参考文献

[1] YUN Bai,ZHIREN Dai,ZHU Weijie. ,2014. Multiphase Risk-Management Method and Its Application in Tunnel Engineering[J]. Natural Hazards Review 15,140-149.

[2] 黄宏伟. 隧道及地下工程建设中的风险管理研究进展[J]. 地下空间与工程学报,2006,2(1):13-20.

[3] 中华人民共和国建设部. 地铁及地下工程建设风险管理指南[M]. 北京:中国建筑工业出版社,2007.

[4] 中华人民共和国铁道部. 铁路隧道风险评估与管理暂行规定[S]. 北京:中国铁道出版社,2008

[5] 钱七虎,戎晓力. 中国地下工程安全风险管理的现状、问题及相关建议[J]. 岩石力学与工程学报,2008,27(4):649-655.

第8章　考虑沿线开发需求的盾构隧道保护措施

城市轨道交通对沿线地块的带动作用是显而易见的，近年来轨道交通已经成为城市生活的一个重要组成部分，TOD 开发、站城一体化等理念已经深入人心。因此，轨道交通沿线地块建设与商业发展已成为非常普遍的现象。

既有盾构隧道沿线地块的开发建设，由于存在卸载、加载过程，因此会对临近盾构隧道产生附件荷载，为确保安全，一般可从主动与被动两方面采取措施，所谓主动措施即指在既有隧道建设期间，采取一些预留措施，给后期地块开发建设预留必要的实施条件，避免后期地块开发建设风险过高、成本过大；被动措施即指后期地块开发建设期间，尽量采取措施控制开发建设的影响范围及其影响程度，但此时由于既有线安全保护标准极高，因此实施代价一般较高。

8.1　轨道交通区间隧道保护需求原因分析

近年来城市轨道交通保护问题越来越突出，尤其是运营线路的保护（图 8-1），究其原因，主要可以归纳为两个方面，即城市轨道交通建设现状、城市规划与发展需求。

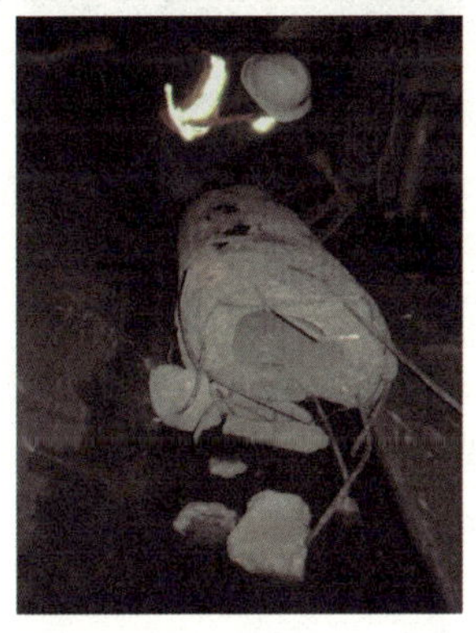

图 8-1　深圳地铁某区间隧道被打穿

8.1.1　城市轨道交通建设现状

8.1.1.1　建设强度与建设速度空前

2020 年，各地城市轨道交通即将迎来新一轮建设高潮，预计 2020 年国家发改委将会集中批复一批城市轨道交通建设规划，包括已上报待批复的新一轮轨道交通建设规划、已上报待批复的各地轨道交通建设规划调整方案。

8.1.1.2 技术前瞻性相对不足

在建设工期的巨大压力下,完成既定目标成了城市轨道交通建设的首要任务,如成都轨道交通 2019 年一次性开通运营 103km,2020 年更是计划一次开通运营超过 200km,西安地铁 2020 年一次性开通运营 5 条线路,各地城市轨道交通“你超我赶”的局面越演越烈。

建设速度过快导致无暇“回头看”,技术总结与提炼相对不足,“三新”技术应用相对欠缺,技术改进、工法创新速度与工程建设需求不匹配,导致既有工程对周边环境变化适应性较差。

8.1.1.3 潜在的工程质量缺陷与安全隐患

潜在的工程质量缺陷与安全隐患(建设速度过快在一定程度上导致重进度轻质量,专业施工人员不足,现场技术人员水平参差不齐,现场施工组织与管理相对欠缺等,如图 8-2 所示)。

a)管片错台

b)管片局部破碎

c)结构底板裂缝

d)整体道床裂缝

图 8-2 既有盾构隧道潜在质量缺陷与安全隐患

对既有轨道交通结构的安全保护需求认识不到位,技术措施不能完全满足既有结构保护要求,“亡羊补牢”,一般损失后果较为严重。

8.1.2 城市规划与发展需求

8.1.2.1 城市建设导致轨道交通周边环境变化

一般而言,城市轨道交通的建设与运营,将会导致沿线发生翻天覆地的变化,尤其是对于城市建设引导型线路,对周边各类市政工程(道路、管廊等)与改扩建工程的建设越发明显,这种影响随着地产开发与居民的逐步入住尤其突出。

8.1.2.2 轨道交通对城市发展的引领效应

按轨道交通承担客流的基本属性进行划分,可分为中心城区交通疏散型线路与城郊客流引导型线路。对应城郊客流引导型线路,一般具有引导居民分布与城市发展的功能,可以最大程度拉伸城市骨架,拓展城市空间,避免人流大量聚集于中心城区。

在城市近郊区域,轨道交通建设之初,一般周边较为空旷,建设条件较好(如西安地铁2号线南延伸线、成都1号线南北延伸线等),有些线路甚至采用浅埋方案,然而随着沿线城市规划的逐步实施,地铁保护需求则日益迫切。

8.1.2.3 轨道交通站城一体化

为充分促进轨道交通融入城市的建设与发展,最大程度带动轨道交通沿线城市发展,近年来站城一体化(或TOD开发)越来越受到建设方的重视。

站城一体化:指多维度、网络化、一体化的城市地下空间;随着城市地下空间建设由点—线—面向区块化及网络化发展,如高速铁路地下进城、城市地下立体交通、城市大型地下综合体、地下空间多层开发等,以及以雄安新区为代表的高起点、高标准的新型城市,地下空间呈现出空间多维化、尺度大型化、结构复杂化、地质敏感化、风险耦合化、施工时空化等特点,对复杂地下大空间结构的规划设计、安全建造等方面提出了更高要求。

8.2 先期隧道工程预留远期盾构穿越条件

对于线网规划已经确定的远期线路穿越先建线路的情况,为减少后期穿越施工带来的工程风险与建设成本,建议新建线路施工时给后期线路穿越施工预留必要条件。

8.2.1 夹土体预注浆加固与洞内跟踪注浆

先期线路施工时对夹土体预先采取注浆加固,不但可以提高本期线路施工期间的地层稳定性,提高周边环境安全,而且不用考虑后期线路穿越期间的既有线保护问题,只需确保夹土体注浆加固范围与地层加固参数满足要求即可(图8-3)。

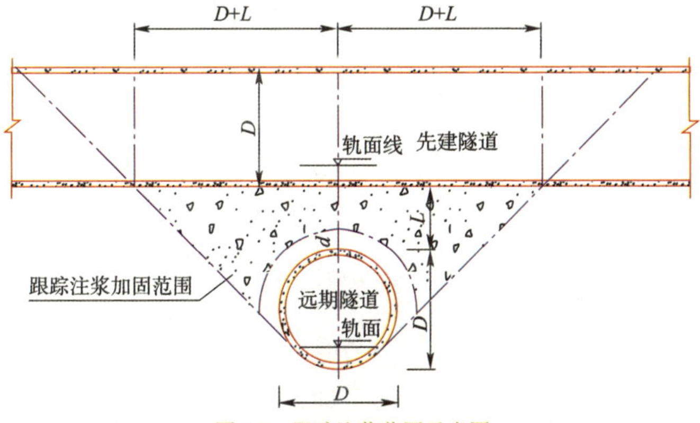

图8-3 跟踪注浆范围示意图

D-隧道直径;*L*-竖向净距;*d*-远期隧道轮廓向外扩展预留距离($d \approx 1$m)

在已建隧道内预埋袖阀管,后期盾构隧道穿越期间,根据地层变形与监测情况,及时进行跟踪注浆,也可有效应对后期穿越施工风险。考虑到施工与管片拼装存在一定的不确定性,建议先期施工盾构管片全环预留注浆孔(图 8-4,相邻注浆孔环向间距 18°,共计 16 个),位于道床范围内的注浆孔,建议道床施工期间采用 PVC 管引至道床外,方便后期注浆施工。

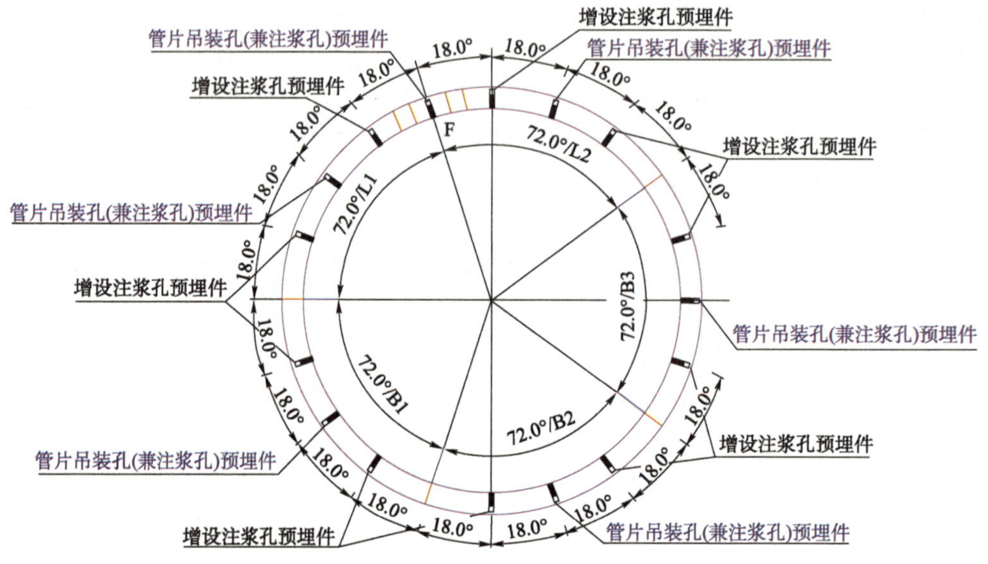

图 8-4 先施工盾构隧道内全环预留注浆孔示意图

8.2.2 预留素桩加固

借助于板凳桩理念,在先期隧道施工前,在穿越范围平面投影区域施作一定间距布置的素混凝土桩,由于素混凝土桩两端与隧道结构接触,后期盾构隧道穿越施工过程中,即使存在一些地层超挖与扰动,先建隧道也不会出现明显的沉降变形,素混凝土桩可以起到较好的"支顶"作用(图 8-5),最大程度确保既有线运营安全。

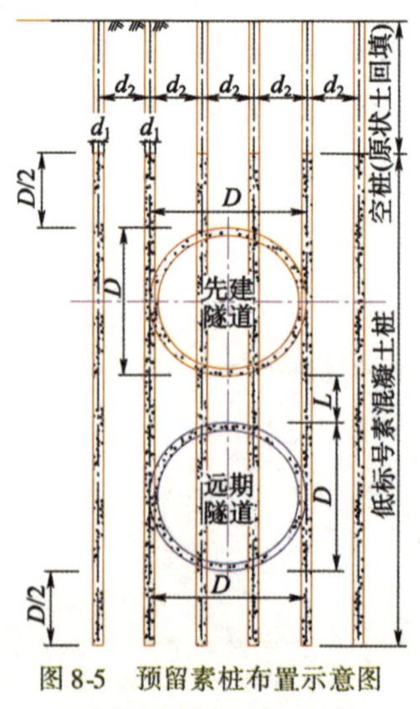

图 8-5 预留素桩布置示意图

D-隧道直径;L-竖向净距

8.2.3　先期隧道纵向刚度加强措施

先建隧道纵向刚度加大，可以有效减小后期隧道穿越引起的纵向不均匀沉降变形，进而给后期线路穿越预留更加充裕的实施条件。

先期隧道纵向刚度加强措施主要有：道床内预设纵向暗梁并与管片叠合处理、预留钢内衬或二次衬砌空间、加强管片接缝构造措施（如凹凸榫）、设置纵向加强肋等。

道床与管片叠合构件的处理方式主要是将道床沿纵向设置成一定刚度的纵梁，并与管片进行有效叠合，将道床、管片连接成纵向可以抵抗不均匀变形的整体构件（图8-6与图8-7）。

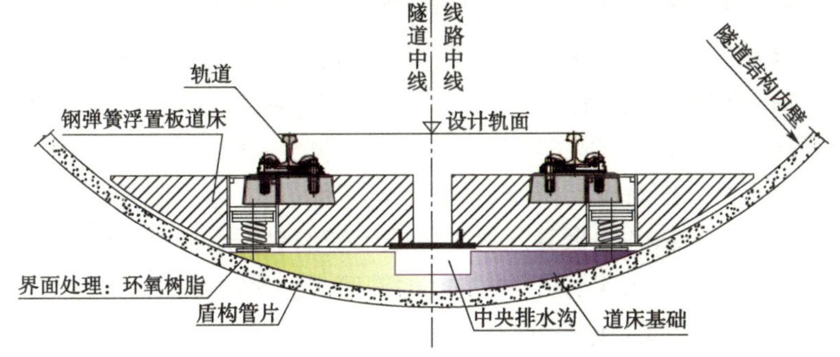

图8-6　特殊减振道床整体情况

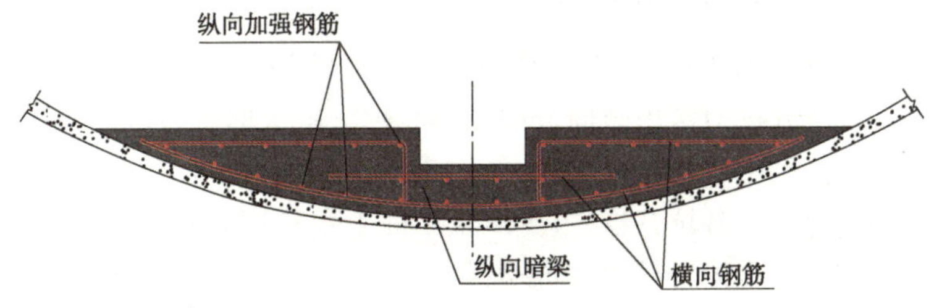

图8-7　道床内暗梁设置示意图

纵向加强肋，主要指在隧道拱腰或拱顶区域，在管片上设置60cm左右的加强肋。加强肋可采用双拼槽钢，用钢板焊接成型，然后用螺栓将其与管片的预留注浆孔进行连接，从而将隧道纵向连接起来，以加强隧道纵向刚度（图8-8）。

图8-8　盾构隧道内纵向加强肋

8.3 基于地块建设影响控制的被动控制措施

与各类近距离下穿施工类似，近接上跨既有运营隧道工程风险也极高，隧道上方基坑近距离开挖卸载可能引起坑底地层与下卧隧道的回弹隆起，同时新建地下结构对下方已运营隧道产生的附加荷载，也可能影响既有线路的安全运营。

8.3.1 地下水位升降控制

盾构隧道为典型的圆形截面构件，地下水位升降将会导致轴力随之增减、弯矩基本不变。因此，当沿线地块开发建设期间降水施工时，将会导致临近地铁隧道水位相应下降，可能导致盾构隧道轴力减小，从而可能导致盾构隧道管片接缝（纵缝）张开与渗漏、管片拱顶内侧处出现裂缝等现象，进而影响管片衬砌的安全与长期耐久性。

地铁沿线地块基坑开挖与施工降水，应基于"按需降水，随降随挖（基坑），避免水位短期内急剧下降"的基本原则，并根据管片衬砌所能承受的最低水位，合理设计降水方案，必要时采取"止水 + 降水"的组合方案，适当增加临地铁侧水位渗流路径，最大程度减少地铁侧水位降深，最大程度确保既有线路的安全。

8.3.2 地块基坑开挖方式控制

地铁隧道临近基坑开挖，需要严格遵照"时空效应"的基本原则，最大程度减少基坑开挖引起的卸载效应。基坑开挖应考虑竖向分层、纵向分段（必要时进行坑底地层加固），最大程度减少基坑暴露时间。

对于既有盾构隧道上方基坑开挖，首先应从平面上划分几个分区，每个分区在隧道纵断面上进行分层、分块开挖，具体分层厚度与分块长度，可根据地层条件与空间关系综合确定（图 8-9 与图 8-10）。

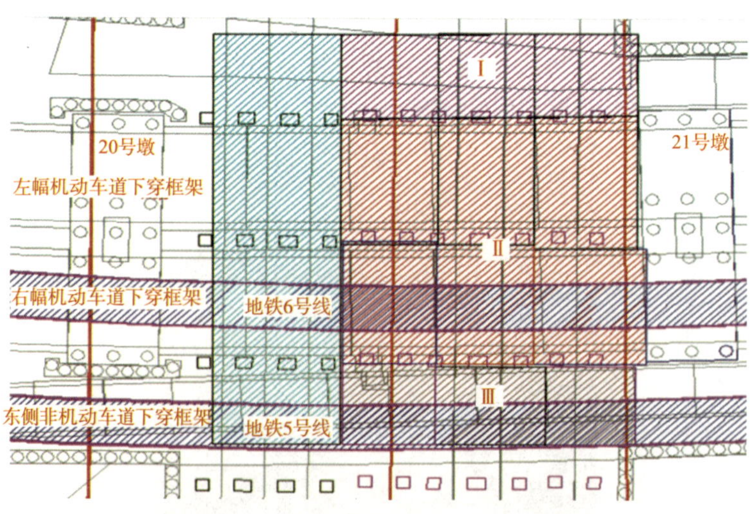

图 8-9　典型隧道上方基坑开挖平面分区图

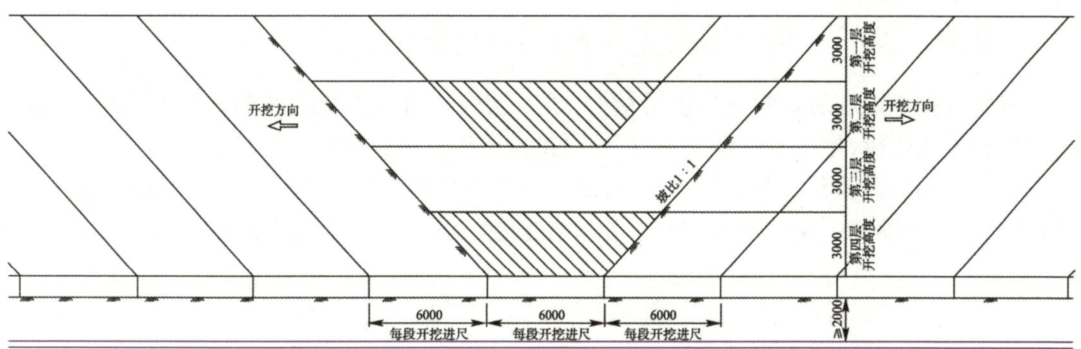

图 8-10　典型隧道上方基坑开挖纵断面分区(分块)示意图(尺寸单位:mm)

8.3.3　基于“化整为零”的小基坑跳挖施工

既有运营隧道上方基坑开挖施工,势必导致坑底卸载与下方地层回弹变形,为尽量减少对下卧运营隧道的不利影响,提出将隧道影响范围内的基坑,在平面上分成若干小基坑(见图 8-11),相邻小基坑采用跳挖的方式,在每个小基坑开挖到底后,及时在坑底施作拱盖结构,最大程度抑制基坑底部卸载效应。

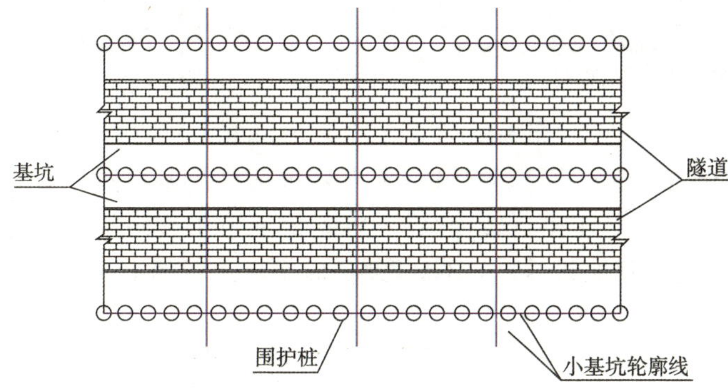

图 8-11　小基坑平面划分示意图

小基坑采用围护桩与格栅钢架复合支护结构,基坑顶部设置冠梁兼锁口圈梁(图 8-12)。

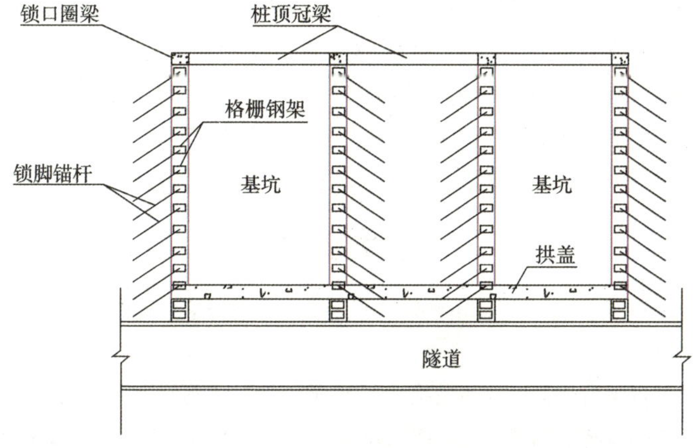

图 8-12　小基坑支护断面图

8.3.4 基于拱盖结构的竖向荷载转换体系

基坑开挖至坑底后及时施作拱盖结构，拱盖结构与沿隧道纵向两侧布置的基坑围护桩通过植筋方式连接，形成刚性传力节点，同时拱盖结构作为新建地下结构底板。

地下结构自重及其上覆土体重量，可以通过拱盖结构与围护桩传递至地层深处，最大程度避免新建工程附加荷载直接作用在下卧运营隧道上方，减少对运营隧道的影响(图 8-13)。

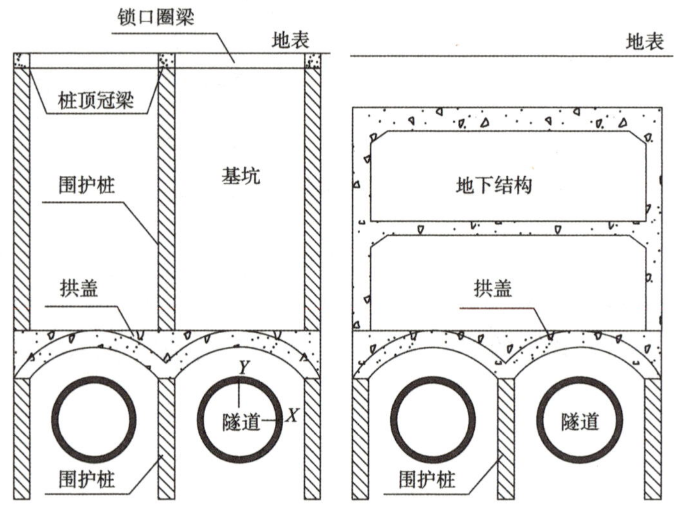

图 8-13 拱盖受力转化结构布置图

基于“化整为零”的思路，将已运营隧道上方基坑按照小基坑跳挖方式来减小大面积开挖卸载的不利影响。同时基于拱盖转换结构，将新建地下工程附加荷载有效转移至地层深处，有效减少对下方已运营地铁隧道的不利影响，满足已运营隧道近接跨越施工的需要。

8.4 本章小结

本章通过对既有线路保护需求与保护措施的分析，得出以下主要结论：

(1)明确了近年来各地城市轨道交通保护需求越来越迫切的主要原因。

(2)提出了先建线路给远期线路预留穿越条件的必要性，并提出了夹土体预注浆加固与跟踪注浆、素桩加固以及先期隧道纵向刚度加强等切实可行的预留措施。

(3)提出了地下水位升降控制、基坑开挖方式控制、基于“化整为零”的小基坑跳挖与拱盖转换结构的近接隧道跨越施工技术，拓展了已运营隧道周边地块的建设思路。

本章参考文献

[1] 戴志仁，任建，王俊，等. 卵石土地层矿山法隧道近距离穿越既有线关键技术研究[J]. 北京交通大学学报，2019，43(4)：1-8.

[2] 范垚垚. 盾构超近距离穿越运营地铁的微扰动施工研究[D]. 上海：同济大学，2008.

[3] 成都市人民政府. 成都市城市轨道交通第四期建设规划(2019—2024 年)[R]. 成都：成都市人民政府，2019：270-370.

[4] 中华人民共和国住房和城乡建设部. 城市轨道交通结构安全保护技术规范:CJJ/T 202—2013[S]. 北京:中国建筑工业出版社,2013.

[5] 戴志仁. 软土地区盾构隧道同步注浆机理与工程应用研究[D]. 上海:同济大学,2010.

[6] 戴志仁. 富水卵石土地层盾构隧道微扰动施工关键技术[J]. 中国铁道科学,2019,40(2):88-96.

[7] 戴志仁,任建,李小强,等. 富水卵石土地层盾构隧道穿越铁路咽喉区道岔群技术研究[J]. 隧道建设,2019,39(6):1005-1013.

[8] 中铁第一勘察设计院集团有限公司. 一种预留远期线穿越既有线条件的素桩加固体系:中国,实用新型,ZL 2017 2 0286254. 3[P]. 2017-03-23.

[9] 中铁第一勘察设计院集团有限公司. 一种道床内纵向暗梁与盾构管片的叠合结构:中国,实用新型,ZL 2017 2 0571649. 8[P]. 2017-12-26.

[10] 戴志仁. 地表大范围开挖卸载引起下卧盾构隧道管片碎裂机理研究[J]. 中国铁道科学,2017,38(4):62-69.

第9章 展 望

本书对富水卵石土地层盾构法隧道工程涉及的衬砌结构设计理论、掘进扰动控制与建(构)筑物保护、风险评估与风险控制以及远期沿线开发建设可能引发的既有工程保护等问题展开了深入研究,基于为实际工程服务的基本理念,从设计与施工两个角度进行了论证分析,所得结论对全面提升富水卵石土地层盾构法隧道整体建造水平具有推动作用。

受限于作者技术水平与撰写时间,尚有以下问题有待于进一步研究、完善:

(1)盾构掘进地层损失室内模型试验、盾构隧道同步注浆室内模型试验,在相似材料、相似模型的选择方面尚可进一步完善,尤其是在基于富水卵石土地层特性的相似材料,对试验结果的准确性影响较大,下一步可重点探寻与实际地层条件更加吻合的相似材料,进一步提高试验结果的准确性。

(2)盾构法隧道周边环境影响控制的关键是掘削面的稳定性,而掘削面稳定控制的关键是保压掘进,但在大粒径漂卵石地层、下部中风化岩层与上部卵石土的复合地层,保压掘进异常困难,除了常规的渣土改良外,尚应根据地层特性,研发更加适合此类地层的盾构机刀盘形式与刀具布置,提高掘削面的稳定性控制效果。

(3)以颗粒骨架搭接为基本特点的富水卵石土地层,地表沉陷与建(构)筑物变形,往往呈现一定的"突变"特性,沉降或变形监测数据在很短时间内出现急剧增加的情况,增加了工程的风险性与不确定性,如何更加合理地运用目前的风险评估体系,更好地预测可能引起的沉陷"突变",可考虑将风险评估体系与盾构掘进引起的地层空洞演变机理、地层深处位移发展规律结合起来,进行统筹分析。

(4)地铁运营对周边环境的影响问题越来越突出,列车运行引起的振动能量,在轨道—隧道—地层—建(构)筑物之间如何传播,传播期间的振动能量如何衰减,以颗粒骨架搭接为基本特点的卵石土地层,在振动波传播过程中的吸能特性如何准确界定等,这些问题都需要进一步深入研究,在此基础上,才有可能减小列车运行振动在卵石土地层中的传播范围及其影响程度。

(5)基于列车运行速度提高与乘客舒适度提升等方面考虑,各地城市轨道交通隧道内径都有增大趋势,在常规 5.4m 隧道内径的基础上,成都轨道交通 9 号线隧道内径调整为 6m,市域快线(如 13 号线、17 号线与 18 号线等)隧道内径调整为 7.5m,富水卵石土地层大直径盾构隧道将会面临一系列问题,如开挖面稳定性控制与最小覆土厚度问题、急剧增加的千斤顶荷载对应管片环端部配筋增强或优化问题、基于整体刚度加强的环纵缝接头构造问题以及小半径曲线转弯施工问题等。

(6)随着 TOD 的开发与站城一体化在各大城市的陆续实施,以轨道交通引领城市发展的基本理念已经得到了普遍认可。因此,已建地铁沿线市政工程与地块开发建设情况日趋普遍,如何在规划阶段最大程度考虑后期工程对已建轨道交通结构的影响,进而在工程建设期间预留必要条件,建议在行业规范与国家政策层面尽快明确,推动城市轨道交通的健康发展。

(7)随着 5G 通信与大数据处理技术的逐步成熟,智能建造技术已经促使多个领域发生了根本性的转变,如何在盾构隧道实施阶段更好地发挥智能建造的优势(如 GIS + BIM 技术),必将是今后相当长一段时间内工程参建各方关注的焦点。